Collection « Du côté des lettres »

dirigée par Marie-France SCULFORT

FRANÇAIS 4e

Grammaire et expression

NOUVEAU PROGRAMME 1998

Cécile de CAZANOVE
Professeur agrégé de lettres modernes
Collège Pierre de Ronsard à Paris

Michel GEY
Principal du collège Boris-Vian à Talant

Jean PRUVOST
Maître de conférences de sciences du langage
Université de Cergy-Pontoise

Marie-France SCULFORT
Professeur agrégé de lettres modernes
Collège Jean-Philippe Rameau à Tours

avec la collaboration de :
Jean-Christophe PELLAT
Professeur de langue française à l'université de Strasbourg

NATHAN

 ISBN : 2.09.171474.7
9 rue Méchain, 75014 Paris.

AVANT-PROPOS

En réponse aux nouveaux programmes et instructions officielles, « Grammaire et Expression 4e » propose une articulation cohérente entre l'étude de la grammaire, l'apprentissage de l'orthographe et du vocabulaire, et les activités d'expression orale et écrite.

Les points forts de l'ouvrage

■ Nous avons tout d'abord voulu établir un véritable **décloisonnement** entre les différents travaux sur la langue.
C'est ainsi que les leçons de grammaire et d'orthographe s'appuient sur des textes d'observation relevant du même genre ou du même thème. Les leçons d'orthographe grammaticale suivent la progression de grammaire. À la fin de chaque partie, une page de bilan permet d'évaluer les connaissances acquises.

■ Nous avons également veillé à **lier l'étude de la langue et l'observation des textes**.
Les leçons de grammaire, d'orthographe, de vocabulaire et d'expression sont fondées sur l'observation d'extraits de textes issus pour la plupart du corpus du manuel « Textes et méthodes » de la même collection, de manière à offrir la possibilité de construire des séquences pédagogiques cohérentes.

■ Afin que l'étude de la grammaire ne reste pas une fin en soi, nous l'avons conçue comme un **instrument pour l'expression écrite et orale**.
Ainsi, chaque leçon de grammaire comporte une rubrique de remarques et de conseils spécifiquement prévus pour l'expression écrite. Dans chaque partie, une leçon d'expression orale propose des activités en relation avec les notions de grammaire étudiées. Toutes les activités de grammaire, d'orthographe et de vocabulaire convergent vers une production écrite qui en représente la finalité.

La structure

■ L'ouvrage est organisé en **3 grandes parties** : le discours, la phrase, le texte.

I. Le discours : A. La communication – B. Les valeurs et variations de l'énoncé – C. Les discours rapportés.

II. La phrase : A. Structure de la phrase – B. Les catégories de mots dans la phrase – C. Les transformations de la phrase.

III. Le texte : A. Les organisateurs – B. Les reprises – C. Les progressions.

■ Chaque partie propose :
– des leçons de **grammaire** de 4 à 6 pages chacune ;
– une leçon d'**orthographe** présentée sur quatre pages ;
– une leçon de **vocabulaire** sur une double page ;
– une leçon d'**expression orale** sur une double page ;
– une leçon d'**expression écrite** sur une double page ;
– un **bilan** des acquisitions grammaticales sur une page.

■ En fin d'ouvrage, des « ressources » :
– 24 pages de soutien en orthographe ;
– un jeu d'entraînement à l'orthographe ;
– 14 pages de soutien en vocabulaire ;
– 7 pages de tableaux de conjugaison ;
– un lexique grammatical.

Dans la même collection

Le manuel « **Textes et méthodes 4e** », conçu par la même équipe d'auteurs, pourra être utilisé seul ou en interactivité avec celui-ci. C'est en effet du corpus de ce manuel que sont repris les extraits de textes sur lesquels se fondent les leçons de grammaire du présent ouvrage, de manière à proposer de véritables séquences pégagogiques décloisonnées et progressives.

« **Textes et méthodes 4e** » comporte : lecture méthodique, analyse de l'image, vocabulaire, expression écrite et dossier de méthodologie, articulés selon les mêmes principes.

Les auteurs

S O M M

LE DISCOURS

1 La communication

GRAMMAIRE

1 Les fonctions de la communication 12
2 Les indices de l'énonciation 17
3 Deux systèmes d'énonciation : le récit et le discours 23

ORTHOGRAPHE

• Confusions verbales (1) 30

VOCABULAIRE

• Délimiter l'espace 34

EXPRESSION ORALE

• Valoriser, minimiser un information 36

EXPRESSION ÉCRITE

• Écrire pour informer 38

BILAN 40

2 Valeurs et variétés de l'énoncé

GRAMMAIRE

4 Les registres de langue 42
5 Les actes de langage 48
6 L'interprétation de l'énoncé 55
7 Le point de vue de l'émetteur 60

ORTHOGRAPHE

• Confusions verbales (2) 66

VOCABULAIRE

• Délimiter le temps 70

EXPRESSION ORALE

• Prendre des distances, prendre des précautions 72

EXPRESSION ÉCRITE

• Organiser un récit 74

BILAN 76

Pour commencer l'année :

Test d'évaluation de grammaire 8
Les clés de l'orthographe 9

LE DISCOURS

3

Le discours rapporté

GRAMMAIRE

8 Le discours rapporté direct 78

9 Le discours rapporté indirect 84

ORTHOGRAPHE

• Distinguer futur simple et conditionnel présent 90

VOCABULAIRE

• Expression et attitudes 94

EXPRESSION ORALE

• Faire des reproches 96

EXPRESSION ÉCRITE

• Écrire un sketch 98

BILAN 100

LA PHRASE

4

Structure de la phrase

GRAMMAIRE

10 Phrase de base, phrase transformée 102

11 Les constituants de base de la phrase : groupe nominal, groupe verbal 107

12 Les compléments essentiels du verbe 112

13 Les constituants facultatifs de la phrase 117

ORTHOGRAPHE

• Distinguer présent de l'indicatif et présent du subjonctif 122

VOCABULAIRE

• Le caractère 126

EXPRESSION ORALE

• L'expression du vouloir, du pouvoir, du devoir 128

EXPRESSION ÉCRITE

• Écrire un résumé 130

BILAN 132

S O M M

LA PHRASE

5

Les catégories de mots dans la phrase

GRAMMAIRE

14 Le nom 134

15 Le verbe 139

16 L'adjectif qualificatif 145

17 L'adverbe 150

ORTHOGRAPHE

• Les déterminants indéfinis 156

VOCABULAIRE

• Les sentiments 160

EXPRESSION ORALE

• Répondre à une accusation 162

EXPRESSION ÉCRITE

• Exprimer des sensations et des sentiments 164

BILAN 166

6

Les transformations de la phrase

GRAMMAIRE

18 Coordination, juxtaposition 168

19 La subordination 173

20 Les propositions subordonnées circonstancielles 179

ORTHOGRAPHE

• L'accord du verbe dans la subordonnée 184

VOCABULAIRE

• La vie professionnelle 188

EXPRESSION ORALE

• Exprimer le souhait, le regret 190

EXPRESSION ÉCRITE

• Écrire pour valoriser 192

BILAN 194

LE TEXTE

7

L'organisation du texte

GRAMMAIRE

21 Les marques d'organisation du texte 196

22 Les reprises d'information 204

23 La répartition de l'information : thème et propos 211

24 Les progressions thématiques 218

ORTHOGRAPHE

- *Même, tout* : variables ou invariables ? 226

VOCABULAIRE

- La pensée, le raisonnement 230

EXPRESSION ORALE

- Introduire, enchaîner, conclure 232

EXPRESSION ÉCRITE

- Écrire pour argumenter 234

BILAN 236

8

Les ressources

ORTHOGRAPHE

- L'accord du participe passé 238
- Adjectif verbal ou participe présent ? 242
- Les homophones grammaticaux 246
- Les homophones grammaticaux en discours 250
- Les consonnes doubles 254

→ L'orthographe en 65 règles → Jeu 258

VOCABULAIRE

- Bien utiliser les dictionnaires 264
- Dénotation et connotation 266
- Mots simples, mots construits, groupes de mots figés 268
- L'étymologie 270
- Des éléments grecs et latins dans la création des mots 272
- La langue en situation 274
- Des mots en relation de sens 276

CONJUGAISON

Les verbes les plus fréquents :

- *être, avoir* 278
- *chanter* (1er groupe), *finir* (2e groupe) 279
- *faire, dire* (3e groupe) 280
- *pouvoir, aller* 281
- *voir, savoir* 282
- *vouloir, venir* 283
- *devoir, croire* 284

LEXIQUE GRAMMATICAL

110 mots utiles 285

Test d'évaluation de grammaire

1 — 10 points

Relevez les marques de la présence de l'émetteur et du récepteur dans le texte suivant.

Paris, 4 mai 1832.

Mon cher petit,
Nous nous portons bien. Ta sœur est bien mignonne à présent. Nous allons toujours nous promener au Luxembourg et au jardin des Plantes. [...] Nous parlons de toi tous les soirs et tous les matins, en nous couchant, en nous levant... Tous les bonbons qu'on lui donne, Solange les met de côté pour toi ; au bout d'une heure, elle n'y pense plus et les mange. Quand nous irons te voir, nous t'en porterons. Adieu, mon petit enfant chéri. Écris-moi plus souvent des lettres un peu plus longues si tu peux. Adieu, je t'embrasse de tout mon cœur.

George Sand, *Lettre à son fils Maurice*.

2 — 10 points

Faites les accords dans les groupes de mots soulignés.

Sur le perron, entre deux gros pilier sculpté, le Religieux, le Bedon et le Chuiche faisaient la parade avant la noce. Derrière eux, de longue draperie de soie blanc descendaient jusqu'au sol, et les quatorze enfant de Foi exécutaient un ballet. Ils étaient revêtu de blouse blanc, avec des culotte rouge et des soulier blanc. Au lieu de culotte, les fille portaient de petit jupe rouge plissé, et elles avaient une plume rouge dans les cheveu. Le Religieux tenait la gros caisse, le Bedon jouait du fifre, et le Chuiche scandait le rythme avec des maracas.

Boris Vian, *L'Écume des jours*, © Société nouvelle Éd. Pauvert.

3 — 10 points

Donnez la fonction des groupes de mots soulignés.

La forêt vosgienne en hiver

Les sapins superbes, perruqués de givre, étincellent de mille feux. Une poussière miroitante flotte comme une fumée autour des cimes. Dans l'ombre violette du sous-bois, les rayons rouges du soleil de février tracent des sillons de perles et diamants. D'une branche secouée, choit un nuage de paillettes irisées qui vous engloutit. La neige a régularisé le relief, effacé les arêtes, comblé les fossés, transformé le rude sol montagnard en une surface douce, continue, régulière. Les ruisselets courent sans bruit sous une épaisse carapace de glace et d'aiguilles gelées. L'air vif vous coupe le visage.

Jean Baumann, *Guide touristique Vosges*, Alsace, © MAIF.

4 — 12 points

Accordez les verbes entre parenthèses au temps qui convient (imparfait ou passé simple).

La sorcière, étonnée et furieuse de voir que son souffre-douleur (avoir) un oiseau pour compagnon, (tirer) déjà sa baguette magique, lorsque le chat (venir) se frotter contre sa jambe. À peine l'(avoir)-t-il touchée qu'elle se (désagréger). Et chacun des morceaux (devenir) un ver de terre. Par la porte restée ouverte, tout un banc de jeunes saumons (entrer). Et ce (être) un festin qui (durer) bien dix minutes. Lorsque le dernier tronçon de ver (être avalé), les poissons se (retirer) en remerciant leur roi qui (remercier) le chat.

Bernard Clavel, *Légendes des lacs et des rivières*, © Hachette Jeunesse, Le Livre de Poche.

5 — 12 points

Mettez les verbes aux temps indiqués.

Elle (avoir / *plus-que-parfait*), comme une autre, son histoire d'amour. Son père, un maçon, (se tuer / *plus-que-parfait*) en tombant d'un échafaudage. Puis sa mère (mourir / *passé simple*), ses sœurs (se disperser / *passé simple*), un fermier la (recueillir / *passé simple*) et l'(employer / *passé simple*) toute petite à garder les vaches dans la campagne. Elle (grelotter / *imparfait*) sous des haillons, (boire / *imparfait*) l'eau des mares, à propos de rien était battue [...]. Elle (entrer / *passé simple*) dans une autre ferme, y (devenir / *passé simple*) fille de basse-cour, et, comme elle (plaire / *imparfait*) aux patrons, ses camarades la (jalouser / *imparfait*).

D'après Gustave Flaubert, *Un cœur simple*.

6 — 6 points

À quel registre de langue appartient le texte suivant ? Justifiez votre réponse et récrivez-le en utilisant un autre registre.

Je me suis fait un vrai malheur avec ce chien. Je me suis mis à l'aimer comme c'est pas permis. Les autres aussi, sauf peut-être Banania qui s'en foutait complètement, il était déjà heureux comme ça, sans raison, j'ai encore jamais vu un Noir heureux avec raison.

Émile Ajar, *La Vie devant soi*, Mercure de France.

Les clés de l'orthographe

Les fiches d'orthographe de ce manuel vous donnent des « clés » pour résoudre vos problèmes. Découvrez leur fonctionnement.

1. Clé de la prononciation

La prononciation peut renseigner sur l'orthographe de syllabes ou de mots qu'on risque de confondre.

Exemples :

◆ ***est*** (3e personne du singulier de l'indicatif présent de *être*) se prononce comme **-è**, tandis que ***et*** (conjonction de coordination) se prononce comme **-é**.

◆ Les **liaisons** renseignent sur les consonnes finales :

➨ *Il mange tou**t** en continuant à lire.*

Cette clé ne fonctionne pas toujours dans la mesure où elle peut être neutralisée par des accents régionaux ou par la façon de prononcer de quelqu'un.

2. Clé de la position

◆ On fait appel à cette clé lorsque le choix d'une **lettre** dépend de celles qui la précèdent ou qui la suivent à l'intérieur d'un mot : **-ss-** entre deux voyelles, **m** au lieu de **n** devant **m, b, p** ou **ç** devant **a, o, u**.

◆ **Remarque :** position et prononciation sont souvent combinées : *un coussin* ne se prononce pas comme *un cousin*.

3. Clé de la place

On peut se servir de cette clé de deux façons.

◆ En essayant de **déplacer un mot**.

Exemple : après un nom, *même* est adverbe (donc invariable) s'il peut être déplacé, tandis qu'il est adjectif (donc variable) s'il ne peut être déplacé.

➨ *Ses **parents même** ne le savaient pas. **Même ses parents** ne le savaient pas.*

➨ *Ce sont ses **lettres mêmes** que vous avez vues.*

◆ En **observant l'environnement d'un mot** dans la phrase.

Exemple : devant un verbe conjugué, *leur* est invariable.

➨ *Nous **leur parlerons** plus tard.*

4. Clé de la substitution

Cette clé consiste à remplacer dans une phrase un mot par un autre mot (ou par un groupe de mots) qui apporte un renseignement orthographique.

Exemple : on peut reconnaître un infinitif.

➨ *Il veut **piller (prendre)** un trésor.*

5. Clé de la dérivation

◆ La dérivation permet d'orthographier le mot de base en recourant :

– au **féminin** s'il s'agit d'un nom ou d'un adjectif ;

– à un **mot de la même famille**.

➨ *blan**c** / blan**c**he ; hum**ain** / hum**an**ité.*

◆ Cette clé apporte des précisions notamment sur la limite préfixe / radical *(porter / a**pp**orter)* et sur la présence d'une consonne finale muette *(pivo**t** / pivo**t**er)*.

6. Clé de l'analyse

Cette clé permet de résoudre les difficultés liées aux **accords** en identifiant le genre, le nombre, la nature, la fonction, la personne, le mode, le temps :

➨ *un mime, les mimes* (nom) / *il(s) mime(nt)* (verbe).

7. Clé de la mémoire

On peut recommander cette clé dans les cas suivants :

◆ quand un mot appartient à une série : *bijou, caillou, chou, genou, hibou, joujou, pou* ;

◆ quand il existe une astuce mnémotechnique : *apercevoir* ne prend qu'un **p** parce qu'on n'aperçoit que d'un œil ;

◆ quand aucune autre clé ne fonctionne : le mot *perdrix* se termine par un **-x**.

EXERCICES

1 Quelle clé vous permet :

a. de ne mettre qu'un *l* aux mots suivants ?
la mousseline ; un peloton ; un chancelier ; la marmelade ; le velours ; un matelas.

b. de ne mettre qu'un *t* aux mots suivants ?
une âpreté ; une saleté ; un bouquetin ; un mousqueton.

2 Dans quelles phrases a-t-on besoin de la liaison pour repérer le pluriel du verbe à l'oral ?

1. Ils doivent atterrir.
2. Ils osent me parler.
3. Elles achètent une voiture de sport.
4. Elles apprennent à lire.

3 Dans le passage suivant, quelle clé utilisez-vous :

a. pour vérifier la terminaison des adjectifs en gras ?

b. pour ne pas ajouter de *-e* aux adjectifs soulignés ?

Je renferme dans mes cinq pieds deux pouces toutes les incohérences, tous les contrastes possibles, et ceux qui me croiront vain, prodigue, entêté, **léger**, sans suite dans les idées, fat, négligé, **paresseux**, inappliqué, sans réflexion, sans aucune constance, **bavard**, sans tact, **malappris**, impoli, **quinteux**, inégal d'humeur, auront tout autant raison que ceux qui pourraient dire que je suis économe, modeste, **courageux**, tenace, énergique, négligé, travailleur, **constant**, taciturne, plein de finesse, poli, toujours gai. (Balzac)

4 Recopiez et complétez les formes inachevées et dites quelle clé peut vous aider.

Chaque nuit, à l'heure où le sommeil est parven... à son plus gran... degré d'intensité, une vieille araignée de la grande espèce sort lente...ent sa tête d'un trou plac... sur le sol, à l'une des inter...ections des angle... de la cha...bre.
Quand elle s'est a...urée que le silence règne au... alentours, elle retire su...essivement, des profondeurs de son ni..., sans le secours de la méditation, les diverse... parties de son cor... . (Lautréamont)

5 Quels mots de votre choix pourraient remplacer les mots soulignés pour vérifier leur terminaison ?

En arrivant chez vous, frissonnant d'impatience, vous avez constaté que le carton ne contenait aucune notice. Après avoir placé tous les accessoires et appuyé sur le bouton rouge, quelle n'a pas été votre excitation, et la mienne, de constater que rien ne se produisait. Bien sûr, votre femme catastrophée lève aussitôt les bras au ciel. Elle va se mettre à pleurer, si elle n'est pas rassurée. (R. Mimouni)

6 Choisissez la forme entre parenthèses qui convient et dites quelle clé peut vous aider. Plusieurs clés peuvent vous aider pour une même forme.

Aujourd'hui, les discothèques (sont/son) en perte de vitesse : les jeunes n' (ont/on) plus un sou, les mentalités changent, (ont/on) veut d'abord de la convivialité, de la chaleur. Pour s'aérer la tête et faire bouger (sont/son) corps, on (leur/leurs) préfère désormais les cafés-concerts, les pubs, les fêtes improvisées (ou/où) les soirées (à/a) thèmes organisées par les boîtes de nuit. (C. Dupont-Monod)

7 Dans chacune des séries suivantes, quel mot apporte le meilleur renseignement sur l'orthographe du mot en italique ? Pourquoi ?

1. *Humain :* humainement ; humaine ; l'humanité ; inhumaine.
2. *Le corps :* un corset ; une corporation ; un corpuscule ; un corsage.
3. *Un doigt :* le doigté ; une dactylo ; digital.
4. *Vert :* la verdure ; verdâtre ; vertement ; reverdir.
5. *Le temps :* temporel ; la tempête ; intempestif ; temporiser.

8 La clé de l'analyse repose sur la bonne utilisation du vocabulaire grammatical : à chaque mot de la série A, associez un mot de la série B.

A. nombre ; nature ; mode ; genre ; temps ; fonction.

B. imparfait ; féminin ; complément circonstanciel ; pronom ; singulier ; subjonctif.

1

La communication

GRAMMAIRE

Chapitre 1 : Les fonctions de la communication 12
Chapitre 2 : Les indices de l'énonciation 17
Chapitre 3 : Deux systèmes d'énonciation : le récit et le discours 23

ORTHOGRAPHE
• Confusions verbales (1) 30

VOCABULAIRE
• Délimiter l'espace 34

EXPRESSION ORALE
• Valoriser, minimiser une information 36

EXPRESSION ÉCRITE
• Écrire pour informer 38

BILAN 40

CHAPITRE 1

Les fonctions de la communication

OBSERVATION

Parents, ayez pitié de leur professeur d'anglais

Envoyez vos enfants apprendre l'anglais chez les plus grands bavards du monde. Les pauvres professeurs auraient de quoi être découragés : ils vous confient vos enfants pour les vacances, pleins de vocabulaire, de verbes irréguliers, de règles de grammaire ; à la rentrée, tout est à refaire. Ayez pitié d'eux.

Confiez votre enfant à une famille irlandaise. Elle ne reçoit qu'un seul Français à la fois. Il fait partie de la famille, il participe à sa vie, il s'aperçoit très vite qu'il est moins fatigant de parler tout naturellement anglais que d'essayer d'apprendre le français à une famille irlandaise.

Il peut en plus suivre des cours à son niveau. Il peut faire partie d'une école de voile, monter à cheval, jouer au tennis, au football, au rugby.

Bref, il passe de bonnes vacances.

Et il revient, parlant l'anglais de Joyce, de Shaw, de Wilde. À son professeur d'anglais.

Un séjour de quinze jours coûte à partir de 1 100 F, voyage inclus. Ce qui n'est pas cher pour faire plaisir à un professeur d'anglais.

Publicité-Tourisme irlandais.

QUESTIONS

1 ▶ Qui est l'émetteur de ce texte ? Cherchez s'il est présent dans son texte par des indices de personne.

2 ▶ À qui s'adresse le texte ? Cherchez si le récepteur est présent dans le texte et, si oui, sous quelle(s) forme(s).

3 ▶ Relevez plusieurs expressions par lesquelles l'émetteur exprime un sentiment ou un jugement personnel.

4 ▶ Quelles informations apporte le texte ?

5 ▶ Relevez plusieurs expressions par lesquelles l'émetteur veut agir sur le récepteur.

LEÇON

1. Les éléments de la communication

- La communication orale ou écrite établit une relation entre deux ou plusieurs personnes **(émetteur et récepteur)** qui utilisent un **code commun** (la langue) pour transmettre un **message**, en utilisant un **canal commun** (voix, papier, ondes).

- Dans chaque situation, on retrouve les mêmes éléments :

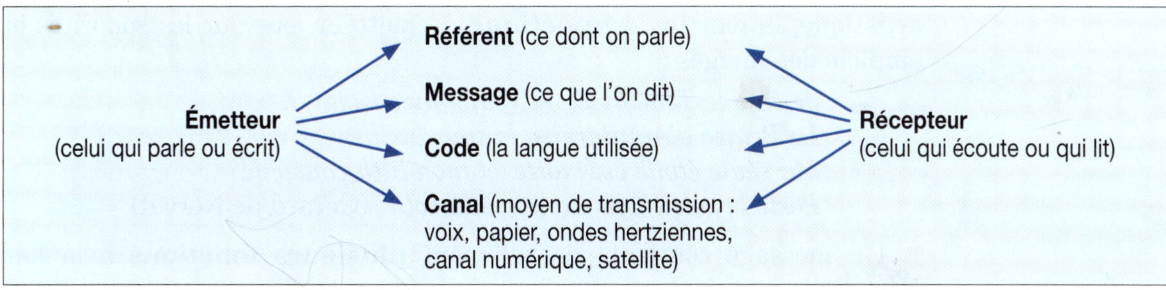

2. Les types de communication

Selon les conditions matérielles et le canal utilisé, on distingue **trois types de communication**.

- **La communication directe** : l'émetteur et le récepteur se trouvent à un même moment dans un même lieu. Cette situation caractérise la communication orale ou le dialogue.

- **La communication différée** : le message de l'émetteur parvient au récepteur en un moment ou en un lieu autre que celui où il a été émis. Cette situation caractérise l'écrit, mais également certaines communications orales (télévision, film, répondeur téléphonique).

- **La communication rapportée** : lorsque, dans une conversation ou un texte, l'émetteur veut transmettre des paroles échangées à un autre moment et dans un autre lieu, on parle de communication rapportée :

  ➡ ***Antoine a dit à Hélène :*** *« Je vais apprendre le chinois. »*
  Hélène lui a répondu : *« Je ne te croyais pas si courageux. »*

3. Les fonctions de la communication

Dans toute situation de communication, l'émetteur a un **objectif**. Selon cet objectif, la **fonction** de la communication est différente.

- Si l'émetteur donne une information, la fonction est **référentielle**. Elle est centrée sur le contenu du message (le référent) :

  ➡ *La station Mir a passé onze ans dans l'espace.*

- Si l'émetteur exprime ce qu'il ressent (une émotion, un sentiment), ou donne un jugement, la fonction est **expressive**. L'émetteur utilise l'intonation, les interjections, les exclamations, ou des termes subjectifs :

  ➡ *Je n'en peux plus. C'est épouvantable !*

■ Si l'émetteur cherche à faire agir ou réagir le récepteur, la fonction est **impressive**. L'émetteur utilise l'apostrophe, les phrases injonctives, l'impératif :

➡ *Estelle, apporte-moi un tournevis, tu veux ?*

■ Si l'émetteur cherche à établir ou à garder le contact avec le récepteur, la fonction est **phatique**. L'émetteur utilise certaines tournures, des phrases interrogatives et injonctives :

➡ *Allô ? Tu m'entends ? Tu m'as compris ? N'est-ce pas ?*

■ Si l'émetteur cherche à créer avec les mots un message qui soit beau, artistique, la fonction est **poétique**. L'émetteur joue sur les sonorités ou emploie des images :

➡ *Je suis le Ténébreux, le Veuf, l'Inconsolé,*
Le Prince d'Aquitaine à la tour abolie.
Ma seule étoile est morte, et mon luth constellé
Porte le soleil noir de la mélancolie. (Gérard de Nerval)

■ Un message contient généralement **plusieurs fonctions** à la fois. L'émetteur choisit de mettre l'accent sur l'une ou l'autre, selon son intention.

POUR L'EXPRESSION ÉCRITE ET ORALE

■ À l'oral, une communication réussie évite les ambiguïtés en situant les interlocuteurs dans un univers qui leur est commun. Sinon, il y a risque de quiproquo, ainsi que le met en scène Raymond Devos :

TEXTE D'OBSERVATION

« Je boucle ma valise… je vais pour prendre le car… je demande à l'employé :
– Pour Caen, quelle heure ?
– Pour où ?
– Pour Caen !
– Comment voulez-vous que je vous dise pour quand, si je ne sais pas où ?
– Comment ? Vous ne savez pas où est Caen ?
– Si vous ne me le dites pas !
– Mais je vous ai dit Caen !
– Oui !… mais vous ne m'avez pas dit où ! […]

Raymond Devos, *Ça n'a pas de sens,* © Denoël, 1968.

■ À l'écrit, les conditions pour que le message soit bien compris sont encore plus importantes : il faut s'exercer à la « mise en mots » totale du message à communiquer, en « traduisant » les gestes, mimiques, intonations mis en jeu dans la communication orale.

RÉSUMÉ

1. Dans une situation donnée, la communication orale ou écrite établit une relation entre deux ou plusieurs personnes : **l'émetteur et le récepteur**, qui utilisent un **code commun**, la langue, pour échanger des **messages** en utilisant un **canal commun**.

2. Selon l'intention de l'émetteur, la fonction du message peut être centrée sur le **contenu (référentielle)**, sur **l'émetteur** lui-même **(expressive)**, ou sur le **récepteur (impressive)**. Elle peut avoir pour objectif de maintenir le contact **(phatique)** ou de produire un **message poétique**.

3. Pour analyser un message, il est important de reconstituer les éléments du **contexte** de la communication.

EXERCICES

Identifier

1 **Dans ce message publicitaire, qui est l'émetteur ? Quels sont les récepteurs visés ? Quel est le canal utilisé ? Quelle est l'idée principale de ce message ? Quel est son but ?**

© Australe.

2 **Dans le texte suivant, le personnage évoque des propos qu'on lui a tenus dans plusieurs situations de communication. Repérez-les.**
Pour chacune d'elles, dites qui est l'émetteur et quel est le contenu de son message.

Hondo se dressa d'un bond sur son lit. Ses dents lui faisaient mal. C'était certainement cet appareil dans sa bouche !

– Il le faut, mon garçon, sinon tes incisives vont s'écarter !

C'est ce que disait le dentiste. Et alors ? Il avait les dents du bonheur. C'est joli les dents du bonheur ! Juste un petit espace pour glisser une paille et boire sa limonade en faisant rigoler les copains. On dirait que les grands n'aiment pas quand les petits ont le bonheur entre les dents. Surtout la dame de la DDASS. Son ennemie. Une toute desséchée, avec du malheur plein la bouche. Des caries, des plombages, des couronnes, des bridges ! On se demandait comment il restait encore de la place pour sa langue. Pourtant, elle était bien pendue sa langue ! Elle lui avait raconté tout ce que le dentiste allait lui faire. Et en détail ! La piqûre, l'anesthésie, la roulette…

– Tu vois, ce n'était pas si méchant…

Il était gentil le dentiste de l'avenue Laumière. Un petit bonhomme tout moustachu et poilu de partout, avec des dents bien rangées qu'il avait dû se faire lui-même.

N'empêche que c'était grave cet appareil. Avec ce fil de fer en travers, Hondo n'osait plus ouvrir la bouche…

– Tiens, on t'a mis ta muselière !

Cette teigne de Gontrand ! Le frisé du dix-huitième. Un jour il restera coincé dans l'ascenseur. Et personne pour appeler les pompiers.

Daniel Picouly, *Cauchemar pirate,*
© Flammarion, « Castor-Poche », 1996.

3 Quelles sont les fonctions de la communication mises en jeu dans chacun des messages suivants ? Quelle est la fonction dominante ?

1. Je suis le mari d'Isabelle. – **2.** On vend des pains au chocolat à la récréation du matin. – **3.** Quelle bonne surprise ! – **4.** Léon, ta cravate est superbe. – **5.** Allô, tu m'entends ? – **6.** Valse mélancolique et langoureux vertige. (Baudelaire) – **7.** Un vrai voyou, ton copain ! – **8.** Le FC Nantes a infligé une cuisante défaite à ses adversaires de l'équipe bordelaise. – **9.** L'étoile a pleuré rose au creux de tes oreilles. (Rimbaud) – **10.** Ajoutez un morceau de beurre et laissez fondre doucement.

Transformer

4 a. Quelle est la fonction dominante de chaque message ?

b. Transformez chaque message en le récrivant selon l'indication entre parenthèses. Plusieurs solutions sont possibles.

1. Marc se lave les mains. *(impressive)* – **2.** Un soir de demi-brume à Londres / Un voyou qui ressemblait à mon amour / Vint à ma rencontre... (Apollinaire) *(référentielle)* – **3.** Anne m'écoute. *(impressive)* – **4.** Nicolas prépare son matériel de pêche. *(impressive)* – **5.** Léon est musclé. *(expressive ou impressive)* – **6.** Tu paies la note de l'infirmier. *(impressive)* – **7.** D'accord ? *(référentielle)* – **8.** Regarde ce tableau hollandais : vois-tu les bateaux sur le canal ? Aimes-tu cette lumière ? *(poétique)* – **9.** La navette Atlantis vole au secours de la station MIR. *(phatique)* – **10.** Sois sage, ô ma Douleur, et tiens-toi plus tranquille. / Tu réclamais le Soir ; il descend ; le voici : / Une atmosphère obscure enveloppe la ville, / Aux uns portant la paix, aux autres le souci. (Baudelaire) *(référentielle).*

5 Récrivez la publicité suivante en renforçant la fonction impressive du texte. Adressez-vous aux parents.

LE MAÎTRE DES CONTES

Logiciel de lecture interactive, *Le Maître des Contes* s'adresse à des enfants qui maîtrisent déjà la lecture. Basé sur le principe des « livres dont vous êtes le héros », ce programme propose à l'enfant de mener une aventure en choisissant à chaque embranchement la direction qu'il souhaite prendre.

L'action se déroule dans un pays imaginaire, magique et féerique, grouillant d'ogres, de lutins, de sorciers et bien sûr de princesses. L'enfant doit être attentif à ce qu'il lit car des questions, énigmes et jeux de lecture lui sont proposés. S'il parvient à y répondre favorablement, il gagne des points de vie et aussi parfois des objets, s'il échoue, il perd de précieux points de vie indispensables à la poursuite de l'aventure.

Présenté de façon ludique et superbement illustré, *Le Maître des Contes* permet à l'enfant de se perfectionner en lecture tout en l'amusant.

Éditions Club Pom Logiciels,
7, rue Henri-Bécu, BP 5, 62118 Fampoux.

Employer

6 Vous téléphonez à un fleuriste pour offrir un magnifique bouquet de fleurs, mais vous n'avez pas beaucoup d'argent. Vous utiliserez les trois répliques suivantes pour développer le dialogue.

– C'est trop cher.
– C'est encore trop cher.
– C'est vraiment trop cher.

Écrivez le dialogue en utilisant au moins trois fonctions de la communication.

7 Vous téléphonez à votre médecin. Vous emploierez les répliques suivantes pour relancer le dialogue.

– Je ne me sens pas très bien.
– Je me sens même très mal.
– Je voudrais que vous passiez me voir.
– Je voudrais vous demander mes résultats d'analyse.

Écrivez le dialogue en utilisant quatre fonctions de la communication.

8 Écrivez un paragraphe qui fasse part de vos réactions à la lecture du poème suivant.

Elle était descendue au bas de la prairie,
et, comme la prairie était toute fleurie
de plantes dont la tige aime à pousser dans l'eau,
ces plantes inondées je les avais cueillies.
Bientôt, s'étant mouillée, elle gagna le haut
de cette prairie-là qui était toute fleurie.
Elle riait et s'ébrouait avec la grâce
dégingandée qu'ont les jeunes filles trop grandes.
Elle avait le regard qu'ont les fleurs de lavande.

Francis Jammes, « Clairière dans le ciel », *Tristesses*,
1906, © Mercure de France.

CHAPITRE 2

Les indices de l'énonciation

OBSERVATION

Invitation à Styles

Et n'êtes-vous pas intrigué, mon ami, de voir l'adresse d'où je vous écris ? Cela vous rappelle des souvenirs, n'est-il pas vrai ? Oui, je suis à Styles. Imaginez-vous que c'est à présent une pension de famille, tenue par un de vos anciens colonels très vieille école. C'est sa femme, bien entendu, qui s'occupe de la question financière. […]

J'ai découvert l'annonce qu'ils ont fait passer dans les journaux, et l'envie m'a pris de revoir cet endroit qui fut mon premier refuge en Angleterre. À mon âge, on aime à revivre le passé.

D'autre part, j'ai trouvé ici un baronnet qui est un ami du patron de votre fille. (Cette phrase ressemble un peu à un exercice de grammaire, ne croyez-vous pas ?) Il a incité les Franklin à venir passer l'été ici. À mon tour, maintenant, de chercher à vous persuader, et nous serons tous ensemble, en famille. Ce sera extrêmement agréable. Donc, mon cher Hastings, dépêchez-vous, arrivez avec la plus grande célérité. Je vous ai retenu une chambre avec bain – le cher vieux Styles s'est modernisé ! – et j'ai débattu le prix de pension jusqu'à vous obtenir des conditions très avantageuses.

Les Franklin et votre charmante Judith sont ici depuis quelques jours. Tout est arrangé, il est donc inutile que vous cherchiez des échappatoires.

À bientôt. Toujours vôtre,

Hercule Poirot.

Agatha Christie, *Hercule Poirot quitte la scène*,

QUESTIONS

1 ▶ Comment l'émetteur se désigne-t-il lui-même dans son texte ?

2 ▶ Qui est le récepteur du texte ? Relevez tous les mots et expressions qui le désignent dans le texte.

3 ▶ Par quels mots et expressions l'émetteur désigne-t-il le lieu où il se trouve ? Ce lieu est-il connu du récepteur ?

4 ▶ Relevez les indications de temps contenues dans le texte. À partir de quel moment s'organisent-elles ?

LEÇON

1. Définition

■ **L'énonciation** est l'acte de produire un énoncé dans une situation de communication, à un moment précis et en un lieu précis.
L'énoncé est le message échangé, oralement ou par écrit, entre l'émetteur et le récepteur.

■ L'analyse d'un énoncé doit tenir compte de la **situation d'énonciation**, c'est-à-dire mettre cet énoncé en relation avec les acteurs et les circonstances de sa production (temps et lieu).

■ Certaines expressions, contenues dans l'énoncé, se rattachent à la situation d'énonciation. Ce sont les **indices de personne, de temps et de lieu** :

➡ ***Mon*** *cher* ***Hastings****, dépêchez-***vous***, arrivez* ***ici*** *avec la plus grande célérité.* ***Je vous*** *ai retenu une chambre avec bain.*

2. Les indices de personne

■ Des mots permettent à l'émetteur de se désigner directement lui-même ou de désigner le récepteur :

➡ ***Je vous*** *écris cette lettre de Styles.*

Ces mots sont des **pronoms personnels**. Ils marquent la personne des interlocuteurs :
– l'émetteur : *je, me, moi* ;
– le récepteur : *tu, te, toi* ;
– l'émetteur avec quelqu'un d'autre, ou un groupe d'émetteurs : *nous* ;
– les récepteurs, ou le récepteur que l'on vouvoie : *vous*.

■ Ces pronoms personnels constituent **une série particulière**.

◆ Ils ne servent pas à reprendre d'autres mots du contexte, comme les pronoms personnels *il, ils, elle, elles* :

➡ ***[le colonel et sa femme]*** *J'ai découvert l'annonce qu'****ils*** *ont fait passer dans les journaux.*

◆ Ils n'ont pas, comme les noms propres, de signification par eux-mêmes. Ils **renvoient directement à la situation d'énonciation** : *Je* renvoie à *Hercule Poirot* ; *vous* renvoie à *Hastings*.

3. Les indices de lieu

■ Certaines expressions comme *Paris, le Mont-Blanc, Noirmoutier,* désignent des lieux qui peuvent être identifiés en dehors de toute situation d'énonciation.

■ D'autres expressions ne peuvent être comprises que si l'on connaît la situation d'énonciation :

➡ *Il est temps que* ***je*** *rentre* ***chez moi. Ici****, il a plu toute la journée.*

Chez moi et *ici* désignent un endroit défini par rapport à l'émetteur de l'énoncé et à l'endroit où il se trouve.

Ces indices ne peuvent se comprendre que dans le cadre de l'énonciation donnée. Ils **renvoient directement à la situation d'énonciation**.

4. Les indices de temps

■ Certaines expressions de temps, comme *le 14 juillet 1789, à la fin du XVIIIe siècle,* désignent des dates, des époques qui peuvent être identifiées en dehors de toute situation d'énonciation.

■ D'autres expressions ne peuvent être interprétées que si l'on connaît la situation d'énonciation, c'est-à-dire le moment où l'énoncé est produit :

➨ ***Aujourd'hui*** *je suis à Styles. Venez nous rejoindre* ***demain*** *ou* ***la semaine prochaine****.*

Les expressions *aujourd'hui, demain, la semaine prochaine,* n'ont de sens que par rapport au moment de l'énonciation.
Elles posent un problème d'interprétation dans le cas d'une énonciation différée (lettre). L'émetteur doit alors fournir au récepteur les éléments nécessaires pour dater le moment de l'énonciation : *Styles, le 31 mai 1923.*

■ Ces indices de temps **renvoient directement à la situation d'énonciation**. Ils découpent le temps en trois époques :

Passé	Maintenant = moment de l'énonciation	Avenir
hier *le mois dernier* *il y a quatre ans* *la semaine dernière* *au siècle dernier*	*aujourd'hui* *en ce moment* *à cette minute même* *cette semaine* *à notre époque*	*demain* *dans trois jours* *la semaine prochaine* *l'année qui vient*

5. Les temps du verbe

■ Comme certains indices de temps, le verbe conjugué de l'énoncé situe le fait par rapport au moment de l'énonciation :

➨ *Je vous* ***écris*** *de Styles. Je vous* ***ai retenu*** *une chambre avec bain. Vous* ***viendrez*** *dès que possible.*

■ Les temps de conjugaison permettent de situer les faits **avant**, **pendant** ou **après** l'énonciation en cours :

Avant	Pendant	Après
J'ai retenu	*Je vous écris*	*Vous viendrez*

■ Cependant, le temps du verbe n'indique pas l'époque avec la même précision qu'un indice de temps. Il est donc le plus souvent accompagné d'un indice de temps qui marque de façon plus nette le moment des événements ou leur durée :

➨ ***Ce matin****, je vous ai retenu une chambre pour* ***la semaine prochaine****.*

➨ *Vous resterez* ***les trois prochains jours****.*

6. Les indices occasionnels

■ À la différence de *je, tu, ici, demain,* qui ne peuvent s'employer qu'en référence au moment de l'énonciation, certains mots et expressions peuvent avoir **deux types d'emploi**.

◆ **Sans référence à la situation d'énonciation** :

➡ *Margot est déléguée de classe.* ***La*** *jeune fille prend son rôle très au sérieux. Margot fait circuler une feuille de papier.* ***Ce*** *papier portera les remarques des élèves avant le conseil de classe.*

◆ **En référence à la situation d'énonciation** :

➡ *Passe-moi* ***la*** *moutarde* (le pot qui est sur la table).

➡ *Apportez-moi* ***ce*** *papier* (celui que je vois entre vos mains).

■ Les **déterminants définis et démonstratifs** sont donc des indices occasionnels de la situation d'énonciation.

POUR L'EXPRESSION ÉCRITE

Le mot *on*

■ *On* est un pronom personnel : il désigne une ou plusieurs personnes qui ne participent pas à la situation d'énonciation :

➡ ***On*** *m'a volé mon stylo.*

■ Dans un emploi familier, *on* a souvent la même valeur que l'indice de personne *nous* :

➡ *À bientôt, Charles.* ***On*** *se téléphone la semaine prochaine ?*

Dans ce cas, le sens de *on* ne peut s'interpréter dans l'énoncé que si le récepteur connaît le contexte. Il faut donc utiliser *on* avec prudence dans un texte écrit.

RÉSUMÉ

1. On appelle **énonciation** l'acte de produire un message, oral ou écrit, dans une **situation précise**. Le message lui-même est appelé **énoncé**.

2. Tout énoncé doit être situé par rapport à la situation d'énonciation où il a été produit.

3. Certains mots et expressions de l'énoncé ne peuvent se comprendre que dans le cadre de l'énonciation donnée. On dit qu'ils **renvoient directement à la situation d'énonciation**.
Ce sont surtout des **indices** :
– **de personne** : *je, me, moi, nous* (émetteur), *tu, te, toi, vous* (récepteur) ;
– **de lieu** : *ici, chez moi, chez toi* ;
– **de temps** : *aujourd'hui, en ce moment, hier, demain.*

EXERCICES

Identifier

1 Dans le texte suivant, relevez les indices de personne en relation avec la situation d'énonciation.

Une lettre de Paris

Il faut que tu me rendes un service, mon ami. Tu vas fermer ton moulin pour un jour et t'en aller tout de suite pour Eyguières... Eyguières est un gros bourg à trois ou quatre lieues de chez toi, – une promenade. En arrivant, tu demanderas le couvent des Orphelines. La première maison après le couvent est une maison basse à volets gris. Tu entreras sans frapper – la porte est toujours ouverte – et, en entrant, tu crieras bien fort : « Bonjour, braves gens ! Je suis l'ami de Maurice. » Alors, tu verras deux petits vieux, oh ! mais vieux, archivieux, te tendre les bras du fond de leurs grands fauteuils, et tu les embrasseras de ma part, avec tout ton cœur, comme s'ils étaient à toi. Puis vous causerez ; ils te parleront de moi, rien que de moi ; ils te raconteront mille folies que tu écouteras sans rire... Tu ne riras pas, hein ?... Ce sont mes grands-parents, deux êtres dont je suis toute la vie et qui ne m'ont pas vu depuis dix ans...

Alphonse Daudet, *Les Lettres de mon moulin.*

2 Dans le texte suivant, relevez les indices de personne, de lieu, de temps en relation avec la situation d'énonciation.

Le marcheur des cimes

Le 9 mai 1989, Benoît Chamoux et son équipe ont vaincu le Manaslu (8 163 m), un des plus hauts sommets de l'Himalaya. La veille de leur victoire, ils étaient quatre, épuisés, frigorifiés, tassés dans la petite tente du camp n° 3, à 7 400 m... Benoît Chamoux parle.

Le ciel !

Pierre m'a rejoint. Il est 14 h 30. Nous sommes au sommet du Manaslu, « la montagne des esprits » comme le nomment les Népalais. Nous nous embrassons. Pour la première fois depuis le départ du camp 3, je contemple vraiment le paysage. Là, devant nous, l'Anapurna, véritable pyramide de roc et de glace ; plus loin, le Dhaulagiri, éclatant de blancheur. Sur notre gauche, d'autres pics que je ne saurais nommer, mais tout aussi somptueux, avec leurs écharpes de neige longues de plusieurs kilomètres accrochées à leurs flancs. Au loin, les montagnes du Tibet, toutes jaunes, ocres et rondes. Dans la vallée, très très bas, je distingue des forêts. Aucune trace de village. Et puis, point minuscule, tache imperceptible, le camp 1, près de 3 000 m plus bas. Je dévore le spectacle des yeux. Je sais que cette vision est exceptionnelle, que je ne reviendrai sans doute jamais au sommet du Manaslu...

Je bouquine, n° 73, mars 1990, © Bayard Presse.

3 Qui est désigné par les mots soulignés dans le texte suivant ?

Depuis combien de temps suis-je immobilisé là, sous ces flots d'eau qui me giflent, incapable de grignoter le moindre centimètre ? Je transpire et je claque des dents, pris de fatigue et de fièvre. Puisque tu n'en peux plus, animal, redescends ! Sinon tu vas congeler sur place, suspendu à ton fil ! Mais il est dur de se résigner à descendre tout ce qu'on a eu tant de difficultés à monter. Je sens le vertige venir ; si je m'évanouis maintenant, c'est la catastrophe !

Soudain, je bute contre cette fichue corniche, celle qui, pourtant, nous a sauvé la vie, à Carmin et à moi. Que se passe-t-il ? Je descends trop vite... Bon sang, la corde, il faut que je la serre mieux !

Christian Grenier, *Le Cœur en abîme,* Éditions de l'Amitié.

4 Parmi les mots soulignés, lesquels sont des indices en relation avec la situation d'énonciation, lesquels n'en sont pas ? Justifiez votre réponse.

Quelle idée ai-je eue d'acheter cet oiseau ?

L'oiselier me dit : « C'est un mâle. Attendez une semaine qu'il s'habitue, et il chantera. » Or, l'oiseau s'obstine à se taire et il fait tout de travers.

Dès que je remplis son gobelet de graines, il les pille du bec et les jette aux quatre vents.

J'attache, avec une ficelle, un biscuit entre deux barreaux. Il ne mange que la ficelle. Il repousse et frappe, comme d'un marteau, le biscuit et le biscuit tombe. Il se baigne dans son eau pure et il boit dans sa baignoire.

Il crotte au petit bonheur dans les deux.

Il n'a pas encore compris l'utilité des feuilles de salade et ne s'amuse qu'à les déchirer. [...]

J'ai bientôt assez de cet oiseau muet qui ne vit qu'à rebours, et je le mets dehors par la fenêtre... Il ne sait pas plus se servir de la liberté que d'une cage. On va le reprendre avec la main.

Qu'on se garde de me le rapporter !

Non seulement je n'offre aucune récompense, mais je jure que je ne connais pas cet oiseau.

Jules Renard, *Histoires naturelles.*

Transformer

5 Accordez les verbes entre parenthèses au temps et au mode qui conviennent, en vous appuyant sur les indices de la situation d'énonciation.

HISTOIRE DE JOB

Je rentrais du secteur de Groix avec ma pêche du jour. Il (faire) beau. Le coup de noroît de la veille (laisser) de sacrés creux mais la houle n'était pas trop rude. Le jour commençait à se lever et quand je (rentrer) dans la Passe du Sud, le feu des Errants (avoir) l'air tout pâle. Je (boire) mon premier canon de la journée et je (laisser) la *Belle Bretonne* tailler sa route vers la maison. Pour une bonne pêche, c'était une bonne pêche. Une pleine caisse de soles, une palanquée de lieus jaunes et dix bons kilos de gros rougets. J'(avoir) même un gros homard et une poignée de bouquets de la taille de mon doigt. Je (couper) les gaz en laissant le Soulard à tribord et je (naviguer) sur le feu des Sœurs. C'est en m'engageant entre les Sœurs et le Cabon que je la (voir). Une saleté de mine allemande qui me (regarder) au travers d'une grosse vague. C'est sûrement le Bon Dieu qui l'a fait monter dans cette vague au moment où le jour pointait parce que, sans lui, j'étais bon pour la cogner sans rien voir. J'ai bien pensé à abattre sur bâbord mais le vent (pousser) encore assez fort et je (se dire) que la *Belle Bretonne* était bien trop lourde pour ne pas crocher dans cette saloperie par le fond. Je (faire) ce que votre père me (apprendre), mon capitaine. Je (plonger) à la baille sans chercher à savoir l'âge de la gamine et je (nager) avec mes bottes et mon ciré comme si le Diable me chauffait les fesses. Juste à temps. J'(entendre) le bruit, je (sentir) le souffle et je (se retourner) pour voir la *Belle Bretonne* sauter en l'air comme un lapin avant de défiler par le fond comme un fer à repasser. J'ai nagé jusqu'à l'île aux Souris et j'ai attendu qu'on (venir) me chercher.

D'après Patrick Raynal, *Arrêtez le carrelage*,
Le Poulpe, © Baleine, 1996.

6 Même exercice en tenant compte du rythme et de la longueur des vers.

Quand vous serez bien vieille, au soir, à la [chandelle,
Assise auprès du feu, dévidant et filant,
(Dire), chantant mes vers, en vous émerveillant :
« Ronsard me (célébrer) du temps que j'étais [belle ! »

Lors, vous n' (avoir) servante oyant telle nouvelle,
Déjà sous le labeur à demi sommeillant,
Qui au bruit de Ronsard ne s'aille réveillant,
Bénissant votre nom de louange immortelle.

Je (être) sous la terre, et, fantôme sans os,
Par les ombres myrteux je (prendre) mon repos :
Vous (être) au foyer une vieille accroupie,

Regrettant mon amour et votre fier dédain.
(Vivre), si m'en (croire), n'(attendre) à demain :
(Cueillir) dès aujourd'hui les roses de la vie.

Ronsard (1524-1585), *Sonnets pour Hélène* (II, XLIII).

Employer

7 Récrivez le texte suivant en le transposant dans un passé lointain. Transformez les indices qui correspondent à la date de publication de l'article.

ENFANT DE LA GLACE

À quinze ans, la patineuse américaine Tara Lipinski, qui participe au trophée Lalique sur la patinoire de Bercy, à Paris, peut déjà se flatter d'un titre de championne du monde acquis en mars à Lausanne. « Programmée pour gagner », elle a tenu toutes ses promesses et raconte sa vie de bébé champion dans le premier tome de ses mémoires, parus aux États-Unis.

Le Monde, 15 novembre 1997.

8 Transposez l'article suivant en le datant d'aujourd'hui et en modifiant tous les indices en relation avec le moment de l'énonciation. Utilisez l'imparfait et le passé simple.

ANDRÉ GIDE, NOBEL DE LITTÉRATURE

André Gide, le tout nouveau prix Nobel de littérature, ne pourra pas se rendre à Stockholm afin de recevoir son prix. Il confiera à l'ambassadeur de France le soin de prononcer son discours lors de la cérémonie, au début du mois prochain. L'écrivain, qui a eu 79 ans le 22 novembre, vient de se voir interdire par les médecins les voyages et les fatigues inutiles. Il a, dit-il lui-même, le cœur « flanchard » depuis son retour de Beyrouth il y a deux ans. C'est à Neuchâtel, en Suisse, où il se repose chez son ami l'éditeur Richard Heyd, que l'auteur de *La Symphonie pastorale* (ce roman, paru en 1919, se passe non loin de là) a appris que le Nobel lui était décerné. Sur les quelque cinq millions de francs (français) qui lui reviennent, Gide en destine mille (suisses) aux pauvres de la ville. « Il n'y a pas de pauvres à Neuchâtel », disent les mauvaises langues.

Cl. D., *Libération*, numéro spécial, 29 et 30 novembre 1997.

CHAPITRE 3

Deux systèmes d'énonciation : le récit et le discours

OBSERVATION

1 Hier, 22 février, j'allais à la Chambre des pairs. Il faisait beau et très froid, malgré le soleil et midi. J'ai vu venir rue de Tournon un homme que deux soldats emmenaient. Cet homme était blond, pâle, maigre, hagard ; trente ans à peu près, un pantalon de grosse toile, les pieds nus et écorchés dans des sabots avec des linges sanglants roulés autour des chevilles pour tenir lieu de bas ; une blouse courte, souillée de boue derrière le dos, ce qui indiquait qu'il couchait habituellement sur le pavé ; la tête nue et hérissée. Il avait sous le bras un pain. Le peuple disait autour de lui qu'il avait volé ce pain et que c'était à cause de cela qu'on l'emmenait.

Victor Hugo, *Choses vues,* 22 février 1846.

2 Il arriva qu'un hiver fut rude. Jean n'eut pas d'ouvrage. La famille n'eut pas de pain. Pas de pain. À la lettre. Sept enfants.

Un dimanche soir, Maubert Isabeau, boulanger sur la place de l'église, à Faverolles, se disposait à se coucher, lorsqu'il entendit un coup violent dans la devanture grillée et vitrée de sa boutique. Il arriva à temps pour voir un bras passé à travers un trou fait d'un coup de poing dans la grille et dans la vitre. Le bras saisit un pain et l'emporta. Isabeau sortit en hâte ; le voleur s'enfuyait à toutes jambes ; Isabeau courut après lui et l'arrêta. Le voleur avait jeté le pain, mais il avait encore le bras ensanglanté. C'était Jean Valjean. Ceci se passait en 1795. Jean Valjean fut traduit devant les tribunaux du temps « pour vol avec effraction la nuit dans une maison inhabitée ». [...] Jean Valjean fut condamné à cinq ans de galères.

Victor Hugo, *Les Misérables,* II, 6.

QUESTIONS

1 ▶ Dans lequel des deux textes l'émetteur est-il présent ?

2 ▶ Situez l'époque et le lieu du premier texte. Relevez les indices de temps et de lieu.

3 ▶ Quel temps verbal est principalement utilisé dans le second texte pour rapporter les événements ?

LEÇON

1. Deux systèmes d'énonciation

■ L'émetteur peut choisir deux attitudes : ou bien **marquer sa présence**, ou bien **prendre de la distance** par rapport à ce qu'il dit ou écrit.

L'emploi des **temps** et des **personnes**, les **indications de lieu et de temps** associés permettent de caractériser ces deux systèmes.

■ Le système du discours

◆ Ce système caractérise l'énoncé ancré dans la situation d'énonciation : l'émetteur situe l'énoncé par rapport à lui. Les repères sont : ***je, ici, maintenant***.
Le système du discours présente des marques de la **présence de l'émetteur et du récepteur**.

◆ Il s'organise autour du **présent de l'émetteur**. Les faits passés sont évoqués par le **passé composé** et l'**imparfait**, et les faits à venir par le **futur**. Ce système comporte tous les temps, sauf le passé simple et le passé antérieur.

■ Le système du récit

◆ Ce système caractérise un énoncé qui rapporte des événements passés, réels ou imaginaires, coupés du moment de l'énonciation. Les repères sont : ***il/elle, là-bas, alors***.
Tout se passe comme si personne ne produisait l'énoncé, comme si les événements se racontaient d'eux-mêmes.

◆ L'énoncé est souvent rapporté à la **3e personne**, car celle-ci ne représente pas les participants de la communication.
Les temps verbaux sont essentiellement les **temps du passé**, en particulier le **passé simple**, associé à l'**imparfait**, au **plus-que-parfait** et au **passé antérieur**.

◆ Ce système se rencontre presque uniquement à l'écrit, pour rapporter des faits passés.

	Discours	Récit
Situation d'énonciation	Présence marquée d'un émetteur et d'un récepteur	Absence marquée d'émetteur et de récepteur
Marques de personne	*je, me, moi, mon, ma, mes* *tu, te, toi, ton, ta, tes* *nous, notre, nos* *vous, votre, vos*	*il, elle, le, la, lui, son, sa* *ils, elles, les, leur, leurs, eux*
Temps verbaux	Présent de l'indicatif, passé composé, imparfait, futur	Passé simple, imparfait, plus-que-parfait, passé antérieur
Marques de l'époque	*aujourd'hui, en ce moment, maintenant* *hier, il y a quinze jours, l'année dernière* *demain, dans huit jours*	*ce jour-là* *la veille, quinze jours auparavant* *le lendemain, huit jours plus tard*
Marques du lieu	*ici, chez moi, chez toi* *à cent mètres d'ici*	*là* *cent mètres plus loin*
Genres d'énoncé	Dialogues, messages publicitaires, articles de journaux, modes d'emploi	Romans, contes, fables ; ouvrages historiques, biographies

2. Les textes homogènes

Certains textes sont entièrement produits selon l'un ou l'autre système d'énonciation. On dit qu'ils sont homogènes, car ils présentent uniformément les caractéristiques du discours ou du récit.

Système du discours

Le dimanche, j'ai eu de la peine à me réveiller et il a fallu que Marie m'appelle et me secoue. Nous n'avons pas mangé parce que nous voulions nous baigner tôt. Je me sentais tout à fait vide et j'avais un peu mal à la tête. (Albert Camus, *L'Étranger*)

Système du récit

Alors on vit s'avancer sur l'estrade une petite vieille de maintien craintif, et qui paraissait se ratatiner dans ses pauvres vêtements. Elle avait aux pieds de grosses galoches de bois, et, le long des hanches, un grand tablier bleu. (Gustave Flaubert, *Madame Bovary*)

3. Les textes mixtes

Un même texte peut **mêler les temps du discours et les temps du récit**, comme le passé composé et le passé simple qui, en principe, s'excluent en français moderne.

Le discours dans le récit

- C'est le cas du **dialogue rapporté** (système du discours) dans un récit à la 3e personne au passé simple (système du récit) :

*L'avocat cria : « **Non lieu** » et, se retournant vers Thérèse : « **Vous pouvez sortir : il n'y a personne.** »*
Elle descendit des marches mouillées. Oui, la petite place semblait déserte. Son père ne l'embrassa pas, ne lui donna même pas un regard. (François Mauriac, *Thérèse Desqueyroux*)

- C'est également le cas quand l'émetteur entrecoupe son texte de **commentaires** ancrés dans la situation d'énonciation (discours) :

*Vers le milieu du jour, en courant de droite et de gauche, elle tomba dans une troupe de chamois en train de croquer une lambrusque à belles dents. Notre petite coureuse en robe blanche fit sensation. On lui donna la meilleure place à la lambrusque, et tous ces messieurs furent très galants… **Il paraît même – ceci doit rester entre nous, Gringoire –** qu'un jeune chamois à pelage noir eut la bonne fortune de plaire à Blanquette. Les deux amoureux s'égarèrent parmi le bois une heure ou deux, et **si tu veux savoir ce qu'ils se dirent, va le demander aux sources bavardes qui courent invisibles dans la mousse.*** (Alphonse Daudet, « La Chèvre de M. Seguin »).

Le récit dans le discours

C'est le cas, par exemple, de nombreux **récits de presse**. L'article commence dans le système du discours, pour intéresser le lecteur. Un événement passé est ensuite rapporté au passé simple en prenant du recul. Le texte se termine par un retour à l'actualité du lecteur, avec le passé composé :

➨ ***Il n'a pas fallu un quart d'heure à deux bandits armés pour vider les vitrines de la joaillerie Dubois de Saint-Amand.*** *Il était 12 h 45, mercredi, lorsque le premier pénétra dans le magasin. À 13 h la première voiture de police arriva en trombe.* ***Trop tard ! Les deux habiles malfrats ont disparu en emportant un sac de sport contenant 2 millions de francs de bijoux.***

POUR L'EXPRESSION ÉCRITE

■ Dans un **texte narratif**, il vaut mieux ne pas mélanger les deux systèmes : un paragraphe commencé au passé composé ne doit pas comporter de passé simple, et vice versa.

■ Il est indispensable de **bien associer le système d'énonciation** à utiliser **et le texte** que l'on doit produire : un texte de réflexion s'écrit dans un système sans passé simple ; un récit d'imagination s'écrit souvent à la 3e personne et au passé simple.

■ Sachez **identifier le système d'énonciation** auquel un texte appartient quand vous devez en écrire une suite. Respectez le système d'énonciation utilisé par l'auteur, en employant notamment les mêmes personnes et les mêmes temps.

RÉSUMÉ

1. Il existe **deux systèmes d'énonciation** selon la distance que l'émetteur veut prendre par rapport à son énoncé.

2. Le système du discours ancre l'énoncé dans la situation d'énonciation. Le contenu du texte est situé par rapport à l'émetteur : ***je, ici, maintenant.***
Le temps verbal de référence est le **présent**. Le **passé composé** rapporte les faits passés et le **futur** les faits à venir.

3. Le système du récit exclut l'émetteur de l'énoncé. Les faits semblent se raconter d'eux-mêmes et les événements se situent dans leur succession les uns par rapport aux autres : ***il, là-bas, alors***.
Le temps verbal de référence est le **passé simple**.

4. Certains textes présentent des caractéristiques **homogènes**. D'autres sont **mixtes** : il est possible d'insérer du discours dans le récit et du récit dans le discours.

EXERCICES

Identifier

1 À quel système d'énonciation appartient le texte suivant ? Quels sont les temps verbaux utilisés ?

SERRÉS DANS LE TRAIN...

Il y a cet entassement des corps dans le wagon, cette lancinante douleur dans le genou droit. Les jours, les nuits. Je fais un effort et j'essaye de compter les jours, de compter les nuits. Ça m'aidera peut-être à y voir clair. Quatre jours, cinq nuits. Mais j'ai dû mal compter ou alors il y a des jours qui se sont changés en nuits. J'ai des nuits en trop ; des nuits à revendre. Un matin, c'est sûr, c'est un matin que ce voyage a commencé. Toute cette journée-là. Une nuit ensuite. Je dresse mon pouce dans la pénombre du wagon. Mon pouce pour cette nuit-là. Et puis une autre journée. Nous étions encore en France et le train a à peine bougé. Nous entendions des voix, parfois, de cheminots, au-delà du bruit de bottes des sentinelles. Oublie cette journée, ce fut le désespoir. Une autre nuit. Je dresse un deuxième doigt dans la pénombre. Un troisième jour. Une autre nuit. Trois doigts de ma main gauche. Et ce jour où nous sommes. Quatre jours, donc, et trois nuits. Nous avançons vers la quatrième nuit, le cinquième jour. Vers la cinquième nuit, le sixième jour. Mais c'est nous qui avançons ? Nous sommes immobiles, entassés les uns sur les autres, c'est la nuit qui s'avance, la quatrième nuit, vers nos futurs cadavres immobiles.

Jorge Semprun, *Le Grand Voyage*, © Gallimard.

2 Même exercice.

Depuis longtemps, il n'avait personne à qui sourire et il ne savait plus ; quand il voulait sourire, ses muscles ne lui obéissaient plus... Ainsi, il avait tout ce qu'il lui fallait sur cette île, de quoi boire et manger, une maison, un lit pour dormir, mais, pour sourire, personne, et son visage en était comme glacé.

C'est alors que ses yeux s'abaissèrent vers Tenn. Robinson rêvait-il ? Le chien était en train de lui sourire ! D'un seul côté de sa gueule, sa lèvre noire se soulevait et découvrait une double rangée de crocs. En même temps, il inclinait drôlement la tête sur le côté et ses yeux couleur de noisette se plissaient d'ironie. Robinson saisit à deux mains la grosse tête velue et ses paupières se mouillèrent d'émotion, cependant qu'un tremblement imperceptible faisait bouger les commissures de ses lèvres. Tenn faisait toujours sa grimace et Robinson le regardait passionnément pour réapprendre à sourire.

Michel Tournier, *Vendredi ou la vie sauvage*, © Gallimard.

3 Dans le texte suivant, relevez les verbes à l'indicatif. Identifiez leur temps. Que constatez-vous ?

« GORILLES DANS LA BRUME »

Gorilles dans la brume raconte une histoire vraie. Celle d'une Américaine, Dian Fossey, qui a consacré sa vie à l'étude et à la protection des gorilles des hautes montagnes du Rwanda, en Afrique.

Avant les études de Dian Fossey, qui a passé dix-huit ans de sa vie en compagnie des gorilles, on ne savait presque rien de ces grands singes. Ces gorilles de haute montagne ne sont plus, aujourd'hui, que 260 environ. Ils vivent dans la chaîne des volcans de Virungas, au Rwanda, au Zaïre et en Ouganda.

Pendant tout son séjour au Rwanda, Dian Fossey dut lutter contre les chasseurs et les braconniers qui essayaient de tuer des gorilles ou de capturer des petits pour les envoyer dans des zoos. Elle lutta aussi pour limiter l'afflux de touristes dans le parc réservé aux gorilles.

En défendant ainsi les gorilles, Dian Fossey se fit beaucoup d'ennemis. Et, malheureusement, elle fut assassinée par l'un d'entre eux, le 26 décembre 1985.

Gorilles dans la brume raconte la passion de cette femme pour les gorilles, avec beaucoup de sensibilité. Sigourney Weaver incarne Dian Fossey. Sa performance est d'autant plus remarquable qu'elle a dû, pour jouer ce rôle, se mêler aux gorilles et s'en faire des amis. Il lui a fallu, sans doute, comme à toute l'équipe d'acteurs et de techniciens, beaucoup de courage pour approcher des animaux aussi impressionnants et dangereux.

Okapi, n° 413, 15 février 1989, © Bayard Presse.

4 Identifiez les temps verbaux du discours et du récit. Justifiez leur emploi.

LA CHAPELLE SAINT-ÉLOI

À l'extrémité ouest du boulevard Heurteloup, la chapelle Saint-Éloi abrite une partie des archives municipales. Les étudiants et amateurs d'histoire férus d'histoire locale connaissent bien sa salle de lecture, au premier étage, et la salle d'exposition du second couverte par une voûte en berceau du XVIIe siècle.

Mais quelle est l'histoire de cette chapelle ? [...] À l'origine, la chapelle appartenait aux chanoines de Saint-Martin qui la donnèrent ensuite aux religieux de Saint-Florent de Saumur.
Ceux-ci y construisirent un prieuré, supprimé en 1778 pour être transformé en maison particulière, puis en dépôt de salpêtre sous la Révolution.
Plus tard, et pendant plus d'un siècle, jusqu'en 1979, les bâtiments furent transformés en brasserie. [...]
En 1987, la ville de Tours achète la chapelle et entreprend sa rénovation pour y installer une partie des archives municipales. La nef du XVe siècle est conservée. [...] Tous les vitraux ont été restaurés et sont protégés par un survitrage encadré de bronze.

La Nouvelle République du Centre-Ouest, 20-09-1997.

5 Même exercice.

PARLER COMME UN SEUL HOMME

La Bible raconte qu'il y a longtemps, très longtemps, tous les hommes du monde parlaient une seule et même langue. Et tout allait pour le mieux dans la plus totale compréhension... Jusqu'au jour où, du côté de Babel (Babylone), ils construisirent une gigantesque tour pour s'approcher du ciel. Dieu, indigné de leurs prétentions, leur envoya une malédiction de son cru : chacun se mit à baragouiner un jargon que les autres ne comprenaient pas. Leur beau projet s'effondra et naquirent une multitude de langues. Loin de cette anecdote biblique, des spécialistes se sont posé la question : et si toutes les langues du monde étaient dérivées d'une langue unique ? La réponse fait encore couler beaucoup d'encre.

G. et H. Walter, dossier « L'histoire des langues », *Science et vie junior,* n° 73.

6 Même exercice.

UN BON LIVRE

– Ouais ! Bonne nouvelle ! exultait Carlie en revenant vers lui. Regarde : *Infirmière dans les Appalaches !* (Elle le lui agitait sous le nez.) Et ça commence bien, écoute : « L'infirmière Laurie Myerds s'avançait sur la route sombre. Elle était épuisée, mais elle savait que des hommes, à la mine, venaient d'avoir un accident, et qu'ils avaient besoin d'elle... » (Elle releva les yeux.) Tiens, tu as trouvé ce que tu cherchais ? [...]
Carlie avait repris son livre.
– Écoute un peu : « Dans les profondeurs de la mine, Michael gisait, blessé. Il avait un bras coincé sous l'un des étais de la mine. » (Elle jeta un coup d'œil sur Harvey.) Tu sais, tout le monde la supplie de ne pas y aller, parce que c'est dangereux, mais elle y va quand même... (Elle feuilletait les pages de son livre.) C'est vraiment très chouette, écoute la fin : « Michael regarda Laurie... » Là, je crois qu'ils sont sortis de la mine. « Il la prit dans ses bras. » Rends-toi compte, Harvey ! Elle a même réussi à lui sauver son bras ! « Il lui dit : “Ma vie vous appartient, et vous appartiendra toujours, parce que sans vous je l'aurais perdue.” Laurie répondit d'une voix douce : “Sans votre amour, la mienne n'aurait pas de sens.” Ils s'embrassèrent. »
Carlie referma son livre d'un coup sec.
— On dira ce qu'on voudra, moi c'est ce que j'appelle un bon livre.
Elle le reposa sur le bureau.

Betsy Byars, *Balles de flipper,* trad. de R. M. Vassallo, © Flammarion, « Castor poche », 1984.

Transformer

7 Transposez le texte suivant dans le système du discours en écrivant le rapport du gardien chargé de surveiller le prisonnier.

EN PRISON

Lorsque Dutilleul pénétra dans les locaux de la Santé, il eut l'impression d'être gâté par le sort. L'épaisseur des murs était pour lui un véritable régal. Le lendemain même de son incarcération, les gardiens découvrirent avec stupeur que le prisonnier avait planté un clou dans le mur de sa cellule et qu'il y avait accroché une montre en or appartenant au directeur de la prison. Il ne put ou ne voulut révéler comment cet objet était rentré en sa possession. La montre fut rendue à son propriétaire et, le lendemain, retrouvée au chevet de Garou-Garou avec le tome premier des *Trois Mousquetaires* emprunté à la bibliothèque du directeur. Le personnel de la Santé était sur les dents. Les gardiens se plaignaient en outre de recevoir des coups de pied dans le derrière, dont la provenance était inexplicable. Il semblait que les murs eussent, non plus des oreilles, mais des pieds.

Marcel Aymé, *Le Passe-Muraille,* © Gallimard.

8 À partir du texte suivant, écrivez la biographie d'un écrivain imaginaire qui décida, un jour, d'écrire des poèmes avec son ordinateur. Vous utiliserez le système du récit.

ÉCRITURE POÉTIQUE

Faites faire vos poèmes par votre ordinateur.
Vous n'avez jamais eu la veine poétique et vous calez devant la page blanche. Alors... pensez à ce cher Ordolphe, votre ordinaserviteur.
Demandez-lui d'écrire à votre place. Mais sans trop d'illusions sur vos capacités créatives. Tous

les efforts des spécialistes en intelligence artificielle n'ont pas encore éliminé les phrases du style « les poissons aiment les chats chauds » ou « le poteau mange le disque ». Notre projet devra donc être beaucoup moins ambitieux.
Solution : celle adoptée par Raymond Queneau dans son célèbre *Cent mille milliards de poèmes*. Chaque page d'un livre est découpée en bandes horizontales, avec une phrase sur chaque bande. Dès lors, on tourne non plus les pages, mais les bandes, pour obtenir un assemblage de phrases formant poème.
L'adaptation informatique est facile : on crée une base de phrases dans laquelle on va puiser en tirant au hasard. Pour respecter l'idée de Queneau et améliorer la cohérence des textes proposés, on imaginera de créer des quatrains ; notre « base » sera donc en fait composée de 4 mini-bases : un premier groupe de phrases pouvant figurer en introduction (la première ligne), puis deux groupes « intermédiaires » et un groupe pour conclure.

Jacques Deconchat, *Science et vie junior*, n° 49, juin 1993.

Employer

9 Voici une liste de textes à écrire. Pour produire chacun d'eux, dites si vous devriez utiliser le système du discours ou le système du récit. Disposez vos réponses sous forme de tableau à deux colonnes.

conte de fées ; conversation téléphonique ; cours de biologie ; déclaration d'amour ; flash d'information ; histoire drôle ; interview ; lettre de candidature à un emploi ; nouvelle fantastique ; petite annonce ; résumé de film ; roman d'aventures ; roman policier ; texte publicitaire.

10 Imaginez la suite du texte en respectant le système d'énonciation.

UNE ESCALADE TRAGIQUE

Avec Lothar, un ami de longue date, j'avais décidé de passer l'été en montagne…
Et le 13 juillet, tout contents, nous voilà dans le petit train du Montenvert, petit sac léger sur le dos, prêts à affronter la foule du refuge et les parois de l'Envers-des-Aiguilles.
Au matin du 14 juillet, grand beau temps. Le ciel est tout bleu, pas un nuage. 8 heures : nous partons du refuge à l'assaut de la voie Pyramide dont le départ se situe à cinq minutes de là. À cinq mètres du rocher, je m'arrête pour admirer la face et deviner l'itinéraire. Lothar me rejoint et me dit : « Viens, nous allons changer nos chaussures un peu en contrebas. » En moi-même, je pense : « Pourquoi dans la neige alors qu'il y a une belle terrasse rocheuse au soleil, au pied de la paroi ? » Sans me poser plus de questions, je fonce vers la plate-forme. Au moment d'enjamber le trou entre le glacier et le rocher, la neige s'effondre sous moi et tout se passe alors très vite. Je réalise que j'ai fait une énorme bêtise : j'ai oublié que j'étais sur un glacier ! Tout le monde sait qu'entre le glacier et le rocher, il y a une rimaye. C'est en fait un trou qui peut être bouché suivant la saison, ou bien atteindre jusqu'à deux cents mètres de profondeur à certains endroits.

Catherine Destivelle, *Solo en montagne*, © Flammarion.

11 Même exercice.

Si le lecteur ne craint pas de se hasarder avec nous dans ces rues de Paris que nous lui avons montrées à la fin du chapitre précédent si désertes et si sombres, nous le transporterons à l'angle de la rue Coquillière et de la rue du Séjour ; à peine y serons-nous embusqués, que nous verrons, par une porte dérobée de l'hôtel de Touraine, qui devint depuis l'hôtel d'Orléans, sortir un homme enveloppé d'une de ces grandes houppelandes dont le capuchon se rabattait sur le visage, lorsque celui qui les portait voulait demeurer inconnu. Cet homme, après s'être arrêté pour compter l'heure, qui sonne dix fois à la grosse horloge du Louvre, trouve sans doute que cette heure est dangereuse car il tire son épée du fourreau… Suivons-le dans la rue des Étuves.
Cependant, si pressé qu'il nous ait paru d'abord, ce personnage que nous avons entendu nommer maître Louis s'arrête dans l'allée, remet son épée au fourreau, et, jetant sur les bras de son introductrice l'espèce de manteau à larges manches dont il est enveloppé, paraît vêtu d'un costume simple mais élégant […]. Lorsqu'il se trouva débarrassé de son manteau, maître Louis donna un instant à sa toilette.

d'après Alexandre Dumas, *Isabel de Bavière*, II.

Confusions verbales (1)

Objectif ▶ Distinguer les modes personnels et impersonnels : participe, infinitif, temps de l'indicatif.

OBSERVATION

La chute

Il écrivait depuis longtemps déjà, sans quitter sa table de travail, il n'avait pas fermé l'œil depuis deux nuits et ne pensait même plus à boire ou à manger. Il voulait achever son roman avant la fin de la semaine et il ne lui restait plus que quelques pages à rédiger avant d'inscrire le mot FIN.

Assommé de fatigue, titubant au fond de cette fatigue, l'homme sentit soudain qu'il tombait privé de muscles et de nerfs dans une sorte de vertige sans fond. Il vit la feuille de papier devenir un gouffre livide qui s'entrouvrait, se creusait, puis il perdit connaissance.

On ne revit jamais nulle part l'écrivain que l'on rechercha en vain et, comme on avait trouvé son manuscrit achevé, on le fit imprimer.

Et, dans le dernier paragraphe de son texte, si quelqu'un y avait pensé, on aurait pu retrouver l'auteur disparu, brutalement tombé dans son livre. C'était un roman de science-fiction assez confus, une sorte d'errance d'un groupe d'individus de planète en planète, trimbalés d'un piège galactique à un improbable cauchemar. L'auteur était là, coincé dans sa dernière phrase, celle-là même qui le décrivait, de façon très banale, à jamais enlisé dans les marais gluants d'une planète perdue que personne ne découvrirait jamais puisqu'elle n'avait jamais existé.

Jacques Sternberg, *188 contes à régler*, © Denoël, 1988.

QUESTIONS

1 ▶ Quelle est la nature des mots en couleur dans le texte ?

2 ▶ Parmi les mots en rose, quels sont ceux dont la terminaison peut se confondre avec d'autres formes ? Lesquelles ?

3 ▶ Observez les mots en rose et complétez l'affirmation suivante : Dans une phrase, un verbe à l'... est souvent précédé d'une ... ou d'un verbe ... .

4 ▶ À quels temps et à quels modes le verbe *perdre* est-il employé dans le texte ?

5 ▶ À partir de chaque forme soulignée, reconstituez un couple sur le modèle : *« il perdit / perdu, -e »*. Quels sont les couples qui présentent un risque de confusion orthographique ?

6 ▶ Quelle est la différence essentielle entre les formes en rose et les formes en vert ?

LEÇON

1. Infinitif en *-er*, participe en *-é*, imparfait *(-ais, -ait, -aient)*

■ Il ne faut pas confondre l'infinitif en **-er** et le participe passé en **-é** , **-ée**, **-és**, **-ées**. Le risque de confusion est accru avec les suites : ***a*** (auxiliaire *avoir*) + participe passé en **-é (-ée, -és, -ées)** / ***à*** (préposition) + infinitif en **-er** :

➡ *Il **a mangé**. Donne-lui **à manger**.*

■ **Remarques**

◆ Dans les verbes du 1er groupe, on distinguera infinitif, participe passé et 2e personne du pluriel en **-ez** :

➡ *Vous avez **oublié** de **préciser** quels films vous **préférez**.*

◆ Dans la phrase, on distinguera **les infinitifs en -er** et les personnes de **l'imparfait de l'indicatif** : **-ais**, **-ais**, **-ait** (1re, 2e, 3e sing.), **-aient** (3e pl.).

➡ ***J'espérais arriver** avant la fermeture.*

2. Passé simple, participe passé en *-i*, en *-u*

■ Dans les verbes du 2e et du 3e groupe, on veillera notamment :

◆ à ne jamais ajouter de **-t** aux participes passés en **-i** et en **-u** :

➡ *Un texte **lu**, un travail **fini**.*

◆ à ne jamais oublier les désinences **-s** et **-t** du passé simple :

➡ *Je / tu grand**is**, il grand**it**.*

		Passé simple		Participe passé			
				Singulier		Pluriel	
				M	F	M	F
Modèle 1	**2e groupe**	je/tu finis	il finit	fini	finie	finis	finies
Modèle 2	**3e groupe**	je/tu sentis	il sentit	senti	sentie	sentis	senties
Modèle 3	**3e groupe**	je/tu pris	il prit	pris	prise	pris	prises
Modèle 4	**3e groupe**	je/tu dis	il dit	dit	dite	dits	dites
Modèle 5	**3e groupe**	je/tu voulus	il voulut	voulu	voulue	voulus	voulues
Modèle 6	**3e groupe**	je/tu inclus	il inclut	inclus	incluse	inclus	incluses

■ La 3e personne du pluriel du passé simple ne doit pas être confondue avec l'infinitif présent dans les cas suivants :
-irent/-ir (2e gr. : *ils finirent / finir*), **-irent/-ire** (3e gr. : *ils dirent / dire*), **-urent/-ure** *(ils conclurent / conclure)*.

3. Le présent de l'indicatif

Les participes passés en **-t (-te, -ts, -tes)** ne doivent pas être confondus avec les trois personnes du singulier du présent de l'indicatif :

◆ dans les verbes en **-uire** : *je, tu **cuis** / **cuit*** ou *je, tu **luis** / **lui** ;*

◆ dans les verbes en **-indre** : *je, tu **peins** / **peint** ;*

◆ pour ***faire*** et ses composés : *je, tu **fais** / **fait** ;*

◆ pour ***écrire***, ses composés et les verbes en **-scrire** : *je, tu **décris** / **décrit**.*

Quelle clé utiliser ?

Clé de la substitution

1 Choisissez la forme entre parenthèses qui convient après en avoir donné un synonyme du 3e groupe.

1. Elle a (passé/passer) une robe en vitesse.
2. J'ai failli (égaré/égarer) ma montre.

> Quand on hésite entre un **participe passé en -é (-ée, -és, -ées)** et un infinitif en **-er**, il suffit de remplacer la forme du 1er groupe par un verbe du 3e groupe ; la substitution est plus facile si le verbe du 3e groupe est un synonyme ou un verbe de sens proche :
> *Les loups vont **dévorer (mordre)** leur proie. / Les loups ont **dévoré (mordu)** leur proie.*

2 Choisissez la forme entre parenthèses qui convient.

1. Ils n'ont pas (voulut/voulu) revenir.
2. Il (voulut/voulu) s'enfuir, mais son manteau le (trahit/trahi).

> Pour savoir si on a affaire à un **temps de l'indicatif**, il suffit de remplacer la forme sur laquelle on hésite par une autre forme conjuguée :
> ***Il voulut*** (**ils voulurent** serait possible) *retrouver l'animal qui **avait disparu*** (« *Les animaux qui avaient *disparurent* » serait impossible).

Clé de la dérivation

3 Donnez le masculin singulier des formes suivantes.

écrite ; conduite ; surprise ; aperçue ; incluse ; offerte.

> Au participe passé, **le recours au féminin** apporte un renseignement sur l'orthographe du masculin.
> • Quand on entend une consonne au féminin, on sait qu'elle existe sous forme muette au masculin : *permi**se*** renseigne sur *permi**s***.
> • Quand on n'entend pas de consonne au féminin, le masculin se termine par une voyelle : *fini**e*** renseigne sur *fin**i***, *perdu**e*** renseigne sur *perd**u***.

Clé de la place

4 Dans chaque phrase, désignez le mot qui justifie la présence de l'infinitif souligné.

1. Ils ne tarderont pas à arriver.
2. Ils doivent arriver dans un instant.
3. Ils sont partis tôt pour arriver à l'heure.
4. Ils n'ont pu, malgré tous leurs efforts, arriver à temps.

> Très souvent dans la phrase, un infinitif est précédé d'une préposition comme *à, de, pour, sans,* ou d'un verbe conjugué comme *faire, pouvoir, vouloir, savoir, devoir,* etc.

EXERCICES

1 Choisissez la forme entre parenthèses qui convient.

1. Elle continua à vivre dans cette demeure, servie par les fidèles domestiques, (surveiller/surveillée) de près par ses parents et ses frères qui se relayaient pour lui rendre visite, (contrôler/contrôlée) ses dépenses et prendre jusqu'aux moindres décisions. (I. Allende)
2. Ses manières étaient devenues (décider/décidées), hardies, comme le sont celles des hommes (habituer/habitués) à (trancher/tranché), à (dominer/dominé), à réussir. (Balzac)

2 Complétez les formes inachevées par *-é, -er* ou *-ez*.

J'avais demand… trois fois mon chemin. Au dernier arrêt un petit vieux tout en noir a chang… son panier de bras et s'est pench… par la portière. « Je vois ce que vous voul… dire, vous sort… du village et vous verrez un sentier à main gauche. Vous suiv… sur cinq cents mètres et vous verrez la maison un peu en hauteur. Faites attention, c'est l'heure où l'on rentre les chèvres, vous risqu… d'en rencontr… un troupeau et elles sont un peu fada. » (P. Cauvin)

3 Donnez la 1re personne du passé simple et le participe passé des verbes suivants.

vivre ; apercevoir ; attendre ; croire ; abattre ; admettre ; partir ; accomplir ; dormir ; plaire.

4 Donnez le mode et le temps des formes soulignées.

Il <u>nageait</u> régulièrement. Le battement de ses pieds <u>laissait</u> derrière lui un bouillonnement d'écume, l'eau <u>fuyait</u> le long de ses bras pour se <u>coller</u> à ses jambes. Un lourd clapotement lui <u>apprit</u> que Tarrou <u>avait plongé</u>. Rieux <u>se mit</u> sur le dos et se tint immobile, face au ciel <u>renversé</u>, plein de lune et d'étoiles. Il respira longuement, puis il <u>perçut</u> de plus en plus distinctement un bruit d'eau <u>battue</u>, étrangement clair dans le silence. (A. Camus)

5 Choisissez la forme entre parenthèses qui convient.

1. La minute qui (suivit/suivie) lui (parut/paru/parue) d'une longueur extraordinaire. (E. About)
2. (Remplis/rempli) de terreur, je (repartis/reparti) à la recherche de Toine. (M. Bernanos)
3. L'affaire (conclut/conclue), il ne s'agissait plus que de trouver un guide. (J. Verne)
4. Le son de votre voix a été (perçut/perçu), on a tout de suite (saisit/saisi) que vous vouliez dire quelque chose. (J. Fulgence)
5. Les marins (repartit/repartis), il (fallut/fallu) songer à peupler les îles. (C. Garnier)

6 Même exercice.

1. Il n' (aimer/aimait) pas cette façon qu'elle avait de (planter/plantait) ses yeux gris dans les vôtres. (J.-P. Nozière)
2. Hébété je la (fixer/fixais) sans même (songer/songeais) à m'en (débarrasser/débarrassais), et elle (finit/finie) par (s'enrouler/s'enroulait) à mon poignet. (M. Bernanos)
3. J' (aimer/aimais) à (imiter/imitais) toutes les petites filles de campagne, qui ont pour coutume de (crier/criaient) leurs chansons à pleine tête. (G. Sand)
4. Il sentait bien que ses parents faisaient semblant de se (fâcher/fâchaient) et qu'ils étaient fiers quand il (imaginer/imaginait) une bêtise originale. (B. Friot)

7 Remplacez l'infinitif par la forme qui convient (indicatif présent ou participe passé).

1. Les pains étaient (cuire), il fallut les retirer du four.
2. Qu'avons-nous donc (faire) pour mériter un sort pareil ? (J.-C. Berline)
3. Je vous (écrire) pour vous dire que j'ai beaucoup aimé votre livre. (B. Friot)
4. Il te suffit de grimper encore deux cents mètres et tu (rejoindre) la route. (R. Cook)

8 Choisissez la forme entre parenthèses qui convient.

1. Ouvriers et employeurs ne purent (conclure/conclurent) aucun accord et (repartir/repartirent) comme ils étaient venus.
2. Quand les premiers coups de tonnerre (retentir/retentirent), les bêtes affolées (s'enfuir/s'enfuirent).
3. Malgré la gravité de la situation, les voisins ne songèrent pas à (avertir/avertirent) la police.
4. Les touristes égarés (réussir/réussirent) à prendre quelques poissons et (cueillir/cueillirent) quelques fruits pour se (nourrir/nourrirent) en attendant les secours.

Délimiter l'espace

Objectif ▶ Utiliser des mots permettant de se repérer dans l'espace.

En classe

La porte de la classe a claqué très fort. Pas la grande porte […] : non, celle de derrière, qui est tout le temps fermée à clé ! Quand on l'ouvre, on tombe sur l'escalier en fer qui descend directement dans la cour de récré. […] L'homme en noir est entré par là. Il a traversé toute la salle jusqu'à l'estrade, droit sur la maîtresse.

Thierry Jonquet, *La Bombe humaine*, © Syros.

QUESTIONS

1 ▶ Quels sont les espaces évoqués ?

2 ▶ Sur quoi donne la porte de derrière ? Quel sens a le verbe *tomber* ?

3 ▶ Comment l'homme en noir se déplace-t-il dans la salle ?

LEÇON

1. Définir un espace

Espace **Étendue, volume** ou **surface** plus ou moins délimités **Distance** entre deux éléments	– Étendue : *l'espace **clos** d'une pièce, d'un jardin.* – Volume : *l'espace **aérien*** (où se déplacent les avions) *;* *l'espace **intersidéral**, la conquête de l'espace.* – Surface : *un espace **vert**, un espace **désertique** ;* *un espace de **dix mètres carrés** (10 m^2).* – Distance : *un espace ménagé entre chaque table ;* *un(e) espace entre deux lettres, deux mots.*
Surface, aire, superficie – Partie extérieure : – Étendue et mesure : – Mesure d'une surface : – Surface plane : – Surface mesurée : – Lieu où s'étendent une activité, l'action de quelqu'un :	– *La **surface** de la Terre ; la **surface** de l'eau.* – *La **surface** au sol ; calculer la **surface** habitable d'une maison.* – *Calculer la **superficie** du champ.* – *L'**aire** où l'on bat le blé ; l'**aire** d'un aigle ; l'**aire** d'atterrissage.* – *L'**aire** d'un triangle.* – *Une **aire** d'activité, une **aire** d'influence.*
Espace entre deux limites – **L'interstice** – **L'écart** – **L'intervalle** – **Le vide**	– *L'**interstice** entre les deux pierres suffit à la fourmi pour passer.* – *L'**écart** entre les jambes du compas est ici de cinq centimètres.* – *Un **intervalle** de sept mètres entre chaque arbre fut ménagé.* – *Le **vide** interstellaire est infini.*

2. Agir dans un espace

Le délimiter	**Circonscrire** : entourer d'une ligne, d'une limite, à restreindre à l'intérieur d'un périmètre.	***Circonscrire*** *une propriété par un mur.* ***Circonscrire*** *un incendie.*
L'aménager	**Aménager** : disposer en vue de l'usage prévu. **Agencer** : installer, en combinant les éléments pour constituer un ensemble.	*Ils ont bien* ***agencé (aménagé)*** *leur appartement.*
Le parcourir	– **Traverser** – **Fendre** – **Franchir**	– ***Traverser*** *la cour en diagonale.* – ***Fendre*** *la foule comme un navire fend la mer.* – ***Franchir*** *un col difficile, un obstacle.*

3. Se situer par rapport à un espace

À l'intérieur	***Dans l'enceinte*** *du parc.*
À l'extérieur	***Hors de, en dehors de*** *la ville.*
Sur le pourtour (sur le tour, sur le bord)	*Le* ***pourtour*** *de la Méditerranée.*
À la périphérie (ce qui s'étend sur le pourtour)	*À la* ***périphérie*** *de la ville.*
Sur le côté	*Les portes* ***latérales*** *d'une voiture.*
Mitoyen (commun à deux espaces)	*Un mur* ***mitoyen*** *; une maison* ***mitoyenne*** (qui touche la maison voisine).
Espaces communicants	*Cette rue* ***donne, débouche, tombe*** *sur un boulevard. Ce chemin* ***aboutit, mène, arrive, conduit*** *à une ferme.*

EXERCICES

1 **a. En utilisant des mots de la leçon, situez quelque part quatre personnages.**

b. Rédigez un paragraphe de six phrases en les faisant se déplacer par rapport à un espace.

2 **Complétez par le mot qui manque et rédigez une phrase avec chaque groupe de mots.**

1. La … <u>de réparation</u> est la partie située à chaque extrémité d'un terrain de football, dans laquelle, en cas de faute, l'équipe lésée tirera directement le ballon dans les buts, en face du seul gardien. – **2.** Le long de l'autoroute, sont aménagées des … <u>de repos</u> pour permettre aux automobilistes de se délasser. – **3.** Au bout d'un moment, le plongeur est <u>remonté à la</u> … . – **4.** La municipalité a installé une … <u>de jeux</u> à proximité des immeubles. – **5.** Cette grande ville est entourée d'un <u>boulevard</u> … qui délimite la ville de sa banlieue et permet de circuler mieux.

3 **Expliquez ce que signifient les trois phrases suivantes en commentant les mots soulignés.**

1. Évite les <u>écarts</u> de langage. – **2.** Il manque de profondeur, il est <u>tout en surface</u>. – **3.** Ne t'en tiens pas à la <u>superficie</u> des choses : en l'<u>espace</u> d'une minute, tu ne peux <u>circonscrire</u> le problème.

4 **Dessinez le plan d'une ville imaginaire, puis décrivez-la en utilisant des mots de la leçon.**

HISTOIRE DE LA LANGUE

Urbi et orbi, extra-muros, intra-muros

De nombreuses expressions latines sont encore employées pour désigner un espace. Il peut s'agir d'un latin emprunté au discours religieux ou juridique. Ainsi proclamer quelque chose ***urbi et orbi*** correspond aux mots utilisés par le pape lors de sa bénédiction *urbi et orbi,* faite « à la ville et à l'univers ». Au début du XIXe siècle sont attestées les expressions ***extra-muros*** et ***intra-muros***, signifiant « hors des murs » et « à l'intérieur des murs », et plus précisément « dans la ville » ou « en dehors des limites administratives de la ville » : Lyon *intra-muros,* Marseille *extra-muros.*

Valoriser, minimiser une information

Objectif ▶ Maîtriser une stratégie et disposer de formules pour valoriser ou minimiser une information.

QUESTIONS

1 ▶ De quelle information part le dialogue ? Qui a une opinion favorable du fait évoqué ? Qui émet des réserves ?

2 ▶ Citez les mots et expressions qui valorisent la découverte.

3 ▶ Citez les mots et expressions qui minimisent la découverte. Connaissez-vous d'autres moyens de minimiser une information ?

LEÇON

1. Valoriser une information

On peut utiliser :

- **un mot ou une expression hyperboliques** : *l'affaire du siècle ; la voiture de l'année ; une prouesse ; un tour de force ; un exploit ; une performance...*
- **de nombreux adjectifs hyperboliques** : *un projet **gigantesque** ; une joie **infinie** ; une portée **incalculable** ; une conséquence **immense**...*
- **un adjectif** marqué d'un **degré de comparaison ou d'intensité** : *l'une **des plus grandes** prouesses ; l'événement **le plus considérable**...*
- **une construction négative** qui équivaut à une affirmation : *des qualités sur lesquelles **il est inutile** d'insister...*

2. Minimiser une information

Moyens employés	Expressions
Admettre les faits à un niveau particulier, mais les refuser à un niveau général.	*Même si... il n'en reste pas moins vrai que...* *Il est exact que... mais on peut raisonnablement se demander si...* *Ces cas sont peu nombreux, sont le fait d'un nombre limité de personnes...* *Mais... En revanche... Cependant...*
Prendre l'interlocuteur à témoin.	*Soyons sérieux, voulez-vous ?* *Les cas que vous m'avez cités sont isolés / marginaux / peu nombreux.*
Présenter un contre-exemple.	*Je connais au contraire de nombreux cas...* *Il n'en reste pas moins que...*
Déplacer l'objet du problème.	*C'est vrai qu'il existe quelques cas, mais on notera aussi... on n'oubliera pas de signaler que...*

EXERCICES

1 Présentez une application informatique qui transcrit des paroles correctement orthographiées et les traduit en cinq langues. Valorisez le produit.

2 Présentez une publicité pour un appareil ou un produit de votre choix, réel ou imaginaire.

3 Valorisez, au choix, une des informations suivantes.

1. Le nombre de crimes de sang dans la population française n'a pas augmenté depuis 1960.
2. On diminue le temps de travail hebdomadaire dans les écoles.
3. Pavel Vinogradov a réussi à réparer la station MIR en août 1997.
4. La Convention internationale des droits de l'enfant a été signée en novembre 1989.
5. Des associations lancent une campagne contre le bizutage.

4 Minimisez une des informations suivantes.

1. Un groupe de médecins annonce qu'un malade a reçu un foie électronique.
2. On a recueilli plusieurs témoignages sur les OVNI.
3. Les jeunes de 4 à 14 ans passent en moyenne 109 minutes par jour devant la télévision.
4. Le ministre s'inquiète du retard de la France en informatique.

5 Certains adultes affirment que les jeunes ne s'intéressent plus à rien. Pour les contredire, citez un ou plusieurs sujets qui vous passionnent. Présentez-le(s) en le(s) valorisant et minimisez le propos des adultes.

Écrire pour informer

Objectif ▶ Rédiger un article de presse en respectant les règles de plan et en choisissant un point de vue.

Mystère à Marjolas

Un mystère à Marjolas ? Mais oui. Parfaitement. Un mystère plane sur notre commune. Qui l'aurait dit, qui l'aurait cru ? Dans notre bonne petite commune garonnaise de Marjolas, une énigme a été découverte hier.

Découverte ne signifie pas résolue.

Parfaitement ! Une énigme et qui n'a pas fini d'intriguer l'opinion. Venons-en aux faits.

Hier, un habitant de notre commune a découvert, au bord d'un chemin vicinal, une valise apparemment très ordinaire et qui était tombée – ou qui avait été déposée – dans l'herbe jaunie d'un talus.

La valise n'étant pas fermée à clé, notre Marjolais – ou Marjolacien puisque nous ne sommes pas encore d'accord sur l'appellation qu'il faut donner aux habitants de Marjolas – notre Marjolais l'ouvrit et fut fort intrigué.

Que contenait donc cette valise ?

1. Un flacon sans étiquette pharmaceutique mais contenant probablement de l'alcool.

2. Trois pièges à rats du genre dit « tapette » mais d'assez grand modèle.

3. Un volume à la reliure très fatiguée, aux pages plus ou moins défaites. Les *Chroniques toulousaines* de Raymond Desfabres, édité en 1881 et consacré à l'histoire de la capitale languedocienne, des origines jusqu'au XVIIe siècle.

4. Des gants de caoutchouc usagés.

La valise ne portait aucun nom de propriétaire et elle a été déposée à la mairie où notre secrétaire la tient à la disposition de son possesseur.

En attendant, les Marjolais – ou Marjolaciens – se perdent en conjectures à propos de cette mystérieuse valise et de son bizarre contenu.

Nous tiendrons, bien entendu, nos lecteurs au courant.

Pierre Gamarra, *Six Colonnes à la une*,

QUESTIONS

1 ▶ Quels effets cet article cherche-t-il à produire sur le lecteur ?

2 ▶ Quel est le plan de l'article ? Donnez un titre à chaque partie.

3 ▶ Quels mots et expressions mettent en relief le caractère sensationnel de l'information ?

4 ▶ Quels procédés d'expression cherchent à entretenir le suspense ?

LEÇON

1. L'article de presse

■ L'article de presse présente un événement qui, pour une raison ou pour une autre, échappe à la norme et au quotidien.

■ Il doit être rédigé de manière à être compris par le maximum de lecteurs.

2. Deux circuits de lecture

La rédaction d'un article de presse obéit à certaines règles et prend en compte deux circuits de lecture : l'un pour le lecteur pressé, l'autre pour le lecteur qui désire tout connaître de l'événement.

■ **Le circuit court** : l'article comprend un **titre**, éventuellement un **sous-titre**, un « **chapeau** » qui résume l'essentiel de l'article, et parfois une **photo** et sa **légende**.

■ **Le circuit long** : c'est l'article lui-même, auquel on se réfère pour approfondir ses connaissances sur le fait évoqué.
Plus l'article est long, plus il doit être coupé d'**intertitres** qui résument le contenu de chaque paragraphe et relancent l'intérêt.

3. Règles d'écriture

■ Selon la « **règle des cinq** », le chapeau ou la première phrase de l'article doit répondre à cinq questions essentielles : **qui ? quoi ? où ? quand ? pourquoi ?**

■ Le **plan** le plus courant et le plus efficace comporte **trois parties** : les **faits** ; leurs **causes** ; leurs **conséquences**.

■ **Le point de vue**

◆ **Neutre** : l'événement est raconté le plus objectivement possible par un narrateur qui s'interdit tout jugement.

◆ **Le témoignage** : l'événement est vu par un ou plusieurs témoins que l'on fait parler et devant qui le narrateur s'efface.

◆ **La vision orientée** : le narrateur prend parti en donnant son point de vue personnel. Il peut choisir l'ironie ou la dramatisation.

EXERCICES

1 Récrivez le texte suivant de façon informative avec un autre titre, un sous-titre, un chapeau et en utilisant le plan : faits – causes – conséquences.

FOLLE NUIT D'AVENTURE

Un authentique Indiana Jones de Bourges a été piqué par l'envie de découvrir des horizons inconnus en traversant une rivière qui serpente dans la ville, l'Auron. En réalité, il voulait rejouer *À la poursuite du diamant vert*, histoire d'impressionner deux copines qu'il avait embarquées dans son beau 4 x 4. Ça s'est passé en pleine nuit et, à l'heure où l'on dort, la voiture s'est enlisée dans… le lit de la rivière, bêtement. L'accident a singulièrement nui à la réputation du conducteur, navré de finir, peu glorieusement, figé au milieu de l'Auron, dans… un petit mètre d'eau. Alors, le trio s'est recroquevillé dans un sac de couchage pour attendre le jour. Au petit matin, les pompiers – craignant le pire – ont envoyé leurs plongeurs qui n'ont pas sorti les bouteilles, comprenant vite le ridicule de la situation. Avant de faire Paris-Dakar, ce 4 x 4 devra encore s'exercer à sauter quelques trottoirs…

2 Développez la « brève » suivante en ménageant deux circuits de lecture : pour un lecteur pressé ; pour un lecteur qui veut tout savoir. Veillez à donner l'information essentielle en début d'article.

EXCÈS DE VITESSE À VÉLO

Le fait s'est passé en Angleterre. Anthony Adams, cycliste de 24 ans, qui s'entraîne pour battre le record de l'heure, a été condamné à payer une amende de 120 livres sterling (quelque 1 000 F) pour excès de vitesse à vélo dans le centre de Cambridge. Le fait est plutôt rare, mais ce qui l'est a coup sûr davantage encore, c'est l'article de loi invoqué par les policiers : un arrêté municipal du siècle dernier interdisant de mener sa monture « avec fureur dans un lieu public ».

La Nouvelle République du Centre-Ouest, 24 septembre 1997.

La communication

1 4 points

Quelle fonction du langage domine dans le texte suivant ? Justifiez votre réponse.

19 novembre 1957.

Cher Monsieur Germain,

J'ai laissé s'éteindre un peu le bruit qui m'a entouré tous ces jours-ci avant de venir vous parler de tout mon cœur. On vient de me faire un bien trop grand honneur, que je n'ai ni recherché ni sollicité. Mais quand j'en ai appris la nouvelle, ma première pensée, après ma mère, a été pour vous. Sans vous, sans cette main affectueuse que vous avez tendue au petit enfant pauvre que j'étais, sans votre enseignement, et votre exemple, rien de tout cela ne serait arrivé.

Albert Camus, *Le Premier Homme*, Bibliothèque nationale.

2 6 points

Quelle fonction du langage domine dans le texte suivant ? De quel type de texte s'agit-il ?

Dans un boudoir
Introduisez un cœur bien tendre
Sur canapé, laissez s'asseoir et se détendre
Versez une larme de Porto
Et puis mettez-vous au piano
Jouez Chopin avec dédain
Égrenez vos accords et s'il s'endort
Alors là, jetez-le dehors.

Serge Gainsbourg, « La recette de l'amour fou », 1958,
© éd. Warner Chappell Music.

3 10 points

Qui parle à qui explicitement ? Qui parle à qui en réalité ? Quel est le message ?

Dans un petit village, la jeune femme du boulanger a quitté son mari pour suivre un berger. Les habitants du village, privés de pain, vont la rechercher. En même temps qu'Aurélie, la boulangère, revient Pomponnette, la chatte noire, partie le même jour.

LE BOULANGER *(À la chatte.)* : Ah ! Te voilà, toi ? *(À sa femme.)* Regarde, la voilà la Pomponnette... *(À la chatte.)* Garce, salope, ordure, c'est maintenant que tu reviens ? Et le pauvre Pompon, dis, qui s'est fait un mauvais sang d'encre pendant ces trois jours ! Il tournait, il virait, il cherchait dans tous les coins... Plus malheureux qu'une pierre, il était... *(À sa femme.)* Et elle, pendant ce temps-là avec son chat de gouttières... Un inconnu, un bon à rien... Un passant du clair de lune... Qu'est-ce qu'il avait, dis, de plus que lui ?

AURÉLIE *(Elle baisse la tête.)* : Rien.

Marcel Pagnol, *La Femme du boulanger*, 1989, © De Fallois.

4 6 points

Dites si chacun des énoncés suivants est ancré ou coupé de la situation d'énonciation. Justifiez votre réponse.

Toute ma jeunesse a été marquée par la bicyclette. J'ai longtemps rêvé d'en posséder une. Rêver, ce n'est pas une image. Toutes les nuits, c'était le même rêve : mon père m'avait enfin acheté le vélo. Et le vélo était là, dans ma chambre, devant mon lit, soigneusement accoté. Je le voyais, sous la fenêtre, ne touchant que par la selle et une poignée du guidon.

Jean-Pierre Chabrol, *Contes d'outre-temps*, © Plon.

Il n'est pas beau, mon cheval. Il a trop de nœuds et de salières, les côtes plates, une queue de rat et des incisives d'Anglaise. Mais il m'attendrit. Je n'en reviens pas qu'il reste à mon service et se laisse, sans révolte, tourner et retourner.

Jules Renard, *Histoires naturelles*.

Et Luc reconnut Nanet avec sa tête blonde et ébouriffée qu'il portait quand même très haute, de son air résolu de petit homme. Il venait de voler un pain, à l'étalage de la belle Mme Mitaine ; le vol était indéniable, car il tenait encore le grand pain, presque aussi haut que lui.

Émile Zola, *Travail*.

5 4 points

Transposez le texte suivant à la 3e personne et au temps passé qui convient pour le couper de la situation d'énonciation.

DOUCE FRANCE
Douce France
Cher pays de mon enfance
Bercé de tendre insouciance
Je t'ai gardée dans mon cœur.

Il revient à ma mémoire
Des souvenirs familiers.
Je revois ma blouse noire
Lorsque j'étais écolier.
Sur le chemin de l'école
Je chantais à pleine voix
Des romances sans paroles
Vieilles chansons d'autrefois.

Charles Trénet.

2

Valeurs et variétés de l'énoncé

GRAMMAIRE

Chapitre **4** : Les registres de langue 42
Chapitre **5** : Les actes de langage 48
Chapitre **6** : L'interprétation de l'énoncé 55
Chapitre **7** : Le point de vue de l'émetteur 60

ORTHOGRAPHE
- Confusions verbales (2) 66

VOCABULAIRE
- Délimiter le temps 70

EXPRESSION ORALE
- Prendre des distances, prendre des précautions 72

EXPRESSION ÉCRITE
- Organiser un récit 74

BILAN 76

CHAPITRE 4

Les registres de langue

OBSERVATION

1 Marie Bizingre tire le tuyau de l'aspirateur. L'appareil résiste. Le fil est trop court. [...] Elle traverse la salle, débranche le fil électrique, revient. L'autre prise de courant, coincée au fond d'un rayonnage, est d'accès compliqué. On a rangé à cet endroit les documents que ces messieurs viendront examiner tout à l'heure. Marie Bizingre installe son appareil près d'elle, puis s'offre une pause. Marie Bizingre s'offre une multitude de pauses au cours de la journée. Elle utilise ce temps à compléter sa culture.

Jean-Paul Nozière, *Des crimes comme ci comme chat,*
© Rageot, « Cascade policier », 1992.

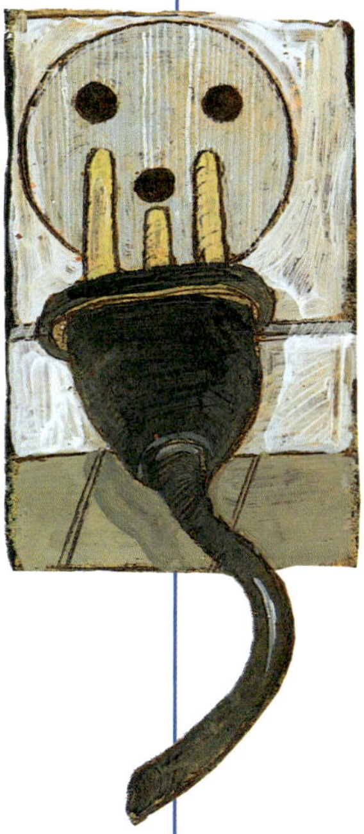

2 Tel qu'il était, son père et sa mère ne l'auraient pas échangé contre l'Apollon du Belvédère. On l'embrassa, Dieu sait ! en l'accablant de mille questions auxquelles il oubliait de répondre. Quelques vieux amis de la maison, un médecin, un architecte, un notaire étaient accourus à la gare avec les bons parents : chacun d'eux eut son tour, chacun lui donna l'accolade, chacun lui demanda s'il se portait bien, s'il avait fait bon voyage. Il écouta patiemment et même avec joie cette mélodie banale dont les paroles ne signifiaient pas grand-chose, mais dont la musique allait au cœur, parce qu'elle venait du cœur.

Edmond About, *L'Homme à l'oreille cassée.*

3 La mère Pachaume, c'est la gardienne de l'école, elle habite une petite maison au bout de la cour de récré, et tous les matins, elle vient dans les classes pour compter ceux qui vont manger à la cantine, voir s'il y a des absents et tout, pour pas faire de gâchis parce que si on commande trop de repas, forcément, on jette, et c'est pas bien.

Thierry Jonquet, *La Bombe humaine,* © Syros, « Souris noire », 1994.

QUESTIONS

1 ▶ Quel texte ne respecte pas les règles de grammaire ? Donnez des exemples.

2 ▶ Observez le vocabulaire employé dans les trois textes. Que constatez-vous ?

3 ▶ Observez la structure des phrases dans les trois textes. Que constatez-vous ?

4 ▶ Lequel de ces trois textes peut être produit dans toute situation de communication ?

LEÇON

1. Les différents registres de langue

■ Un énoncé oral ou écrit s'adapte à la situation d'énonciation.
Pour transmettre une information, l'émetteur dispose de **trois principaux registres de langue** : courant, soutenu, familier.

■ Le registre de langue est défini par l'**intonation**, la **prononciation**, le **vocabulaire** utilisé, la **construction des phrases**.

■ Le choix d'un registre de langue dépend du **contexte** de la communication, des **compétences** de l'émetteur et de la **distance** qui existe entre le récepteur et lui. Il peut révéler une intention particulière.

2. Le registre courant

■ Il s'utilise dans une **situation ordinaire**. Il est neutre. Les phrases sont correctes, sans recherche d'effet particulier. Les mots appartiennent au vocabulaire quotidien.

■ Il recherche la **clarté** et la **simplicité**, pour que le message soit compris le plus facilement et par le plus grand nombre de personnes :

➡ *Marie Bizingre tire le tuyau de l'aspirateur. L'appareil résiste. Le fil est trop court.*

3. Le registre soutenu

■ Il apporte un soin particulier à la **construction des phrases** et au **choix des mots**.
Les phrases sont le plus souvent complexes. Le vocabulaire, riche et varié, montre la culture de l'émetteur. Il est plus fréquemment abstrait.

■ Il s'emploie dans différentes situations.

◆ Quand la situation d'énonciation l'impose :

➡ *Monsieur le Directeur, je vous serais obligé de bien vouloir me suivre vers la salle de conférences.*

◆ Quand on veut traduire une **pensée complexe** :

➡ *Quand je ne dors pas, je vois la nuit en noir. Les vastes zones dépressionnaires de l'insomnie dirigent vers moi un flux humide et froid accompagné de bourrasques.* (Paul Guimard)

◆ Quand on veut **embellir la réalité** quotidienne :

➡ *Ce quidam se libère de la brasserie, le faciès empourpré et la démarche incertaine.*

◆ Quand on veut **rechercher la beauté** du message :

➡ *Ariane, ma sœur, de quel amour blessée*
Vous mourûtes aux bords où vous fûtes laissée ! (Racine)

4. Le registre familier

■ Il s'emploie dans une **relation directe**. Les interlocuteurs ne se soucient pas de s'exprimer correctement, ou manquent des compétences nécessaires :

➡ *La maîtresse, elle a un parfum génial, un truc qui fait rêver, comme dans les pubs.* (Th. Jonquet)

■ Il opère de nombreuses **simplifications grammaticales** : mots ou phrases incomplets, formes négatives sans *ne*, mots de liaison très souvent répétés. À l'écrit, la ponctuation est incomplète.

➡ *Si on commande trop de repas, forcément on jette, et c'est pas bien.*

■ Il peut comporter de nombreuses **expressions imagées** (comparaisons et métaphores concrètes), qui témoignent d'une grande richesse d'imagination et d'une certaine façon de vivre :

➡ *L'ex-moustachu contemple les débris de son piège à macaroni.* (San Antonio)

Registre	Vocabulaire	Formes verbales	Construction des phrases	Situation de communication
Courant	Vocabulaire usuel, compris par le plus grand nombre.	Temps simples de l'indicatif, subjonctif présent.	Phrases simples, ou subordonnées en *qui, que, quand, parce que, si.*	Conversation, lettre, article de journal, journal télévisé.
Soutenu	Vocabulaire riche, précis et nuancé.	Utilisation de tous les temps et de tous les modes. Subjonctif imparfait.	Phrases complexes ; nombreuses propositions subordonnées ; emploi de *dont*.	Rapports hiérarchiques, réunion officielle, littérature classique.
Familier	• Mots incomplets, vocabulaire réduit. Ou bien • Images concrètes, métaphores.	Temps restreints de l'indicatif : présent, *aller* + infinitif, passé composé.	Ruptures, répétitions, abondance de mots de liaison (*et, et puis, alors*), suppression de la négation *ne*.	Conversation familiale, amicale, roman qui imite le langage des enfants, de certains milieux.

■ Remarque

Ne confondons pas la langue orale et le registre familier. La langue orale présente tous les registres : familier, courant, soutenu, selon la situation d'énonciation. La langue écrite possède également ces trois principaux registres.

POUR L'EXPRESSION ÉCRITE ET ORALE

Pour **adapter son énoncé à l'interlocuteur**, l'émetteur doit connaître tous les registres de langue. Les relations sociales impliquent un jeu constant entre les registres, comme pour les langues parlées dans la Tunisie des années cinquante, évoquée dans ce texte :

TEXTE D'OBSERVATION

Entre juifs on parle arabe sauf si l'interlocuteur est très instruit. Cas d'exception : si la personne est instruite mais intime, Sion[1] *revient à l'arabe. Exemple : avec un médecin qui garde ses distances, le français s'impose sauf si la conversation a lieu à l'intérieur des remparts. Le sujet, bien sûr, commande aussi la langue. On ne marchande du poisson qu'en arabe avec un brin de maltais. Pour une automobile, le français prend le pas alors qu'une maison s'achète de préférence en italien. La fête d'un mariage se prépare en arabe, celle d'un anniversaire en français. Gagou jugeait sévèrement ce désordre.*

Guy Sitbon, *Gagou,* © Grasset.

1. Sion : les Juifs.

RÉSUMÉ

1. Il existe **trois principaux registres de langue** : courant, soutenu, familier, qui se distinguent par l'intonation, la prononciation, le vocabulaire utilisé, la construction des phrases.

2. Le **registre courant** recherche la clarté et la simplicité, pour que le message soit compris du plus grand nombre. Les phrases sont peu complexes, le vocabulaire est usuel, sans recherche d'effet particulier.

3. Le **registre soutenu** marque un écart avec la langue courante. Il est utilisé quand les relations sociales imposent une certaine distance. Les phrases sont le plus souvent complexes et le vocabulaire riche et varié.

4. Le **registre familier** s'emploie quand les interlocuteurs ne se soucient pas de s'exprimer correctement, ou manquent des compétences nécessaires. Il opère de nombreuses simplifications grammaticales (mots incomplets, formes négatives sans *ne,* mots de liaison très souvent répétés), mais peut être riche en images concrètes.

EXERCICES

Identifier

1 Quel registre de langue est utilisé dans chacun des textes suivants ? Sur quels indices vous fondez-vous pour répondre ?

Hier c'était la fête des Mères. On avait des fleurs pour Maman, et un joli vase acheté samedi au bazar. Cathy qui le portait l'a laissé tomber et elle a pleuré, mais il n'avait rien. Maman était contente et c'est vrai que c'étaient des jolis cadeaux tout ça. Le tantôt on a été à la kermesse de Saint-Paul, Grand-mère a tiré à la carabine et elle a gagné à tous les coups, pourtant qu'est-ce qu'elle est bigleuse. C'était de la vaisselle comme lot et elle l'a tout emmenée avec elle dans le train le soir.

Mais alors, ce matin, ce n'était plus la fête, oh non, on se ramène les carnets et Madame Doucat dit que c'est pire que jamais. Pascal a « N'écoute RIEN », moi j'ai « Insolente, bavarde et dissipée », Simone a qu'il faut que son père vienne et Loïc qu'il est insupportable.

Myrielle Marc, *Petite Fille rouge avec un couteau,* © Le Seuil, « Points Virgule », 1977.

Il arrive qu'on ressente parfois de brusques appels de solitude. Même la vie amoureuse engendre à l'improviste de brusques appétits paniques de solitude. C'est l'envie de se retrouver seul, de faire des gestes sans témoin. C'est l'envie de relâcher les traits, d'ôter son visage. À vrai dire c'est quelquefois simplement l'envie de prendre un bain ou de se couper les ongles. Ce sont des convoitises d'ermite d'une heure ou deux. C'est l'envie de se laver le cœur dans le silence. De se chuchoter à soi-même dans le silence sa paresse et son vide et de se savonner soi-même comme un ancien bébé.

Pascal Quignard, *Georges de La Tour,* © Flohic, « Musées secrets », 1991.

2 Même exercice.

Noël est déjà loin. Les sapins nus gisent, abandonnés, dans les rues. Sarah les évite sans les voir. Elle marche. Son manteau est ouvert. Son écharpe lui protège à peine le cou. Sarah ne grelotte pas. Elle est insensible au froid comme à la foule qui se presse autour d'elle et la bouscule. Le visage blême, Sarah marche. Ailleurs. Nulle part. Absente de son corps mécanique qui frôle les murs. Son image s'évanouit dans les vitrines des magasins. Sarah n'est qu'une ombre. L'ombre d'une enfant que personne ne remarque. L'ombre d'une enfant qu'on efface, et qui peu à peu disparaît.

Thierry Lenain, *La Fille du canal,* © Syros, 1996.

En vérité, Pierre-Antoine Côme de Cronenberg est d'une vieille noblesse de commissariat. Après une longue et bruyante nuit de beuverie, son arrière-arrière-grand-père s'était retrouvé au poste et avait oublié son nom, son prénom et son âge. Tout ce dont il se souvenait était qu'il venait de Cronenberg. Les gendarmes le baptisèrent donc « de Cronenberg » et comme le lendemain matin il n'en savait pas davantage, le surnom lui resta et fit souche pour sa descendance. Sans doute que le jour où son fils naquit il était si joyeux et si bien parti qu'il ne trouva rien d'autre à dire à l'employé de Mairie... C'est ainsi que la bonne vieille noblesse se pérennise.

Paul Fournel, *Pac de Cro détective,* © Le Seuil, « Points Virgule », 1997.

3 Repérez dans le texte des exemples de registre familier et des exemples de registre soutenu. Pourquoi l'auteur mêle-t-il les deux registres ?

UN BISTROT MAL FAMÉ

Lorsque Gabriel poussa la porte du Pied de Porc à la Sainte-Scolasse, rade qui lui servait de bassin de radoub, un mirliflor blondinet crut bon de le plaisanter en entonnant les premières mesures du tube éponyme d'Hallyday.
– Gabriel heu...
Manque de pot pour l'humoriste, parmi les nombreuses raisons de s'énerver, les jeux de mots sur les noms propres étaient actuellement en tête du hit-parade intime du Gabriel ainsi charrié. Remettant à plus tard la commande du rillettes-cornichons qui lui servait de second petit déjeuner, tel Gabin dans *La Bête humaine,* il toisa le fâcheux.
– Primo, je peux pas saquer les rockers shootés au Régécolor. Deuzio, tu chantes faux. Tertio et finito, il y en a qui feraient mieux de sélectionner leur clientèle, au risque sinon de voir disparaître les vrais amis de vingt ans.

Gérard Lefort, *Vomi soit qui mal y pense,* « Le Poulpe », © Baleine, 1997.

Transformer

4 Gardez le même registre de langue, mais effacez les imitations de l'oral. Complétez la ponctuation et la structure des phrases pour transformer le texte en récit écrit.

LE PAPA DE FORTUNE

Lorsqu'il riait Auguste, on apercevait des dents très blanches, très belles sous sa grosse bacchante. Tout son visage s'illuminait. Une chance dont je ne pouvais pas mesurer l'importance, d'être tombé comme ça sur un papa de fortune aussi bon que le bon pain blanc qu'il coupait ce soir-là sous la lampe à pétrole. On a repris ces abat-jour aujourd'hui en porcelaine, on y adapte des lampes électriques... là c'était l'original. Il flippait sa soupe, Auguste, je dois le dire, je suis formel... question élégance, éducation il était plouc, nulle gourance. Pendant la soupe y causait pas, c'était sérieux. Au début je l'ai découvert comme ça à table de ma haute chaise de bébé... savante menuiserie qui vous rehaussait le marmot au niveau des adultes... un peu au-dessus, je crois même... là on était bien assis et bloqué par une petite tablette. J'ai retrouvé une photo où je suis hilare... amusé d'on ne sait quel hochet.

Alphonse Boudard, *Mourir d'enfance,* © Robert Laffont, 1995.

5 **Transformez le dialogue suivant en texte écrit dans un registre courant, pour une parution dans un journal.**

LE FRANÇAIS DU RAP

STEF : Moi je dis qu'à la base, la langue française elle est très riche. Elle est riche parce qu'il y a beaucoup de connotations par rapport aux différents mots ou sens qu'on veut utiliser. Quand moi j'écris un texte avec Baba-Slim, mon compère, mon alter ego, on essaye de donner une couleur à ce qu'on veut véhiculer.

CLAUDE HAGÈGE : Le français vous paraît propice à cela ?

GÉRARD : Oui, je pense, oui.

DAVID : Mais les mots en anglais, ils passent comme ça, en coup de vent quoi, on s'en rend même plus compte quoi, ils sont dans toutes nos conversations.

CLAUDE HAGÈGE : Ils appartiennent au français.

DAVID : Voilà, je crois aussi. On écrit des textes avec le français comme il nous vient. Moi je sais que, sans se voiler la face, je parle le français que j'apprends au quotidien et que j'ai appris et qui, au fil du temps, a été vachement anglicisé quoi, ça je le sais.

CLAUDE HAGÈGE : Bien sûr... américanisé.

Claude Hagège, *Le Français, histoire d'un combat*, © Michel Hagège, 1996.

Employer

6 **Écrivez la suite du texte en imaginant les réactions des chasseurs qui voient apparaître la tigresse. Vous utiliserez les registres de langue courant et familier.**

LOUISON LA TIGRESSE

Par malheur, Louison, malgré toutes ses belles qualités, était du sexe auquel les tigres doivent leurs mères, en sorte qu'elle n'eut pas plus tôt vu disparaître à l'horizon la troupe de chasseurs et respiré le délicieux parfum des forêts que lui apportait la brise, qu'elle eut envie de partir au triple galop et de rejoindre le capitaine Corcoran, laissant là le palais et ses fonctions de garde du corps dont elle ne devinait pas l'importance.

En deux mots, elle était capricieuse, vaniteuse, légère et amoureuse du plaisir. Peut-être rêvait-elle aussi de chasser le rhinocéros ; c'est ce qu'on n'a jamais su, car parmi ses défauts elle n'avait pas celui de raconter ses pensées au premier venu.

Alfred Assolant, *Les Aventures du capitaine Corcoran*, © Pocket Jeunesse, 1994.

7 **Imaginez la suite du texte : les deux personnages n'utiliseront pas le même registre de langue.**

UNE VISITE BIEN MATINALE

Malgré la chaleur, il portait un costume de chez Cerruti en lin crème, une chemise brumeuse et une cravate arachnéenne. L'ensemble devait bien avoisiner la demi-brique. Bon signe, tout ça. Quitte à me faire réveiller à l'aube, j'aimais autant que ça soit par un sac de fric.

Il désigna ma carte de visite punaisée sur la porte.

– Samuel Kowalsky ?... Je vous ai appelé hier soir...

C'était probablement vrai. Son coup de fil devait encore être noyé avec mes souvenirs de la veille, dans les litres de Bacardi-tonic que j'avais ingurgités pour tenter d'échapper à la canicule.

J'ai fait disparaître le bas de mon tee-shirt dans le haut de mon jean et me suis vigoureusement peigné de mes dix doigts écartés. Même comme ça, j'avais plus l'air d'une cloche que d'un conseiller fiscal.

– Café ?... ai-je proposé.

Patrick Raynal, *Nice, 42e rue*, © Baleine, 1997.

8 **Imaginez une rencontre entre deux personnages dans ce jardin. Vous utiliserez un registre de langue soutenu.**

C'était comme un jardin oublié de l'autre siècle, un jardin joli comme un doux sourire de vieille. Des haies touffues séparaient les allées étroites et régulières, allées calmes entre deux murs de feuillage taillés avec méthode. Les grands ciseaux du jardinier alignaient sans relâche ces cloisons de branches ; et, de place en place, on rencontrait des parterres de fleurs, des plates-bandes de petits arbres rangés comme des collégiens en promenade, des sociétés de rosiers magnifiques ou des régiments d'arbres à fruits.

Tout un coin de ce ravissant bosquet était habité par les abeilles. Leurs maisons de paille, savamment espacées sur des planches ouvraient au soleil leurs portes grandes comme l'entrée d'un dé à coudre ; et l'on rencontrait tout le long des chemins les mouches bourdonnantes et dorées, vraies maîtresses de ce lieu pacifique, vraies promeneuses de ces tranquilles allées en corridors.

Guy de Maupassant, « Menuet », in *Contes fantastiques*.

CHAPITRE 5

Les actes de langage

OBSERVATION

Qui a la clé ?

Quino, *Le Petit Frère de Mafalda,* © Glénat, 1996.

QUESTIONS

1 ▶ Vignette 2 : quelle formule de politesse la fillette utilise-t-elle pour entrer en contact ?

2 ▶ Quelle est la demande de la fillette ? Cette demande est-elle comprise par le récepteur (vignette 3) ?

3 ▶ Par quel mot le récepteur manifeste-t-il son accord ?

4 ▶ Que demande à son tour le récepteur ? Pourquoi, à votre avis, le dessinateur a-t-il choisi d'interrompre l'échange ? Imaginez la fin du dialogue.

LEÇON

1. Définitions

■ **Le langage est un outil** qui nous permet d'agir. Nous parlons ou écrivons dans le but d'informer, de faire plaisir, d'obtenir un renseignement, de donner un conseil, de convaincre, de séduire, d'impressionner une autre personne, absente ou présente, réelle ou imaginaire.

■ Donner un renseignement, faire une promesse, poser une question, donner un ordre, avertir, conseiller, sont des manières d'agir à l'égard d'un interlocuteur, réel ou possible, en utilisant le langage : on appelle ces réalisations des **actes de langage**.

■ Un acte de langage instaure une **relation active** entre les interlocuteurs. Les actes de langage sont gouvernés par les règles de la vie en société :

➨ *Bonjour, monsieur. Je voudrais…*

■ Un acte de langage demande la **participation du récepteur**. L'acte de langage (poser une question, donner un conseil…) n'est efficace que si le récepteur le reconnaît comme tel et l'accepte. Si le récepteur ne répond pas à la demande, l'acte de langage est manqué.

➨ *Je voudrais que vous me fassiez la clef du bonheur. –* ***Volontiers, mon petit.***

2. Les différents actes de langage

Les actes de langage sont très nombreux. Il est impossible d'en faire une liste complète, mais on peut les classer en différentes catégories.

■ Les actes commandés par les règles de politesse

Saluer,
dire au revoir,
remercier,
s'excuser,
féliciter,
présenter des félicitations,
des condoléances,
pardonner,
admettre,
tolérer…

Quino, *Encore Mafalda,* © Glénat, 1980.

■ Les actes qui engagent l'émetteur

Promettre,
donner son accord,
approuver,
désapprouver,
permettre,
autoriser,
dispenser,
refuser,
prouver,
juger,
évaluer…

Quino, *Le Petit Frère de Mafalda,* © Glénat, 1996.

Les actes qui engagent le récepteur à fournir une information

Poser une question,
demander une confirmation,
inviter,
encourager…

Quino, *Encore Mafalda*, © Glénat, 1980.

Les actes qui incitent le récepteur à agir

Ordonner, conseiller, prier, convaincre, persuader, insister, argumenter, contraindre, obliger, menacer… :

➡ *Je voudrais que vous me fassiez la clef du bonheur.*

3. L'interprétation des actes de langage

La langue n'est pas un code fermé, et il est impossible d'exprimer les actes de langage de façon rigide. La **richesse d'expression**, très importante, pose des problèmes d'interprétation.
La valeur d'un acte de langage peut être **explicite**, quand elle est marquée par un mot ou une structure de l'énoncé. Elle est **implicite** quand elle demande une interprétation de la part du récepteur.

Valeurs explicites

◆ **Indication donnée par le verbe** : certains verbes, utilisés à la 1re personne et au présent de l'indicatif, expriment la valeur de l'énoncé de manière très claire :

➡ *Je te **félicite**. Je te **plains**. Je te **conseille** d'éviter ce garçon. Je t'**interdis** de fréquenter ce garçon.*

◆ **Indication donnée par la structure de l'énoncé** : un énoncé appartient obligatoirement à un type de phrase associé à un acte de langage précis.
– Type **déclaratif** : c'est une déclaration qui invite le récepteur à répondre *oui* ou *non*, à marquer son accord ou son désaccord :

➡ *Le petit frère de Mafalda est intelligent.*

– Type **interrogatif** : c'est une question, une demande d'information, qui met le récepteur en situation de fournir une réponse :

➡ *Qui a rongé mon crayon ?*

– Type **injonctif** : c'est une incitation à agir, une façon de communiquer au récepteur ce que l'émetteur attend de lui. Le récepteur peut obéir ou non :

➡ *Passe-moi la clef, Michel.*

◆ La **phrase exclamative** exprime les sentiments de l'émetteur. Elle prend le récepteur à témoin et attend de lui la même réaction.

Quino, *Mafalda,*
© Glénat, 1980.

Valeurs implicites

◆ On peut employer **un même énoncé** pour réaliser **des actes de langage différents** selon le contexte et la situation de communication. Dans ce cas, sa valeur doit être devinée, interprétée par le récepteur.

◆ La valeur d'un acte de langage peut être indiquée par le ou les énoncés qui l'entourent. C'est le plus souvent le cas dans les dialogues :

- *Il fait froid.* ***La porte est ouverte*** (information).
- *Venez quand vous voulez.* ***La porte est ouverte*** (invitation).

◆ L'interprétation d'un énoncé doit tenir compte de l'ensemble de la situation d'énonciation dans laquelle il figure. Les circonstances, les rapports entre les interlocuteurs peuvent déterminer la valeur d'un acte de langage :

- *J'écoute.* Selon le contexte, la phrase peut signifier :
  « *Je suis là.* » (renseignement) ;
  « *Que voulez-vous ?* » (question) ;
  « *Parlez donc !* » (ordre) ;
  « *Vous pouvez parler.* » (permission).

POUR L'EXPRESSION ÉCRITE ET ORALE

■ Nous réalisons des actes de langage **indirectement** lorsque les règles de la politesse, les conventions sociales, nous empêchent de donner certaines informations :

- *Je ne peux pas venir, j'ai quelqu'un à aller chercher à la gare, *et en plus c'est vrai !*
- *Je te quitte *parce que je n'ai plus rien à te dire.*

■ Nous le faisons également quand nous ne sommes pas en position de donner un ordre ou d'exiger quelque chose sans détour et sans ménagement :

- *Madame, est-ce que je peux sortir ?*

RÉSUMÉ

1. Dans une situation de communication, les énoncés échangés répondent à une **intention** des interlocuteurs. Ils peuvent exprimer une **information**, une **question**, un **conseil**, une **menace**, une **formule de politesse**, une **promesse**…

2. En parlant ou en écrivant, l'émetteur réalise un **acte de langage**.

3. Pour interpréter un acte de langage, on prête attention au **vocabulaire**, à la **structure** de l'énoncé, à l'**intonation** à l'oral, ainsi qu'à la **situation de communication** globale.

EXERCICES

Identifier

1 **Parmi les phrases suivantes, relevez les actes de langage commandés par les règles de politesse. Dans quelles circonstances ces phrases sont-elles prononcées ?**

1. Ne pose pas de questions. – **2.** Bonne journée. – **3.** Je n'ai pas de conseil à te donner. – **4.** Je lève mon verre à votre succès. – **5.** Bon week-end. – **6.** Ça ne te regarde pas. – **7.** Vous ne vous rendez pas compte. – **8.** Bon courage. – **9.** Enchanté de faire votre connaissance. – **10.** Je le ferai quand même. – **11.** Veuillez agréer, Madame, l'expression de mes sentiments respectueux. – **12.** À l'année prochaine. – **13.** Je n'ai pas le temps. – **14.** Ne vous dérangez pas. – **15.** Il n'y a pas de quoi. – **16.** Je ne vois pas de quoi je te remercierais. – **17.** Félicitations aux heureux parents. – **18.** Ne compte pas sur moi. – **19.** Inutile d'insister. – **20.** Meilleurs vœux de bonheur.

2 **Quels actes de langage reconnaissez-vous dans les phrases suivantes ?**

1. Fichez-moi la paix. – **2.** Je voudrais bien voir ça ! – **3.** Vous ne me faites pas peur. – **4.** C'est ce qu'on va voir. – **5.** Je voudrais vous y voir. – **6.** Compte là-dessus ! – **7.** Je vais me gêner ! – **8.** Tu ne manques pas de culot ! – **9.** Vous voulez rire ! – **10.** Vous n'y pensez pas. – **11.** Occupe-toi de tes oignons. – **12.** Je n'ai rien à perdre. – **13.** Qu'est-ce qui te fait dire ça ? – **14.** Vous faites erreur. – **15.** Il n'en est pas question. – **16.** Vous êtes bien Françoise Tavernier ? – **17.** On ne peut rien vous cacher. – **18.** Attendez un instant. – **19.** Ce n'est pas votre tour. – **20.** Je ne peux pas dire le contraire.

3 **Les actes de langage soulignés sont-ils explicites ou implicites ? Classez-les en deux colonnes et justifiez votre réponse.**

1. Excusez-moi, j'ai pris votre sac par erreur. – <u>Je n'en doute pas.</u> – **2.** Allô, c'est toi, Margot ? – <u>Quel numéro demandez-vous ?</u> – **3.** Je vous inviterais bien tous les quatre à dîner. – <u>Ce serait sympa !</u> – **4.** Anne va épouser le patron. – <u>Ça, c'est la meilleure !</u> – **5.** Je vous pardonne cette erreur de jeunesse. – <u>Vous êtes trop bon.</u> – **6.** Ton fils se met à fumer, maintenant. – <u>Tu fais bien de me le dire.</u> – **7.** Ouvrez vos bagages. – <u>De quel droit me demandez-vous ça ?</u> – **8.** Réglez cette facture avant le vingt. – <u>Vous ne me laissez pas le choix !</u> – **9.** Quelle a été votre attitude pendant la guerre ?– <u>Si vous le prenez sur ce ton…</u> – **10.** Ce terroriste a déjà tué treize personnes. – <u>C'est vous qui le dites.</u>

4 **Identifiez les actes de langage dans les paroles du Petit Prince.**

Le Petit Prince vient de demander à l'aviateur de lui dessiner un mouton.

Comme je n'avais jamais dessiné un mouton, je refis, pour lui, l'un des deux seuls dessins dont j'étais capable.
Celui du boa fermé. Et je fus stupéfait d'entendre le petit bonhomme me répondre :
– Non ! Non ! Je ne veux pas d'un éléphant dans un boa. Un boa c'est très dangereux, et un éléphant c'est très encombrant. Chez moi c'est tout petit. J'ai besoin d'un mouton. Dessine-moi un mouton.
Alors j'ai dessiné.
Il regarda attentivement puis :
– Non ! Celui-là est déjà très malade. Fais-en un autre.

Je dessinai.
Mon ami sourit gentiment, avec indulgence :
– Tu vois bien… ce n'est pas un mouton, c'est un bélier. Il a des cornes…

Antoine de Saint-Exupéry, *Le Petit Prince*, © Gallimard.

Transformer

5 Transposez le dialogue suivant en récit. Vous traduirez les différents actes de langage par des verbes *(supplier, assurer…)*. Vous commencerez votre texte ainsi :
« *La marquise demanda à Bénédict s'il était allé…* »

LES FRAYEURS DE LA MARQUISE DE COULTERAY

– Ah ! mon ami, mon ami !… Êtes-vous jamais allé au château de Coulteray ?… Vous ne l'avez pas visité, non ?… C'est un château, comme on dit : historique… là-bas… entre la Touraine et la Sologne… La chapelle est un chef-d'œuvre comparable à l'église de Brou… Mais je vous prie de croire que ce ne sont point ses dentelles gothiques qui m'ont attirée… non… il faut descendre dans la crypte. Là sont les tombeaux des Coulteray… Monsieur Bénédict Masson, le tombeau de Louis-Jean-Marie-Chrysostome est vide !… Vide, je vous dis !… Comprenez-vous ?
– Mais non, je ne comprends pas !
Elle parut excédée de mon insistance à ne pas comprendre.
– Vide ! et c'est le dernier tombeau de Coulteray !… Il n'y en a plus d'autre. On ne meurt plus chez les Coulteray…
– Mais, madame, s'ils sont morts à l'étranger !…
– Évidemment ! Évidemment !… Mais je vous répète que le tombeau est vide !…
– Eh bien… la Révolution est passée par là… et combien de tombeaux…
– Ce n'est pas cela ! ce n'est pas cela !… La Révolution n'a rien à faire là-dedans… Le lendemain du jour où l'on a descendu le corps de Louis-Jean-Marie-Chrysostome dans la crypte, on a trouvé la pierre déplacée et le tombeau vide !…

Gaston Leroux, *La Poupée sanglante*, © Slatkine, Genève, 1996.

6 Même exercice.

Werner, un joueur, a gagné une très grosse somme qu'il a ensuite perdue. Il s'adresse ici à un ami, Hoffmann.

– Il est arrivé… Ce qui est arrivé, n'est-ce pas ?…. tu me demandes ce qui est arrivé ?… Eh bien ! mon ami, le diable m'a tenté ! – Que veux-tu dire ? – Que quand j'ai vu tout mon or ce matin, il y en avait tant, qu'il me semble que c'est un rêve. – Comment ! un rêve ? – Il y en avait une pleine table, toute couverte, continua Werner. Eh bien ! quand j'ai vu cela, une véritable fortune, mille frédérics d'or, mon ami. Eh bien ! quand j'ai vu cela, quand de chaque pièce j'ai vu rejaillir un rayon, la rage m'a repris, je n'ai pas pu y résister, j'ai pris le tiers de mon or et j'ai été au jeu. – Et tu as perdu ? – Jusqu'à mon dernier kreutzer. – Que veux-tu ? c'est un petit malheur, puisqu'il te reste les deux tiers. – Ah bien oui, les deux tiers ! Je suis revenu chercher le second tiers, et… – Et tu l'as perdu comme le premier ? – Plus vite, mon ami, plus vite. – Et tu es revenu chercher ton troisième tiers ? – Je ne suis pas revenu, j'ai volé : j'ai pris les quinze cents thalers restants, et je les ai posés sur la rouge. – Alors, dit Hoffmann, la noire est sortie, n'est-ce pas ? – Ah ! mon ami, la noire, l'horrible noire, sans hésitation, sans remords, comme si en sortant elle ne m'enlevait pas mon dernier espoir ! Sortie, mon ami, sortie !

Alexandre Dumas, *La Femme au collier de velours.*

7 Imaginez les appréciations portées sur le carnet, et transposez la scène en exprimant directement les actes de langage du directeur d'école.

PREMIER JOUR DE CLASSE

– 30e sur 31 ! Zéro de conduite ! Il va falloir que ça change.

C'est à moi qu'on parle. C'est ma rentrée. Mon premier jour de classe. Pas pour les autres. Moi, je viens de débarquer en cours d'année au CEG Joliot-Curie d'Orly. J'arrive de Villemomble. Mais surtout de Fort-de-l'Eau après des vacances élastiques en Algérie. Je suis tombé chez M. Brunet. Dommage, je ne serai pas sur la photo de classe « Année 1962 CM2 ». Pas non plus l'année prochaine sur celle de 6e, si j'en crois le directeur. C'est lui qui me cause sur l'estrade, mon livret scolaire à la main. Ses paluches sont plus grandes que le livret. Il le détaille. C'est plus un discours d'accueil, c'est un enterrement de première classe. On croirait un conseil de discipline commenté en direct par Léon Zitrone. Faut dire que lu à voix haute, je vais plus mal que ce que je croyais. Heureusement que ce n'est pas mon carnet de santé. Mais, ça en jette. Si j'en crois les regards pleins d'admiration des gars de la classe… Ça, c'est un dur !… qu'ils doivent se dire.

Daniel Picouly, *Plein air*, © EJL, 1997.

Employer

8 Imaginez une suite au texte suivant en développant la dispute entre les personnages.

UNE EXPÉDITION HASARDEUSE

– Ce doit être derrière ce bois, de l'autre côté du canal, dit Prosper Lepicq.
Jugonde étouffa un ricanement et redressa d'un mouvement rageur un colis mince, enveloppé de papier brun, qu'il tenait serré sous l'aisselle. L'avocat s'était arrêté. Sa tête pointue pivotait sur son cou long, à la pomme d'Adam saillante. Ses paupières battaient sur ses prunelles d'oiseau de nuit, d'un jaune trouble.
– Chambry… Là-bas, Crégy… La route de Vareddes… Je ne me trompe pas.
Le secrétaire grogna :
– Ce patelin est sinistre !
– Nous ne le voyons pas du même œil, riposta l'avocat.
Bien que l'on fût dans la deuxième semaine de juin, une pluie fine tombait, gaufrant la surface du canal de l'Ourcq, tissant au-dessus de la Brie une immense et brillante toile d'araignée.
– Je trouve ce temps très convenable, déclara Lepicq. Juste la sorte de temps que je rêvais pour cette expédition.
Il s'arrêta de nouveau.
– Pas de doute. C'est bien derrière ce bois. Nous allons traverser le canal.
– À la nage, probablement ? ironisa Jugonde, exaspéré.
En amont ni en aval, si loin que l'on pût voir, aucun pont.
– Vous n'êtes pas difficile !
Deux percherons au garrot croûteux tiraient vers Meaux une péniche chargée de sacs de chaux. À l'horizon, les tours de la cathédrale, voilées de brume, semblaient leur propre reflet dans un lac. La boue du sentier était grasse, extrêmement glissante. Le secrétaire trébuchait.
– Saloperie de temps !

Pierre Véry, *Les Disparus de Saint-Agil*,
Gallimard, « Folio Junior », © V. Saint-Clair.

9 Écrivez la scène évoquée dans les vignettes ci-dessous sous la forme d'un récit en intégrant le texte des bulles dans un dialogue, et en y ajoutant cinq actes de langage de votre choix.

Goscinny et Uderzo, *Astérix en Corse*, © Albert René / Goscinny-Uderzo.

CHAPITRE 6

L'interprétation de l'énoncé

OBSERVATION → Dire ou ne pas dire

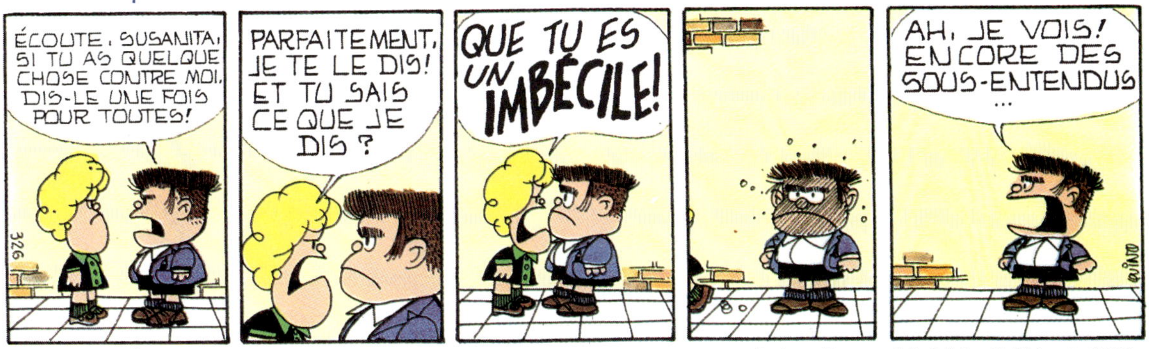

Quino, *Encore Mafalda,* © Glénat, 1981.

Quino, *Encore Mafalda,* © Glénat, 1981.

QUESTIONS

BD 1 : Susanita et Manolito

1 ▶ D'après la première vignette (image et texte), que comprenons-nous de la situation de communication ?

2 ▶ Que déclare Susanita (vignette 3) ? Comment ses paroles sont-elles soulignées ?

3 ▶ En quoi la réponse de Manolito est-elle comique (vignette 5) ?

BD 2 : Mafalda et le soleil

1 ▶ Que désire Mafalda ?
Pourquoi, à votre avis, ne l'exprime-t-elle pas clairement ?

2 ▶ Construisez le raisonnement qui vous a permis de deviner le désir de la fillette.

LEÇON

1. Le non-dit dans la communication

Un échange de paroles entre deux interlocuteurs comprend non seulement les informations réellement échangées **(le dit, ou explicite)**, mais aussi toutes les informations qu'on laisse entendre **(le non-dit, ou implicite)**. Il faut alors connaître la **situation**, ou le **contexte**, pour comprendre la totalité de l'énoncé.

2. Le présupposé

Définition

Le présupposé est une information qui se déduit d'un **mot présent** dans l'énoncé.
L'émetteur considère cette information non dite comme évidente.

Formes

Le présupposé se devine grâce à :

- un **adverbe**, comme *déjà, toujours, encore,* qui suppose un fait antérieur à la communication :

  ➡ *Mes parents passent* ***encore*** *l'été à retaper la maison.*

L'information présupposée *(mes parents ont retapé la maison déjà au moins l'été précédent)* est donnée par l'adverbe *encore.*

  ➡ *Manolito* ***ne*** *vient* ***plus*** *chaque semaine voir sa grand-mère.*

L'information présupposée *(Manolito venait)* est donnée par la négation *ne… plus.*

- un **adjectif** :

  ➡ *J'irai au cinéma dimanche avec ma cousine* ***préférée****.*

L'information présupposée *(j'ai au moins deux cousines ; je préfère l'une d'elles)* est donnée par l'adjectif *préférée.*

- un **verbe** :

  ➡ *Je* ***me suis réveillée*** *à huit heures.*

L'information présupposée *(je dormais)* est donnée par le sens du verbe *se réveiller.*

Emplois

Le présupposé peut être observé directement dans un énoncé dont il ne constitue pas l'élément essentiel :

  ➡ *Qui a rongé mon crayon ?* (présupposé : *Quelqu'un a rongé mon crayon.* Question posée : *Qui ?*).

3. Le sous-entendu

Définition

Parfois, l'émetteur laisse entendre une information sans la donner. Le récepteur doit **reconstruire cette information** à partir de la situation de communication ou de ses connaissances :

➡ *Il fait froid.*

Cette phrase peut vouloir dire, selon la situation : *Ferme la fenêtre.* (ordre) / *Tu as oublié d'allumer le radiateur.* (constat ou reproche) / *Je n'ai rien à vous dire.* (chez le boulanger, dans l'ascenseur…).

L'information à reconstruire s'appelle un **sous-entendu**. À la différence du présupposé, le sous-entendu n'est jamais indiqué par un mot de l'énoncé.

Emplois

Le **récepteur** est responsable de l'information qu'il construit. C'est lui qui trouve le sous-entendu ; il interprète la situation selon ses connaissances, selon son intelligence, sa personnalité.

L'émetteur, quant à lui, peut accepter ou refuser la responsabilité d'avoir donné le sous-entendu *(« Je n'ai jamais dit cela, c'est toi qui interprètes ! »)*.

POUR L'EXPRESSION ÉCRITE ET ORALE

Dans un texte, nous devons donner au récepteur tous les éléments pour qu'il comprenne le message. Il faut donc prendre garde aux présupposés involontaires qui ne permettent pas de reconstituer une information suffisante. C'est souvent le cas d'un **emploi abusif des pronoms personnels** :

➡ *Quelques heures plus tard, le directeur de la pension fut mis au courant qu'une grève de la faim avait été déclenchée dans l'internat, et qu'**ils** ne savaient pas qui étaient les meneurs.* (*Ils* = les surveillants)

RÉSUMÉ

1. Un échange de paroles entre deux interlocuteurs comprend non seulement les informations réellement échangées **(le dit, ou explicite)**, mais aussi toutes les informations qu'on laisse entendre **(le non-dit, ou implicite)**.

2. Le **présupposé** est une information qui se déduit d'un terme présent dans l'énoncé, alors que le **sous-entendu** est construit par le récepteur.

3. Le sous-entendu est une information dont l'émetteur peut accepter ou non la responsabilité.

EXERCICES

Identifier

1 Quel mot de chaque énoncé révèle la présence d'un présupposé ? Quel est ce présupposé ?

1. Anne avait perdu son entrain depuis le départ de ses filles. – **2.** Ce trimestre-ci, Hicham est encore le premier de la classe en maths. – **3.** Il est si bête que même ses copains s'en sont aperçus. – **4.** Cette actrice de cinéma est toujours belle. – **5.** Mon ami Rudolf a cessé de faire des courses automobiles. – **6.** Vous n'avez pas encore d'enfants ? – **7.** Ervan croit-il toujours au père Noël ? – **8.** Pourquoi est-ce que tu ne m'aimes plus ? – **9.** Comme tu es en beauté aujourd'hui ! – **10.** Henning est petit pour un Suédois.

2 Quel peut être l'implicite de chacune des phrases suivantes ?

1. Ah ! tu es bien le fils de ton père ! – **2.** Tu sais, un chagrin d'amour, on s'en remet. – **3.** C'est moi qui ai descendu la poubelle hier soir. – **4.** Où avez-vous caché le corps de votre femme ? – **5.** Khaled au festival des musiques du monde de Confolens : un beur en Charente *(France-Soir)* – **6.** Dieu est mort, Shakespeare est mort, Freud est mort, et moi je ne me sens pas très bien. (Woody Allen)

3 Qu'est-ce qui fait rire dans chacune des histoires suivantes ? Retrouvez les présupposés et les sous-entendus.

1. Une dame va trouver son médecin :
– Mon mari se prend pour un cheval, docteur, il piaffe, il mange du foin, il hennit.
– Cela doit être très pénible pour vous !
– Pas toujours ! avoue la dame. Dimanche, par exemple, il a gagné deux courses à Auteuil.

2. « Allô, maman, ça va ?
– Très bien, mon fils, merci.
– Oh ! excusez-moi, c'est une erreur. » (Ouaknin et Rotnemer)

3. Une femme d'un certain âge promène son petit-fils. Une passante s'arrête pour l'admirer :
– Quel beau bébé vous avez là !
– Oh, ce n'est rien, si vous voyiez les photos ! (Ouaknin et Rotnemer)

4 Choisissez les phrases implicites qui peuvent correspondre aux affirmations en italique. Justifiez votre choix.

1. *Il est interdit de fumer dans cette salle.*
– Il y a des endroits où il est permis de fumer.
– La cigarette est dangereuse.
– On respecte les droits des non-fumeurs.
– Cette salle n'a pas de système d'aération.

2. *Claude a repris six kilos.*
– Elle n'arrête pas de s'empiffrer.
– Elle avait réussi un régime.
– Elle est tombée malade.
– Elle est incapable de faire un régime.

3. *J'ai écrit une lettre de recommandation pour Pierre à mon ami Arnaud.*
– Pierre ne sait pas écrire de lettre.
– Pierre cherche du travail.
– Arnaud cherche du travail.
– Arnaud peut aider Pierre.

5 Dans les titres de films suivants, quel est l'implicite ?

1. *La Pluie qui chante* (R. Whorf). – **2.** *Le Retour de Frankenstein* (T. Fisher). – **3.** *J'ai même rencontré des tziganes heureux* (A. Petrovic). – **4.** *Je n'ai pas tué Lincoln* (J. Ford). – **5.** *Nous nous sommes tant aimés* (E. Scola). – **6.** *On achève bien les chevaux* (S. Pollack). – **7.** *Y a-t-il un pilote dans l'avion ?* (D. et J. Zucker).

Transformer

6 Relevez le présupposé et récrivez chaque phrase sur le mode explicite.

1. Les rosiers seront en fleur quand tu reviendras nous voir. – **2.** À poste de responsabilité égal, les femmes ne gagnent toujours que 60 % du salaire des hommes. – **3.** Anne n'a pas encore droit à la carte Jeune SNCF. – **4.** Avec Sveltesse, vous serez toujours mince et en pleine forme. – **5.** Pierre fait une utilisation intelligente de ses cartes de crédit. – **6.** Je ne refuse pas de rencontrer Marc. – **7.** Ils allaient ensemble au tennis et au cinéma. – **8.** La peine de mort est enfin abolie au Luxembourg.

7 **Dans les phrases suivantes, introduisez un mot ou une expression qui révélera la présence d'un présupposé (adverbe, autre verbe).**

1. Hélène est allée avec Pierre en Allemagne. – **2.** Son père gagne plus d'argent que le mien. – **3.** Le discours du maire a été confus. – **4.** Il faut chauffer le poulet. – **5.** Alors, Bernard, tu n'as pas appris l'anglais ? – **6.** Éric a trouvé du travail à la boulangerie. – **7.** Julien est l'invité du Grand Jury RTL-Le Monde. – **8.** Les partenaires économiques de la France sont favorables à la monnaie unique.

Employer

8 **En trois courts textes, racontez un match de rugby ou de football. Vous ferez parler successivement l'entraîneur de l'équipe gagnante, un supporter de l'équipe perdante, un journaliste sportif un peu blasé. Les trois textes doivent permettre d'identifier la fonction de chaque narrateur sans qu'elle soit précisée dans le texte.**

9 **Même exercice pour un défilé de mode, successivement raconté par le créateur, un mannequin vedette, une spectatrice invitée.**

10 **Développez la situation exposée dans la bande dessinée suivante. Exprimez explicitement les informations données par le texte et les dessins.**

Franquin, *Gaston*, tome 4, édition 40e anniversaire, © Dupuis, 1997.

CHAPITRE 7

Le point de vue de l'émetteur

OBSERVATION

Un jeune homme bien hypocrite

Cyril Hajard est un étudiant qui médite de voler un manuscrit de grand prix dans le coffre-fort de la bibliothèque où il va étudier.

– Ça va, monsieur Hajard ?

– Merveilleusement, oui, merveilleusement, minauda l'Étudiant qui songeait « non, ça ne va pas, rombière de catalogue. Tu te décides à l'ouvrir, ton fichu coffre ? »

– Parfait, parfait. […]

Il intervint :

– La bibliothèque ferme dans vingt minutes, je crois, et j'ai assez travaillé. Je reporte les dossiers dans la salle…

– Donnez-les à Julien, c'est son rôle.

– Non… non… Je compulserai un peu le fonds afin d'établir mon choix pour lundi. […]

Hélène Brelot murmura, comme pour une confidence intime :

– Monsieur Hajard, auriez-vous l'amabilité de me dire, à votre retour, si j'ai refermé la porte du Fichet ? Les événements de ces derniers jours me font perdre la tête.

Les yeux de Cyril Hajard s'illuminèrent d'une telle espérance qu'il craignit que le mot « jackpot » n'y clignote, en lettres rouges. « Tu ne perds pas assez la tête à mon goût, sorcière d'encrier, se dit-il. Je poireaute depuis des siècles dans ton confessionnal à jésuites ! » Mais il répondit :

– Je n'y manquerai pas, chère madame.

Il déballa son sourire zippé puis tourna le dos sans plus de manières. L'impatience le titillait.

Jean-Paul Nozière, *Des crimes comme ci comme chat,*

QUESTIONS

1 ▶ Parmi les expressions en bleu, quelles sont celles qui expriment un jugement positif ? négatif ? Qui les exprime ? Sur qui ou sur quoi ?

2 ▶ Des jugements positifs et négatifs, quels sont les plus nombreux ? Lesquels sont dits ? Lesquels sont pensés ? Qu'en concluez-vous ?

3 ▶ Parmi les expressions en bleu, quelle est celle qui exprime un doute de l'émetteur sur l'information qu'il donne ?

4 ▶ Qu'exprime l'expression en vert ?

LEÇON

1. Les valeurs de l'énoncé

Un énoncé peut contenir des mots et expressions qui indiquent le **point de vue de l'émetteur**. Ainsi, une même information peut être présentée avec des valeurs différentes :

- *La bibliothèque ferme dans vingt minutes.* (information neutre)
- *La bibliothèque ferme* ***peut-être*** *dans vingt minutes.* (expression du doute)
- ***Hélas,*** *la bibliothèque ferme dans vingt minutes.* (expression du regret)

2. Les attitudes de l'émetteur face à son énoncé

Le degré de certitude

L'émetteur peut signaler que l'information qu'il donne est plus ou moins certaine :

- *Anne a* ***sûrement*** *pris l'avion hier pour Genève.* (information donnée pour certaine)
- *Anne* ***doit*** *avoir pris l'avion hier.* (information donnée pour probable)
- *Anne* ***peut*** *avoir pris l'avion hier.* (information donnée pour possible)

L'évaluation

Par d'autres termes, l'émetteur peut exprimer une évaluation, positive ou négative :
– évaluation **morale** : *bon, méchant, menteur, franc...* ;
– évaluation **logique** : *vrai, faux, juste, exact...* ;
– évaluation **esthétique** : *beau, laid, affreux, magnifique...*

3. Les moyens d'exprimer son point de vue

L'intonation et la ponctuation

En français, l'accent habituel porte sur la dernière syllabe.

◆ Pour manifester un effet particulier, **à l'oral**, on peut ajouter un accent sur une syllabe, en soulignant souvent les paroles d'un geste :

- *C'est* ***ââ****ffreux, c'est ép****ôû****vantable !*

◆ À l'écrit, la ponctuation ou le choix de caractères gras, italiques, soulignés, de majuscules, exprime l'insistance. Les guillemets manifestent la distance de l'émetteur par rapport à un mot ou une expression :

- *Alors, Pierre, encore en retard ! Et cet « accident », qu'en est-il exactement ?*

◆ À l'oral et à l'écrit, on utilise une phrase exclamative pour exprimer l'insistance :

- *C'est affreux !*

Le vocabulaire positif et négatif

Noms subjectifs

– Noms de sens positif ou négatif :

➡ *Un **génie** – un **abruti** – une **masure**.*

– Noms construits avec des suffixes péjoratifs :

➡ *De la vin**asse** – un chauff**ard** – un brav**ache** – la vol**aille** – une mar**âtre** – un ramass**is**.*

Adjectifs subjectifs

– Adjectifs de sens positif ou négatif :

➡ *C'est un cinéaste **exceptionnel**. C'est **débile**.*

– Adjectifs construits avec des suffixes péjoratifs :

➡ *Il est lourd**aud**, pleurnich**ard**. Des cheveux blond**asses**.*

– Marques du degré de l'adjectif (intensité, comparatif, superlatif) :

➡ *Ce film est un des **plus** beaux **du** cinéma mondial. Cette œuvre est d'un **très haut** intérêt.*

Certains verbes

– Verbes de sens positif ou négatif :

➡ *Il **massacre** cette sonate. **J'adore** les cours de math.*

– Verbes auxiliaires *(pouvoir, devoir)* :

➡ *Il **peut** avoir eu un empêchement. Il **doit** terminer ce travail.*

Certains adverbes

Certains adverbes portent clairement les marques de l'intervention de l'émetteur : *certainement, éventuellement, nullement, probablement, sûrement, manifestement, évidemment, bizarrement, vraiment, heureusement…*

➡ ***Heureusement**, le train est arrivé à l'heure.*

Les temps et modes verbaux

Certains temps verbaux peuvent avoir un emploi particulier, que l'on appelle un **emploi modal**.

- Le **futur antérieur** pour exprimer le doute, l'éventualité :

➡ *Anne **aura pris** le train plutôt que l'avion.*

- **L'imparfait de l'indicatif** pour exprimer une attitude de politesse :

➡ *Je **voulais** te demander un service.*

- Le **conditionnel présent** pour exprimer :

– une nouvelle incertaine :

➡ *Le ministre **annoncerait** sa démission ce soir.*

– une supposition :

➡ *Il **viendrait** pendant mon absence.*

– une attitude de politesse :

➡ ***Voudrais**-tu me prêter une copie double ?*

◆ Le mode subjonctif

Le subjonctif souligne le point de vue de l'émetteur lorsqu'il a le choix entre l'emploi du mode indicatif ou du mode subjonctif :
– dans une **subordonnée complément** d'un verbe d'opinion, de déclaration, de perception employé à la forme négative ou à la forme interrogative *(admettre, affirmer, comprendre, dire, penser, songer, supposer, remarquer)* :

➡ *Je ne pense pas que nous* ***sommes (soyons)*** *en retard.*

➡ *Es-tu sûr que ce contrat* ***est (soit)*** *correctement rédigé ?*

– dans une **subordonnée relative**, quand elle désigne un but à atteindre, quand le verbe principal est employé négativement ou interrogativement, ou quand le nom qu'elle détermine est accompagné d'un superlatif ou d'un adjectif tel que *seul, premier, dernier…*

➡ *Je cherche quelqu'un* ***qui puisse (peut)*** *traduire cette lettre.*

➡ *Y a-t-il quelqu'un* ***qui se souvienne (se souvient)*** *des paroles de cette chanson ?*

➡ *C'est le plus beau film* ***que j'aie (j'ai) vu****.*

POUR L'EXPRESSION ÉCRITE

L'expression d'un point de vue personnel n'est pas réservée aux textes rédigés à la 1re personne.
Un texte écrit à la 3e personne, un texte scientifique, un texte juridique courant, contiennent souvent des marques du point de vue de l'émetteur :

➡ *La musique écoutée par la mère durant sa grossesse* ***serait*** *perçue par l'enfant dès les premiers mois.*

➡ *Le bénéficiaire ne* ***peut*** *prétendre au remboursement des frais par lui engagés dans le cadre d'une des prestations prévues par la présente convention que si Assistance carte bleue Visa, préalablement contactée, lui a* ***expressément*** *formulé son accord de prise en charge et communiqué un numéro de dossier.*

RÉSUMÉ

1. L'émetteur peut exprimer son **point de vue** dans son énoncé. Il a à sa disposition de nombreux moyens linguistiques :
– pour exprimer le **degré de réalité** du fait qu'il rapporte ;
– pour porter un **jugement**, positif ou négatif ;
– pour **réagir affectivement** sur l'information qu'il donne.

2. Ce sont :
– l'**intonation** et la **ponctuation** ;
– le **vocabulaire** positif ou négatif ;
– certains **temps et modes** du verbe.

EXERCICES

Identifier

1 Dans les phrases suivantes, relevez les marques du point de vue de l'émetteur.

1. Il a prétendu avoir été attaqué à la sortie du bureau. – **2.** J'ai l'intention de me présenter aux prochaines élections. – **3.** Michel aura manqué le dernier métro. – **4.** Il se peut que vous ayez un virus. – **5.** Gérard Depardieu me semble être le meilleur acteur français contemporain. – **6.** Le gaz naturel est le moyen de chauffage le plus intéressant. – **7.** Je dois avoir laissé mes clefs dans le vide-poches de la voiture. – **8.** Pendant mon absence, vous ne manquerez pas de m'informer des résultats du PSG. – **9.** Pardon, Papa, je ne savais pas que ça te ferait de la peine. – **10.** Gaston déclara lâchement que ce n'était pas de sa faute. – **11.** Heureusement, mes amis sont arrivés à temps. – **12.** Qui s'est permis de toucher à mon ballon de foot ? – **13.** Marc ferait une dépression nerveuse.

2 Relevez les marques de l'émetteur dans les phrases suivantes et dites ce qu'elles expriment (degré de certitude ou évaluation).

1. La situation financière du club est manifestement catastrophique. Bien entendu, la décision du président n'a satisfait personne. – **2.** Le dernier roman de Sam a obtenu un succès extraordinaire. Je suppose que les lecteurs ont été sensibles à la nouveauté du sujet. – **3.** Rien de neuf dans le dernier album des Rolling Stones. On dirait qu'ils ont perdu toute inspiration. – **4.** L'intervention de l'ONU n'a malheureusement servi à rien. La guerre continue avec son cortège de massacres des populations civiles. – **5.** Pour honorer leurs dieux, les Grecs accomplissaient certains rites qui auraient eu un pouvoir bénéfique.

3 Repérez les marques de l'émetteur dans le texte suivant.

Dès le début de la classe, je me suis aperçu que Meaulnes n'était pas rentré après la récréation de midi. Son voisin de table a bien dû s'en apercevoir aussi. Il n'a rien dit encore, préoccupé par sa composition. Mais, dès qu'il aura levé la tête, la nouvelle courra par toute la classe, et quelqu'un, comme c'est l'usage, ne manquera pas de crier à haute voix les premiers mots de la phrase :
– Monsieur ! Meaulnes…
Je sais que Meaulnes est parti. Plus exactement, je le soupçonne de s'être échappé. Sitôt le déjeuner terminé, il a dû sauter le petit mur et filer à travers les champs, en passant à la Vieille Planche, jusqu'à la Belle-Étoile. Il aura demandé la jument pour aller chercher M. et Mme Charpentier. Il fait atteler en ce moment.

Alain-Fournier, *Le Grand Meaulnes*.

4 Même exercice.

Une petite fille, Rynn, vient d'enfermer sa propriétaire dans le sous-sol.

Même si Rynn se couchait par terre et chuchotait par les interstices de la trappe, elle savait qu'elle avait accompli une chose terrible ; même si elle s'excusait, même si elle implorait le pardon de cette femme, que pourrait dire Mrs. Hallet du fond de son oubliette ? Naturellement, là en bas, dans le noir, elle promettrait tout ce qu'on voudrait, n'importe quoi. Bien sûr, Mrs. Hallet jurerait sur tout ce qu'on voudrait que jamais, au grand jamais, sous aucun prétexte elle ne révélerait ce que la petite fille avait fait. Et naturellement, ce serait un mensonge. Jamais Mrs. Hallet ne lui pardonnerait.

Mrs. Hallet avec sa grande maison de brique cachée par des rangées de beaux sapins, dressée au milieu de ses belles pelouses ; Mrs. Hallet avec ses amis influents ; Mrs. Hallet qui embauchait et renvoyait des hommes comme Miglioriti… Mrs. Hallet veillerait, si elle devait s'y appliquer jusqu'à sa mort, à ce que la petite fille fût punie. Mrs. Hallet insisterait pour lui faire payer, au maximum prévu par la loi, l'effroyable acte, la chose impardonnable. Le maximum et plus encore.

Cela signifiait quoi ? La prison ? Certainement. Oui.

Laid Koenig, *La Petite Fille au bout du chemin*, © Hachette.

Transformer

5 Récrivez les phrases suivantes en supprimant les marques du point de vue de l'émetteur.

1. Il est possible que nous allions passer huit jours aux Antilles. – **2.** Qui aurait parié que Jeannie Longo aurait triomphé d'une adversaire plus jeune qu'elle de quinze ans ? – **3.** Tu as dû penser que j'avais oublié notre rendez-vous. – **4.** Il est quasiment certain que le prix de l'essence va augmenter dans quelques mois. – **5.** Avez-vous une pommade qui apaiserait la douleur ? – **6.** Je reconnais que j'ai eu tort de sucrer le saumon. – **7.** Il est évident que Méryl et Fatima ont ébloui l'inspecteur. – **8.** Marie-Jo aurait dû gagner aux championnats du monde d'Athènes. – **9.** Certains syndicats s'opposeraient à la réduction du temps de travail avec perte de salaire. – **10.** Vraiment, tu as mal dormi ? Une bonne douche fera sûrement l'affaire. – **11.** Est-ce que je pourrais me permettre de vous demander d'éteindre votre cigarette avant l'atterrissage ?

6 Effacez les marques du point de vue dans le texte suivant. Comparez le texte que vous avez obtenu et le texte de départ. Qu'en concluez-vous ?

LE PARIS-SAINT-GERMAIN ÉCHOUE À ISTANBUL

La capitale turque ne réussit pas au PSG. Après sa défaite, l'an passé à la même époque, face à Galatasaray (4-2), le club parisien a de nouveau sombré à Istanbul, en s'inclinant 3-1 devant le Besiktas Istanbul. Sur un terrain très glissant, les Parisiens, souvent apathiques en défense, ont été dominés d'entrée de jeu par une formation turque plus volontaire et bien organisée. L'attaquant Otkay a ouvert la marque à la 6e minute, avant de doubler la mise en fin de première mi-temps. À la 67e minute, l'avant-centre parisien Marco Simone a réduit le score, mais, en fin de match, Ertugrul a assuré la victoire de Besiktas en reprenant victorieusement un tir du Nigérian Amokachi repoussé par le gardien parisien Christophe Revault.

Le Monde, 03-10-1997.

Employer

7 Voici le rapport oral d'un témoin après un accident. Récrivez le témoignage pour la police ou la compagnie d'assurances.

– Moi, j'ai tout vu. La voiture est arrivée de là, de la droite. Enfin oui, de la gauche, ça dépend d'où on regarde. C'était une camionnette ? Ah bon ! Enfin, voiture ou camionnette, ça fait pas une grande différence. La couleur ? Moi, je l'ai vue bleue. Mais, remarquez, elle était peut-être verte. Avec la vitesse, bleu, vert, tout ça se mélange un peu. Parce qu'ils allaient drôlement vite. Et le type qui conduisait avait des lunettes, ça j'en suis sûr, j'ai fait la réflexion à ma femme.

J.-P. Dubois, *Parfois je ris tout seul*,
© Robert Laffont, 1992.

8 Lisez le texte suivant, puis, avec humour, dressez le portrait du frère, ou de la sœur, ou de l'ami(e) dont vous rêvez, en utilisant les mêmes marques de point de vue.

UN FILS IDÉAL

Mon père aurait voulu un fils qui soit un athlète né, d'un naturel enjoué, ouvert, doué pour les langues, grand, avec de bonnes joues rouges, respirant la santé et se découvrant devant les dames. Ce fils idéal l'accompagnerait à la pêche et aimerait bien blaguer. Adroit de ses mains, il fabriquerait des horloges comtoises à ses heures perdues. Bien entendu, il aurait l'étoffe d'un officier ; il voterait conservateur, épouserait une jeune fille de bonne famille et monterait sa propre affaire d'ordinateurs à Guilford.

Ma mère, elle, rêvait d'avoir un fils au tempérament ardent, genre beau ténébreux, fréquentant une école d'enfants surdoués et qui, dès son plus jeune âge, fascinerait les femmes et captiverait les hommes par sa conversation spirituelle. Il aurait du panache, forcément, et il serait antisexiste, antiraciste et pacifiste. (Sa meilleure amie serait une vieille femme africaine.) Il réussirait brillamment et, plus tard, on écrirait sa biographie. Il refuserait un siège de tout repos au Parlement pour aller en Afrique du Sud où il conduirait avec succès la révolution noire. Il reviendrait en Angleterre où il serait le premier homme apte à éditer une revue féministe. Il évoluerait dans des cercles prestigieux et il emmènerait sa mère partout avec lui.

Sue Townsend, *Les Aventures d'Adrian Mole, 15 ans. Journal secret*, © Le Seuil, « Points Virgule », 1986.

9 Pour le journal du collège, écrivez une critique de film, de téléfilm, de roman, de BD. Donnez d'abord les informations nécessaires sur l'ouvrage, puis exprimez votre propre opinion.

10 Vous répondez à un journal qui enquête : « À quelles vacances rêvent les adolescents ? » Présentez vos principaux désirs en variant les moyens d'exprimer votre point de vue (jugement de valeur et degré de certitude).

Confusions verbales (2)

Objectif ▶ Distinguer les modes personnels : indicatif, impératif, subjonctif.

OBSERVATION

L'accident

Il y avait une femme installée au volant, à demi inconsciente. Le pare-brise avait explosé et la pauvre, jusque dans ses cheveux, semblait porter une infâme verroterie, tel un costume qu'aurait conçu sans amour une vieille fée maladroite…

Martha vint m'ouvrir, avec son éternelle cigarette aux lèvres. Elle nous jeta un bref coup d'œil mais décidément, rien ne pouvait l'étonner. Je la bousculai presque et portai mon fardeau dans la chambre du bas.

« Je savais que ça arriverait… ! » fit-elle sur mes talons. Je la fusillai du regard. Puis nous nous penchâmes ensemble au-dessus du lit où geignait ma chauffarde.

C'est ainsi que Judith m'apparut réellement, pour la première fois. Une fille assez quelconque, d'environ vingt-cinq ans, avec une narine sanguinolente et un hématome sur le front.

« Eh bien, la pauvre petite, vous l'avez joliment arrangée… ! » conclut Martha d'une voix tranquille, larguant un peu de cendre à l'aplomb de sa main libre et toujours se moquant d'empester la maison.

« Ah, cesse donc ! Je n'y suis pour rien… » grommelai-je. Je saisis le téléphone pour appeler Gabriel. Qu'il arrivât sur-le-champ, je l'en conjurai – « Oui, je l'ai transportée chez moi… Oui, je sais bien, le mal est fait. » – et qu'il n'oubliât point d'alerter sa clinique, au moins que le bloc se tînt prêt, enfin tu sais, touchons du bois.

Philippe Djian, « Crocodile », in *Crocodiles*, © Bernard Barrault, 1989.

QUESTIONS

1 ▶ Recopiez le tableau suivant.

Indicatif		Subjonctif	Impératif
1	2	3	4

a. Indiquez dans les cases grisées le nom des temps des verbes en rose.
b. Mettez les verbes en rose dans les cases numérotées. Indiquez la personne et le nombre de chaque forme.

2 ▶ La terminaison **-ai** est-elle propre au 1er, au 2e ou au 3e groupe ?

3 ▶ Dans la colonne 3 :
a. les formes conjuguées se prononcent de la même façon que si elles étaient à un autre temps et à un autre mode : lesquels ?
b. quelle(s) différence(s) orthographique(s) distinguez-vous au 1er groupe ? au 3e groupe ?

4 ▶ Dans la colonne 4, quelle personne présente un risque de confusion avec un autre mode ?

LEÇON

1. Imparfait et passé simple

Dans les verbes du 1er **groupe**, il ne fau
du singulier du passé simple **(-ai)** et de
L'imparfait décrit une action non bornée (en
ter dans le passé), tandis que le passé simpl
dans le passé (qui a eu lieu à un moment préci

➡ *Je **rentrais** (= j'étais en train de rentre rentrer) tranquillement.* / *Je **rentrai** (= à tré) tranquillement.*

2. Imparfait et conditionnel présent ; plus-que-parfait et conditionnel passé

Après la conjonction *si*, le verbe de la subordonnée ne se met pas au conditionnel, mais à l'indicatif :

➡ *Si j'**avais*** (imparfait) *une machine, je **gagnerais** du temps.*

3. Passé simple et imparfait du subjonctif

À la **3e personne du singulier**, les deux temps sont homophones :

◆ aux **2e et 3e groupes**, seul l'accent circonflexe distingue le subjonctif :

➡ *Il fin**it*** (passé simple). / *(Qu')il fin**ît*** (subjonctif imparfait).

◆ au **1er groupe**, le subjonctif se distingue par l'accent circonflexe et la désinence **-t** ; il ne faut jamais mettre de **-t** au passé simple :

➡ *Il tomb**a**.* / *(Qu')il tomb**ât**.*

4. Présent de l'indicatif et de l'impératif

■ À la **2e personne du singulier**, on met :

◆ **-s** à l'indicatif, mais jamais d'**-s** à l'impératif dans les verbes du 1er groupe :

➡ *Tu parl**es**.* / *Parl**e** !*

◆ Même chose pour *assaillir, couvrir, cueillir, offrir, ouvrir, souffrir, tressaillir* et leurs composés, ainsi que pour *aller* :

➡ *Tu ouvr**es**.* / *Ouvr**e** ! – Tu v**as**.* / *V**a**.*

■ Quatre verbes ont un impératif particulier : ***aie*** *(avoir),* ***sois*** *(être),* ***sache*** *(savoir),* ***veuille*** *(vouloir).*

■ Devant *en* et *y*, l'impératif prend parfois un **-s** dit « euphonique » :

➡ *Va**s**-y ! Donne**s**-en à ton frère !*

5. Cas particuliers

◆ Écrivez « *vous **faites*** » (indicatif présent), mais n'écrivez jamais **vous faîtes* (forme qui n'existe pas).

◆ Méfiez-vous des passés simples imaginaires comme **ils rièrent*, **ils écrirent* au lieu de « *ils **rirent*** », « *ils **écrivirent*** »...

Quelle clé utiliser ?

… la substitution

… mplétez les verbes en situant les … ses dans le passé.

… Il tir… sèchement sur le lanceur, le moteur part… du premier coup.
2. Il gard… le silence pendant un moment qui me par… long.
3. Il fallait donc qu'il en appr… davantage.
4. Je travaill… depuis deux heures, quand je constat… avec effarement qu'aucun de mes fichiers n'était enregistré.

> Le **changement de personne** permet de trancher entre :
> • Passé simple de l'indicatif et subjonctif imparfait à la 3e personne du singulier :
> *Un pont-levis* ***s'abaissa*** *(des ponts-levis* ***s'abaissèrent****) et une porte* ***s'ouvrit*** *(des portes* ***s'ouvrirent****).*
> *Nous l'appelions Tarzan bien qu'il* ***fût*** *(bien qu'ils* ***fussent****) très maigre(s).*
> • Passé simple et imparfait de l'indicatif à la 1re personne du singulier des verbes du 1er groupe :
> *Un soir que je me* ***promenais*** *(tu te* ***promenais****) avec lui au bord de la Seine, je lui* ***demandai*** *(tu lui* ***demandas****) de raconter quelques anecdotes de sa vie de pêcheur.* (Maupassant)

Clé de la position

2 Quels verbes soulignés pourrait-on mettre au conditionnel ?

1. Il se demandait s'il pouvait dire toute la vérité.
2. Si l'affaire se faisait, il deviendrait riche.
3. Ils auraient moins d'ennuis, s'ils acceptaient de rester tranquilles.
4. On ne savait pas si les missiles atteignaient tous leur cible.

> Quand on peut détacher une proposition introduite par *si* en tête de phrase, le verbe de cette proposition n'est jamais au conditionnel :
> *Je me demandais s'il* ***viendrait*** (conditionnel).
> **S'il viendrait je me demandais* est impossible.
> *Je serais ravi s'il* ***venait*** (imparfait de l'indicatif).
> *S'il venait, je serais ravi.*

Clé de l'analyse

3 Quels sont les verbes soulignés dont la prononciation ne permet pas de distinguer le temps ? Ceux dont la prononciation aide à cette distinction ?

1. Aveuglé et pris de vertige, je courus, trébuchai et tombai, me relevai couvert de poussière.
2. Je regardai derrière moi, terrifié par l'attente, et vis le groupe de silhouettes qui disparaissait dans la nuit.

> L'observation des verbes juxtaposés, coordonnés ou subordonnés au sein d'une même phrase permet souvent de trancher entre passé simple et imparfait :
> *Je* ***fermai*** *la porte en hâte et* ***descendis*** *les escaliers quatre à quatre.* (Le passé simple *descendis* permet de choisir entre *fermais* et *fermai*.)
> *Quand je jouais trop longtemps, je* ***finissais*** *par perdre.* (L'imparfait *finissais* permet de choisir entre *jouais* et *jouai*.)

EXERCICES

1 Donnez la 1re personne du passé simple de l'indicatif des dix verbes suivants.

aller ; tomber ; courir ; devenir ; rester ; envoyer ; promettre ; combattre ; oublier ; reculer.

2 Donnez la 3e personne du singulier du passé simple de l'indicatif, puis de l'imparfait du subjonctif pour chacun des dix verbes suivants.

partir ; crier ; jouer ; bondir ; vouloir ; pouvoir ; être ; faire ; dire ; savoir.

3 Donnez le temps et le mode des formes verbales soulignées.

1. Quand il rentra à la maison, il constata que chacun des membres de la famille était en train de faire une promenade. (B. Stoker)

2. Il semblait que ce cheval fût un animal sauvage. (P. Grimal)

3. Il ouvrait brusquement la porte de façon à ce qu'elle allât battre contre la muraille. (A. Daudet)

4. Le sens des mots lui échappa, bien qu'il les lût avec application. Il déposa le message et le regarda scintiller sur la glace. (S. Corgiat)

4 Parmi les terminaisons verbales suivantes, relevez :

– celle qui est impossible en français ;
– celles qui sont impossibles au passé simple de l'indicatif.

-it	-ut	-at	-u	-a	-ît	-ait

5 Mettez les verbes entre parenthèses à l'imparfait ou au passé simple.

1. Je les (remercier) et leur promis de faire tous mes efforts. (Lesage)

2. J'étendis la main et (toucher) quelque chose de doux. (H.G. Wells)

3. Je courus chez moi, et m' (enfermer), saisis du papier, une plume et fus incapable d'écrire un mot. (J. Kessel)

4. La voix était douce. Je la (connaître) mais je mis du temps à savoir qui se trouvait à mon chevet. (M. Wolinski)

5. Elle tendit la main et j'y (glisser) une pièce d'argent. (B. Stoker)

6 Remplacez le passé composé par le passé simple.

Il s'est passé un long moment, durant lequel l'être sur le fauteuil est resté immobile lui aussi, les yeux fermés, sa poitrine se soulevant en cadence, de plus en plus faiblement. Enfin il a écarté les bras pour poser les mains sur les roues du fauteuil et, avec une vivacité qui m'a laissé interdit, il s'est voituré jusqu'à la porte. (J. Fulgence)

7 Recopiez chacune des consignes ci-dessous en la transformant selon le modèle suivant.

EXEMPLE : *prendre la porte → Tu prends la porte ! / Prends la porte !*

1. Ne pas se sauver.
2. Aller chez le coiffeur.
3. Ouvrir la fenêtre.
4. Choisir un nombre.
5. Mettre la table.
6. Ranger les instruments.
7. Demander l'addition.
8. Démarrer rapidement.
9. Respecter les panneaux.
10. Ne pas écrire sur le mur.

8 Quelles formes conjuguées entre parenthèses sont incorrectes ?

1. Si le professeur ne nous (donnait/donnerait) pas à lire et à résumer des livres, je ne les (lisais/lirais) jamais.

2. Si (je serais/j'étais) une plante, je ne voudrais pas être de ces plantes inutiles qui ont trop affaire à l'homme. (M. Noël)

3. Nous les rassurions comme on rassure les enfants, en leur disant qu'elles ne (mouraient/mourraient) pas, que nous empêcherions bien la mort de les prendre. (É. Zola)

Délimiter le temps

Objectif ▶ Utiliser des mots permettant de se repérer dans le temps.

Naviguer dans l'espace

Mais peut-être crois-tu, si longue soit mon absence, qu'elle prendra fin un jour, et tiens-tu à m'attendre ? N'en fais rien. [...] Le navire qui me prendra demain va si loin qu'il lui faut presque rattraper la lumière à la course. Et il laisse derrière lui non seulement de l'espace, mais du temps. Il fut un temps où tout le monde dans la galaxie savait que le voyageur qui défie les distances stellaires perd à jamais le monde qu'il quitte, et le retrouve plus vieux de siècles alors qu'il n'a lui-même erré que des années.

Gérard Klein, *Histoires comme si...*, UGE, 1975.

QUESTIONS

1 ▶ Quelles sont les diverses indications de temps évoquées par le narrateur ?

2 ▶ Le temps a-t-il la même valeur pour la personne restant à terre que pour le passager du navire spatial ?

3 ▶ Le temps est-il ici précisément mesuré ?

LEÇON

1. Période et périodicité

Période : espace de temps plus ou moins long, plus ou moins déterminé.	*Une période* ***de deux ans*** *; une période* ***pluvieuse*** *; la période* ***des vacances*** *; la période* ***glaciaire*** *; une période* ***de sa vie.***
Périodicité : ce qui revient à des intervalles plus ou moins réguliers, en suivant une fréquence déterminée. – 24 heures : un(e) **jour(née)** – sept (huit) jours : une **semaine** – trente jours : un **mois** – trois mois : un **trimestre** – six mois : un **semestre** – un an : une **année** – dix ans : une **décennie** – cent ans : un **siècle** – mille ans : un **millénaire**	*La périodicité* ***des marées, d'une revue.*** – *un problème* ***quotidien*** – *une sortie* ***hebdomadaire*** – *une revue* ***mensuelle*** – *un bulletin* ***trimestriel*** – *une réunion* ***semestrielle*** – *un bilan* ***annuel*** – *des fêtes* ***décennales*** – *une cérémonie* ***séculaire*** (célébrée tous les cent ans ; qui a un siècle ou plus) – *un rite* ***millénaire*** (qui a mille ans, très vieux)
Une ère : période longue, historique, géologique.	*Une ère* ***de prospérité*** *; l'ère* ***chrétienne*** (depuis la naissance du Christ) *ou* ***musulmane*** (depuis l'hégire, 622) *; l'ère* ***primaire.***

Un cycle : suite de phénomènes se reproduisant à intervalles réguliers.	*Le cycle* ***des saisons, du sommeil*** *;* *le cycle* ***de la reproduction.***
Une chronologie : succession d'événements précis dans le temps ; c'est aussi la science des dates.	*La chronologie* ***de cette affaire.*** *Respectons la chronologie* ***des faits.***

2. Au même moment ou non

Simultané (du latin *simul*, « ensemble ») : au même moment.	*Des mouvements* ***simultanés*** *;* *la* ***simultanéité*** *de leurs gestes.*
Concomitant (lat. *concomitari*, « accompagner ») : se dit d'un phénomène se produisant en même temps qu'un autre.	*Les symptômes* ***concomitants*** *d'une maladie. Leur* ***concomitance.***
Contemporain (du latin *tempus*, « temps », et *con-*, « avec ») : de la même période, de la même époque ; de notre temps.	*Racine et Molière sont* ***contemporains.*** *Cette tour est* ***contemporaine*** *de Louis XIV.* *Que penses-tu de l'art* ***contemporain*** *?*
Anachronique (du grec *ana*, « en arrière », *chronos*, « temps ») : qui ne se situe pas à son époque ; d'un autre âge.	*Un fusil au Moyen Âge, c'est* ***anachronique*** *!* *Quel* ***anachronisme*** *! Ses opinions sont complètement* ***anachroniques*** *!*

EXERCICES

1 Complétez chaque phrase par un adverbe construit sur l'un des mots étudiés. Il suffit d'ajouter le suffixe *-ment*.

1. C'est … que je lui répète de se laver. – **2.** Nous nous réunissions … , généralement le mardi. – **3.** Le bibliobus passait … , à l'exception des deux mois d'été. – **4.** Ce sont des droits perçus … , en décembre.

2 Inventez la vie d'un personnage et présentez-la chronologiquement en utilisant au moins quatre mots de la leçon.

3 Répondez aux questions après avoir expliqué ce que chaque mot souligné signifie.

Lisez-vous un périodique ? un quotidien ? un mensuel ? un hebdomadaire ? Si ce n'est pas le cas, que souhaiteriez-vous lire ?

4 Construisez une phrase avec chacun des mots suivants.

bimensuel (deux fois par mois) ; bimestriel (tous les deux mois) ; bisannuel (tous les deux ans) ; biennal (qui dure deux ans) ; une biennale (exposition, manifestation qui a lieu tous les deux ans).

5 a. Retrouvez le mot de la leçon qui manque à la rime du poème suivant.

b. Poursuivez le poème en mettant à la rime trois mots de la leçon.

Dans la vieille forêt…,
Sous une roche triangulaire,
Dormait, depuis plusieurs…,
Un gros dinosaure débonnaire.

HISTOIRE DE LA LANGUE

Il y a des lustres, en brumaire…

• Certains mots délimitant le temps ont disparu ou ne sont plus employés qu'à titre historique ou ironique. En latin, ***lustrum*** désignait une cérémonie purificatrice célébrée tous les cinq ans. Ainsi, lorsque Rousseau évoque ses « douze **lustres** » pour dire qu'il a soixante ans, on repère une unité de temps qui n'existe plus actuellement que dans l'expression : *Il y a des lustres que je ne t'ai vu !* C'est-à-dire il y a bien des années.

• Sous la Révolution, en 1793, fut instauré un calendrier républicain avec des semaines de dix jours, des **décades**. Chacun des douze mois portait un nom symbolique choisi par Fabre d'Églantine, poète et révolutionnaire : l'automne commençait par **vendémiaire**, le mois des vendanges, et l'été par **messidor**, le mois des moissons. L'hiver se démarquait par **pluviôse**, **ventôse**… Enfin, le premier des dix jours s'appelait **primidi**, le second **duodi**, puis **tridi**, **quartidi**, etc. Vous souvenez-vous de ce qui s'est passé le **18 brumaire 1799**, en l'an VIII de la République ?

Prendre des distances, prendre des précautions

Objectif ▶ Disposer de moyens efficaces pour refuser, ou prendre de la distance par rapport aux paroles des autres.

QUESTIONS

1 ▶ Rachida est-elle du même avis qu'Antoine sur le film ?

2 ▶ Comment Rachida s'y prend-elle pour éviter de contredire Antoine et de le vexer ?

LEÇON

1. Pour ne pas s'engager

Ah, oui, vraiment ? *Allez savoir !* *Ce n'est **pas** vraiment mon domaine.* *Ce n'est **peut-être pas** si simple.* *Sans doute. Peut-être.* *Difficile à dire, difficile de juger.*	*Laissez-moi réfléchir.* *Pardon ?* *Si, si, peut-être !* *Tu crois ? Vous croyez ?* *Vous pensez vraiment ce que vous dites ?* *Voyons, voyons !*

2. Pour ne pas blesser par un refus

Ce n'est pas à moi qu'il faut demander ça. *Excusez-moi, mais il faut que j'en parle à ma femme / à mon mari / à mes enfants / à mes collègues.* *Il faut que je demande l'autorisation de mes parents.*	*J'aimerais bien, mais je ne peux pas.* *Je n'y connais vraiment rien.* *Je ne peux pas vous répondre maintenant.* *Je vais voir.* *Je vais y penser / y réfléchir.* *Laissez-moi le temps de réfléchir.*

3. Pour attribuer à quelqu'un des paroles dont on lui laisse la responsabilité

◆ Citer ses **sources** :
➠ ***Selon l'avis de*** *certains ;* ***aux dires de*** *l'auteur ;* ***d'après*** *les organisateurs ;* ***si l'on en croit*** *les sondages ;* ***suivant*** *le témoin…*

◆ Souligner la citation par l'**intonation** ou par une **expression rituelle** :
➠ *C'est* ***soi-disant*** *un accident. C'est,* ***je cite****, un « accident ».*

◆ Choisir des **verbes introducteurs** qui marquent que l'on ne croit guère à ce qui a été dit ou que l'on répète les paroles avec prudence : *soutenir, maintenir, avancer, prétendre, certifier, jurer…*

◆ Utiliser le **conditionnel** et les **marques du point de vue de l'émetteur** (chapitre 7) :
➠ *Les scientifiques* ***affirmeraient****… Il est* ***possible*** */* ***probable*** *que…*

EXERCICES

Improvisez les scènes suivantes en utilisant les tournures présentées dans la leçon.

1. Un vendeur d'encyclopédies frappe à votre porte. Vous repoussez poliment son offre.

2. Vous entrez dans un magasin de vêtements. Immédiatement, la vendeuse vous propose de vous conseiller. Vous voudriez choisir en paix, sans être impoli(e).

3. Votre meilleur(e) ami(e) vient d'adhérer à une association qui vous paraît un peu bizarre. Il/Elle veut vous emmener à une réunion de son club. Vous ne voulez pas vous opposer directement à lui/elle, mais vous refusez de vous laisser entraîner.

4. Vous êtes invité(e) chez les parents d'un copain. Au cours de la discussion, on vous demande votre opinion sur un sujet épineux. Votre opinion est opposée à celle de la famille, mais vous ne voulez pas vous brouiller avec votre ami.

Organiser un récit

Objectif ▶ Distinguer l'histoire et la narration afin d'organiser le rythme d'un récit.

Le numéro gagnant

Quand le premier événement se produisit, Charles Perrin avait quarante-trois ans. Il était marié depuis dix-sept ans et sa fille, Nicole, venait d'avoir ses quatorze ans.

Toute sa vie, il avait habité le même quartier de Paris, où il était né, le quartier Saint-Antoine, habité par des commerçants, des artisans et des employés comme lui. La journée avait commencé comme les autres quand le réveille-matin avait sonné à six heures et demie et qu'il s'était rasé en écoutant la radio pendant que sa femme préparait le petit déjeuner. À huit heures dix, il avait descendu les quatre étages et, sur le trottoir, s'était faufilé entre les ménagères qui entouraient les petites charrettes de légumes et de fruits. Devant l'entrée du métro, il acheta le journal, attendit sur le quai en regardant les titres de la première page et, une fois dans le wagon seulement, se mit à lire. Comme chaque mois à la même date, le journal donnait la liste des numéros gagnants de la Loterie nationale et Charles Perrin la parcourut des yeux. Il connaissait son numéro par cœur, car il avait la mémoire des chiffres. Depuis trois ans qu'il prenait un billet chaque mois, il n'avait rien gagné et il ne lui était jamais venu à l'idée qu'il pourrait gagner un lot important, seulement un de cinq ou dix mille francs, par exemple, et c'est sans doute pourquoi il commençait la colonne par le bas.

C'est au moment où des voyageurs qui descendaient et d'autres qui montaient le bousculèrent qu'il vit son numéro, non pas dans la liste, mais, en caractères gras, en haut de celle-ci. Il eut beau se frotter les yeux, tirer son billet de son portefeuille, confronter les chiffres un à un, il dut se rendre à l'évidence : il était bel et bien le gagnant du gros lot de cinq millions de francs.

Georges Simenon, *Trois Nouvelles inédites*, 1953, © Presses de la cité.

QUESTIONS

1 ▶ Quel âge a le personnage principal quand l'intrigue commence ?

2 ▶ Quel événement vient transformer sa vie et déclencher l'action ?

3 ▶ Que savons-nous de son existence avant cet événement ?

4 ▶ Donnez un exemple de ralentissement du récit (actions détaillées) ; d'accélération du récit (résumé).

LEÇON

Dans un récit, plusieurs procédés permettent de déclencher l'intérêt du lecteur et de maintenir son attention.

1. Histoire et narration

■ L'**histoire** est l'ensemble des **événements** d'un récit, **réels** ou **imaginaires**. Ils se succèdent et s'enchaînent selon la loi de cause à effet : un fait déclenche des conséquences, qui à leur tour provoquent un autre fait… L'histoire est donc l'intrigue, le scénario des faits.

■ La **narration** est la **manière de raconter** l'histoire. Une narration simple, chronologique, réduite aux événements, peut décourager le lecteur. Il faut donc varier la manière de raconter l'histoire.

2. Les enrichissements

Le récit de base est enrichi par :

– les **dialogues**, qui donnent un effet de réel et un rythme vif à la narration ;

– les **descriptions** et les **portraits**, qui font voir personnages et décors, et ralentissent le rythme ;

– les **commentaires** du narrateur, qui peuvent donner une explication, prendre de la distance, manifester de l'ironie ou dramatiser.

3. Le rythme du récit

Différentes techniques narratives permettent de rythmer la narration :

Récit linéaire	L'ordre de la narration suit l'ordre chronologique des événements.
Récit linéaire avec ellipses	On ne raconte pas certaines étapes du récit, soit que le lecteur puisse les reconstituer facilement, soit pour préparer un suspens.
Récit non linéaire	On effectue des retours en arrière pour expliquer un événement, le caractère d'un personnage. On peut faire une anticipation. On peut même commencer un récit par la fin.
Récit avec enchâssement	Une histoire secondaire est enchâssée dans l'histoire principale (ce peut être un retour en arrière).
Récit avec entrelacement	On raconte deux ou trois histoires alternativement. On ménage des points communs, des personnages communs (c'est la technique des séries télévisées).

EXERCICES

1 Choisissez l'un des récits courts suivants, que vous écrirez à la 1re personne.

1. Vous avez été victime d'une blague. Racontez cet épisode en rythmant le récit et en faisant part de vos impressions.
2. Visite chez le dentiste. Vous mourez de peur. Le dentiste est bavard, vous ne pouvez pas lui répondre. Insérez des descriptions, des commentaires, des dialogues.
3. Vous évoquez un dimanche après-midi où vous vous êtes particulièrement ennuyé(e). Entrelacez vos souvenirs et vos commentaires.

2 Choisissez l'un des récits longs suivants.

1. Écrivez un récit d'aventures. Les personnages sont plongés dans un monde hostile. Ils subissent des épreuves, rencontrent de terribles dangers.
2. Organisez un récit de science-fiction. L'action se déroule dans une époque future, pleine d'innovations techniques et de bouleversements.
3. Inventez un récit policier. Le récit commence par la découverte d'un méfait. L'enquête nécessite des retours en arrière et un enchâssement.
4. Inventez un récit historique. Les personnages principaux, inventés, rencontrent des personnages historiques. Organisez une intrigue avec des entrelacements.
5. Imaginez un récit de vie. Un personnage raconte sa vie à la première personne. Il peut commencer son récit par le moment présent et évoquer ensuite des souvenirs d'époques différentes.

Valeurs et variétés de l'énoncé

1 6 points

Récrivez le texte suivant en employant un autre registre de langue.

Moi je comprends ça : un type qui s'acharne à vous marcher sur les pinglots, ça vous fout en rogne. Mais après avoir protesté aller s'asseoir comme un péteux, moi, je comprends pas ça. Moi j'ai vu ça l'autre jour sur la plate-forme arrière d'un autobus S. Moi je lui trouvais le cou un peu long à ce jeune homme et aussi bien rigolote cette espèce de tresse qu'il avait autour de son chapeau. Moi jamais j'oserais me promener avec un couvre-chef pareil.

Raymond Queneau, *Exercices de Style*, © Gallimard.

2 6 points

Quels actes de langage reconnaissez-vous dans les phrases du dialogue suivant ?

– Que faites-vous dehors ? – Une promenade, dit Léonard Mead. – Une promenade ! – Une simple promenade, dit-il calmement, mais il sentait son visage se glacer. – Promenade, simple promenade ? Une promenade ? – Oui. – Promenade, pour aller où ? Pour faire quoi ? – Pour prendre l'air. Une promenade pour voir. – Votre adresse ! – Onze Sud, rue Saint-Jacques.

Ray Bradbury, *Les Pommes d'or du soleil*, Denoël.

3 4 points

Formulez le contenu de la dernière phrase. Pourquoi Béralde s'exprime-t-il implicitement ?

ARGAN. – Ah ! mon frère, avec votre permission.
BÉRALDE. – Comment ? Que voulez-vous faire ?
ARGAN. – Prendre ce petit lavement-là ; ce sera bientôt fait.
BÉRALDE. – Vous vous moquez. Est-ce que vous ne sauriez être un moment sans lavement ou sans médecine ? Remettez cela à une autre fois, et demeurez un peu en repos.
ARGAN. – Monsieur Fleurant, à ce soir, ou à demain au matin.
MONSIEUR FLEURANT, *à Béralde*. – De quoi vous mêlez-vous de vous opposer aux ordonnances de la médecine, et d'empêcher Monsieur de prendre mon clystère ? Vous êtes bien plaisant d'avoir cette hardiesse-là !
BÉRALDE. – Allez, Monsieur, on voit bien que vous n'avez pas accoutumé de parler à des visages.

Molière, *Le Malade imaginaire*, Acte III, scène 5, 1673.

4 4 points

Relevez les marques du point de vue de l'émetteur (degré de certitude).

Un après-midi, elle se couvrit d'un voile, enfila une paire de gants, nous enferma dans la maison par mesure de précaution et sortit pour essayer de prendre du miel dans l'une des ruches. Sans doute ne les endormit-elle pas assez..., c'est ce qu'on leur fait, je crois..., toujours est-il que, lorsqu'elle ôta le couvercle, une cascade d'abeilles jaillit de la ruche et se posa sur elle. Nous regardions tout cela par la fenêtre. Ne connaissant pas grand-chose aux abeilles, nous pensions que c'était la bonne façon de procéder, jusqu'à ce que nous vissions notre tante courir autour du jardin en faisant des efforts désespérés pour se débarrasser des abeilles. Elle réussit enfin à atteindre la maison et se jeta sur la porte, que nous ne pouvions ouvrir parce qu'elle en avait la clef.

Gérald Durrel, *Féeries dans l'île*, © Gautier-Languereau.

5 10 points

Recopiez le texte suivant. Soulignez en rouge les actes de langage qui engagent le narrateur ; en bleu ceux qui engagent le soldat ; en vert ceux qui incitent le narrateur à répondre ; en noir ceux qui incitent le soldat à répondre.

1943. Le narrateur, qui a été arrêté, converse à travers la grille avec le soldat qui monte la garde devant la prison d'Auxerre.

« Ce que vous voulez, c'est défendre votre pays. » « Mais non », je lui réponds, « ce n'est pas mon pays ». « Comment ? », s'écrie-t-il, « qu'est-ce qui n'est pas votre pays ? » « Mais la France », je lui réponds, « la France n'est pas mon pays ». « Ça n'a pas de sens », dit-il, déconcerté. « Mais si. Je défends mon pays, de toute façon, en défendant la France, qui n'est pas mon pays. » « Quel est votre pays ? », demande-t-il. « L'Espagne », je lui réponds. « Mais l'Espagne est notre amie », dit-il. « Vous croyez ? Avant de faire cette guerre-ci, vous avez fait la guerre à l'Espagne, qui n'était pas votre amie. » « Je n'ai fait aucune guerre », dit le soldat sourdement. « Vous trouvez ? », je lui demande. « Je veux dire, je n'ai voulu aucune guerre », précise-t-il. « Vous trouvez ? », je lui répète. « J'en suis convaincu », dit-il, solennel. Il remonte de nouveau la courroie de son fusil, qui avait glissé.

Jorge Semprun, *Le Grand Voyage*, © Gallimard.

3

Le discours rapporté

GRAMMAIRE

Chapitre 8 : Le discours rapporté direct 78
Chapitre 9 : Le discours rapporté indirect 84

ORTHOGRAPHE
- Distinguer futur simple et conditionnel présent 90

VOCABULAIRE
- Expressions et attitudes 94

EXPRESSION ORALE
- Faire des reproches 96

EXPRESSION ÉCRITE
- Écrire un sketch 98

BILAN 100

CHAPITRE 8

Le discours rapporté direct

OBSERVATION

Le petit Chaperon rouge en Chine

Dialogue entre deux écolières argentines, Susanita et Mafalda :

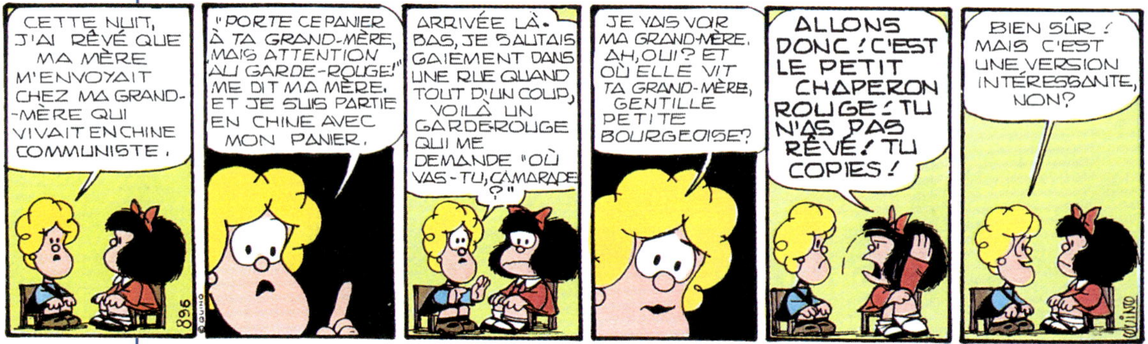

Quino, *Le Petit Frère de Mafalda,* © Glénat, 1996.

QUESTIONS

1 ▶ Quels sont les interlocuteurs en présence dans les six vignettes ?

2 ▶ Qui prend la parole d'abord ? Dans quel but ?

3 ▶ Dans le texte de la vignette 2, quelle situation de communication est évoquée ?

4 ▶ Dans le texte des vignettes 3 et 4, quelle nouvelle situation de communication est évoquée ? Quelles paroles sont échangées ?

5 ▶ Par quels mots et expressions nous est-il possible de savoir exactement qui parle à qui dans chaque situation de communication ?

LEÇON

1. Le discours rapporté : deux situations de communication

■ Dans la vie quotidienne, dans les récits oraux et écrits, dans les journaux, dans les films, à la radio, à la télévision, des paroles sont rapportées. Un message est produit dans une situation de communication qui met en jeu un émetteur **E** (ou narrateur), et un récepteur **R** :

E Susanita	→	Message (histoire du petit Chaperon rouge)	→	R Mafalda

■ Certains messages contiennent un autre message, échangé par un émetteur **e** et un récepteur **r**. On parle alors de **discours rapporté**.

E Susanita → « [**e** le garde rouge → Où vas-tu ? → **r** Susanita] » → **R** Mafalda

Il y a donc :

◆ **deux émetteurs**, celui qui a prononcé les paroles (émetteur **e**), et celui qui rapporte ces paroles (l'émetteur **E**) ;

◆ **deux récepteurs** : celui à qui sont destinées les paroles rapportées (récepteur **r**) et celui à qui l'émetteur E s'adresse (récepteur **R**) ;

◆ **deux situations d'espace et de temps** : le lieu et le moment où les paroles ont été prononcées, et le lieu et le moment où elles sont rapportées.

➡ ***La Chine*** *où se parlent le garde et le Chaperon rouge.*
L'Argentine, *où se parlent Susanita et Mafalda.*

■ Le discours rapporté peut être **direct**, quand les paroles sont citées, ou **indirect**, quand les paroles rapportées sont insérées dans la première situation de communication.

➡ *« Porte ce panier à ta grand-mère », me dit ma mère.*
(discours rapporté direct)

➡ *Ma mère me dit de porter le panier à ma grand-mère.*
(discours rapporté indirect)

2. Caractéristiques du discours direct

■ Le discours direct est une manière de rapporter un second discours au moyen d'une ponctuation particulière. Les paroles citées sont présentées de la manière suivante :

– après deux points ;

– encadrées par des guillemets ouvrants et fermants.

Dans un dialogue, les tirets marquent un changement d'interlocuteur et sont suivis d'une majuscule :

➡ *Ma mère m'a dit :*
« Porte ce panier à ta grand-mère.
– Mais, j'ai peur du garde rouge, Maman ! »

Toutefois, l'emploi de ces signes varie selon les auteurs et selon les usages typographiques.

■ Les paroles rapportées directement sont indépendantes grammaticalement du reste de la phrase. Elles peuvent appartenir à n'importe quel type de phrase :

➡ *La mère a dit : « Veux-tu porter ce panier à ta grand-mère ? »*
(interrogative)

➡ *La mère a dit : « Porte ce panier à ta grand-mère. »* (injonctive)

➡ *La mère a dit : « Quelle étourdie ! »* (exclamative)

3. L'expression introductrice

Forme

◆ Le discours rapporté est toujours signalé par une expression introductrice qui présente le cadre de l'énonciation :

La mère (émetteur)	*a dit* (verbe introducteur)	*à Susanita* (récepteur)	*cette nuit* (moment)	: «	*Porte ce panier à ta grand-mère.* (message)	»

◆ En discours rapporté direct, les **verbes introducteurs** n'ont pas de complément direct. Ce sont les paroles qui en occupent la fonction :

➡ *Le garde a dit : [quelque chose]*
« Où vas-tu ? »

Place

L'expression introductrice peut prendre place avant, après ou à l'intérieur des paroles.

◆ Avant les paroles :

➡ ***Le garde a dit au petit Chaperon rouge*** *: « Où vas-tu ? »*

◆ Après les paroles :

➡ *« Où vas-tu ? »* ***a dit le garde au petit Chaperon rouge****.*

◆ À l'intérieur des paroles, entre virgules, ou entre un point d'interrogation, d'exclamation et une virgule :

➡ *« Ah oui ?* ***a dit le garde****, et où elle vit, ta grand-mère ? »*

◆ L'inversion du sujet est obligatoire lorsque l'expression introductrice ne précède pas les paroles rapportées.

POUR L'EXPRESSION ÉCRITE

■ Le verbe introducteur le plus courant est le verbe *dire*.
Il peut être remplacé par un grand nombre de verbes qui indiquent :
– le **ton** des paroles : *bafouiller, bégayer, bredouiller, chuchoter, crier, grogner, hurler, marmonner, murmurer, rugir…*
– la **manière dont s'enchaînent les répliques** : *ajouter, apostropher, dire, interrompre, questionner, répéter, répliquer, répondre, reprendre, rétorquer, s'écrier…*
– un **acte de langage** : *acquiescer, affirmer, assurer, avertir, confier, commander, conseiller, déclarer, demander, expliquer, jurer, prétexter, promettre, proposer, raconter, recommander, suggérer, supplier…*

■ Le verbe introducteur peut être complété par une expression qui qualifie la manière de parler : *à toute allure, lentement, distinctement, en zozotant, en hésitant, en articulant, en bafouillant, en détachant les syllabes, en roulant les r, en s'étranglant, en chevrotant, en chantonnant, avec un tremblement dans la voix…*

RÉSUMÉ

1. À l'intérieur d'un énoncé, le **discours rapporté** permet d'insérer des paroles.

2. Il est **direct** quand les paroles sont citées et repérées par la ponctuation : deux points, guillemets, tirets. Il est **indirect** quand les paroles rapportées sont insérées dans la première situation de communication.

3. Le discours direct est toujours signalé par une **expression introductrice** qui présente le cadre de l'énonciation.

EXERCICES

Identifier

1 Dans le texte suivant, repérez les paroles rapportées ; indiquez qui sont les interlocuteurs ; relevez les verbes introducteurs.

LE RATON LAVEUR

C'était le premier raton laveur que je tenais dans mes mains. Et alors qu'il se nichait comme une petite caille et poussait du museau comme un chiot qui cherche le lait de sa mère, j'étais à la fois envahi par l'extase de la possession et effrayé par l'énorme responsabilité qui nous tombait dessus. Wowser gambadait près de nous dans le clair de lune, venant par intervalles renifler et lécher notre nouvel ami – ce bout de malice masqué qui allait voler son cœur et le mien.

« Il est à toi », m'a dit tristement Oscar. « Mon père ne voudrait jamais que je le garde. Il en a tué un dans le poulailler, il y a deux ou trois semaines. »

« Tu pourras venir le voir », ai-je proposé.

« Bien sûr, je pourrai venir le voir. »

Nous avons marché en silence, ruminant l'injustice d'un monde qui tient si peu compte de la sympathie existant entre les ratons laveurs et les garçons de notre âge.

Sterling North, *Rascal*, © L'École des loisirs.

2 Repérez les interlocuteurs. Relevez les verbes introducteurs. Que constatez-vous ?

LE PÂTÉ D'ANGUILLES

Ce pâté d'anguilles est remarquable, dit Chick. Qui t'a donné l'idée de le faire ?

– C'est Nicolas qui en a eu l'idée, dit Colin. Il y a une anguille – il y avait, plutôt – qui venait tous les jours dans son lavabo par la conduite d'eau froide.

– C'est curieux, dit Chick. Pourquoi ça ?

– Elle passait la tête et vidait le tube de pâte dentifrice en appuyant dessus avec ses dents. Nicolas ne se sert que de pâte américaine à l'ananas et ça a dû la tenter.

– Comment l'a-t-il prise ? demanda Chick.

– Il a mis un ananas entier à la place du tube. Quand elle avalait la pâte, elle pouvait déglutir et rentrer sa tête ensuite, mais, avec l'ananas, ça n'a pas marché, et plus elle tirait, plus ses dents entraient dans l'ananas. Nicolas… Colin s'arrêta.

– Nicolas quoi ? dit Chick.

– J'hésite à te le dire, ça va peut-être te couper l'appétit.

– Va donc, dit Chick, il ne m'en reste presque plus.

– Nicolas est entré à ce moment-là et lui a sectionné la tête avec une lame de rasoir. Ensuite il a ouvert le robinet et tout le reste est venu.

– C'est tout ? dit Chick. Redonne-moi du pâté. J'espère qu'elle a une nombreuse famille dans le tuyau.

Boris Vian, *L'Écume des Jours,* © J.-J. Pauvert.

Transformer

3 Rétablissez la ponctuation manquante : tirets et guillemets. Les alinéas ont été respectés.

LE GROS LIVRE ROUGE

Jean-Pierre Bordas avait cette chambre pour lui tout seul, ce lit peint en blanc avec des dessins bleus, cette bibliothèque vitrée garnie de livres.

Presque tous, ce sont des prix, dit M. Bordas. Il a toujours eu tous les prix de sa classe.

Guillou effleurait de la main chaque volume.

Choisis celui que tu voudras.

Oh ! *L'Île mystérieuse*… L'avez-vous lu ? demanda-t-il, ses yeux brillants levés vers M. Bordas.

Oui, dit l'instituteur, quand j'avais ton âge… Mais figure-toi que j'ai oublié… C'est une histoire de Robinson, je crois ?

Oh ! c'est bien mieux que *Robinson* ! s'écria Guillou avec ferveur.
Pourquoi est-ce mieux ?
Mais cette brusque question le fit rentrer dans sa coquille. Il reprit son air absent, presque hébété.
Je croyais que c'était une suite, reprit M. Bordas après un silence.
Oui, il faut avoir lu *Vingt Mille Lieues sous les mers* et *Les Enfants du capitaine Grant*. Je ne connais pas *Vingt Mille Lieues sous les mers*… Mais ça ne m'empêche pas de comprendre ; vous savez ?

François Mauriac, *Le Sagouin,* © Plon.

4 **Dans le texte suivant, rétablissez les alinéas et les tirets qui marquent les changements d'interlocuteur.**

VOYAGE DANS LE MÉTRO

Le métro freina doucement. On entendit un bruit de verres cassés. On était Porte de Vincennes. Mémé fut étonnée par la largeur du quai. Des voyageurs montèrent. D'autres étaient descendus. Le train redémarra. Qu'est-ce que c'est ici ? Quoi ? Cette publicité qu'on voit ici ?… pourquoi ils ont pas mis des images ?… des fois on voit des cuisinières ou des machines à laver avec une femme à la maison qui fait sa lessive !… ici on voit rien !… pourquoi ? Ils ont écrit, c'est tout ! Et pourquoi ?… qu'est-ce que c'est ce mot ! « Publicop », Mémé ! « Publicop » ! Qu'est-ce que ça veut dire ? C'est expliqué sur la publicité… attends, je lis : « Pour vos campagnes… publicitaires… une seule ad… adresse… 'Publi cop' ! » Et qu'est-ce que ça veut dire ce mot ?… comment tu dis mon fils ?… « Pu… pulicou » ! Mais non Mémé, « PU-BLI-COP » ! Alors ça va !… pulicou !… ou pulico !… je sais pas, moi !… dire ça !… qu'est-ce que c'est alors ?… Dis-moi ! C'est difficile à t'expliquer, Mémé !… je crois que ça veut dire que si quelqu'un veut faire de la réclame pour une chose qu'il veut vendre, il s'adresse à cette maison pour la réclame !… la publicité, quoi ! Ah ! la réclame pour la réclame !! C'est ça, Mémé !… la réclame pour la réclame ! Et ils ont pas trouvé quelqu'un qui fait la réclame pour la réclame de la réclame ?
J'ai ri.

Gil Ben Aych, *Le Voyage de Mémé,* © Pocket Jeunesse.

5 **Même exercice.**

GRÈVE DE MÉTRO

Le métro ! beugle Gabriel, le métro !! mais le voilà !!! Et, du doigt, il désigne quelque chose en l'air. Zazie fronce le sourcil. Essméfie. Le métro ? qu'elle répète. Le métro, ajoute-t-elle avec mépris, le métro, c'est sous terre, le métro. Non mais. Çui-là, dit Gabriel, c'est l'aérien. Alors, c'est pas le métro. Je vais t'esspliquer, dit Gabriel. Quelquefois, il sort de terre et ensuite il y rerentre. Des histoires. Gabriel se sent impuissant (geste), puis, désireux de changer de conversation, il désigne de nouveau quelque chose sur leur chemin. Et ça ! mugit-il, regarde !! le Panthéon !!! Qu'est-ce qu'il faut pas entendre, dit Charles sans se retourner. Il conduisait lentement pour que la petite puisse voir les curiosités et s'instruise par-dessus le marché. C'est peut-être pas le Panthéon ? demande Gabriel. Il y a quelque chose de narquois dans sa question. Non, dit Charles avec force. Non, non et non, c'est pas le Panthéon. Et qu'est-ce que ça serait alors d'après toi ? La narquoiserie du ton devient presque offensante pour l'interlocuteur qui, d'ailleurs, s'empresse d'avouer sa défaite. J'en sais rien, dit Charles. Là. Tu vois. Mais c'est pas le Panthéon. C'est que c'est un ostiné, Charles, malgré tout. On va demander à un passant, propose Gabriel.

Raymond Queneau, *Zazie dans le métro,* © Gallimard.

Employer

6 **Dans l'extrait suivant, quelle peut être la situation de communication ? Inventez des détails sur l'émetteur, le récepteur, les circonstances de l'échange.**

DES CHOSES PAS NATURELLES

– Oui, môssieu Bénédique, oui, c'est comme je vous le dis, il se passe là des choses qu'est pas naturelles ; quand je vous ai aperçu ce matin traversant leur salle à manger, j'ai voulu me jeter sur vous pour que vous ne passiez pas, tant je craignais un malheur ! J'ai cru un jour qu'ils allaient me dévorer parce que je m'étais rendue dans le jardin sans leur permission ! Pire que des sauvages, je vous dis ! Pire que des sauvages !
Ils ne veulent personne, personne autour d'eux ! J'suis même étonnée qu'ils fassent venir une femme de ménage, mais il y a des choses que la demoiselle peut pas faire ; elle ne peut pas laver la vaisselle, par exemple ! ça la répugne, c'te poupée aux mains de grande madame qui n'a pas le sou ! car ça n'a pas le sou ! et c'est fier comme si ça n'avait pas tout vendu, pièce par pièce ! J'ai vu filer l'argenterie, moi ! des morceaux qui ne dataient pas d'hier, pour sûr ! des souvenirs de famille, et des tableaux, et des meubles ! Depuis trois ans, ça se vide là-dedans, et comment, et pourquoi ?

Gaston Leroux, *La Poupée sanglante,*
© Fleuron, Slatkine, 1996.

7 **Ajoutez à chaque réplique une expression introduisant les paroles.**

Rouletabille, célèbre journaliste détective, bavarde avec M. Sainclair, un avocat.

R : « Vous allez quelquefois manger à cette auberge ?
S : – Quelquefois.
R : – Mais vous prenez aussi vos repas au château ?
S : – Oui, Larsan et moi nous nous faisons servir tantôt dans l'une de nos chambres, tantôt dans l'autre.
R : – M. Stangerson ne vous a jamais invité à sa table ?
S : – Jamais.
R : – Votre présence chez lui ne le lasse pas ?
S : – Je n'en sais rien, mais en tout cas il fait comme si nous ne le gênions pas.
R : – Il ne vous interroge jamais ?
S : – Jamais !

Gaston Leroux, *Le Mystère de la Chambre jaune*.

8 **À certaines répliques, ajoutez une expression introductrice qui précisera le ton des paroles, les actes de discours, ou la manière dont les répliques s'enchaînent.**

Les CyberDeschiens

Qui n'en veut du CD-Rhum ?
– Ah, mais, c'est sûr. Maintenant, vous aurez dans toutes les maisons… tout le monde… Vous aurez des CD-Rom, c'est sûr. Ça c'est sûr, c'est un gros marché.
– Ah ? C'est possible…
– Tout le monde, il faut bien se faire à cette… Vous aurez, tout le monde aura…
– Euh. C'est bien d'en avoir pour… pour offrir.
– Vous aurez des CD-Rom partout. Vous pourrez, on pourra se les offrir, c'est sûr. C'est une bonne idée de… à l'approche des…
– Parce que moi, j'en bois pas du tout. J'aime mieux une petite Marie Brizard, et j'aime pas le punch. Et vous ne me verrez jamais… et jamais… Ça me fait tourner la tête.
– Non ! Non ! Mais je vous parlais pas de ça. Non ! Non ! je disais : vous aurez des CD-Rom…
– J'en bois pas, moi.
– Oui, d'accord !
– Par contre, pour offrir…
– Vous aurez… Ce sera comme des disques. Vous mettrez ça dans votre machine, hein, et puis vous aurez…
– Ça sert le verre tout de suite, la bouteille sort, c'est moderne.
– Mais non ! Vous aurez accès, grâce aux CD-Rom, vous aurez accès à l'information. Vous pourrez même, grâce, si vous voulez… Même vous n'aurez même pas besoin, tout le monde… vous pourrez avoir accès…
– Vous n'êtes pas clair quand vous parlez. J'essaie de vous suivre mais par moments, vous parlez après…
– Vous pourrez, vous pourrez avoir… même faire vos courses avec l'Internet.
– Eh ! J'ai un Continent. J'veux pas aller à l'Internet.

Télérama, n° 2405, 14 février 1996.

9 **Ajoutez des expressions introductrices en intégrant les passages entre parenthèses (didascalies), et imaginez la suite du dialogue suivant.**

Le lendemain de la Saint-Michel

Le docteur Knock vient de reprendre la clientèle du docteur Parpalaid, dans le petit village montagnard de Saint-Maurice.

Madame Parpalaid : Ici, les clients vous paient à la Saint-Michel.

Knock : Mais… quel est le sens de cette expression ? Est-ce un équivalent des calendes grecques, ou de la Saint-Glinglin ?

Le docteur *(de temps en temps, il surveille du coin de l'œil le travail du chauffeur)* : Qu'allez-vous penser, mon cher confrère ? La Saint-Michel est une des dates les plus connues du calendrier. Elle correspond à la fin septembre.

Knock *(changeant de ton)* : Et nous sommes au début d'octobre. Ouais ! Vous au moins, vous avez su choisir votre moment pour vendre. *(Il fait quelques pas, réfléchit.)* Mais, voyons ! si quelqu'un vient vous trouver pour une simple consultation, il vous paie bien séance tenante ?

Le docteur : Non, à la Saint-Michel, c'est l'usage !

Knock : Mais s'il ne vient que pour une consultation seule et unique ! Si vous ne le revoyez plus de toute l'année ?

Le docteur : À la Saint-Michel.

Knock : Alors, qu'est-ce que vous faites des clients réguliers ?

Madame Parpalaid : Quels clients réguliers ?

Knock : Eh bien ! ceux qu'on visite plusieurs fois par semaine, ou plusieurs fois par mois ?

Madame Parpalaid *(à son mari)* : Tu entends ce que dit le docteur ? Des clients comme en a le boulanger ou le boucher ? Le docteur est comme tous les débutants. Il se fait des illusions.

Jules Romains, *Knock ou le Triomphe de la médecine*,
© Gallimard.

CHAPITRE 9

Le discours rapporté indirect

OBSERVATION

Déductions et vérifications

Ce conte, recueilli en Mauritanie, retrace les aventures de quatre frères qui délivrent leur tribu grâce à leurs qualités d'intelligence et leur sagesse.

Le roi les reçut fort cordialement, mais il chargea son serviteur Mahmoud, qui devait leur apporter le repas du soir, de se tenir derrière le rideau et de tâcher de retenir tous leurs propos.

Dès qu'ils eurent fini de manger, Talb remarqua que le bois qui avait fourni le feu pour le repas provenait d'un cimetière.

Tahir émit l'hypothèse que le couscous avait été préparé par une femme enceinte. Kassim nota que la viande qu'ils avaient mangée était celle d'un mouton qui avait été allaité par un animal à griffes.

Ibrahim constata que le roi était bâtard.

Ces réflexions furent transmises fidèlement par Mahmoud au Monarque. Celui-ci décida d'en vérifier la vérité : il fit venir successivement l'esclave chargé d'approvisionner la cuisine royale en bois de chauffage, la cuisinière, le berger qui s'occupe du troupeau de Sa Majesté, et sa mère.

L'esclave expliqua le premier que la menace de l'orage et l'approche de la nuit l'avaient effectivement contraint à avoir recours au bois du cimetière voisin. La cuisinière fit savoir qu'étant malade tout l'après-midi, elle avait confié la préparation du couscous à sa fille, enceinte de six mois.

Le berger affirma que le mouton avait perdu sa mère dès sa naissance et qu'on fut obligé de le nourrir du lait d'une chienne qui gardait le troupeau.

Barnine Lamrabott, *Contes de la Gazelle 2, Légendes du Jour et de la Nuit,* © L'École des loisirs, Paris, 1972.

QUESTIONS

1 ▶ Repérez les passages du texte qui rapportent des paroles.

2 ▶ Ces paroles sont-elles signalées par la ponctuation ? Comment les avez-vous repérées ?

3 ▶ Reformulez ces paroles au discours direct en donnant plusieurs possibilités pour chacune d'elles.

4 ▶ Quels temps verbaux avez-vous utilisés dans les paroles directes ? Comparez-les aux temps verbaux du texte : que constatez-vous ?

LEÇON

1. Définition

Les paroles des personnages réels ou fictifs peuvent être rapportées sans interrompre la narration des faits. Elles sont alors intégrées dans les phrases du texte. Ce procédé s'appelle le **discours rapporté indirect**.

2. Deux situations de communication

■ Comme dans le cas du discours direct, deux situations de communication sont en présence :

➡ *La cuisinière fit savoir au roi qu'étant malade tout l'après-midi, elle avait confié la préparation du couscous à sa fille.*

Situation en cours		
E la cuisinière	→	**R** le roi

Situation évoquée		
e la cuisinière	→	**r** sa fille

■ Il y a également :

◆ **deux émetteurs**, celui qui a prononcé les paroles (émetteur **e**), et celui qui les rapporte (le narrateur ou l'émetteur **E**) ;

◆ **deux récepteurs** : celui à qui sont destinées les paroles (récepteur **r**) et celui à qui le narrateur s'adresse (récepteur **R** ou lecteur, auditeur) ;

◆ **deux situations d'espace et de temps** : le lieu et le moment où les paroles ont été prononcées, et le lieu et le moment où se rapporte cette communication :

➡ *La veille, dans la cuisine, la cuisinière et sa fille / le lendemain, dans la salle du trône, la cuisinière et le roi.*

■ La seconde situation de communication n'est qu'évoquée : toutes ses marques (personnages, lieu, temps) sont traduites selon les **repères de la situation en cours** :

➡ *La cuisinière confia au roi : « **Hier, j'ai été** malade. » → La cuisinière confia au roi qu'**elle avait été malade la veille**.*

E la cuisinière —— situation en cours ——→ **R** le roi

e la cuisinière —— situation évoquée ——→ **r** sa fille

3. Caractéristiques du discours indirect

■ À la différence du discours direct, le discours indirect n'est pas marqué par la ponctuation. Seule la présence d'un **verbe introducteur** permet de le repérer :

➡ *Le berger **affirma** que le mouton avait perdu sa mère dès sa naissance.*

■ Le message rapporté est inséré comme complément à la suite du verbe introducteur. Il est introduit par *de* (suivi de l'infinitif) ou par des mots subordonnants : *que, quand, comment, qui, quel, où, si…*

➨ *La cuisinière dit* ***qu'****elle a été malade tout l'après-midi.*

➨ *Le roi demande à son serviteur* ***d'****écouter les conversations des quatre frères.*

4. L'expression introductrice

L'expression introductrice contient tous les éléments de la situation rapportée :

➨ ***La cuisinière fit savoir au roi qu'****étant malade tout l'après-midi, elle avait confié la préparation du couscous à sa fille.*

Émetteur E	Récepteur R	Verbe de parole	Mot introduisant les paroles = subordonnant
la cuisinière	*le roi*	*faire savoir*	*que*

5. Les temps verbaux dans le discours indirect

Dans le discours indirect, un rapport existe entre le temps du verbe principal et le temps du verbe de la proposition subordonnée. Ce rapport est régi par les règles de **concordance des temps** :

Verbe principal	Antériorité	Simultanéité	Postériorité
La cuisinière ***dit*** (présent)	*qu'elle* ***a préparé*** *le couscous* (passé composé)	*qu'elle* ***prépare*** *le couscous* (présent)	*qu'elle* ***préparera*** *le couscous* (futur simple)
La cuisinière ***a dit*** (passé composé) ***disait*** (imparfait) ***déclara*** (passé simple)	*qu'elle* ***avait préparé*** *le couscous* (plus-que-parfait)	*qu'elle* ***préparait*** *le couscous* (imparfait)	*qu'elle* ***préparerait*** *le couscous* (présent du conditionnel)

6. Sens des paroles rapportées

■ Le plus souvent, il est impossible de transposer un discours indirect en discours direct : on connaît le sens général du message, mais on ne peut savoir quelles ont été les expressions réellement utilisées.
Il faudrait reconstituer non seulement les paroles, mais l'ensemble de la situation de communication évoquée. Plusieurs possibilités existent donc.

◆ Soit la situation de classe suivante :

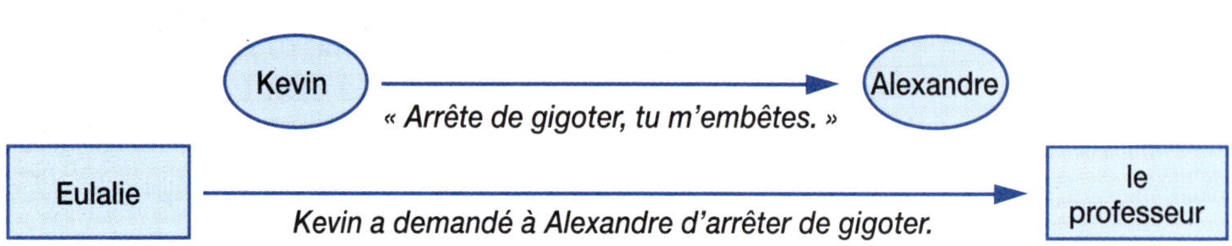

◆ Tous les discours directs suivants sont possibles :

- *Eulalie à Kevin : « Tu as dit à Alex qu'il devait arrêter de gigoter. »*
- *Eulalie à Alexandre : « Kevin t'a dit d'arrêter de le gêner. »*
- *Kevin à Alexandre : « Tu bouges tout le temps, je ne peux pas écrire. »*
- *Kevin à Eulalie : « J'ai dit à Alexandre qu'il arrête de bouger tout le temps. »*
- *Alexandre à Kevin : « Tu m'as dit que je devais arrêter de gigoter. »*
- *Le professeur à Alexandre : « Kevin se plaint de ce que tu bouges sans arrêt. »*
- *Le professeur à Kevin : « Tu vas changer de place puisque tu te plains de ton voisin. »*

■ Le discours indirect relève de l'interprétation de l'émetteur E. Ainsi, selon les circonstances, l'émetteur peut développer ou résumer le message rapporté :

- *Le directeur lui dit qu'il était un incapable, qu'il oubliait toujours ses rendez-vous et que ses performances étaient en chute libre.*
- *Le directeur lui dit qu'il devrait se ressaisir.*

POUR L'EXPRESSION ÉCRITE

■ Le discours indirect donne la possibilité de rapporter **plusieurs niveaux de conversations** :

- *Sabrina a raconté à Émeline que Mickaël avait promis à Sophie de lui prêter le dernier CD d'Oasis.*

■ Selon le système du discours direct, cet énoncé serait impossible, ou tout au moins difficile à comprendre :

- *Sabrina a dit à Émeline : « Mickaël a promis à Sophie : "Je te prêterai le dernier CD d'Oasis." »*

Mais, malgré la souplesse du discours indirect, il faut veiller à rester clair quand on veut emboîter plus de deux niveaux de conversation.

RÉSUMÉ

1. Le discours **indirect** est un moyen de **rapporter des paroles**. Il n'a pas de marques spécifiques de ponctuation, à la différence du discours direct. Seule la présence d'un **verbe introducteur** permet de le repérer.

2. Le message rapporté se trouve inséré comme **complément du verbe introducteur**, à l'aide de mots subordonnants : *que, où, si, quand, comment.*

3. Le discours indirect est un procédé qui oblige l'émetteur à reformuler le message en fonction de la situation en cours, à l'interpréter, et souvent à le résumer. Il est donc difficile de reconstituer le discours direct à partir du discours indirect.

EXERCICES

Identifier

1 Reconstituez la situation de communication : qui parle ? Qui écoute ? Dans quel lieu ? À quel moment ? À propos de qui ? De quoi ?

LA CLASSE DE NEIGE

Le père de Nicolas dit alors, assez brusquement, que le principal objectif de l'école n'était pas, selon lui, de couper les enfants de leur famille et qu'il ne se gênerait pas pour téléphoner s'il en avait envie. La maîtresse ouvrit la bouche pour répondre, mais il la coupa. Il était venu soulever un problème beaucoup plus grave : celui de la sécurité en autocar. Comment être certain qu'il n'arriverait pas une catastrophe comme celle dont tout le monde avait vu la veille les images ? Oui, comment en être certain ? répétèrent d'autres parents, qui n'avaient pas osé poser la question, mais devaient y penser aussi. La maîtresse reconnut qu'on ne pouvait pas en être certain, hélas. Elle pouvait seulement dire qu'on était très pointilleux sur la sécurité, que le chauffeur conduisait prudemment et que des risques raisonnables faisaient partie de la vie.

Emmanuel Carrère, *La Classe de neige*, © POL, 1995.

2 Dans la fable suivante, identifiez les paroles rapportées au discours direct et au discours indirect.

LE LOUP PLAIDANT CONTRE LE RENARD PAR-DEVANT LE SINGE

Un Loup disait que l'on l'avait volé :
Un Renard, son voisin, d'assez mauvaise vie,
Pour ce prétendu vol par lui fut appelé.
Devant le Singe il fut plaidé,
Non point par avocats, mais par chaque partie.
Thémis n'avait point travaillé,
De mémoire de Singe, à fait plus embrouillé.
Le Magistrat suait en son lit de Justice.
Après qu'on eût bien contesté,
Répliqué, crié, tempêté,
Le Juge, instruit de leur malice,
Leur dit : Je vous connais de longtemps, [mes amis ;
Et tous deux vous paierez l'amende :
Car toi, Loup, tu te plains, quoiqu'on ne t'ait rien [pris ;
Et toi, Renard, as pris ce que l'on te demande.
Le Juge prétendait qu'à tort et à travers
On ne saurait manquer condamnant un pervers.

La Fontaine, *Fables*, XI, 3.

3 Identifiez les passages au discours direct et les passages au discours indirect. Relevez les verbes introducteurs. Comparez les deux procédés.

LA MALADE IMAGINAIRE

Irène se transporte à grands frais en Épidaure[1], voit Esculape dans son temple, et le consulte sur tous ses maux. D'abord elle se plaint qu'elle est lasse et recrue de fatigue ; et le dieu prononce que cela lui arrive par la longueur du chemin qu'elle vient de faire. Elle dit qu'elle est le soir sans appétit ; l'oracle[2] lui ordonne de dîner peu. Elle ajoute qu'elle est sujette à des insomnies ; et il lui prescrit de n'être au lit que pendant la nuit. Elle lui demande pourquoi elle devient pesante, et quel remède ; l'oracle répond qu'elle doit se lever avant midi, et quelquefois se servir de ses jambes pour marcher. Elle lui déclare que le vin lui est nuisible : l'oracle lui dit de boire de l'eau ; qu'elle a des indigestions : et il ajoute qu'elle fasse diète. « Ma vue s'affaiblit, dit Irène. – Prenez des lunettes, dit Esculape. – Je m'affaiblis moi-même, continue-t-elle, et je ne suis ni si forte ni si saine que j'ai été. C'est, dit le dieu, que vous vieillissez. – Mais quel moyen de guérir de cette langueur ? – Le plus court, Irène, c'est de mourir, comme ont fait votre mère et votre aïeule. – Fils d'Apollon, s'écrie Irène, quel conseil me donnez-vous ? Est-ce là toute cette science que les hommes publient, et qui vous fait révérer de toute la terre ? Que m'apprenez-vous de rare et de mystérieux ? Et ne savais-je pas tous ces remèdes que vous m'enseignez ? – Que n'en usiez-vous donc, répond le dieu, sans venir me chercher de si loin, et abréger vos jours par un long voyage ? »

La Bruyère, *Les Caractères*, XI, « De l'homme ».

1. Épidaure : ville de la Grèce ancienne, dont le temple était consacré à Esculape, dieu de la médecine.
2. Oracle : réponse du dieu.

Transformer

4 Voici une série de paroles en discours direct. Transposez-les au discours indirect de toutes les manières possibles en utilisant, par exemple, les verbes introducteurs *conseiller, suggérer, recommander*.

Catherine Lucas à Pierre Marchand :
– Vous devriez prendre un avocat.
– Vous ne pouvez pas assurer seul votre défense : prenez un avocat.

– À votre place, je demanderais le secours d'un avocat.
– C'est un cas difficile : vous n'en sortirez pas sans un avocat.
– Pourquoi ne prenez-vous pas un avocat ?

5 **Même exercice, avec d'autres verbes introducteurs de votre choix.**

Hélène Le Goff à sa fille Morgane :
– Surtout, ne va pas seule dans ce quartier, après minuit.
– Écoute-moi bien : ne t'aventure pas seule le soir dans ce quartier.
– Attention à ne pas aller seule la nuit dans ce coin louche.
– Souviens-toi bien de ce que je te dis : ce quartier est dangereux la nuit.
– Sous aucun prétexte, ne va seule la nuit dans ce quartier.

6 **a. Transposez les discours indirects suivants en discours directs.**

b. Proposez, pour chaque phrase, plusieurs énoncés qui conviennent à la situation de communication évoquée.

1. Le directeur a exigé que Charles justifie son absence de 48 heures.

2. Bernard demanda à sa femme de l'aider à comprendre.

3. Émilie se figurait que Sophie viendrait chez elle dimanche dernier.

7 **Transposez les passages suivants en discours indirect. Vous renforcerez la cohérence des paroles. Vous utiliserez une expression introductrice qui marque l'état de E, puis une autre expression qui marque l'opinion de R sur E.**

1. *Émilie à Raoul :*
« Il pleut encore. J'en ai assez, assez ; des soucis par-dessus la tête ; un mari qui n'est jamais là ; le gosse qui se moque de sa mère. Qu'est-ce que je peux faire, moi, dans tout ça ? Je me le demande... Un sale temps toute l'année ; pas d'argent. C'est plus possible... »

2. *Émile à René :*
« L'équipe du PSG doit remporter le match, dimanche. J'en suis persuadé, et j'ai confiance. Elle a derrière elle une série de victoires assez impressionnantes et elle vient de s'adjoindre deux excellents joueurs qui ont fait leurs preuves. »

D'après H. Gauvenet, *Qu'en dira-t-on ?*, © Didier, Crédif, 1976.

Employer

8 **Dans le texte suivant, replacez les verbes introducteurs aux endroits qui conviennent.**

conseiller ; demander ; dire ; dire ; préciser ; remercier ; répondre.

À neuf heures du matin, on m'a donné un café, une biscotte et on m'a conduit à l'aéroport. L'attaché humanitaire faisait les cent pas devant la porte des départs, entouré de barrières mobiles et de policiers de l'air qui ordonnaient aux gens de circuler. Dès que j'ai mis le pied sur le trottoir, il m'a tiré par le bras en me ① de me dépêcher, et m'a ② où étaient mes bagages. J'ai ③ qu'on avait désossé mon domicile, alors il m'a ④ d'aller m'équiper à la boutique Rodier. Je l'ai ⑤ de son attention, mais j'ai ⑥ que je n'avais pas d'argent. Il a ⑦ que tout était couvert par ses frais de mission, et il m'a donné trois mille francs pour que je m'habille dans le genre tous-les-jours, mais vite parce qu'il y avait des problèmes – je sentais qu'avec lui, c'était plutôt fréquent.

Didier Van Cauwelaert, *Un aller simple,* © Albin Michel, 1994.

9 **Donnez des prénoms aux deux personnages. Faites-les parler au discours direct en imaginant des paroles et un ton adapté à la situation.**

CANDIDAT AU BAC

C'était à Pâques et Lagneau se préparait à l'examen redouté du baccalauréat. Il était à côté de moi en étude et, entre deux conversations ou après une partie de cartes, que nous faisions sur le banc, il se jetait sur d'effarants problèmes et s'exerçait à faire varier des fonctions. Il se plaignait parfois de n'y rien comprendre et me disait tout bas qu'il était « un fainéant », que son père le mettrait en apprentissage et qu'il regrettait infiniment le temps perdu. [...] Un matin, il arriva au lycée somptueusement vêtu d'un complet de coutil blanc ; sur la tête, un chapeau de paille à larges ailes, qu'il mettait fort en arrière, à la façon d'une auréole. Il m'informa tout bas que pour reconnaître la munificence de son père il voulait réussir au baccalauréat, et que pour commencer il prenait la ferme résolution de se mettre au travail à partir de la semaine suivante.
Je fis remarquer qu'il serait plus sage d'attaquer le programme tout de suite, mais il me démontra que cela était impossible, et pour une raison indiscutable : il avait déjà préparé un emploi de son temps.

Marcel Pagnol, *Le Temps des amours,* © Julliard.

Distinguer futur simple et conditionnel présent

Objectif ▶ Maîtriser les différences d'emplois et de formes du futur simple et du conditionnel.

OBSERVATION

Alpinistes lunaires

À bord, nous vivions selon l'heure terrestre. À 22 heures précises, nous enverrions à la Base un dernier message. Alors s'achèverait notre journée de travail. Dehors, les rochers grilleraient encore sous un soleil presque vertical, mais pour nous, ce serait la nuit, jusqu'à notre réveil, huit heures plus tard. Alors l'un de nous préparerait le petit déjeuner, il y aurait un grand bourdonnement de rasoirs électriques et quelqu'un allumerait la radio pour capter les ondes courtes venues de la Terre. […]

– Écoutez, dis-je finalement, je vais grimper là-haut, ne serait-ce que pour ma tranquillité d'esprit. Cette montagne a moins de quatre mille mètres d'altitude, soit environ mille selon la gravité terrestre, et je peux faire le voyage en vingt heures, tout au plus…

– Si tu ne te romps pas le cou, déclara Garnett, tu seras la risée de l'expédition à notre retour à la Base. Je parie que, dorénavant, cette montagne portera le nom *Acrobatie de Wilson*.

– Je ne me romprai pas le cou, ripostai-je avec dignité. Qui, le premier, a fait l'ascension de Pico et Helicon ?

– Mais, à l'époque, est-ce que tu n'avais pas quelques années de moins ? demanda doucement Louis.

– Quand je n'aurais que cette raison-là d'y aller, fis-je, très digne, elle me suffirait.

Arthur C. Clarke, « La sentinelle », in *Les Neuf Milliards de noms de Dieu et autres nouvelles*, trad. Iawa Tate, © E. J. L, 1978.

QUESTIONS

1 ▶ Récrivez le premier paragraphe en remplaçant « nous vivions » par « nous vivons ».

2 ▶ Par rapport à « nous vivions », l'action des verbes en rose est-elle antérieure, simultanée ou postérieure ? Quel renseignement apportent les terminaisons en **-rait** ?

3 ▶ Mettez le premier et le dernier verbe en rose à la 1re personne du singulier. Que constatez-vous ?

4 ▶ L'événement exprimé par les verbes en bleu est-il envisagé comme certain ou comme simplement probable ?

5 ▶ Ligne 10, remplacez « *je vais* + infinitif » par le verbe *grimper* à un temps simple. Quel est ce temps ?

6 ▶ Transformez la subordonnée en vert en l'introduisant par *si*. Qu'observez-vous ?

LEÇON

1. Conjugaison

■ C'est seulement à la 1re **personne du singulier** qu'on risque de confondre futur simple et conditionnel présent : *je dormi**rai*** (futur) / *je dormi**rais*** (conditionnel).

■ Il ne faut pas oublier le **e** du radical dans les verbes du 1er groupe en **-ier, -ouer, -uer, -éer, -yer** : *je cri**erai**, j'essui**erai**.*

■ Il ne faut pas introduire de **e** dans les verbes qui ne sont pas du 1er groupe : *je conclu**rai**.*

■ Le futur et le conditionnel des verbes *acquérir, courir, envoyer, mourir, pouvoir* et *voir* prennent **deux r** : *j'acque**rr**ai, j'acque**rr**ais ; je cou**rr**ai, je cou**rr**ais.*

2. Emploi du futur simple

Le futur simple est un temps de discours. Il exprime un **fait futur** par rapport au moment de l'énonciation :

◆ dans une proposition principale ou indépendante :

➡ *Dans un mois je **serai** professionnel.* (C'est une certitude.)

◆ dans une subordonnée :

➡ *Je crois que je **serai** professionnel dans un mois.*

3. Emplois du conditionnel présent

Le conditionnel a des emplois temporels et des emplois modaux.

■ **Emplois temporels**

Dans une énonciation de récit, le conditionnel exprime des faits postérieurs au moment passé qui sert de point de repère dans le texte :

➡ *Personne **ne savait** quand les marins **seraient** de retour.*

➡ *Elle **avait** trop de peine. Sans doute ne **reviendrait**-elle jamais.*

■ **Emplois modaux**

◆ Le conditionnel présent sert à exprimer une **action qu'on envisage** :

– comme **possible ou probable** :

➡ *Si tu faisais moins de bruit, j'**entendrais** la radio.*

– comme **imaginaire** :

➡ *On **aurait** des chevaux et on **ferait** de longues randonnées.*

◆ Le conditionnel apporte parfois une nuance au verbe telle que :

– **l'atténuation** d'une demande ou d'un ordre :

➡ *Je **voudrais** bien du pain* (demande). *Je vous **serais** obligé de...* (ordre).

– **l'étonnement** indigné :

➡ *Et je **ferais** confiance à ce traître !*

Quelle clé utiliser ?

Clé de la substitution

1 Recopiez chaque phrase en utilisant *je* et *nous* et en mettant l'infinitif entre parenthèses au futur ou au conditionnel.

1. Si la pluie se met à tomber, je/nous n'(avoir) pas le temps de rentrer.
2. Je/nous (sauter) bien, mais le fossé est trop large.
3. L'an prochain, je/nous (visiter) les châteaux de la Loire.
4. Si l'arbre n'était pas aussi vieux, je/nous le (secouer).

Afin de savoir s'il faut écrire **-rai** (futur) ou **-rais** (conditionnel), il suffit de **remplacer** la 1re personne du singulier **par une autre personne** :
Si le temps le permet, ***j'atteindrai (il atteindra)*** *le sommet avant la nuit.*
Si le temps le permettait, ***j'atteindrais (il atteindrait)*** *le sommet avant la nuit.*

Clé de l'analyse

2 Classez les couples principale/subordonnée en deux ensembles selon les temps employés.

1. Si j'en ai l'occasion, je passerai te voir.
2. Tu pensais que je pourrais finir plus tôt.
3. Elle se demandait quand je lui téléphonerais.
4. Je ne sais pas si je m'en sortirai.
5. Ils croient que je les appellerai.

La concordance des temps se fait toujours selon les règles suivantes :
- **Présent / futur simple :**
Si les invités ***ont*** *trop chaud, j'****ouvrirai*** *la fenêtre.*
- **Passé / conditionnel présent :**
Ils ***croyaient*** *que je les* ***appellerais****.*

Remarque : il existe un emploi modal du conditionnel (présent / conditionnel) :
Je ne ***sais*** *pas si je* ***résisterais*** *à un interrogatoire plus poussé.*
Ce cas ne pose pas de problème de concordance. Au passé, on garde le conditionnel présent :
Je ne ***savais*** *pas si je* ***résisterais*** *à un interrogatoire plus poussé.*

Clé de la prononciation

3 Classez les formes suivantes en deux ensembles : celles dont la terminaison se prononce comme *é* et celles dont la terminaison se prononce comme è.

je viendrai ; il saurait ; je croirai ; je finirai ; tu aimerais ; je dirais ; j'abandonnerais.

À la 1re personne du singulier, la prononciation permet (selon les régions) de distinguer le futur du conditionnel : **-rai** (futur) se prononce [re] comme **ré** tandis que **-rais** (conditionnel) se prononce [rɛ] comme **rè**.

EXERCICES

1 **Donnez la 1re personne du futur simple des dix verbes suivants.**

exclure ; avouer ; plier ; pouvoir ; concourir ; nourrir ; créer ; montrer ; oublier ; savoir.

2 **Donnez la 1re personne du conditionnel présent des dix verbes suivants.**

être ; aller ; confier ; relire ; délirer ; mourir ; pourvoir ; relier ; nettoyer ; tressaillir.

3 **Mettez les verbes soulignés à la 1re personne du singulier.**

1. Nous aurons des jours meilleurs.
2. Vous pourriez faire un effort.
3. On saura ce qui se passe.
4. Il irait bien au cinéma.
5. Nous viendrons à quinze heures.

4 **Transposez au discours direct.**

1. La mère déclara qu'elle enverrait ses enfants aux sports d'hiver.
2. L'enfant lui murmure à l'oreille qu'il restera toujours à ses côtés.
3. Elle se disait que, après sa victoire, elle regagnerait son village natal, où elle serait de nouveau parmi les siens.
4. Je pensais constamment que je ne réussirais pas, que je perdrais tous mes moyens.

5 **Remplacez l'infinitif entre parenthèses par la forme conjuguée qui convient.**

1. Si je n'avais pas atteint un âge aussi grotesque, je (pouvoir) parler d'elle comme de ma petite amie. (S. King)
2. Si ça me dérangeait, je ne vous le (proposer) pas. (Châteaureynaud)

6 **Récrivez chaque phrase deux fois : d'abord en mettant les verbes en gras au présent, puis en les mettant à l'imparfait. Mettez parallèlement les verbes soulignés au futur simple ou au conditionnel présent.**

1. La tâche (**être**) écrasante ; plusieurs années ne (être) pas de trop pour la mener à bien. (A.C. Clarke)
2. Grayle (**être**) presque aveugle, à présent ; sans doute ne (voir) -il pas le printemps suivant. (A.C. Clarke)
3. Elle (**aller**) me claquer la porte au nez… Non, elle me (laisser) entrer, parce que je lui (mentir). (Châteaureynaud)
4. La coque (**aller**) éclater comme un sac de papier. Nous ne (mourir) pas noyés, mais écrasés comme des insectes. (Châteaureynaud)

7 **À quel temps est le verbe souligné ? Pourquoi ?**

1. Il remplit hâtivement le bordereau de routine qui serait ensuite traduit en code informatique aux fins de classement. (I. Asimov)
2. Il lui dit qu'il la suivrait dans la nuit, guidé par la lumière de ses cheveux et par sa beauté. (B. Stoker)

8 **Remplacez les infinitifs par la forme conjuguée qui convient, au futur ou au conditionnel.**

1. Je (trouver) une petite vallée et nos enfants grandiront dans la nature. (F. Reynaud)
2. Quand tu seras en bas, j' (attacher) la corde à la colonne et je (venir) te retrouver. J' (avoir) les nœuds pour me reposer, si la corde scie trop mes mains. (P. Benoît)
3. Si j'avais le plaisir d'être duc, j' (essayer) de rassembler quelques personnes très nobles, je (secouer) toutes les branches de mon arbre généalogique. (Taine)
4. Et, si je ressuscite un jour, fantôme aveugle, c'est au nez que je (reconnaître) la patrie de mon enfance. (G. Duhamel)
5. Si j'avais pu, je (être) allé conquérir l'immortalité dans les champs de bataille. (A. France)

Expressions et attitudes

Objectif ▶ Décrire quelqu'un avec des mots marquant l'expression et l'attitude.

Du geste à la parole

Elle plissa ses lèvres charnues qui luisaient sous ses incessants coups de langue. [...]

Elle parlait, éventant l'air de ses mains excédées [...]. Les mots quittèrent tranquillement ma bouche, pourtant je les prononçais avec jubilation et terreur.

– L'Algérie est notre pays, bientôt nous serons libres.

Elle devint livide, leva la main mais, par un ultime réflexe de peur, retint son geste.

Jean-Paul Nozière, *Un été algérien,* Gallimard, 1990.

QUESTIONS

1 ▶ Comment le personnage féminin marque-t-il ses sentiments ? Quelles parties du corps sont évoquées ? Comment ?

2 ▶ Quel type de geste a-t-elle ? Quel geste n'a-t-elle pas fait ?

LEÇON

1. Les expressions

La physionomie : ensemble des traits d'un visage ; l'impression donnée.	*Une physionomie **agréable, expressive**.*
L'expression : pensées et sentiments qui peuvent être lus sur un **visage**. – Un visage **expressif :** – Un visage **inexpressif :**	*Une expression **reconnaissante, ironique**.* – ***mobile*** (qui change sans cesse, animé), ***expressif*** (qui traduit bien sa pensée, ses émotions) ; – ***ouvert*** (confiant), ***éveillé*** (plein de vie), ***souriant, rieur, enjoué*** (d'une humeur gaie), ***rayonnant, mutin*** (malicieux), ***espiègle***. – ***impassible*** (ne manifestant aucun sentiment), ***impénétrable*** (ne laissant rien deviner), ***inexpressif*** (qui manque d'expression) ; – ***fermé*** (impénétrable, hostile), ***crispé, contracté*** (tendu), ***parcouru de tics, de spasmes*** (contractions involontaires de muscles).
La mine – Exprimant un **état de santé :** – Exprimant des **sentiments :**	– *Avoir une **bonne mine**, la mine **fraîche, resplendissante**.* – *Avoir **mauvaise** mine, une **sale** mine, une mine **de papier mâché**.* – *Avoir une mine **réjouie, ravie, enjouée, faire bonne mine*** (bon accueil). – *Avoir une mine **sévère, soucieuse, défaite*** (les traits tirés par la fatigue, l'émotion), ***décomposée*** (le visage marqué par la douleur physique ou morale), ***piteuse*** (incitant à la pitié et à l'ironie), ***renfrognée, boudeuse, déconfite*** (marquant la déception) ; *faire **triste** / **grise** mine* (montrer sa contrariété, sa tristesse).

Mimiques et grimaces	– *Un **rictus** hideux, sarcastique* (contraction de la bouche donnant une expression grimaçante). – *Une **moue** de dédain, de dépit, d'incrédulité, boudeuse.* – *Pincer, plisser les lèvres, faire la lippe, la moue* (avancer les lèvres pour manifester son mécontentement, son mépris).

2. Attitudes et gestes

L'attitude : mot général désignant la manière de tenir son corps.	– ***Se redresser, se courber, s'incliner, s'agenouiller, s'accroupir.*** – ***S'adosser** à un mur, **s'appuyer** des deux mains sur le bureau, **se caler, se carrer** dans un fauteuil* (s'y installer confortablement), ***se blottir** dans ses bras, **s'affaisser*** (tomber, en pliant les jambes), ***se pavaner*** (marcher, fier comme un paon), ***se camper** devant quelqu'un* (prendre une attitude fière, provocante). – *Être **voûté, cambré*** (les reins bien arqués), ***raide.***
– **La posture :** attitude particulière du corps à un moment donné. – **La contenance :** manière d'être dans telle ou telle circonstance. – **Le maintien :** manière de se tenir physiquement dans la société.	– *Une posture **ridicule.*** – *Une contenance **assurée**, faire **bonne** contenance, **perdre** contenance.* – *Un maintien **modeste, hautain.***
Le geste : mouvement du corps, notamment des bras, des mains ou de la tête, volontaire ou involontaire, mais souvent révélateur.	*Un geste **nerveux, machinal, menaçant, évasif*** (fuyant, vague), ***déplacé.*** Verbes : ***s'agripper*** (saisir vivement en s'accrochant), ***empoigner*** (prendre en serrant dans la main), ***étreindre*** (serrer fortement entre ses bras), ***asséner*** (donner un coup), ***brandir*** (agiter en tenant par les bras au-dessus de soi).

EXERCICES

1 **Comparez deux personnes dont les visages expriment deux caractères différents.**

2 **On vient d'annoncer par erreur à Éric une mauvaise note. Il s'avère ensuite que c'est au contraire une bonne note. Décrivez les deux attitudes successives d'Éric en deux paragraphes.**

3 **Complétez puis continuez ce dialogue en ajoutant des didascalies décrivant les visages et attitudes d'Élise et Jim.**

JIM : Donne-moi ça !
ÉLISE : Serais-tu énervé ?
JIM : Pardon.

4 **a. Ajoutez à ces expressions un verbe à chaque fois différent.**

… un drapeau ; … la rampe d'escalier ; s' … à sa veste ; … un coup de poing ; … son adversaire.

b. Continuez chaque phrase en décrivant le visage du personnage évoqué.

1. Hubert se pavanait au milieu de ses admirateurs… – **2.** Christian s'agenouilla pour demander pardon… – **3.** Carole se campa devant la glace… – **4.** Terrassé par la nouvelle, René s'adossa au mur…

HISTOIRE DE LA LANGUE

Faire bon visage ou bonne figure

On s'explique mal d'emblée pourquoi le mot *chère,* dans *faire bonne chère,* qui signifie actuellement « bien manger », ne s'écrit pas *chair*. C'est tout simplement qu'ici, le mot *chère* a pour origine l'ancien français *chière,* qui désignait alors le visage, mot issu du grec *kara,* « tête ». *Faire belle ou bonne chière* signifiait donc « faire bon visage », « accueillir aimablement ». Or bien accueillir sous-entend organiser une réception, un bon repas. Et sous l'influence du mot *chair, faire bonne chière* est donc devenu *faire bonne chère*. La prononciation s'est transformée, mais l'orthographe témoigne encore de l'origine du mot.

Faire des reproches

Objectif ▶ Se placer dans une situation d'autorité pour formuler des reproches.

QUESTIONS

1 ▶ Dans quelles circonstances ces paroles sont-elles prononcées ?

2 ▶ Quel rapport existe entre les interlocuteurs ?

3 ▶ Quelles formes grammaticales, quel vocabulaire permettent d'exprimer les reproches ?

LEÇON

1. Exprimer des reproches directement

Verbes	– Courant – Soutenu – Familier	*– reprocher, reprendre, gronder, houspiller, faire la leçon, critiquer, faire honte...* *– blâmer, admonester, sermonner, morigéner, tancer, chapitrer, dire son fait, incriminer...* *– attraper, disputer, savonner, laver la tête, passer un savon, enguirlander, secouer les puces, river son clou, clouer le bec, rentrer dans le chou...*
Expressions		*Je n'admets pas / ne supporte pas / ne vous permets pas de...* *Tu m'as menti / désobéi / fais mal... Tu as eu tort... Après tout ce que j'ai fait pour toi !*
Adjectifs (défauts)		*Tu es paresseux, sale, gourmand, vaniteux, égoïste, indiscipliné, faible, lâche, ingrat !...*
Falloir / Devoir		*Il (ne) fallait (pas) faire... Tu (n')aurais (pas) dû... Il ne faut pas...*
L'exception		*Tu **ne** penses **qu'**à toi. Tu **ne** dis **que** des bêtises. Elle **ne** parle **que** d'elle-même.*
L'intensité		*Tu parles trop ! Tu exagères ! Ça suffit ! Assez ! Tu sais que ce n'est pas très gentil !*
Adverbes		*Tu ne viens jamais. Tu as encore... C'est toujours moi qui... Je vous ai déjà dit...*
Fausse interrogation (on n'attend pas de réponse)		*Je me demande comment tu as pu... Comment as-tu pu oser faire cela ?* *Comment oses-tu ? De quel droit as-tu fait cela ?* *C'est bientôt fini ?*
Expressions familières exclamatives		*J'en ai marre ! Ça suffit ! Et alors ! Ah non ! Ça alors ! Non, mais dites donc !* *Pour qui tu te prends !*
Négation		*Ce **n'**est **pas** un travail, ça ! Ce **n'**est **plus** une classe ! Tu **n'**es **pas** un homme !* ***Ne** vous gênez **pas** ! Tu **ne** t'es **pas** regardé !*
Comparaisons et métaphores stéréotypées		*Tu écris comme un pied ! Tu manges comme un cochon ! On dirait un voyou.* *Qu'est-ce que c'est que ce cirque ! Il est bête à manger du foin !* *Tu mens comme tu respires ! On se croirait dans un hall de gare !*

2. Exprimer des reproches indirectement

Proverbes	Ils permettent d'exprimer des reproches dans des situations très précises : *Qui vole un œuf vole un bœuf. Qui se ressemble s'assemble. Il ne faut pas vendre la peau de l'ours avant de l'avoir tué. Tout flatteur vit aux dépens de celui qui l'écoute. Tel père, tel fils !*
L'ironie (antiphrase)	*Faites comme chez vous ! Vous voulez mon portefeuille, sans doute ? / peut-être ? / aussi ? Allez-y, ne vous gênez pas !*
Reproches implicites	*Ça sent la fumée, ici ! Tiens, il n'y a plus de chocolat ! Plus rien à boire ? à manger ?*

EXERCICES

Improvisez les scènes suivantes en utilisant le vocabulaire et les formes grammaticales de la leçon.

1. Un frère aîné reproche à son jeune frère de toujours lui prendre ses affaires (vêtements, jeux, articles de sport, disques, cassettes).

2. Votre cousine vous téléphone pour vous reprocher de ne pas lui avoir donné de vos nouvelles depuis un mois.

3. Deux personnes jouent aux cartes : la première reproche à l'autre de mal jouer, la seconde reproche à la première de tricher.

4. Un copain est furieux : on a caché son sac juste avant le début des cours. Il ne sait pas qui lui a joué ce tour.

5. Une vieille dame est bousculée en montant dans l'autobus.

6. Les voisins font la fête sans vous avoir prévenu(e). Il est quatre heures, vous devez vous lever à six heures...

Écrire un sketch

Objectif ▶ Maîtriser les règles de construction d'une courte scène comique sous forme de dialogue.

Les surdoués

LE DEUXIÈME ENFANT. – T'as quel âge, toi ?...

LE PREMIER ENFANT *(avec fierté)*. – L'âge qu'avait Rimbaud[1] huit ans avant d'écrire « Le Bateau ivre ».

LE DEUXIÈME ENFANT *(triomphant)*. – Tu as neuf ans !...

LE PREMIER ENFANT *(modeste)*. – Oui. Et toi ?

LE DEUXIÈME ENFANT. – Pareil.

LE PREMIER ENFANT *(après un temps de réflexion)*. – Tu as neuf ans ?...

LE DEUXIÈME ENFANT *(surpris)*. – Dis donc... tu es fatigué, toi ?...

LE PREMIER ENFANT. – Oui... Hier, je me suis couché un peu tard, j'ai relu tous les Rougon-Macquart[2]. Vingt... volumes !...

LE DEUXIÈME ENFANT *(admiratif)*. – Bon !... Tu les avais déjà lus ?...

LE PREMIER ENFANT. – Oui... Mais hier, c'était la traduction russe... Et comme j'avais pas encore fait de russe, j'en ai profité pour apprendre.

LE DEUXIÈME ENFANT. – Et... tu en es où, dans tes études ?...

LE PREMIER ENFANT. – Ben, je suis toujours à la Sorbonne.

LE DEUXIÈME ENFANT. – Ça se passe bien ?...

LE PREMIER ENFANT *(évasif)*. – Tu sais... donner des cours devant trois cents élèves... C'est pas évident. Même quand on est surdoué.

LE DEUXIÈME ENFANT. – Oui... Et ce qui doit être gênant, c'est quand ta maman vient te chercher après les cours.

LE PREMIER ENFANT. – Ben oui, elle me fait des bisous devant les étudiants... Ça la fiche mal !... Dis donc, toi, on s'en est rendu compte quand, que t'étais surdoué ?...

LE DEUXIÈME ENFANT *(avec simplicité)*. – À la naissance ! J'étais prématuré. On m'a mis dans une couveuse... Elle est tombée en panne.

LE PREMIER ENFANT. – Et alors ?...

LE DEUXIÈME ENFANT. – Ben, j'l'ai réparée... et toi ?...

LE PREMIER ENFANT. – Moi, quand j'ai passé la visite avec les psychologues. Y en a un, il en a fait une dépression nerveuse.

Bruno Chapelle, Bernard Campan,
Les Fous Rires du Théâtre de Bouvard, © J.-Cl. Lattès.

1. Poète précoce qui a écrit *Le Bateau ivre* à dix-sept ans.
2. Série de vingt romans d'Émile Zola (1840-1902).

QUESTIONS

1 ▶ Quelle est la situation ? En quoi est-elle inhabituelle ?

2 ▶ Quels éléments de conversation montrent la maturité intellectuelle des enfants ?

3 ▶ Trouvez un exemple de contraste comique. Que révèle-t-il ?

LEÇON

1. Définition

■ Un sketch est une courte scène, généralement comique et rapide, parfois improvisée, interprétée par un nombre restreint d'acteurs.

■ Il s'écrit sous forme de **dialogue**, avec des indications de mise en scène (didascalies).
Pour maintenir l'attention et l'intérêt du spectateur, il faut éviter les longueurs, les paroles vides de sens.

2. La situation comique

Elle doit s'écarter de la norme : elle apportera donc de l'**inattendu** par rapport à la routine, de l'**incongru** par rapport aux conventions sociales.

Elle mettra en scène une rencontre inattendue, un quiproquo, une méprise, une erreur, une distraction, une opposition inattendue entre deux personnages…

3. Les procédés comiques

■ La **répétition** : un personnage répète, recommence plusieurs fois la même chose, alors qu'une fois suffit. Par exemple, on peut mettre en scène un distrait, un maladroit aux prises avec des objets qui lui résistent. Le maladroit répétera des gestes totalement inefficaces.

■ L'**exagération** consiste à amplifier certains détails pour créer une disproportion : on imitera, par exemple, les gestes, les tics d'une personne, en les amplifiant. C'est le procédé mis en œuvre dans la **caricature**.

■ La **réduction** : à l'inverse de l'exagération, elle supprime ou réduit les détails, afin de créer, là encore, un contraste. On peut utiliser l'ellipse, le raccourci, le sous-entendu :

➨ *« Dis, papa, c'est encore loin, l'Amérique ?*
– Tais-toi et nage ! »

EXERCICES

1 Développez la situation présentée par cette histoire drôle. Écrivez le sketch en ménageant soigneusement la chute finale.

Mme Lellouche réveille son fils :
– Michaël, c'est l'heure de te lever pour aller à l'école.
Michaël remonte la couverture sur sa tête :
– J'ai pas envie !
– Ah non ! Tu dois y aller !
– J'ai pas envie ! Les profs ne m'aiment pas et tous les enfants se moquent de moi.
Mme Lellouche soulève la couverture :
– Michaël, tu n'as pas le choix, tu dois aller à l'école.
– Ah bon ? Donne-moi une seule bonne raison d'y aller !
– Bien sûr, Michaël, tu as quarante-cinq ans et tu es le directeur.

Marc-Alain Ouaknin, Dory Rotnemer,
La Bible de l'humour juif, © Ramsay, 1995.

2 Même exercice. Donnez des indications sur les personnages et poursuivez le dialogue.

– Pourquoi t'écris pas à une agence, pour avoir une femme ?
– C'est des arnaques, on t'envoie des photos de belles et si t'es d'accord, manque de pot il en reste plus et on t'envoie une moche, non merci.
– Alors t'as qu'à draguer !
– Où ?
– Dans la rue.
– Quelle rue ?
– Je sais pas… là, devant.
– Là devant ?
– Pas juste devant, quand même, un peu plus loin.
– Au bout de la rue ?
– Pourquoi pas.
– Au bout, y a pas de femmes.
– Le jour du marché.
– Le jour du marché, au bout, c'est un camion.
– J'ai pas de conseil à te donner, mais à ta place j'écrirais à une agence.

Jean-Michel Gourio, *Brèves de comptoir, tome* 3,
© Michel Lafon, 1994.

3 Écrivez un sketch en développant la situation suivante.
Un enfant trop sage passe son temps à lire et à faire ses devoirs. Ses parents veulent l'inciter à jouer avec une console de jeux vidéo et à regarder la télévision.

Le discours rapporté

1 10 points

Reconstituez la situation de communication : qui parle ? à qui ? de qui ? de quoi ? Quel est le problème ? Quelle est la solution ? Quel est le but de la fillette ? Réussit-elle ?

– Alphonse, lui dit-elle avec un sourire joyeux qui étonna sa sœur.
– Quoi donc, ma petite fille ?
– Je pense à quelque chose. Demain, si tu voulais, on n'irait pas chez la tante Mélina.
– Je ne demande pas mieux, mais tout ce que je peux dire aux parents n'empêchera rien, malheureusement.
– Justement, tu n'aurais pas besoin des parents. Tu sais ce qu'ils ont dit ? Qu'on irait chez la tante Mélina s'il ne pleuvait pas.
– Alors ?
– Eh bien ! tu n'aurais qu'à passer ta patte derrière ton oreille. Il pleuvrait demain et on n'irait pas chez la tante Mélina.

Marcel Aymé, *Les Contes du chat perché*, © Gallimard.

2 10 points

Reconstituez les répliques du dialogue et la ponctuation.

Samya, quinze ans, vit dans une maison blanche, près d'un bras du Nil…

Alors, que veux-tu me demander ? dit mon père. Antoun m'a annoncé que j'allais me marier. C'était tellement soudain que je n'ai pas su répondre… Il n'y avait rien à répondre, reprit mon père. Antoun a dit la vérité. Que te faut-il de plus ? Il ne s'agit pas de cela, père. De quoi s'agit-il alors ? Il était de nouveau près de la porte, la main sur la poignée. Cet homme, je ne le connais pas ! C'est pour cette raison que l'entrevue aura lieu demain. Sa voix était ferme, il entrouvrit la porte. Tu n'es pas une beauté, continua-t-il. Nos affaires vont mal. Que cela se sache, et tu ne trouveras plus jamais de parti. Tu nous resterais sur les bras !…

Andrée Chédid, *Le Sommeil délivré*, © Librio, 1997.

3 10 points

Écrivez au discours direct les paroles qui pourraient correspondre au passage en italique.

C'était peut-être la première fois qu'un désir manifesté par le colonel eût obtenu l'approbation de sa fille. Enchanté de cette rencontre inattendue, *il eut pourtant le bon sens de faire quelques objections pour irriter l'heureux caprice de Miss Lydia. En vain il parla de la sauvagerie du pays et de la difficulté pour une femme d'y voyager ; elle ne craignait rien : elle aimait pardessus tout à voyager à cheval ; elle se faisait une fête de coucher au bivouac ; elle menaçait d'aller en Asie Mineure. Bref, elle avait réponse à tout, car jamais Anglaise n'avait été en Corse ; donc elle devait y aller.*

Prosper Mérimée, *Colomba*.

4 4 points

Transposez le dialogue en utilisant le discours indirect et en résumant la situation.

Un vieux pêcheur, M. Gael, qui fumait sa pipe non loin de là, s'approche alors des jeunes gens, et dit :
– Qu'est-ce que j'entends, Jacques ? Tu veux aller aux Brisans ? Tu sais qu'il y a des courants dangereux par là ? – Je les connais, dit Jacques. – Mais le vent se lève et la mer sera mauvaise. – Ce n'est pas sûr. – Mais si, regarde le ciel. Et qu'est-ce que tu as comme bateau ? – Cette barque, dit Jacques. – Ça ? dit le pêcheur. Mais ça ne tient pas sur l'eau ! Qu'est-ce que tu veux aller faire aux Brisans ? – Quelque chose, répond Jacques. – Mais quoi ? – Ah ça…

H. Gauvenet, S. Moirand, *Qu'en dira-t-on ?*
© Didier Crédif, 1976.

5 6 points

Écrivez le dialogue qui correspondrait à cette situation rapportée.

Pac passa chez lui pour s'habiller en monte-en-l'air (c'est-à-dire en noir, bedaine cachée), ce qui permit à Jordan de lui dire qu'il avait un apparte de rupin, des fringues de vieux – mais beaucoup – et une caisse ripoux, qu'il existait un modèle au-dessus qui avait la même tronche mais dans lequel on avait songé à mettre un moteur et que c'était pas avec ce genre de radeau qu'il fallait compter courser les tireurs, que la prochaine fois il irait avec lui au garage.

Paul Fournel, *Pac de Cro, détective*,
Le Seuil, « Points Virgule », 1997.

4

Structure de la phrase

GRAMMAIRE

Chapitre 10 : Phrase de base, phrase transformée 102

Chapitre 11 : Les constituants de base de la phrase : groupe nominal, groupe verbal 107

Chapitre 12 : Les compléments essentiels du verbe 112

Chapitre 13 : Les constituants facultatifs de la phrase 117

ORTHOGRAPHE
- Distinguer présent de l'indicatif et présent du subjonctif 122

VOCABULAIRE
- Le caractère 126

EXPRESSION ORALE
- L'expression du vouloir, du pouvoir, du devoir 128

EXPRESSION ÉCRITE
- Écrire un résumé 130

BILAN 132

CHAPITRE 10

Phrase de base, phrase transformée

OBSERVATION

Au voleur !

HARPAGON. *(Il crie au voleur dès le jardin, et vient sans chapeau.)* – Au voleur ! au voleur ! à l'assassin ! au meurtrier ! Justice, juste ciel ! Je suis perdu, je suis assassiné ! On m'a coupé la gorge, on m'a dérobé mon argent ! Qui peut-ce être ? Qu'est-il devenu ? où est-il ? où se cache-t-il ? Que ferai-je pour le trouver ? Où courir ? où ne pas courir ? N'est-il point là ? n'est-il point ici ? Arrête ! Qui est-ce ? *(Il se prend lui-même le bras.)* Rends-moi mon argent, coquin !... Ah ! c'est moi. Mon esprit est troublé, et j'ignore où je suis, qui je suis, et ce que je fais. Hélas ! mon pauvre argent, mon pauvre argent, mon cher ami, on m'a privé de toi ! Et, puisque tu m'es enlevé, j'ai perdu mon support, ma consolation, ma joie ; tout est fini pour moi, et je n'ai plus que faire au monde ! Sans toi, il m'est impossible de vivre. C'en est fait, je n'en puis plus, je me meurs, je suis mort, je suis enterré !

Molière, *L'Avare,* Acte IV, scène 7.

QUESTIONS

1 ▶ Qu'ont en commun les quatre premières phrases (commençant par une majuscule) prononcées par Harpagon ?

2 ▶ Relevez deux phrases qui énoncent un fait.

3 ▶ Citez deux phrases qui donnent des ordres.

4 ▶ Quel type de phrase est le plus fréquent dans le passage en bleu ?

5 ▶ Relevez deux phrases simples ; deux phrases complexes.

6 ▶ Dans les phrases en vert, quels groupes de mots pouvez-vous éventuellement supprimer ? déplacer ?

LEÇON

On étudie un énoncé du point de vue de l'énonciation ou de la syntaxe.

■ **Du point de vue de l'énonciation**, on s'attache à étudier la valeur d'un énoncé en fonction de la situation dans laquelle il a été produit.

■ **Du point de vue de la syntaxe**, on analyse la structure de la phrase et la combinaison des mots. On formule les règles de construction de la phrase. Dans l'étude de la syntaxe, on a recours au sens de la phrase, mais on le fait sans référence à la situation de communication.

1. Les méthodes d'analyse syntaxique

Pour dégager la structure de la phrase, on applique des opérations précises aux groupes de mots qui la constituent.

■ Addition ou suppression

➡ *Un voleur très habile a pris la cassette d'Harpagon pendant la nuit.*

Si l'on essaie d'ajouter ou de supprimer un élément dans cette phrase, on fait apparaître :
– les éléments **obligatoires** : *Un voleur a pris la cassette.*
– les éléments **facultatifs** : *d'Harpagon ; pendant la nuit ; très habile.*

■ Déplacement

Si l'on essaie de déplacer un élément dans la phrase, on fait apparaître :
– les éléments **non mobiles** :

➡ ** La cassette / un voleur / a pris. * La cassette / a pris / un voleur.*

– les éléments **mobiles** :

➡ ***Pendant la nuit**, un voleur a pris la cassette d'Harpagon.*

■ Substitution

Si l'on essaie de remplacer un élément par un autre dans la phrase, on fait apparaître les éléments :
– qui peuvent être remplacés par un **pronom** :

➡ ***Un voleur** a pris **la cassette d'Harpagon** pendant la nuit. / **Il l'a** prise pendant la nuit.*

– qui ne le peuvent pas : *pendant la nuit.*

2. La phrase simple

La phrase simple ne contient qu'**un verbe**. Elle est construite selon l'une des huit structures de base suivantes :

1. Sujet + verbe :	*Harpagon veille.*
2. Sujet + verbe + complément direct du verbe :	*Le père appelle son fils.* (COD)
3. Sujet + verbe + complément indirect du verbe :	*L'enfant assiste au spectacle.* (COI)
4. Sujet + verbe + C. direct + C. indirect du verbe :	*Le garçon sert un café au client.*
5. Sujet + verbe d'état + attribut :	*Molière est metteur en scène.*
6. Verbe impersonnel (+ complément du verbe) :	*Il neige.*
7. Présentatif + complément du présentatif :	*C'est le trésor de l'avare.*
8. Sujet + V + COD + attribut du COD :	*Le juge trouve l'affaire claire.*

3. Les transformations de la phrase

■ Les transformations de la phrase de base permettent d'obtenir les différents types et formes de phrases.

◆ **Les types de phrases**

déclarative	impérative	interrogative
Marc aime le cinéma.	*Regarde ce film.*	*Aimes-tu ce film ?*

◆ **Les formes de phrases**

active	neutre	affirmative	impersonnelle
	Marc tourne ce film.		*Il se tourne de nombreux films.*
passive	**emphatique**	**négative**	
Le film est tourné par Marc.	*Ce film, Marc le tourne.*	*Marc ne tourne pas ce film.*	

■ On peut réunir deux phrases de base pour former une **phrase complexe**.

Juxtaposition	Coordination	Subordination
Marc regarde ce film, il l'aime.	*Marc regarde ce film et il l'apprécie.*	*Marc apprécie le film qu'il regarde.*

POUR L'EXPRESSION ÉCRITE

■ Une erreur de syntaxe s'appelle un **solécisme** :

- * *L'affaire que je m'occupe.* → *dont je m'occupe.*
- * *J'attends la Mireille qu'elle rentre.* → *J'attends que Mireille rentre.*
- * *Tu t'as fait mal ? interrogea Tintin.* (L. Pergaud) → *Tu t'es fait mal ?*

■ La langue évoluant, certains solécismes sont maintenant admis dans la langue correcte : *s'attendre à ce que.*

RÉSUMÉ

1. La **syntaxe** est la partie de la grammaire qui régit les règles de construction de la phrase et de la combinaison des mots.

2. La **phrase** est un ensemble de groupes de mots organisés selon une certaine structure. Ces éléments se distinguent par un certain nombre de caractéristiques syntaxiques. Ils peuvent être **obligatoires** ou **facultatifs**, **non mobiles** ou **mobiles**, **pronominalisables** ou non.

3. La **phrase de base** est déclarative, active, neutre, affirmative. Elle peut devenir interrogative, impérative. Ces structures peuvent aussi subir des transformations : négative, passive, impersonnelle, emphatique.

4. La **phrase complexe** résulte de la transformation de plusieurs phrases simples, soit par juxtaposition, soit par coordination, soit par subordination.

EXERCICES

Identifier

1 Dans le texte suivant, repérez les phrases déclaratives, interrogatives, injonctives.

Le czar suspendit un instant la série de ses questions. Puis, montrant la lettre qu'il tenait à la main : « Voici une lettre, dit-il, que je te charge, toi, Michel Strogoff, de remettre en mains propres au grand-duc et à nul autre que lui.
– Je la remettrai, sire.
– Le grand-duc est à Irkoutsk.
– J'irai à Irkoutsk.
– Mais il faudra traverser un pays soulevé par des rebelles, envahi par des Tartares qui auront intérêt à intercepter cette lettre.
– Je le traverserai.
– Tu te méfieras surtout d'un traître, Ivan Ogareff, qui se rencontrera peut-être sur ta route.
– Je m'en méfierai.
– Passeras-tu par Omsk ?
– C'est mon chemin, sire.
– Si tu vois ta mère, tu risques d'être reconnu, il ne faut pas que tu voies ta mère !
– Je ne la verrai pas, dit-il.
– Jure-moi que rien ne pourra te faire avouer ni qui tu es ni où tu vas !
– Je le jure.

Jules Verne, *Michel Strogoff*.

2 Dans le texte suivant, distinguez les phrases simples et les phrases complexes.

Quelques années après la guerre civile, Lewis Dalton abandonne son épouse, Adeline, et ses quinze enfants. Quatre d'entre eux allaient se rendre célèbres sous le nom de « bande des Dalton » : Grattan, Robert, Emmett et William.
Les trois premiers, d'abord cow-boys, descendent ensuite dans l'Oklahoma. Les ennuis commencent lorsqu'ils tuent Charlie Montgomery, qui a séduit la petite amie de Robert. Inculpés, ils se cachent, volent des chevaux et gagnent le Nouveau-Mexique. Grattan file en Californie retrouver Williams qui s'est lancé dans la politique. Les deux frères sont alors accusés de l'attaque d'un train. William est relâché, mais sa carrière politique tourne en eau de boudin. Grattan, jeté en prison, réussit à s'évader en 1891. Il rentre dans l'Oklahoma et, avec Robert et Emmett, détrousse les voyageurs d'un express.
La renommée des Dalton franchit les frontières de l'Ouest. Ils deviennent les ennemis publics numéro un, écumant le Kansas et l'Oklahoma qu'ils connaissent comme la poche de leur jean. Le 5 octobre 1892, ils chevauchent vers Coffeyville, pour y cambrioler une banque. Alertés, les citoyens les accueillent à coups de fusil. Deux Dalton restent sur le carreau. Emmett, blessé, croupira quatorze ans en prison.

Science et vie junior, n° 48, mai 1993.

3 Dans le texte suivant, pouvez-vous déplacer ou supprimer des groupes de mots ? Lesquels ?

Respirer dans l'espace nécessite l'apport et le renouvellement constant d'oxygène. Par ailleurs, l'évacuation des déchets est problématique. Comme la place manque pour entasser les détritus, on recycle tout ce qui peut l'être. Les urines ne font pas exception, elles sont retraitées. 80 % de leur volume fournissent de l'eau distillée ; les 20 % restants, concentré de déchets inutilisables, sont collectés et redescendus par la navette Progress, qui assure régulièrement l'approvisionnement de Mir et le ramassage des ordures. L'eau distillée ainsi obtenue n'est pas utilisée pour boire ou se laver, mais elle est électrolysée – les molécules sont décomposées par un courant électrique – pour produire de l'oxygène. C'est une source permanente, utile au maintien d'une fonction vitale des habitants de la station Mir, la respiration.

Revue *Eurêka,* numéro spécial 24H, 1997.

4 Même exercice.

Maintenant, Tamara signait des autographes, répondait avec une distraction peu dissimulée aux questions de son public. Pendant le déroulement de son tour de chant, elle avait presque complètement oublié le message. Elle ne l'avait montré à personne. À quoi bon, par exemple, alerter la police, alors que celle-ci n'avait jamais élucidé le mystère de la mort de ses deux amies ? Au bout d'un moment, Tamara se retira dans sa loge. Elle congédia aimablement sa secrétaire, remercia pour son accueil le directeur du casino. On n'insista pas pour l'avoir à souper, pas davantage pour l'accompagner à son hôtel. D'ailleurs, chacun savait, dans le métier, que Tamara ne descendait pas à l'hôtel ; elle voyageait dans un camping-car qu'elle conduisait elle-même, et c'était là qu'elle dormait, en compagnie de ses chats. Deux chats roux, magnifiques, adorables, offerts par son fan-club.
Tandis qu'elle se démaquillait, elle ne pouvait s'empêcher de fixer son regard, à travers le miroir de la console, sur le mur auquel elle tournait le dos. Il était recouvert d'un large panneau de liège

où elle avait épinglé des dizaines de télégrammes venus de tous les coins de France.

Michel Grisolia, « Menace dans la nuit »,
Je bouquine, n° 50, avril 1988, © Bayard Presse.

Transformer

5 Transformez l'énoncé proposé : réunissez deux phrases en une seule. Respectez la concordance des temps et des modes.

1. La télévision avait annoncé cela. Lætitia Hubert est devenue championne de France de patinage artistique. – **2.** Je me réjouis de cela. Cette soirée a été une réussite. – **3.** Cela est indispensable. Vous créez de nouveaux emplois dans la région. – **4.** Mes grands-parents désirent cela. Nous passerons la fête de Noël en Bretagne. – **5.** La police municipale veille à cela. Nous portons le casque en vélomoteur. – **6.** Toute l'équipe va s'employer à cela. L'OM gagnera la coupe de France. – **7.** Le principal a prévenu les professeurs de cela. Tous les élèves assisteront au conseil de classe. – **8.** Cela est-il indispensable ? Tu laves ta voiture deux fois par semaine. – **9.** Le gouvernement a décidé cela. Un tribunal spécialisé étudiera la délinquance financière. – **10.** Il faut prévenir la population de cela. Des comprimés d'iode seront distribués aux voisins de la centrale nucléaire.

6 Récrivez les phrases soulignées en déplaçant certains groupes.

Alors s'est produit un événement incroyable. Je pèse mes mots et je dis bien : incroyable. De mémoire d'Africain, on n'avait jamais vu ça.
Une panthère est entrée dans le village. Une panthère noire. Une bête superbe, puissante, terrifiante. Tant sa démarche était souple et légère, nous ne l'avions pas entendue venir. Pas un craquement de branche sèche. Pas un son de pas. Pourtant, les indigènes ont l'ouïe très exercée. Ils n'avaient rien entendu. Et elle était là, au milieu de nous. Sur la place du village.
Il y a eu un moment de stupeur totale. Personne ne bronchait. Une panthère ne s'approche jamais de l'homme. Et il est extrêmement rare qu'elle l'attaque. Une seule femme, très vieille, se souvenait qu'on lui avait raconté qu'un de ses arrière-grands-oncles avait été broyé, enfant, par les crocs d'une panthère tachetée. Encore avait-elle été blessée, quelque temps auparavant, par un chasseur. Un homme blanc.

Mireille Boulaire, « La Féline »,
Je bouquine, n° 49, mars 1988, © Bayard Presse.

Employer

7 Voici la seconde proposition coordonnée d'une phrase complexe. Inventez la première.

1. ... mais le feu a pris en plusieurs endroits à la fois. – **2.** ... ou bien les cavaliers contourneront le lac. – **3.** ... car elles ont des caractères opposés. – **4.** ... cependant elle apprécie les films historiques. – **5.** ... alors les employés ont voté la grève. – **6.** ... donc il est indispensable de faire des économies. – **7.** ... ou tu apporteras le dessert. – **8.** ... or le système d'alarme n'a pas fonctionné. – **9.** ... aussi avait-elle passé la soirée à téléphoner à tous ses copains. – **10.** ... et nous t'attendrons pour la séance de huit heures.

8 Insérez chacun des groupes de mots suivants dans une phrase complète.

1. depuis qu'Antoine est en Quatrième – **2.** si bien que je n'ai plus confiance en lui – **3.** à force d'entraîner ses joueurs – **4.** au moment où l'Union européenne s'élargit – **5.** même si son médecin le lui déconseillait – **6.** en voyant l'homme de sa vie monter dans l'avion – **7.** sous prétexte que les projecteurs étaient mal réglés – **8.** sa famille rentrée au pays.

9 Imaginez la suite de ce texte en utilisant des phrases simples et complexes.

Voici déjà quelque temps que Frédéric désirait voir *Les Griffes de la peur*.
D'après ce qu'il avait pu lire ici et là au sujet des *Griffes de la peur,* c'était un des meilleurs films d'épouvante projetés depuis longtemps. Il venait d'ailleurs d'obtenir un prix spécial au Festival du film fantastique d'Avoriaz. Frédéric consulta l'horaire des séances. Au Magic, il y en avait une à minuit, ce vendredi. Pas de temps à perdre ! Interdit aux moins de dix-huit ans ?
Il saurait bien contourner la difficulté...
Frédéric enfila sa canadienne, alla jusque dans la cuisine boire une gorgée de yaourt liquide à la noix de coco, chaussa ses baskets américaines. Un instant plus tard, il était dehors.
Il était si pressé de sortir qu'il oublia d'éteindre la radio, branchée du matin au soir sur Radio-Nice. Par conséquent, il n'entendit pas le flash spécial qu'elle commençait à diffuser tandis qu'il claquait derrière lui la porte de l'appartement.

Michel Grisolia, « Menace dans la nuit »,
Je bouquine, n° 50, avril 1988, © Bayard Presse.

CHAPITRE 11

Les constituants de base de la phrase : groupe nominal, groupe verbal

OBSERVATION

Naissance d'une vocation

En 1630, à Paris, un garçon de dix ans regarde avec émerveillement la joyeuse foule d'artistes et de marchands ambulants qui grouillent sur le Pont-Neuf. Il s'appelle Jean-Baptiste Poquelin et, pour lui, rien n'est plus beau que ce spectacle populaire de la rue. D'ailleurs, c'est décidé : il sera comédien, que son père le veuille ou non. Dix ans plus tard, il crée, avec son amie Madeleine Béjart, une troupe de théâtre. Dans la foulée, il change de nom : Molière et son Illustre-Théâtre sont nés ! Dès lors, Molière, à la fois auteur et comédien, consacre sa vie à écrire des pièces de théâtre et à les jouer avec sa troupe. Ses comédies, qui ridiculisent les défauts de tous, feront rire autant les rois que les pauvres. Elles seront traduites dans toutes les langues et seront jouées dans les plus grands théâtres. Aujourd'hui, plus de trois siècles après qu'elles ont été créées, elles n'ont pas vieilli, elles continuent d'émerveiller et de faire rire…

Critique du « Molière » d'Isabelle Jan, *Je bouquine,* n° 43, septembre 1987, © Bayard Presse.

QUESTIONS

1 ▶ Relevez les verbes conjugués de la phrase en vert et donnez le sujet de chacun d'eux.

2 ▶ Combien la phrase en bleu comporte-t-elle de groupes nominaux ?

3 ▶ Les groupes nominaux de la phrase en bleu peuvent-ils être déplacés ?

4 ▶ Lesquels peuvent être supprimés sans que la phrase devienne incorrecte ?

LEÇON

1. Définition

Soit la phrase : *Un garçon de dix ans regarde les artistes.*

◆ Les transformations suivantes ne sont pas applicables à cette phrase :
– Suppression : * *regarde les artistes.* * *Un garçon de dix ans les artistes.*
– Déplacement : * *Les artistes un garçon de dix ans regarde.* * *Regarde un garçon de dix ans les artistes.*

◆ La seule transformation possible est la **substitution** : ***Il les*** *regarde.*

Cette phrase est constituée de **deux groupes obligatoires et fixes** :
– le **groupe nominal sujet** : *un garçon de dix ans* ;
– le **groupe verbal** : *regarde les artistes.*
Ces deux groupes constituent la **phrase verbale minimale**.

2. Les constituants du groupe nominal

■ Les noms propres s'emploient habituellement seuls : *Molière, Paris.*

■ Certains noms communs s'emploient sans déterminant dans certaines structures plus ou moins figées :

➡ *Noblesse oblige. Bon chien chasse de race.*

■ Le plus souvent, le nom est utilisé dans un **groupe.**

◆ **À gauche** du nom se trouve la zone de détermination et du nombre :
– **déterminants, numéraux** : ***un*** *garçon ;* ***les quatre*** *enfants.*
– certains **adjectifs**, surtout quand leur sens est très général : *un* ***petit*** *enfant, une* ***joyeuse*** *bande, l'****illustre*** *théâtre.*

◆ **À droite** se trouve la zone des **expansions**, qui peuvent être très variées :
– **adjectifs** : *un spectacle* ***populaire*** ;
– un autre **nom** : *la famille* ***Béjart*** ;
– un **adverbe** : *une fille* ***bien*** ;
– un **groupe prépositionnel** : *un garçon* ***de dix ans*** ;
– une **proposition relative** : *des comédies* ***qui ridiculisent les défauts***.

3. Les constituants du groupe verbal

■ Le groupe verbal est constitué du verbe et de ses compléments essentiels :

➡ *Molière* ***crée une troupe de théâtre***.

■ Le groupe verbal comprend :

◆ **obligatoirement** le **verbe conjugué** à un mode personnel (indicatif, subjonctif, impératif) ;

◆ les **compléments essentiels** du verbe, c'est-à-dire tout groupe de mots qui suit le verbe et qui ne peut pas être déplacé :

➡ *L'enfant regarde* ***les artistes****. Il change* ***de nom****. Il consacre* ***sa vie à écrire***.

◆ **certains adverbes** qui modifient le sens du verbe :

➡ *Elle travaille* ***sérieusement****. Il joue* ***bien***.

4. La relation sujet-verbe

■ Le sujet se définit par sa relation avec le verbe. C'est un groupe nominal qui impose au verbe ses marques de **personne** et de **nombre**.

◆ Il peut y avoir **plusieurs sujets** pour un seul verbe :
→ ***Les artistes, la foule, les marchands*** *grouillent sur le Pont-Neuf.*

◆ Il peut y avoir **un même sujet** pour plusieurs verbes :
→ ***Molière*** *écrit, joue et dirige la troupe.*

◆ Le sujet peut être **collectif** : *la foule ; la plupart des gens.*

◆ Le sujet peut être un **infinitif** :
→ ***Travailler*** *me fatigue.*

◆ Le sujet peut être un **pronom relatif** :
→ *Les comédies* ***qui*** *ridiculisent les défauts.*

■ La transformation par ***c'est… qui*** permet d'identifier le sujet :
→ ***C'est*** *Molière* ***qui*** *écrit, joue et dirige la troupe.*

5. Les constructions du verbe

■ Les verbes **transitifs** se construisent avec un ou plusieurs compléments directs ou indirects :
→ *Il adresse* ***ses pièces*** (direct) ***au roi*** (indirect).

■ Les verbes **attributifs** se construisent avec un attribut du sujet :
→ *Son nom est* ***Jean-Baptiste Poquelin.***

■ Les verbes **intransitifs** n'ont pas de compléments essentiels :
→ *L'enfant rit.*

■ Les verbes **impersonnels** se construisent avec l'indice d'impersonnel *il*, qui ne représente rien ni personne :
→ ***Il*** *pleut.*

POUR L'EXPRESSION ÉCRITE

Certains verbes **changent de sens** en changeant de construction. Exemple : *passer*.

■ **Intransitif** (sans complément essentiel), il signifie « se déplacer, se trouver momentanément en mouvement » : *Il passe (dans la rue à pied).*

■ **Transitif** (suivi d'un complément essentiel), il signifie « traverser » : *Il suffit de passer* ***le pont.***

■ **Transitif à deux compléments**, il signifie « concéder, excuser, permettre » : *C'est un enfant gâté, ses parents* ***lui*** *passent* ***tout.***

■ Employé **avec diverses prépositions** *(sur, dans, dessus, dessous, devant, derrière, près, à côté de, le long de, à, en, chez)*, il signifie « aller » : *Tu passeras* ***chez le pâtissier.***

RÉSUMÉ

1. La phrase verbale de base se compose de deux éléments obligatoires : le **groupe nominal sujet** et le **groupe verbal**.

2. Le groupe nominal sujet a pour noyau un **nom**. Le groupe verbal a pour noyau un **verbe**, qui peut être complété par un ou plusieurs **groupes nominaux**, par un **adverbe**.

3. Le groupe sujet et le groupe verbal sont les **constituants essentiels** de la phrase. Il est impossible de les supprimer et de les déplacer.

EXERCICES

Identifier

1 Dans chacune des phrases suivantes, identifiez le groupe nominal sujet et le groupe verbal.

1. Athènes, capitale de la Grèce, sera la ville des jeux Olympiques de 2004. – **2.** Ce choix ne fait pas l'unanimité. – **3.** Athènes est la ville la plus polluée de tout le pourtour méditerranéen. – **4.** Les athlètes risquent des problèmes respiratoires. – **5.** L'urbanisme anarchique de la ville rend la circulation extrêmement difficile. – **6.** L'arrivée de millions de visiteurs ne devrait pas arranger la situation. – **7.** Ceux qui regrettent cette décision sont nombreux.

2 Identifiez les sujets des verbes conjugués.

LA CONDUITE INITIATIQUE DE GAËLLE

Conduire une moto ou une voiture permet souvent de flirter avec la vitesse, le danger, la prise de risque. Cela peut avoir des conséquences fatales pour les conducteurs qui manquent d'expérience. Actuellement, un accident mortel sur quatre frappe un jeune de moins de 25 ans. Le mouvement LASER (Liaison des associations de sécurité routière) organise pour la quatrième année consécutive un Tour de France des jeunes conducteurs. Gaëlle, 17 ans, en Terminale STPA, est l'une des conductrices sélectionnées pour cette épreuve. Elle a pris le départ en compagnie de son coéquipier et de son père. Le père de Gaëlle, directeur commercial, soutient à fond l'initiative de sa fille qui pratique depuis l'âge de 16 ans la conduite accompagnée. En effet, l'expérience de la route acquise au cours des deux années de conduite accompagnée réduit les risques d'accident de 80 %. La formule séduit d'ailleurs de plus en plus de jeunes et de parents.

D'après *Les Clés de l'actualité,* n° 274, 30 octobre 1997, © Milan.

3 Quand c'est possible, mettez en relief le mot ou le groupe de mots souligné en utilisant la tournure *c'est... qui*. Qu'en déduisez-vous ?

<u>Javert</u> tira de sa poche quatre napoléons et congédia le fiacre.
<u>Jean Valjean</u> pensa que l'intention de Javert était de le conduire à pied au poste des Blancs-Manteaux ou au poste des Archives, qui sont tout près.
Ils s'engagèrent dans la rue. <u>Elle</u> était, comme d'habitude, déserte. Javert suivait <u>Jean Valjean</u>. Ils arrivèrent au numéro 7. Jean Valjean frappa. <u>La porte</u> s'ouvrit.
– C'est bien, dit Javert. Montez.
Il ajouta, avec une expression étrange et comme s'il faisait effort en parlant de la sorte :
– Je <u>vous</u> attends ici.
Jean Valjean regarda Javert. <u>Cette façon de faire</u> était peu dans les habitudes de Javert. Cependant, que Javert eût maintenant en lui une sorte de confiance hautaine, la confiance du chat qui accorde à la souris une liberté de la longueur de sa griffe, résolu qu'était Jean Valjean à se livrer et à en finir, <u>cela</u> ne pouvait le surprendre beaucoup. Il poussa <u>la porte</u>, entra dans la maison, cria au portier qui était couché et qui avait tiré le cordon de son lit :
– C'est moi ! et monta l'escalier.
Parvenu au premier étage, il fit une pause. <u>Toutes les voies douloureuses</u> ont des stations.

Victor Hugo, *Les Misérables*.

Transformer

4 Construisez des phrases complètes à partir des groupes nominaux sujets suivants.

1. Tous les établissements scolaires… – **2.** Le projet de construction d'une centrale nucléaire… – **3.** L'animateur de télévision… – **4.** Le jeu et la vitesse d'exécution… – **5.** Une association de défense des animaux… – **6.** Le décollage de la fusée européenne… – **7.** Des mesures contre la violence à l'école… – **8.** Des adaptations cinématographiques… – **9.** Bien des jeunes de mon âge… – **10.** Le jeune chanteur contestataire…

5 Faites des phrases avec chacun des groupes verbaux suivants, en leur ajoutant un GN sujet qui convienne. Évitez les pronoms.

1. … fait la connaissance d'un curieux jeune homme. – **2.** … ont réalisé une collection entière de prêt-à-porter. – **3.** … a constaté le retard de la France en micro-informatique à l'école. – **4.** … n'a jamais connu d'échec. – **5.** … ont fait une prestation remarquée. – **6.** … avons des opinions négatives sur la question. – **7.** … répètent l'opération pendant plusieurs jours. – **8.** … se présente bien. – **9.** … est touchée par le chômage. – **10.** … a ouvert une enquête sur ce scandale.

6 Rétablissez une ponctuation correcte, de façon que les phrases comportent un GN sujet et un groupe verbal cohérent.

Enrique Heredia Villaseñor de Mexico est très confiant. Quant à sa future carrière de footballeur professionnel.

Il faut dire qu'à quatorze ans seulement. Il fait déjà partie des enfants doués pour le foot qui bénéficient des aides que la FIFA reçoit. Des Sponsors Officiels de la Coupe du Monde.

Partout dans le monde, les Sponsors Officiels soutiennent le football à tous les stades, celui des professionnels mais aussi celui des jeunes.

Ils contribuent à l'entraînement des jeunes joueurs et aux financements du Championnat du Monde U-17. Et du Championnat du Monde junior de la FIFA. De plus, pour ceux qui ne peuvent pas se l'offrir. Ils participent aux frais de voyage et d'hébergement pendant les tournois.

Enrique en est sûr, il représentera un jour le Mexique pour la Coupe du Monde.

D'après une publicité de *L'Équipe*, 5 décembre 1997.

Employer

7 Imaginez des phrases différentes avec le verbe *prendre* en utilisant les constructions suivantes. Précisez dans chaque cas le sens du verbe.

prendre (sans complément) ; prendre (quelque chose) ; prendre (quelque chose à quelqu'un) ; prendre pour (quelqu'un).

8 Exercice collectif : chaque élève doit chercher une suite cohérente à l'un des débuts proposés ci-dessous. Un élève désigné écrira le résultat au tableau. Observez à quels moments la ponctuation doit intervenir (point, point-virgule).

1. À peine le film était-il commencé…
2. Le commissaire souleva la couverture…
3. Devant moi, l'infini des dunes de sable…
4. Cela faisait quatre ans que je n'avais pas revu ma cousine…

9 Même exercice, individuellement et par écrit.

1. Je venais d'atterrir à New York…
2. Voilà huit ans que la fusée spatiale…
3. Il y a longtemps que les habitants du village…
4. Chère petite sœur,…
5. Il habitait Paris depuis son mariage, car sa femme…

10 Reconstituez la chanson suivante dont les vers sont en désordre. Aidez-vous des rimes, faites des phrases correctes. Le premier vers est en italique. Le dernier vers est en gras. La chanson comporte trois quatrains suivis chacun d'un refrain.

LES CANUTS

Pour chanter Veni Creator
Quand votre règne finira.
Manteaux et rubans en sautoir.
Nous sommes tous nus.
C'est nous les canuts,
Nous tisserons le linceul du vieux monde,
Et nous, pauvres canuts, sans draps on nous [enterre.
Car on entend déjà la révolte qui gronde.
Nous sommes tout nus.
Nous en tissons pour vous, gens de l'Église,
Pour gouverner il faut avoir
Nous n'irons plus nus !
Il faut une chasuble d'or.
C'est nous les canuts,
Nous en tissons pour vous, grands de la terre,
Mais notre règne arrivera
Et nous, pauvres canuts, n'avons pas de [chemises.
C'est nous les canuts,

CHAPITRE 12

Les compléments essentiels du verbe

OBSERVATION

Un vrai glaçon dur et tranchant...

Oh ! il tenait bien le poing fermé sur la meule, le bonhomme Scrooge ! Le vieux pendard était un avare qui savait saisir fortement, arracher, tordre, pressurer, gratter, ne point lâcher surtout ! Dur et tranchant comme une pierre à fusil dont jamais l'acier n'a fait jaillir une étincelle généreuse, secret, renfermé en lui-même et solitaire comme une huître. Le froid qui était au-dedans de lui gelait son vieux visage, pinçait son nez pointu, ridait sa joue, rendait sa démarche roide et ses yeux rouges, bleuissait ses lèvres minces et se manifestait au-dehors par le son aigre de sa voix. Une gelée blanche recouvrait constamment sa tête, ses sourcils et son menton fin et nerveux. Il portait toujours et partout avec lui sa température au-dessous de zéro ; il glaçait son bureau aux jours caniculaires et ne le dégelait pas d'un degré à Noël.

La chaleur et le froid extérieurs avaient peu d'influence sur Scrooge. Les ardeurs de l'été ne pouvaient le réchauffer, et l'hiver le plus rigoureux ne parvenait pas à le refroidir. Aucun souffle de vent n'était plus âpre que lui. Jamais neige en tombant n'alla plus droit à son but, jamais pluie battante ne fut plus inexorable. Le mauvais temps ne savait par où trouver prise sur lui ; les plus fortes averses, la neige, la grêle, les giboulées ne pouvaient se vanter d'avoir sur lui qu'un avantage : elles tombaient souvent « avec profusion ». Scrooge ne connut jamais ce mot. [...] Aucun mendiant n'implorait de lui le plus léger secours, aucun enfant ne lui demandait l'heure.

Charles Dickens, *Un conte de Noël*, © EJL, Librio.

QUESTIONS

1 ▶ Les groupes de mots en bleu peuvent-ils être supprimés ? simplement déplacés ? Peuvent-ils être remplacés par des pronoms ?

2 ▶ Faites subir les mêmes transformations aux groupes de mots en vert. Qu'en concluez-vous ?

3 ▶ À quel mot de la phrase se rapporte chaque groupe de mots en bleu ? par l'intermédiaire de quel verbe ?

4 ▶ Remplacez chaque pronom en rose par le groupe nominal qu'il représente. Que constatez-vous sur la construction de chaque verbe souligné ?

LEÇON

1. Définition

■ Dans certains cas, le verbe se suffit à lui-même. Il ne demande pas de suite. On dit qu'il est **intransitif** (*apparaître, déjeuner, exister*, etc.) :

➡ *Le robinet **fuit**.*

■ Dans la plupart des cas, le verbe est suivi d'éléments qui ne peuvent être ni supprimés ni déplacés librement dans la phrase. La forme et le sens de ces éléments dépendent du verbe.

2. Les constructions du verbe *avoir* et de la plupart des verbes

■ Le complément essentiel direct

Le complément essentiel direct ne peut être ni supprimé ni déplacé sans être remplacé par un pronom. Il peut être :

◆ Un **complément d'objet direct** (COD), quand on peut transposer la phrase à la **construction passive**, et que le sujet est l'**agent** responsable et volontaire. L'objet est le **patient** : animé ou inanimé, il subit l'action. Le COD devient sujet au passif :

➡ *L'avare amasse **un trésor**.* (sujet – action – patient) → ***Un trésor** a été amassé par l'avare.*

◆ Un **autre complément essentiel direct**. Celui-ci ne peut être supprimé, mais il ne peut pas non plus subir la transformation passive :

➡ *Mon frère mesure **un mètre soixante**.*

◆ Un **complément d'objet interne**, qui précise le sens du verbe :

➡ *vivre **sa vie** ; pleurer **toutes les larmes de son corps**.*

■ Le complément essentiel indirect

Le complément essentiel indirect est également lié au verbe. On ne peut pas le déplacer en tête de phrase, à moins de le reprendre par un pronom. Il est introduit par une **préposition** imposée par le verbe.

◆ Le complément essentiel introduit par ***à*** peut être remplacé par ***lui/elle, à lui/à elle*** (nom animé) ou ***y*** (nom non animé) :

➡ *Il parle **à son chien**. Il **lui** parle. Il tient **à sa voiture**. Il **y** tient.*

◆ Le complément essentiel introduit par ***de*** peut être remplacé par ***lui/elle*** (nom animé) ou par ***en*** (nom non animé) :

➡ *Elle hérite **de sa tante**. Elle hérite d'**elle**. Je doute **de sa sincérité**. J'**en** doute.*

◆ Le complément essentiel peut être introduit par d'autres prépositions (***sur, en, par, après :*** *courir après ; consister en ; commencer par ; finir par ; donner sur ; déboucher sur...)* :

➡ *Mes fenêtres donnent **sur la Loire**.*

■ La construction à deux compléments essentiels

Un certain nombre de verbes d'emploi fréquent peuvent être construits avec deux compléments essentiels.

- Un complément essentiel direct et un complément essentiel indirect :
  - ➨ *Jean prête **un livre** / **à Marie**. Marc empêche **Anne** / **de travailler**.*
- Deux compléments essentiels indirects :
  - ➨ *Je parle **à Pierre** / **de mon travail**.*

3. Les constructions du verbe *être* et des verbes d'état

Rappel : l'attribut du sujet

L'attribut du sujet peut être :

- un **adjectif**, pour attribuer à un sujet une qualité, permanente ou occasionnelle :
  - ➨ *Anne est **heureuse**. Anne est **contente**.*
- un **nom** ou un **GN**, pour identifier, classer ou qualifier le sujet :
  - ➨ *Jacques est **pilote**. Mon fils est **plombier**. Léonard est **un génie**.*

Le complément essentiel

Le verbe *être* est très fréquemment suivi d'un complément essentiel indirect, qu'on ne peut ni déplacer ni supprimer. Il se distingue nettement du complément circonstanciel, mobile et facultatif.

- Il a le sens de « se trouver ». Son complément sert à localiser :
  - ➨ *Les enfants sont **à la maison**. La réunion est **à cinq heures**.*
- Certains compléments essentiels indirects du verbe *être* peuvent être remplacés par des adjectifs attributs :
  - ➨ *Le médicament est **sans danger** (= inoffensif). La maison est **à l'abandon** (= abandonnée, déserte).*
- Ce complément essentiel indirect peut se cumuler avec un complément circonstanciel :
  - ➨ *Anne était **en Corse*** (essentiel) ***en juillet*** (circonstanciel).
- **Attention :** le verbe *être* n'a jamais de COD :
  - ➨ *Pierre est **mon frère**.* (Sujet et attribut désignent la même personne.)

POUR L'EXPRESSION ÉCRITE

A priori, le complément essentiel direct occupe la première position après le verbe, mais d'autres facteurs interviennent dans l'usage :

- la **longueur**, surtout quand le complément essentiel est une proposition subordonnée complétive :
  - ➨ *J'ai dit / **à Dilbert** / **que le patron était arrivé**.*
- la **progression de l'information**. Dans une phrase, l'information progresse du connu vers le nouveau (du **thème** vers le **propos**). Si le complément essentiel indirect apporte moins d'informations nouvelles, il passe avant le complément essentiel direct :
  - ➨ *J'ai offert **à Paul*** (plus connu) *un cédérom sur le fonctionnement des deux hémisphères du cerveau.*

RÉSUMÉ

1. Le groupe verbal est le second **constituant obligatoire** de la phrase de base. Le verbe en est l'élément essentiel.

2. Dans la plupart des cas, le verbe est suivi de **compléments essentiels directs** ou **indirects**. Certains verbes ont une construction à deux compléments essentiels.

3. Le verbe *être* et les verbes d'état sont suivis d'un attribut du sujet (adjectif ou GN) ou d'un complément essentiel indirect.

EXERCICES

Identifier

1 Classez les groupes soulignés en deux ensembles selon que ce sont des compléments essentiels du verbe ou non.

« Joseph ! cette nuit même, j'aurai terminé ce roman. Je viens à l'instant d'en trouver la chute. Demain, dès l'aube, je commencerai le suivant. Mon plan est déjà prêt. Mes notes sont là, je suppose. » Elle désigna les paperasses. Je finirai bien par les retrouver. Débrouillez-vous, Joseph : IL ME FAUT DU PAPIER.
« Très bien, Maîtresse, j'en chercherai.
– Trouvez-moi aussi des cartouches d'encre, bleu outre-mer de préférence. Et une plume de rechange, la mienne n'ira plus très loin. »
Joseph baissa la tête et contempla ses gants.
« Il n'y a plus, dit-il enfin d'une voix qui tremblait, ni une seule goutte d'encre, ni une seule plume d'acier, dans toute la cité. J'ai déjà pris sur moi de fouiller chez les antiquaires. Presque tous m'ont ri au nez. Écrire avec des plumes en cette année 2024 ? Ils ont cru que je plaisantais. » Il croisa ses grands doigts dans un geste désespéré. « Maîtresse, il faut vous rendre à l'évidence : personne n'écrit plus à la main depuis au moins…
– Je sais, je sais, mon bon Joseph. »

Claude Cénac, *Les Robestiques,* « Joseph », © Milan, 1990.

2 Repérez si les verbes soulignés ont des compléments essentiels ou non. Faites la liste des verbes intransitifs.

De l'autre côté du vallon, sur le rebord de la forêt, il aperçut un cerf, une biche et son faon.
Le cerf, qui était noir et monstrueux de taille, portait seize andouillers avec une barbe blanche. La biche, blonde comme les feuilles mortes, broutait le gazon ; et le faon tacheté, sans l'interrompre dans sa marche, lui tétait la mamelle.
L'arbalète encore une fois ronfla. Le faon, tout de suite, fut tué. Alors sa mère, en regardant le ciel, brama d'une voix profonde, déchirante, humaine. Julien exaspéré, d'un coup en plein poitrail, l'étendit par terre.
Le grand cerf l'avait vu, fit un bond. Julien lui envoya sa dernière flèche. Elle l'atteignit au front, et y resta plantée.
Le grand cerf n'eut pas l'air de la sentir ; en enjambant par-dessus les morts, il avançait toujours, allait fondre sur lui, l'éventrer ; et Julien reculait dans une épouvante indicible. Le prodigieux animal s'arrêta ; et les yeux flamboyants, solennel comme un patriarche et comme un justicier, pendant qu'une cloche au loin tintait, il répéta trois fois :
– « Maudit ! maudit ! maudit ! Un jour, cœur féroce, tu assassineras ton père et ta mère ! »

Gustave Flaubert, *Trois contes,* « La légende de saint Julien l'Hospitalier ».

3 Dans le texte suivant, relevez les attributs du sujet et les compléments essentiels directs.

Dans sa rédaction, Ben décrivait son oncle à peu près ainsi : « Oncle Gerhard est le frère aîné de papa. On a de la peine à le croire. Quand on se promène avec oncle Gerhard, tout le monde le regarde. Oncle Gerhard mesure deux mètres ; il est extrêmement maigre. Il marche le dos voûté et a l'air d'un oiseau. Quant à ses bras, ils sont également trop longs et trop maigres. Et sa tête est un peu trop petite. Ses cheveux gris sont toujours coupés en brosse. Il porte souvent des blue-jeans et des vestes de toutes les couleurs, ce que maman trouve complètement fou. Mais ce qu'il y a de plus fou chez lui, c'est sa voix. Elle n'est ni faible, ni aiguë, mais très profonde et très forte. Oncle Gerhard est chimiste, mais en vérité il est inventeur. Il dit : "J'invente des choses dont personne n'a besoin." »

Peter Härtling, *Ben est amoureux d'Anna,* trad. A. Berman, © Beltz Verlag, 1980/Pocket, 1995.

Transformer

4 Trouvez les prépositions qui conviennent pour introduire les compléments essentiels.

M. et Mme Eliot étaient ① table avec leur fils David. Le repas se constituait ce soir-là ② un grand plat de chou cru assaisonné ③ sauce au fromage. M. et Mme Eliot ne mangeaient jamais de viande. L'atmosphère était franchement glaciale. L'après-midi même, dernier jour du trimestre, David était rentré ④ collège avec son carnet scolaire. La lecture n'en était guère réjouissante.
« Eliot n'a fait aucun progrès, constatait le professeur de mathématiques. Il ne sait ni diviser ni multiplier, mais aurait tendance, je le crains, ⑤ en rajouter. » [...]
« Il aura du mal ⑥ faire son chemin dans la vie », concluait le directeur d'études.

Anthony Horowitz, *L'Île du crâne*, trad. A. Le Goyat, © Hachette, 1990.

5 Remplacez les pronoms soulignés par les groupes nominaux qu'ils représentent et déterminez s'il s'agit de compléments essentiels directs ou indirects.

Mme B*** l'invita à dîner un lundi. Elle lui parla souvent ; et, en sortant de chez elle, il déclara que jamais il n'avait rencontré de femme plus aimable. Mme B*** amassait de l'esprit chez les autres pendant un mois, et le dépensait chez elle en une soirée. Saint-Clair la revit le jeudi de la même semaine. Cette fois, il s'ennuya quelque peu. Une autre visite le détermina à ne plus reparaître dans son salon. Mme B*** publia que Saint-Clair était un jeune homme sans manières et du plus mauvais ton.

Prosper Mérimée, *Le Vase étrusque*.

6 Trouvez le pronom qui pourrait remplacer les groupes soulignés.

Demain ce sera l'automne. Je n'aime pas l'arrivée de cette saison. C'est la seule chose qui mette un peu de gris dans les yeux de m'am. Elle pense à Jacqueline, ma grande sœur, qui est morte à sept ans de la typhoïde, une nuit comme celle-là. C'était il y a longtemps, pourtant Jacqueline restera toujours la treizième.
Un jour, j'étais chez Mme Piponiot, une voisine qui élève un mouton et fait de jolies phrases qui commencent par : « Dans la vie... » Elle mettait des peaux de lapins à sécher et m'a montré le XIII dans son jeu de cartes qui sert à prédire l'avenir : un squelette avec une faux à lame rouge.
– Dans la vie, que ce soit pour un homme ou pour un lapin, cette carte finit toujours par sortir.
Pourtant le treize reste le chiffre fétiche de la famille, même si on n'arrive pas toujours à l'atteindre. Sauf moi en dictée...

Daniel Picouly, *Le Champ de personne*, © Flammarion, 1995.

Employer

7 Regardez bien ce qui est représenté dans ce tableau de Georges de La Tour intitulé *Le Tricheur*. Pour chaque personnage, évoquez en une phrase ce qu'il est en train de faire. Vous aurez soin d'employer au moins deux compléments essentiels par phrase.

EXEMPLE : *Le jeune homme de gauche prend une carte cachée dans sa ceinture.*

© Nathan

8 Voici la dernière strophe d'un poème de Guillaume Apollinaire. Repérez sa construction et composez à votre tour un court poème qui commencerait par :
« Je donne à mon ami(e)... »

Je donne à mon espoir mes yeux ces pierreries
Je donne à mon espoir mes mains palmes de
victoire
Je donne à mon espoir mes pieds chars de
triomphe
Je donne à mon espoir ma bouche ce baiser
Je donne à mon espoir mes narines qu'embaument les fleurs de la mi-mai
Je donne à mon espoir mon cœur en ex-voto
Je donne à mon espoir tout l'avenir qui tremble
comme une petite lueur au loin dans la forêt

Guillaume Apollinaire, *Poèmes à Lou*, « L'amour le dédain et l'espérance », © Gallimard.

CHAPITRE 13

Les constituants facultatifs de la phrase

OBSERVATION

L'avarice de Grandet

Monsieur Grandet n'achetait jamais ni viande ni pain. Ses fermiers lui apportaient par semaine une provision suffisante de chapons, de poulets, d'œufs, de beurre et de blé de rente. Il possédait un moulin dont le locataire devait, en sus du bail, venir chercher une certaine quantité de grains et lui en rapporter le son et la farine. La grande Nanon, son unique servante, quoiqu'elle ne fût plus jeune, boulangeait elle-même tous les samedis le pain de la maison. Monsieur Grandet s'était arrangé avec les maraîchers, ses locataires, pour qu'ils le fournissent de légumes. Quant aux fruits, il en récoltait une telle quantité qu'il en faisait vendre une grande partie au marché. Son bois de chauffage était coupé dans ses haies ou pris dans les vieilles truisses à moitié pourries qu'il enlevait au bord de ses champs, et ses fermiers le lui charroyaient en ville tout débité, le rangeaient par complaisance dans son bûcher et recevaient ses remerciements. [...] Il avait six cents arpents de bois récemment achetés qu'il faisait surveiller par le garde d'un voisin, auquel il promettait une indemnité. Depuis cette acquisition seulement, il mangeait du gibier. Les manières de cet homme étaient fort simples. Il parlait peu. Généralement il exprimait ses idées par de petites phrases sentencieuses et dites d'une voix douce.

Honoré de Balzac, *Eugénie Grandet*.

QUESTIONS

1 ▶ Peut-on supprimer les groupes de mots en bleu sans nuire au sens et à la correction grammaticale des phrases ?

2 ▶ Peut-on les déplacer à l'intérieur des phrases ? Si oui, qu'obtenez-vous ?

3 ▶ Peut-on les remplacer par des pronoms ?

4 ▶ Identifiez la classe grammaticale de chacun des groupes en bleu : groupe nominal, adverbe, proposition.

5 ▶ Quel type de renseignement apporte chaque groupe en bleu ?

LEÇON

1. Définition

■ Il existe **deux classes de compléments**.

◆ Les compléments **liés au verbe** ou compléments **essentiels** font partie du groupe verbal et ne peuvent être **ni supprimés ni déplacés** :

➡ *Grandet résidait **à Saumur**. Il possédait **un moulin**.*

◆ Les compléments non liés au verbe ou **compléments de phrase** (circonstanciels) sont **mobiles** et le plus souvent **facultatifs**, détachables du reste de la phrase par une virgule. Ils ne sont pas limités en nombre :

➡ *La grande Nanon boulangeait elle-même **tous les samedis**.*

■ **Seul le déplacement** peut permettre de distinguer ces deux classes de compléments.

◆ Lorsqu'ils ne sont pas liés au verbe, les groupes peuvent être **déplacés** en tête, en fin de phrase ou placés après le verbe.

◆ Lorsque le complément est lié au verbe, il ne peut être détaché dans la phrase que s'il est **repris par un pronom**, qui reste placé à côté du verbe.

2. Les compléments circonstanciels

Ce sont des constituants facultatifs de la phrase. Ils peuvent être :

◆ des **adverbes** :

➡ ***Longtemps**, je me suis couché de bonne heure.* (M. Proust)

◆ des **groupes nominaux** introduits par une **préposition libre**, non imposée par le verbe :

➡ *J'ai caché la clé **sous le paillasson**.*

◆ des **propositions subordonnées** :

➡ *Viens **quand tu veux**.*

◆ des **gérondifs** :

➡ ***En partant à dix heures**, vous arriverez pour midi.*

◆ des **tours à l'infinitif** :

➡ *J'ai fait cela **pour m'amuser**.*

◆ des **groupes de mots** sans mot introducteur :

➡ *Je suis tombée **la tête la première**.*

3. Place des compléments circonstanciels dans la phrase

■ Construction liée ou détachée

Quelle que soit leur place dans la phrase, les compléments circonstanciels peuvent avoir :

◆ une construction **liée** :

➡ *Tout s'explique **naturellement.*** (= *Tout a une explication naturelle.*)

◆ une construction **détachée**, après une virgule :

➡ *Il n'a rien voulu expliquer, **naturellement*** (= *comme on pouvait s'y attendre*). Dans ce cas, le sens de l'adverbe est différent.

En fin de phrase

- Les compléments circonstanciels introduits par une préposition sont le plus souvent placés en fin de phrase :
  - *J'ai trouvé ton message* ***sur mon répondeur, juste en rentrant du travail****.*
- On place en fin de phrase les compléments très développés, comportant des propositions subordonnées.
- Les compléments de fin de phrase en position détachée marquent une rupture. Ils sont sur un autre plan :
  - *J'ai compris à qui j'avais affaire,* ***trop tard****.*

En début de phrase

- Lié ou détaché, le complément circonstanciel en début de phrase a une certaine autonomie par rapport au reste de la phrase. Il prépare le cadre de l'énoncé principal :
  - ***Le soir du crime****, où étiez-vous ?*
- Certains compléments circonstanciels, en début de phrase, portent sur certains aspects de l'énonciation de la phrase (*à mon avis, selon des sources bien informées, franchement, à vrai dire, par bonheur, évidemment…*) :
  - ***À propos (au fait)****, devine qui j'ai eu au téléphone hier ?* ***Justement****, j'allais t'en parler.*

Après le verbe

Les compléments circonstanciels placés après le verbe, ou entre l'auxiliaire et le participe passé, sont le plus souvent des adverbes. Ces compléments ont un lien plus fort avec le verbe, et possèdent leur sens plein, ce qui les distingue des adverbes détachés en début de phrase :

- *L'affaire s'est* ***heureusement*** *terminée. (= L'issue a été positive.)* ≠ ***Heureusement****, l'affaire s'est terminée. (= J'apprécie, quant à moi, que ce soit fini, quelle que soit l'issue.)*

POUR L'EXPRESSION ÉCRITE

Dans la phrase, **l'ordre des compléments circonstanciels** obéit à certaines règles.

- Un adverbe se place avant un complément essentiel :
  - *Monsieur Grandet économise* ***toujours*** *la nourriture.*
- Un GN circonstanciel se place après un complément essentiel :
  - *Grandet compte ses sacs d'or* ***toutes les nuits****.*
- Un adverbe se place avant un groupe introduit par une préposition :
  - *Son bois de chauffage était coupé* ***régulièrement*** *dans ses haies.*
- Un complément de manière se place avant un complément de lieu ou de temps :
  - *Ses fermiers rangeaient le bois* ***par complaisance*** *dans son bûcher.*
- Un complément court se place avant un complément long :
  - ***Hier, pour me reposer****, j'ai fait une longue sieste.*

RÉSUMÉ

1. Il existe **deux classes de compléments** :
– les compléments **liés au verbe**, qui font partie du groupe verbal et ne peuvent être ni supprimés ni déplacés. Ce sont les compléments **essentiels**.
– les compléments non liés au verbe, qui sont permutables et le plus souvent facultatifs. Ce sont les **compléments de phrase**.

2. Les **compléments circonstanciels** sont des compléments de phrase. Ils peuvent être des adverbes, des groupes nominaux prépositionnels, des groupes nominaux sans préposition, des propositions subordonnées, des gérondifs, des groupes à l'infinitif.

3. Liés ou **détachés**, ils peuvent être placés en début de phrase, en fin de phrase, juste après le verbe, et même, pour les adverbes, entre l'auxiliaire et le verbe.

EXERCICES

Identifier

1 Voici des débuts de romans. Identifiez les compléments facultatifs et donnez leur fonction.

1. Le vingt-cinq septembre douze cent soixante-quatre, au petit jour, le duc d'Auge se pointa sur le sommet du donjon de son château pour y considérer, un tantinet soit peu, la situation historique. (R. Queneau, *Les Fleurs bleues*)
2. Dans les premiers jours du mois d'octobre 181…, le colonel sir Thomas Nevil, irlandais, officier distingué de l'armée anglaise, descendit avec sa fille à l'hôtel Beauvau, à Marseille, au retour d'un voyage en Italie. (P. Mérimée, *Colomba*)
3. Vers le milieu du mois de mai de l'année 1666, à neuf heures du matin, lorsque le soleil déjà chaud séchait la rosée sur les ravenelles du château de Blois, une petite cavalcade composée de trois hommes et de deux pages, rentra par le pont de la ville, sans produire d'autre effet sur les promeneurs du quai qu'un premier mouvement de la main à la tête pour saluer. (A. Dumas, *Le Vicomte de Bragelonne*)

2 Les indications de lieu contenues dans le texte suivant sont-elles des éléments essentiels des phrases ou des compléments circonstanciels ? Distinguez-les. De quel type de texte s'agit-il ?

LA CATHÉDRALE SAINTE-CÉCILE D'ALBI

Il est difficile de prendre suffisamment de recul pour apprécier pleinement la masse formidable de cet édifice de brique rouge. Le simple toit de tuiles qui le couvrait au ras des fenêtres et reposait directement sur les voûtes a été remplacé en 1849 par un bandeau à faux mâchicoulis et chemin de ronde, surmonté de clochetons. L'architecte Daly avait dû imaginer cette nouvelle couverture afin de préserver l'intégrité des peintures de la nef. L'entrée principale s'ouvre au milieu du flanc sud. On y accède par une porte construite au début du 15e s. qui unit l'édifice à une ancienne tour de défense. Un escalier conduit majestueusement au porche en forme de baldaquin entièrement en pierre. On doit cette œuvre à l'initiative de Louis Ier d'Amboise (1520). Sa décoration exubérante et foisonnante contraste fortement avec le sobre appareil de brique.

© Michelin, Guide vert *Pyrénées Roussillon*, 1996 (aut. 9802073).

Transformer

3 Replacez les compléments circonstanciels suivants aux endroits qui conviennent.

devant moi ; dans la forêt ; en bon villageois et avec détail ; d'abord ; Hélas ; enfin ; en gémissant ; dans une longue et cruelle maladie ; au milieu de cette dangereuse traversée ; ensuite ; cordialement.

Je rencontrai ① un vieux paysan qui me salua ② ; je liai conversation avec lui. Je m'informai, comme le fait un voyageur curieux et à pied, ③ du chemin, ④ de la contrée et de ses habitants, ⑤ des diverses productions de ses montagnes. Il répondit à toutes mes questions ⑥.
Nous arrivâmes au lit d'un torrent qui avait ravagé une assez vaste étendue de forêt. Ce large espace éclairé par le soleil me fit frissonner inté-

rieurement. Je laissai mon compagnon passer ⑦, mais il s'arrêta ⑧, et se retourna vers moi. Il s'aperçut bientôt de ce qui me manquait, et s'interrompant dans sa narration :
– Comment donc ! dit-il, Monsieur n'a point d'ombre ?
– ⑨ ! non, répondis-je ⑩, je l'ai perdue, ainsi que mes cheveux et mes ongles, ⑪.

Adalbert von Chamisso, *L'Étrange Histoire de Peter Schlemihl ou l'Homme qui a perdu son ombre*, trad. H. von Chamisso, © Hachette, 1995.

4 Dans le texte suivant, quels compléments circonstanciels peuvent être déplacés ? Quels sont ceux qui ne le peuvent pas ? Pourquoi ?

MATHS EN PÂTE

Pourquoi la pâte feuilletée contient-elle autant de feuillets ? Une pincée d'arithmétique permet de répondre. On prépare la pâte feuilletée en étalant une couche de beurre sur une couche de pâte, couche que l'on renferme sur elle-même comme une enveloppe, puis que l'on plie en trois, et ce plusieurs fois de suite. Le beurre sépare les feuilles de pâte et le nombre de repliements en trois (les « tours ») est de six.
Petit calcul : en pliant une fois la feuille de pâte, on obtient trois couches. Ces trois couches sont étendues au rouleau à pâtisserie et repliées en trois. Les couches sont alors au nombre de 3 fois 3, soit 9. On répète l'opération et l'on obtient 3 fois 3 fois 3, soit 27 couches. Après six tours, le nombre de feuilles s'élève à 729 et, avec seulement 2 tours de plus, comme dans la galette des rois, la pâte compte plus de 6 500 feuillets !
Les cuisiniers n'ont pas attendu les mathématiciens pour tirer parti des propriétés multiplicatrices de la fonction exponentielle. À ne pas confondre avec la multiplication des pains…

Science et vie junior, n° 43, décembre 1992.

5 Pouvez-vous déplacer les compléments soulignés ? Commentez le résultat à l'intérieur de chaque phrase et au niveau de l'ensemble du texte.

DANSER À TRAVERS LES ÂGES

À partir de 1825, le quadrille a longtemps régné dans les bals publics parisiens ; parfois prolongé par un galop endiablé, il lui arrivait de tourner au « cancan ». Sous le second Empire, les danses rapides ont tout à fait conquis les bastringues des villes. Dans le Lauragais des années soixante, métayers pauvres et filles sages en étaient restés au rigodon et à la cornemuse, tandis que cultivateurs aisés et filles délurées valsaient au son de la clarinette. Vingt ans plus tard, le port républicain de Paimpol célébrait le 14 juillet par un bal de nuit commençant à 8 heures avec quadrille, polka, mazurka, scottish et dérobée ; à la même date, un village de l'intérieur du Morbihan piétinait ses danses au biniou qui débutaient le matin pour s'interrompre avant le soir. Peu avant la Grande Guerre, le tango vint dévergonder les fraîcheurs virginales et indigner l'archevêque de Paris. Des médecins s'alarmèrent des risques de déhanchements et de déséquilibres psychiques…

J. Léonard, *Archives du corps, La santé au XIXe siècle*, © Ouest-France, 1986.

Employer

6 Voici des compléments de phrase donnés dans l'ordre où ils se trouvent dans un article intitulé : « Comme un arbre dans la ville. » À vous d'écrire un texte, en essayant de tous les inclure.

dans la ville ; partout ; le long des rues et des avenues, dans les cours et les jardins publics ; souvent ; du bout du monde ; à partir du XVIe siècle ; beaucoup ; sur toutes les mers du globe ; à bord ; aujourd'hui ; parmi les arbres de nos villes ; de l'étranger.

7 Le texte suivant comporte de nombreux compléments de lieu et de manière. Repérez-les, ainsi que le refrain. Créez vous aussi un poème sur un jour de votre choix, par exemple celui où vous faites cet exercice.

QUINZE AOÛT

Ah ! le doux, le joli quinze août !
Il pleut sans fin sur la colline
Une petite pluie si fine
Qu'elle doit ravir jusqu'aux loups.

Sous les nuages à genoux,
Un vieux coq chante par routine.
Ah ! le doux, le joli quinze août !
Il pleut sans fin sur la colline.

Voyez-vous là-bas les sentiers
Luire tel du papier doré ?
Près des roses du prieuré,
L'été, détrempé, fait la roue.
Ah ! le doux, le joli quinze août !

Maurice Carême, *Le Moulin de papier*, Nathan, 1973, © Fondation Maurice Carême.

8 Vous êtes le héros (l'héroïne) d'un roman d'aventures, au volant d'une puissante voiture. Vous êtes poursuivi(e) dans un paysage de montagnes. Décrivez le trajet, vos actions, les différentes circonstances, en utilisant de nombreux verbes d'action précis.

Distinguer présent de l'indicatif et présent du subjonctif

Objectif ▶ Distinguer mode réel / mode non réel en employant correctement le présent du subjonctif.

OBSERVATION

Un garde-malade anxieux

Certainement elle **dort**. Le sommeil, c'**est** un sursis. C'**est** le bon aveuglement. Comment faire pour qu'on ne **vienne** pas piétiner ici ? [...] Vous **savez**, une personne d'une santé délicate, il **faut** des ménagements. Elle **a** de la fièvre, **voyez**-vous. C'**est** tout jeune. C'**est** une petite qui **a** de la fièvre. Je lui **ai** mis ce matelas dehors pour qu'elle **ait** un peu d'air. J'**explique** cela afin qu'on **ait** égard. Elle **est tombée** de lassitude sur le matelas, comme si elle **perdait** connaissance. Mais elle **dort**. [...] Je m'**adresse** aux femmes, s'il y **a** des ladies. Une jeune fille, c'**est** une pitié. Nous ne **sommes** que de pauvres bateleurs, je **demande** qu'on **ait** un peu de bonté, et puis, s'il y **a** quelque chose à payer pour qu'on ne **fasse** pas de bruit, je **paierai**. Je vous **remercie**, mesdames et messieurs. Y **a**-t-il quelqu'un ? Non. Je **crois** qu'il n'y **a** personne... Il ne **faut** pas qu'elle **soit** malade. J'**ai** l'air bête de parler haut tout seul comme cela, mais il **faut** bien qu'elle **sente** qu'elle **a** quelqu'un près d'elle si elle **vient** à se réveiller. Pourvu qu'on ne la **réveille** pas brusquement ! Pas de bruit, au nom du ciel !

Victor Hugo, *L'Homme qui rit.*

QUESTIONS

1 ▶ Relevez :
– trois verbes qui expriment des faits réels ou des actions ;
– trois verbes qui expriment des souhaits ou des faits envisagés.

2 ▶ Identifiez le mode et le temps de chacun des verbes relevés.

3 ▶ Dans les passages en rose, le mode du verbe subordonné dépend-il : du temps, du mode ou du sens du verbe principal ?

4 ▶ Quelle est la nature des mots en bleu ?

5 ▶ Quel type de proposition introduisent-ils ? Quel est le mode du verbe subordonné ?

6 ▶ La phrase en vert exprime-t-elle un regret, un ordre, un souhait ou une supposition ?

7 ▶ Comment faire pour savoir si le verbe de la phrase en vert est à l'indicatif ou au subjonctif ?

LEÇON

1. Conjugaison du subjonctif présent

■ Les terminaisons du subjonctif présent sont les mêmes pour tous les verbes : **-e, -es, -e, -ions, -iez, -ent,** sauf pour ***avoir*** et ***être*** (tableau p. 278).

■ Les 1re et 2e personnes du pluriel du subjonctif présent sont identiques à celles de l'imparfait de l'indicatif :

➡ *Hier nous* ***allions*** (imparfait) *en ville à pied, aujourd'hui il faut que nous* ***prenions*** (subjonctif) *la voiture.*

■ La 3e personne du pluriel du subjonctif présent est identique à celle du présent de l'indicatif. On peut donc facilement trouver le subjonctif présent d'un verbe à partir de la 3e personne du pluriel du présent de l'indicatif :

➡ *venir : ils viennent ; que je vienne.*

■ **Exceptions**

aller : ils vont / (qu') ils aillent ;
avoir : ils ont / (qu') ils aient ;
être : ils sont / (qu') ils soient ;
faire : ils font / (qu') ils fassent ;
pouvoir : ils peuvent / (qu') ils puissent ;
savoir : ils savent / (qu') ils sachent ;
valoir : ils valent / (qu') ils vaillent ;
vouloir : ils veulent / (qu') ils veuillent

2. Pièges à éviter

■ Aux trois personnes du singulier de l'indicatif et du subjonctif présent, certains verbes ont la même prononciation, mais pas la même orthographe.

◆ *Je vois, tu vois, il voit :* **-s, -s, -t** à l'indicatif.

◆ *(Que) je voie, (que) tu voies, (qu') il voie :* **-e, -es, -e** au subjonctif.

■ À la 1re personne du singulier du verbe *avoir*, il ne faut pas confondre l'indicatif présent ***(j'ai)*** et le subjonctif présent ***(que j'aie)***.

■ À la 1re et à la 2e personne du pluriel de l'indicatif imparfait et du subjonctif présent, il ne faut pas oublier le **-i-** de la terminaison, même si notre oreille a du mal à le distinguer de l'indicatif présent dans les cas suivants :

◆ les verbes en **-éer, -ouer, -uer** et **-ure** : *nous remu**ons** / (que) nous remu**ions**.*

– les verbes en **-ier, -iller, -illir, -yer :** *nous cri**ons** / (que) nous cri**ions**.*

◆ les verbes dont le radical peut se terminer par **-y** comme *asseoir, croire, fuir (s'enfuir), traire (distraire, extraire)* : *nous fuy**ons** / (que) nous fuy**ions**.*

◆ les verbes *rire* et *sourire* : *nous **rions** / (que) nous ri**ions**.*

■ À l'inverse, il ne faut pas ajouter un **-i-** imaginaire au subjonctif présent des verbes *avoir* et *être* :

➡ *Que nous ay**ons**, que vous ay**ez**. / Que nous soy**ons**, que vous soy**ez**.*

Quelle clé utiliser ?

Clé de la substitution

1 **Remplacez les verbes soulignés par les verbes entre parenthèses.**

1. Nous plaisantons (rire).
2. Nous nous amusions (distraire).
3. Il faut que nous lavions (peindre) le mur.
4. Hier vous hurliez (crier), aujourd'hui vous jappez (aboyer).

Aux **deux premières personnes du pluriel**, lorsque la prononciation ne permet pas de distinguer l'indicatif présent de l'indicatif imparfait ou du subjonctif présent, il suffit de recourir à un verbe dont la prononciation ne présente pas cet inconvénient :
Hier nous ***essayions (tentions)*** *de réussir, aujourd'hui nous* ***atteignons (touchons)*** *notre but.*

Clé de la place

2 **Classez les conjonctions suivantes d'après le mode qu'elles commandent (indicatif ou subjonctif).**

quand ; afin que ; lorsque ; avant que ; quoique ; après que ; si.

Le **subjonctif** apparaît :
– dans une subordonnée conjonctive introduite par *que* placée en tête de phrase :
Qu'il vienne à l'heure *me surprendrait beaucoup.*
– après des conjonctions ou des locutions conjonctives qui introduisent des faits envisagés mais non réalisés, comme *bien que, quoique, pour que, afin que, sans que, pourvu que, avant que…* :
Elle est partie ***sans qu'on le sache****.*
– après un superlatif :
C'est ***le plus beau*** *cadeau qu'on* ***puisse*** *lui faire.*

Clé de l'analyse

3 **À quoi est dû le changement de mode entre les propositions soulignées et celles en gras ?**

1. Il meurt. / **Qu'il meure !**
2. Il sait que j'ai raison. / Il a peur **que j'aie raison.**
3. Elle pense qu'on la croit. / Elle veut **qu'on la croie**.

• Dans les propositions principales et indépendantes, l'indicatif exprime un fait réel tandis que le **subjonctif** exprime un **fait envisagé** :
– un ordre : *Qu'il entre !*
– un souhait : *Pourvu qu'il réussisse !*
– une indignation : *Que je fasse des excuses !*

• Les **subordonnées conjonctives** introduites par *que* se mettent :
– **à l'indicatif** après un verbe principal d'affirmation, de constatation, de certitude (*savoir, affirmer,* etc.) : *Je* ***dis*** (affirmation) *qu'il* ***vient****.*
– **au subjonctif** après un verbe principal exprimant un ordre, un sentiment (*vouloir, exiger, regretter,* etc.) : *Je* ***veux*** (souhait) *qu'il* ***vienne****.*

Clé de la mémoire

4 Donnez les trois personnes du singulier du subjonctif et de l'indicatif présent des verbes suivants.

parcourir ; finir ; pouvoir ; croire.

Voici les verbes pour lesquels l'indicatif **(-s, -s, -t)** et le subjonctif présent **(-e, -es, -e)** s'écrivent différemment aux trois personnes du singulier : ***conclure*** *(exclure, inclure)* ; ***courir*** et ses composés ; ***croire*** ; ***fuir*** *(s'enfuir)* ; ***mourir*** ; ***pourvoir*** ; ***quérir*** et ses composés ; ***rire*** *(sourire)* ; ***traire*** *(distraire, extraire)* ; ***voir*** *(entrevoir, prévoir, revoir).*

EXERCICES

1 Donnez les trois premières personnes du singulier :
– du présent de l'indicatif pour les verbes en maigre ;
– du présent du subjonctif pour les verbes en gras.

apercevoir ; **voir** ; parcourir ; sourire ; s'enfuir ; **conclure** ; exclure ; **avoir** ; **boire** ; extraire.

2 Les formes soulignées sont-elles au subjonctif ou à l'indicatif ?

1. Qu'ils <u>aillent</u> au diable ! – **2.** Les deux solutions <u>se valent</u>. – **3.** Ils ne <u>savent</u> pas de quoi ils parlent. – **4.** Ils nous en <u>veulent</u> beaucoup. – **5.** Il faut qu'ils <u>puissent</u> s'exprimer. – **6.** Quoi qu'ils <u>fassent</u>, ils ont tort.

3 Choisissez la forme verbale qui convient.

1. Venez donc ici un peu, que je vous (vois/voie) en face ! (A. de Vigny) – **2.** Je ne puis consentir à ce que cette femme (meurt/meure) ainsi ! (A. Dumas) – **3.** C'est même la pire que j' (ai/aie) jamais vue. (I. Asimov) – **4.** Mais sachez qu'on ne vit pas et qu'on ne (meurt/meure) pas à la place des autres. (C. Beyala)

4 Même exercice.

1. Elle construit des barrages pour que la raison ne la (fuit/fuie) plus. (C. Beyala) – **2.** Je ne sais de quel mal il souffre au juste, quoique j'en (vois/voie) partout les effets. (G. Klein) – **3.** Peu importe que j'y (crois/croie) ou non ! (E. Queen) – **4.** C'est mon destin… C'est mon lot… Je ne me (vois/voie) pas autrement. (R. Jean)

5 Complétez par l'indicatif présent du verbe *être* ou par le subjonctif présent du verbe *avoir*.

1. Je ne crois pas du tout qu'il y [...] entre l'ouvrier et l'ingénieur des cloisons si étanches. (R. Martin du Gard) – **2.** Si l'ouvrage [...] de qualité, nous demandons à le relire. (G. Duhamel) – **3.** « Il faut toujours qu'il [...] raison », se dit Jacques, irrité. (R. Martin du Gard) – **4.** Son commerce, tant intérieur qu'extérieur, [...] colossal. (M. Twain)

6 Mettez les groupes soulignés à la 3e personne du singulier.

1. Il ne faut pas que <u>nous courions</u> le risque de nous égarer. – **2.** Mais je veux que <u>ces ordres mettent</u> longtemps à arriver. – **3.** Il se peut que <u>les chars atteignent</u> la colline avant l'aube. – **4.** Il faut que <u>les voitures parcourent</u> mille kilomètres pour être rodées.

7 Remplacez l'infinitif par la forme conjuguée qui convient.

1. C'était Myra qui nous voyait et que nous ne (voir) pas ! (J. Verne) – **2.** Si vous le (surveiller) un peu mieux, vous ne seriez pas en train de pleurer maintenant. (H. Troyat) – **3.** Alors que nous la (croire) hors de l'hôtel, elle n'avait pas quitté son lit. (J. Verne) – **4.** Nous étions à l'affût du moindre décès et (surveiller) sans cesse la chronique nécrologique locale. (H.P. Lovecraft)

8 Même exercice.

1. Il s'étend au large, jusqu'à ce qu'il se (perdre) dans la mer, et vers le rivage, jusqu'à ce qu'il (disparaître) dans le sable. (B. Stoker) – **2.** J'ai été pris par surprise et le temps que j' (aller) fermer toutes les issues, il était déjà trop tard. (I. Asimov) – **3.** Je pense à la choucroute et je (mourir) de regret de n'y avoir pas goûté. (J. Ray) – **4.** S'il survient quelque chose de nouveau, que l'on me (prévenir) ! (J. Verne) – **5.** Qu'on la (prendre) en photo, elle s'en moquait. (L. Filliol)

Le caractère

Objectif ▶ **Décrire précisément les traits de caractère d'un personnage.**

« Malheureux Tahitiens ! »

À l'arrivée des Européens, il laissa tomba des regards de dédain sur eux, sans marquer ni étonnement, ni frayeur, ni curiosité. Au départ de Bougainville [...], ce vieillard s'avança d'un air sévère, et dit : « Pleurez, malheureux Tahitiens ! pleurez ; mais que ce soit de l'arrivée, et non du départ de ces hommes ambitieux et méchants. »

Denis Diderot, *Supplément au voyage de Bougainville.*

QUESTIONS

1 ▶ Quelle attitude le vieillard a-t-il vis-à-vis des Européens ? Que peut-on deviner de son caractère ?

2 ▶ Comment perçoit-il les Européens ? Quelles qualités aurait-il souhaitées de leur part ?

LEÇON

Des caractères opposés

Énergique, déterminé, décidé *(assuré dans ses choix)*, intrépide *(ne craignant pas le danger)*, fougueux *(passionné)*, ardent *(plein de fougue)*.	**Nonchalant** *(sans vivacité)*, indolent *(qui agit avec mollesse)*, mou, apathique *(sans énergie, sans ressort)*, flegmatique *(calme et lent)*, amorphe *(sans réaction)*.
Lâche, pleutre *(effrayé par des riens)*, pusillanime *(qui craint le risque, les responsabilités)*, peureux.	**Courageux**, vaillant *(courageux devant le travail, les difficultés)*, valeureux *(qui a de la vaillance, notamment pendant le combat)*, brave *(qui fait preuve de bravoure)*.
Honnête, probe *(d'une honnêteté stricte)*, droit *(ne s'écartant pas de la règle, loyal)*, scrupuleux *(respectant strictement les règles morales)*, incorruptible *(ne se laissant pas acheter)*, intègre *(honnête et incorruptible)*.	**Malhonnête**, vénal *(se laissant acheter au mépris de la morale)*, traître, félon, perfide *(qui nuit sournoisement)*, fourbe *(déloyal)*.
Généreux, désintéressé *(n'agissant pas par intérêt personnel)*, altruiste *(bienveillant envers les autres)*, charitable, large, prodigue, chevaleresque, humain, noble.	**Égoïste**, individualiste *(ne retenant que son intérêt, indépendant)*, indifférent, insensible, mesquin *(sans grandeur ni générosité, petit)*, cupide *(avide d'argent)*, intéressé *(agissant par intérêt personnel)*.
Vaniteux, présomptueux *(qui a une haute opinion de soi-même)*, prétentieux *(fier de soi-même sans raison)*, infatué de soi-même *(très vaniteux)*, orgueilleux *(qui a un sentiment exagéré de son importance)*, outrecuidant *(impertinent et prétentieux)*.	**Modeste**, discret, effacé, réservé *(qui fait preuve de retenue et de discrétion)*, humble *(très modeste et effacé)*.

Négligent *(qui ne s'applique pas bien à sa tâche)*, sans soin, brouillon *(sans ordre ni méthode)*, inattentif, distrait, étourdi.	**Soigneux**, minutieux, méticuleux *(très attentif au moindre détail)*, appliqué, organisé.
Gai, joyeux, heureux, content, de bonne humeur, rieur, enjoué *(gai et très souriant)*, jovial *(d'une gaieté franche, communicative)*, allègre *(d'humeur joyeuse)*, guilleret *(vif et gai)*.	**Triste**, sévère *(grave et sérieux)*, malheureux, mécontent, de mauvaise humeur, maussade *(manifestant sa mauvaise humeur)*, morose *(triste et sans entrain)*, chagrin *(triste et contrarié)*, abattu, désespéré, sinistre *(très triste, effrayant)*, lugubre *(inspirant une profonde tristesse)*, accablé.

EXERCICES

1 **a. Complétez cette phrase par des antonymes des adjectifs soulignés.**

– Voilà, j'aurais aimé être <u>généreux</u>, <u>courageux</u>, <u>modeste</u>, <u>jovial</u>, mais je suis… .

b. Complétez la phrase suivante avec d'autres mots de la leçon.

– Mais non, tu n'es ni… ni…, mais au contraire… .

2 **a. Chacune des phrases suivantes évoque un trait de caractère. Lequel ?**

b. Rédigez une phrase contenant le mot que vous aurez trouvé.

1. Je vais encore partir en claquant la porte ! – **2.** Paie-le et il fera ce que tu voudras. – **3.** Il agit tout seul, dans son intérêt. – **4.** Mais bouge donc !

3 **Imaginez une action qui illustre chacun des traits de caractère suivants.**

1. Il est incorruptible. – **2.** Que tu es mesquin ! – **3.** Ah, le fourbe ! – **4.** Quel pleutre ! – **5.** Tu as l'air décidé ! – **6.** Il est infatué de lui-même.

4 **Retrouvez l'antonyme de chacun de ces mots en ajoutant un préfixe ou en modifiant celui avec lequel il est construit. Puis rédigez un exemple contenant chacun des mots trouvés.**

tolérant ; juste ; bienveillant ; poli ; courtois ; plaisant ; loyal ; sain.

5 **Imaginez un texte contenant six des mots suivants.**

abattement ; accablement ; ambition ; arrivisme ; bravoure ; désespoir ; désintéressement ; détermination ; droiture ; enjouement ; félonie ; flegme ; fougue ; gaieté ; indifférence ; indolence ; indulgence ; joie ; lâcheté ; loyauté ; mécontentement ; mesquinerie ; nonchalance ; outrecuidance ; soin ; traîtrise.

6 **Récrivez ces phrases dans un registre soutenu. Inventez une suite à ce début de texte.**

– Ah le bouffon ! Me traiter moi de trouillard, de dégonflé !

– Mais non ! j'ai dit que t'étais réglo, peut-être un peu perso, mais bon…

7 **Classez les mots suivants en deux colonnes selon qu'ils sont assimilés à la bonne humeur ou à la mauvaise humeur. Puis construisez une phrase avec chacun d'eux.**

sociable ; irascible ; acariâtre ; affable ; acrimonieux ; avenant.

HISTOIRE DE LA LANGUE

Du grec *sumpatheia* à l'encre sympathique

• Le mot grec *sumpatheia* (du grec *syn*, « ensemble », et *pathos*, « ce que l'on éprouve ») désignait le fait de participer à la souffrance d'autrui. On l'utilise encore en ce sens lors d'un décès où l'on *exprime sa sympathie* à la famille qui vient de perdre un proche. Dès le XVIe siècle, la **sympathie** correspond à l'entente morale entre plusieurs personnes, d'où le sentiment spontané, chaleureux, éprouvé pour quelqu'un. Susciter ce sentiment, c'est donc *être sympathique*, et même *sympa*. Être *antipathique* (du grec *anti*, « contre »), c'est évidemment inspirer le sentiment inverse.

• Quant à l'**encre sympathique**, c'est-à-dire l'encre invisible, elle tient son nom de l'ancienne chimie : la sympathie y qualifiait l'harmonie de deux produits. L'encre sympathique est en effet celle qui ne se révèle qu'« en sympathie » avec un autre corps, le lait par exemple.

L'expression du vouloir, du pouvoir, du devoir

Objectif ▸ Utiliser avec efficacité les auxiliaires de modalité.

QUESTIONS

1 ▸ Dans quelle phrase le verbe *pouvoir* exprime-t-il la possibilité ? Dans quelle(s) phrase(s) exprime-t-il la permission ?

2 ▸ Quel verbe exprime une intention, un désir ?

3 ▸ Dans quelle phrase le verbe *devoir* exprime-t-il une obligation ? un fait probable ?

LEÇON

1. Trois auxiliaires modaux

Je ———	*veux* ———	*peux* ———	*dois* ———▶	*faire, ne pas faire*
	je voudrais *j'ai envie de* *je désire* *je souhaite* *j'exige*	*je pourrais* *j'ai la possibilité de* *j'ai le droit de* *il m'est permis de* *il m'est défendu de*	*j'ai l'obligation* *il faudrait* *il faut* *il est indispensable*	

2. Qu'expriment ces trois auxiliaires ?

Vouloir	Exemples	Équivalents
1. L'intention	*Je veux passer mon permis moto.*	*avoir l'intention de, tenir vivement à*
2. La décision	*Je veux apprendre à jouer de l'accordéon.*	*– être décidé, résolu, déterminé ; décider de* *– volontairement, délibérément, exprès*
3. Le renoncement	*Je ne veux pas/plus aller au cinéma.*	*renoncer, se passer de, abandonner l'idée de*
4. La volonté	*Je veux m'en aller d'ici.*	*exiger, être pour, agir de son plein gré, de gaieté de cœur*
5. La tolérance	*Je veux bien admettre ton désordre.*	*supporter, ne pas voir d'inconvénient à, admettre, fermer les yeux, passer sur*
6. La résignation	*Finalement, je veux bien t'accompagner faire tes courses.*	*se résigner, se soumettre, s'incliner, en prendre son parti*

Pouvoir	Exemples	Équivalents
1. La capacité ou le droit	*Vous pouvez gagner ce match.* *Tu peux sortir ce soir jusqu'à dix heures.*	*– avoir les moyens de, être en mesure de* *– avoir le droit, la permission*
2. L'éventualité	*Tu peux rater le train si tu ne te dépêches pas.*	*risquer de ; il se peut ; il se pourrait*
3. La concession	*Tu peux faire la tête, cela ne sert à rien.*	*même si (+ verbe) ; avoir beau*

Devoir	Exemples	Équivalents
1. L'obligation	*Je dois me dépêcher de finir mon chapitre.*	*Il faut... Je suis obligé... J'ai à...*
2. La probabilité	*Puisque tu es préparé, tu dois avoir ton brevet.*	*Probablement... Sans doute...*
3. La certitude	*Tu dois avoir faim, après tout ce temps.*	*Certainement... À coup sûr...*
4. L'intention	*Je dois m'inscrire au club de rugby.*	*En principe / Normalement. Je vais / Je veux...*

EXERCICES

Improvisez les scènes suivantes en utilisant le vocabulaire et les formes de la leçon.

1. Votre sœur vous donne des conseils sur votre comportement avec un de vos professeurs qu'elle a eu l'année précédente.

2. L'entraîneur réunit ses joueurs pour les derniers conseils avant le match.

3. Énumérez tout ce que vous pouvez, devez, voulez faire avant de prendre le train.

Écrire un résumé

Objectif ▶ Distinguer les informations principales et les informations secondaires, réduire les dialogues pour faire un résumé.

Le déménagement

Vers la fin des vacances, il y a bien longtemps, une voiture de paysan, qui précédait notre ménage, nous avait déposés, ma mère et moi, devant la petite grille rouillée. Des gamins qui volaient des pêches dans le jardin s'étaient enfuis silencieusement par les trous de la haie…

Ma mère, que nous appelions Millie, et qui était bien la ménagère la plus méthodique que j'aie jamais connue, était entrée aussitôt dans les pièces remplies de paille poussiéreuse, et tout de suite elle avait constaté avec désespoir, comme à chaque « déplacement », que nos meubles ne tiendraient jamais dans une maison si mal construite… Elle était sortie pour me confier sa détresse. Tout en me parlant, elle avait essuyé doucement avec son mouchoir ma figure d'enfant noircie par le voyage. Puis elle était rentrée faire le compte de toutes les ouvertures qu'il allait falloir condamner pour rendre le logement habitable… Quant à moi, coiffé d'un grand chapeau de paille à rubans, j'étais resté là, sur le gravier de cette cour étrangère, à attendre, à fureter petitement autour du puits et sous le hangar.

Alain-Fournier, *Le Grand Meaulnes*.

RÉSUMÉ

Vers la fin des vacances, il y a bien longtemps, le narrateur, un jeune garçon, et sa mère déménagent et visitent leur nouvelle maison. La mère entre aussitôt dans les pièces, et elle constate que ses meubles n'y tiendront jamais. Elle confie sa détresse à son fils, resté à attendre dans la cour durant l'inventaire du logement, puis rentre pour préparer des aménagements.

QUESTIONS

1 ▶ Quel est le type du texte de départ ? du résumé ?

2 ▶ À quelle personne est écrit le texte de départ ? le résumé ?

3 ▶ Comparez les temps verbaux utilisés dans les deux textes : que constatez-vous ?

4 ▶ Quels faits ont été gardés dans le résumé ? Quels éléments ont été éliminés ?

LEÇON

1. Définition

■ Résumer consiste à remplacer un texte par un texte plus court, qui garde les **informations essentielles** du texte de départ.

■ La forme du résumé dépend de sa **destination** : fiche de lecture, critique de film, quatrième de couverture, prise de notes…

■ La lecture du résumé doit être **compréhensible** pour quelqu'un qui n'a pas lu le texte de départ.

■ Le résumé produit doit appartenir au **même type de texte** que le texte de départ :
– récit → résumé narratif ;
– texte explicatif → résumé explicatif.

2. Résumer un texte narratif

■ Un texte narratif se résume à la **3e personne** et au **présent de l'indicatif**.

Pour être cohérent, il faut :
– respecter la **chronologie** du récit (éventuellement la rétablir) ;
– garder les **informations principales** ;
– condenser les dialogues en les résumant au **discours indirect** ;
– supprimer les descriptions.

■ Pour une **fiche de lecture**, certains lisent tout l'ouvrage et résument ensuite d'après leurs souvenirs ; d'autres prennent des notes en cours de lecture.

3. Résumer un texte explicatif

■ **Délimiter** les informations principales et **effacer** les informations qui ne paraissent pas indispensables.

■ **Regrouper** les informations disséminées dans le texte et les **relier** entre elles afin de reconstruire le texte.

EXERCICE

Résumez le récit suivant à la 3e personne. Vous réduirez les paroles en utilisant le discours indirect.

Un pompier pyromane

Le magnétophone de notre collaborateur Prunelle a ramené une ample moisson de documents sonores d'un indéniable intérêt. Voici notamment l'enregistrement d'une conversation entre Gaston et le capitaine Beaucoudeau, des Pompiers, qui visitait les bureaux :

– Hmmm… Et ici ? Ah ! c'est votre bureau ?… Mmmm… Ça sent le gaz, ici… Vous avez un radiateur ?

– Un réchaud pour cuire ma soupe…

– Regardez-moi ces tuyaux ! Ceci, qu'est-ce que c'est ?

– Ah ! oui ? Une vieille chambre à air de ma bicyclette… Astucieux, non ? Et attention, hein, j'ai vérifié toutes les rustines ; aucune fuite possible ! Et la valve, je l'ai bouchée avec du chewing-gum… D'ailleurs, ce n'est pas possible que le gaz s'échappe, sinon je ne pourrais pas cuire ma soupe, pas vrai ? Et goûtez comme elle est bien cuite…

– Non, non, merci… Mais que vois-je ! Ce raccord entre la chambre à air et le tuyau !… C'est un véritable scandale !

– M'enfin ! Ce raccord, je l'ai fait avec un sparadrap de première qualité ! Tenez ! J'ai encore la boîte… Lisez : « Sparadrap, pansement élastique d'urgence, hygiénique et de sé-cu-ri-té. » Vous voyez, c'est là en toutes lettres !

– Et moi, je vous dis que ça sent le gaz ! Très fort !

– Maaaais non ! C'est ma soupe aux poireaux !

– D'ailleurs, je vais vous prouver que le gaz s'échappe ici… Je présente mon briquet à la jointure, et vous allez voir une petite flamme bleue…

Ici, l'enregistrement est interrompu par une violente explosion.

Notre collaborateur Prunelle a pu réparer le microphone et enregistrer la fin d'une conversation entre Gaston et Fantasio :

– Tu as vu le pompier qui partait avec un halo bleu autour de la tête ? C'était joli, hein ? Hahaha. Ça faisait Beaucoudeau dans le gaz ! Tu ne ris pas ?

– Gaston, je vous signale que mon bureau a été renversé par le souffle !

– Oui, Beaucoudeau, quand il vient, celui-là, il fait toujours des accidents ! Et je ne sais pas si tu as remarqué, mais les vêtements que le concierge lui a prêtés sont un peu petits pour lui. Et en plus, il était tellement affolé qu'il est parti avec ma casserole sur la tête… Boah ! je vais refaire de la soupe dans le casque, j'ai encore des poireaux…

Franquin et Delporte, *En direct de la gaffe*, R4, © Dupuis.

Structure de la phrase

1 — 6 points

Donnez le sujet des verbes soulignés.

À leur vue s'offraient des châteaux de verre bleu ou de cristal noir, des minarets dorés et des tours d'un vert rutilant, des cathédrales aux flèches d'argent et d'or avec des porches étincelants, des portails d'ivoire, des fenêtres cernées de fleurs multicolores. Une lumière dorée coulait comme de l'eau d'où montait une vapeur qui nimbait le ciel. La lumière ne baissait jamais. Elle changeait simplement de couleur selon les moments. Les monuments qu'elle éclairait semblaient alors tourner sur eux-mêmes au son de tambourins et de trompes sonores. Devant cet éblouissement de couleurs et de formes, les enfants, le regard trop plein d'images, s'assirent timidement sur un banc de mousse où leurs corps peu à peu s'enfoncèrent délicieusement.

Robert Sabatier, *Les Enfants de l'été*, © Albin Michel.

2 — 10 points

Relevez les compléments essentiels des verbes soulignés.

Le 30 septembre 1901, j'attendais Moravagine à deux cents mètres de l'enceinte du parc, dans un chemin de traverse, sous bois. Quelques jours auparavant j'étais allé louer une automobile de grand tourisme à Colmar. J'avais remis à Moravagine tout ce dont il avait besoin pour s'évader. Il devait sauter le mur à midi sonnant. Il était légèrement en retard. Je commençais déjà à m'impatienter, quand j'entends un grand cri et je vois mon animal accourir un couteau sanglant à la main. Je le fais vivement monter en voiture et nous démarrons.

Blaise Cendrars, *Moravagine*, © Grasset, 1926.

3 — 10 points

Classez les verbes soulignés en trois catégories : ceux qui n'ont aucun complément essentiel, ceux qui en ont un, ceux qui en ont deux.

C'est au chapitre des extraordinaires malchances qu'il faut ranger l'histoire survenue à George Walter Appleby, de Brisbane (Australie). Il attendait un matin l'autobus qui devait l'emmener à son bureau, quand il se sentit brusquement projeté vers le haut. Une fuite de gaz avait provoqué une explosion dans les égouts et George Appleby se trouvait sur une plaque d'égout, qui fut projetée en l'air. Il retomba précisément dans l'orifice, pataugea un instant, parvint à en sortir tout boueux et contusionné et se retrouva un peu plus loin sur le trottoir. Une deuxième plaque d'égout explosa encore plus violemment que la première et projeta George Appleby sur le toit d'une maison voisine. Il s'y accrocha à une antenne de télévision et refusa d'obéir aux injonctions des pompiers qui lui demandaient de descendre. On l'arracha de force et on ne put le séparer de l'antenne qu'à l'hôpital, en l'anesthésiant.

G. Bechtel, J.-Cl. Carrière, *Le Livre des bizarres*, « Faits divers », © Robert Laffont, « Bouquins », 1991.

4 — 10 points

Reconnaissez les types des phrases. Identifiez et classez les actes de langage (politesse, affirmation, question, ordre...).

CONSEIL D'AMI

GÉRONIMO. – Hé ! quelle est la personne, s'il vous plaît, avec qui vous vous allez marier ?
SGANARELLE. – Dorimène.
GÉRONIMO. – Cette jeune Dorimène, si galante et si bien parée ?
SGANARELLE. – Oui.
GÉRONIMO. – Fille du Seigneur Alcantor ?
SGANARELLE. – Justement.
GÉRONIMO. – Et sœur d'un certain Alcidas, qui se mêle de porter l'épée ?
SGANARELLE. – C'est cela.
GÉRONIMO. – Vertu de ma vie !
SGANARELLE. – Qu'en dites-vous ?
GÉRONIMO. – Bon parti ! Mariez-vous promptement.
SGANARELLE. – N'ai-je pas raison d'avoir fait ce choix ?
GÉRONIMO. – Sans doute. Ah ! que vous serez bien marié ! Dépêchez-vous de l'être.

Molière, *Le Mariage forcé*, Acte I, scène 2.

5

Les catégories de mots dans la phrase

GRAMMAIRE

Chapitre 14 : Le nom 134
Chapitre 15 : Le verbe 139
Chapitre 16 : L'adjectif qualificatif 145
Chapitre 17 : L'adverbe 150

ORTHOGRAPHE

- Les déterminants indéfinis 156

VOCABULAIRE

- Les sentiments 160

EXPRESSION ORALE

- Répondre à une accusation 162

EXPRESSION ÉCRITE

- Exprimer des sensations et des sentiments 164

BILAN 166

CHAPITRE 14

Le nom

OBSERVATION

Légende de la forêt d'Ardenne

Il y a mille ans déjà, la forêt ardennaise était renommée pour ses plantes miraculeuses, que les druides connaissaient jadis. Or, un puissant duc qui régnait au-delà de la Champagne avait été frappé par un mal mystérieux. Aucun médecin de son duché, de Paris et même de la lointaine Provence, ne parvenait à lui rendre la santé. Le peuple en était bien triste, car ce duc était juste et bon. Et déjà, d'avides voisins convoitaient son duché, car il n'avait d'autre descendant qu'une fille de dix-sept ans.

Comme il continuait à dépérir, un vieillard venu du Nord vint annoncer ceci :

– Le duc ne pourrait être guéri que par une plante magique, très rare, qui ne pousse qu'en forêt d'Ardenne, du côté de Sedan. Mais on ne la trouve que dans le jardin d'un château ceint de hautes murailles, caché par d'immenses futaies que hantent les loups et autres bêtes malfaisantes. Et le seigneur du château est un ogre, fort comme un ours, et d'une grande cruauté.

On fit proclamer à son de trompe dans tout le duché, et les terres environnantes, que le duc offrait, à qui lui ramènerait d'Ardenne la plante du jardin de l'ogre, la plus grande récompense en son pouvoir : la main de sa fille et sa couronne quand il serait fatigué de régner.

F. Keisel, *Légendes des quatre Ardennes*, © Duculot, 1977.

QUESTIONS

Classez les mots en bleu :

1 ▶ Lesquels désignent des humains ? des animaux ? des objets ou des lieux ?

2 ▶ Lesquels commencent par une majuscule ? Que désignent-ils ?

3 ▶ Lesquels désignent une notion non visible et non palpable ?

4 ▶ Lesquels désignent des êtres mâles ? femelles ?

5 ▶ Lesquels sont masculins ? féminins ? S'agit-il des mêmes que précédemment ?

6 ▶ Trouvez des mots désignant des êtres vivants qui n'ont pas de féminin ; des mots désignant des êtres vivants qui ont un féminin de forme différente.

LEÇON

1. Définition

■ On appelle **classes de mots** des ensembles de mots qui possèdent en commun des caractéristiques :
– **morphologiques**, selon leurs formes possibles ;
– **syntaxiques**, selon leur capacité de s'associer à d'autres mots dans une phrase ;
– **sémantiques**, selon leurs sens possibles.

■ On distingue des classes de mots **lexicales** (noms, verbes, adjectifs, adverbes), dont la liste est ouverte, et les classes de mots **grammaticales** (déterminants, prépositions, conjonctions, pronoms), dont la liste est fermée.

■ Le nom est une classe de mots ouverte, car on peut toujours lui ajouter de nouvelles unités : *tamagotchi, manga* (japonais), *walkman* (anglais), *téléporteur, jardinerie…*

2. Formes des noms

■ Un nom peut en général varier en **nombre**, **singulier** ou **pluriel** : *un chat, des chats.*

◆ Certains noms ne s'emploient qu'au pluriel : *fiançailles, funérailles, honoraires, archives, décombres, ténèbres, mœurs, victuailles.*

◆ Certains noms sont **collectifs**. Ils ont une forme au singulier et un sens pluriel : *foule, cohorte, bétail.*

■ Un nom possède un **genre** grammatical, **masculin** ou **féminin**. Ce genre est arbitraire : *une table, un banc.*

◆ La plupart des noms qui désignent des êtres animés sexués ont deux formes : *un chien, une chienne.*
Mais : *une hirondelle, une souris, un chacal, un écureuil, un rhinocéros…*

◆ Le genre sert parfois à distinguer des **homophones** : *un somme / une somme.*

◆ Certains noms n'ont pas de masculin : *une personne, une sentinelle, une vedette, une victime.*

◆ Certains noms désignant des êtres animés n'ont pas de féminin : *(un) assassin, monstre, tyran, voyou, charlatan, magistrat, professeur, mannequin, modèle, écrivain, auteur, peintre.*

3. Rôle du nom dans la phrase

■ Du point de vue syntaxique, le nom est le **noyau du groupe nominal**. Celui-ci comporte le plus souvent un déterminant, un nom commun qui occupe la position centrale, et un ou plusieurs éléments facultatifs qui complètent ce nom :

➡ *La* ***plante*** *miraculeuse de la forêt d'Ardenne.*

■ Le groupe nominal peut prendre des fonctions différentes dans la phrase :

- ***Un mal mystérieux*** *frappe le duc.* (sujet)
- *Les voisins convoitaient* ***le duché****.* (complément essentiel direct)
- *Le duc offre sa couronne* ***à son sauveur****.* (C. essentiel indirect)
- *On lança un avis* ***à son de trompe****.* (C. de phrase, facultatif)

4. Les sous-catégories du nom

Les noms possèdent des traits distinctifs qui permettent de les classer.

■ Nom commun / nom propre

◆ Un nom est commun quand il appartient à une classe d'êtres ou d'objets dont on peut donner une **définition** : *un arbre, une forêt, une récompense.*

◆ Un nom propre est associé à un être ou à un objet particulier. Il ne nomme jamais qu'un seul être ou une chose unique. Il commence par une majuscule : *Paris, Sedan, Louis XIV, Napoléon I*er.

■ Comptable / non comptable

◆ Un grand nombre de noms s'emploient au singulier et au pluriel. Ils désignent des êtres ou des objets qui peuvent être comptés : *un château, deux médecins, trois plantes*… (**comptables**)

◆ D'autres noms ne peuvent être dénombrés. Ce sont des noms qui désignent des matières ou des notions abstraites, et qui sont précédés d'un article partitif. Ces noms ne se mettent pas au pluriel sans changer de sens : *de l'air, de l'eau, du temps.* (**non comptables**)

■ Animé / non animé ; humain / non humain

◆ Un nom qui peut être remplacé par *quelqu'un* possède les traits **animé** et **humain** : *un vieillard, le duc, la princesse.*

◆ Un nom qui désigne un animal possède les traits **animé** et **non humain** : *un loup, un ours, une bête.*

◆ Un nom qui peut être remplacé par *quelque chose* possède les traits **non animé** et **non humain** : *un château, un jardin, la cruauté, le pouvoir.*

■ Concret / abstrait

◆ Un nom possède le trait **concret** lorsqu'il désigne un être, un objet matériel **perceptible par les sens** (vue, ouïe, etc.), notamment celui du toucher : *un voisin, un jardin, un château.*

■ Un nom possède le trait **abstrait** lorsqu'il désigne des **notions non palpables** (non perceptibles par les sens) : *la cruauté, le pouvoir.*

◆ **Remarque :** cette opposition ne concerne pas tous les noms. Selon le contexte, certains noms peuvent être utilisés concrètement ou abstraitement :

- *J'aime la* ***douceur*** *de ton pull lavé avec soin.* (concret) / *La* ***douceur*** *est une qualité que j'apprécie.* (abstrait)

◆ Certains noms sont abstraits au singulier et concrets au pluriel :

- *La* ***curiosité*** *est un vilain défaut. / Il a découvert les* ***curiosités*** *de Tours.*

POUR L'EXPRESSION ÉCRITE

■ La **nominalisation** est un procédé qui consiste à transformer toute une phrase en un groupe nominal, de manière à pouvoir l'insérer dans une autre phrase :

➠ ***Le député sera réélu****. Cela ne fait aucun doute.* → ***La réélection du député*** *ne fait aucun doute.*

Les noms formés à partir de verbes sont des noms d'action. Les noms formés à partir d'adjectifs sont des noms abstraits.

■ Le procédé de la nominalisation est très utilisé pour **résumer**. On l'emploie souvent pour la formation des titres d'articles de journaux :

➠ *Persistance du verglas en Touraine. Rejet de la proposition du Sénat. Réaménagement du temps scolaire.*

RÉSUMÉ

1. Le nom est une **classe de mots ouverte**. Tout nom possède un **genre**. Le nom peut **varier en nombre**.

2. Le nom est le **noyau du groupe nominal**. Dans le groupe nominal, le nom est en général précédé d'un déterminant, et accompagné d'un groupe facultatif : adjectif, groupe prépositionnel.

3. Le groupe nominal peut occuper **diverses fonctions syntaxiques** dans la phrase : sujet, complément essentiel, complément de phrase, etc.

4. Parmi les **sous-catégories du nom**, on distingue : nom commun / nom propre ; comptable / non comptable ; animé / non animé ; humain / non humain ; concret / abstrait.

EXERCICES

Identifier

1 Parmi les noms suivants, lesquels sont masculins ?

abîme ; acné ; acoustique ; agrume ; amiante ; anniversaire ; antidote ; antipode ; apogée ; armistice ; aromate ; asthme ; autographe ; épiderme ; épisode ; équerre ; haltère ; omoplate.

2 Les noms suivants désignant un être humain n'ont pas de féminin. Lesquels ont un féminin correspondant qui désigne un objet ? Classez ensuite tous ces noms selon le domaine auquel ils appartiennent.

architecte ; assassin ; auteur ; automate ; bandit ; bourreau ; charlatan ; chef ; chevalier ; condisciple ; déserteur ; diplomate ; écrivain ; filou ; forçat ; géomètre ; gourmet ; guide ; imposteur ; imprimeur ; ingénieur ; juge ; magistrat ; mannequin ; manœuvre ; ministre ; modèle ; monstre ; oppresseur ; peintre ; possesseur ; professeur ; sauveur ; successeur ; témoin ; tyran ; vainqueur ; valet ; voyou.

3 Identifiez les noms parmi les mots suivants. Sur quel critère vous fondez-vous pour répondre ?

aveuglement ; aveuglément ; boniment ; bonnement ; compliment ; complément ; complètement ; compartiment ; comportement ; affrontement ; effrontément ; rendement ; rudement ; instrument ; indûment ; désagrément ; désabonnement ; abattement ; abominablement ; désastreusement ; désarmement ; désespérément ; désistement.

4 **Chacun de ces titres d'une collection de romans policiers présente des jeux de mots. Trouvez-les.**

La Cerise sur le gâteux ; L'amour tarde à Dijon ; La petite écuyère a cafté ; Arrêtez le carrelage ; La Pieuvre par neuf ; Chili incarné ; Les Gens bons bâillonnés ; Boucher double ; Comme un coq en plâtre ; Un trou dans la zone ; Le Cantique des cantines ; Les pieds de la dame aux clebs ; Lazare dîne à Luynes.

Transformer

5 **Quels noms correspondent aux verbes suivants ? Employez chacun d'eux dans une phrase.**

s'abstenir ; abstraire ; acquérir ; affliger ; céder ; contracter ; corriger ; décider ; fléchir ; inhiber ; joindre ; poser ; suggérer ; tendre.

6 **Transformez chaque phrase en titre d'article de journal (phrases sans verbe).**

1. Le personnel hospitalier a manifesté devant le ministère. – **2.** Un prix littéraire important a été attribué à un premier roman. – **3.** Le décret a été approuvé par le Conseil des ministres. – **4.** Des tableaux de La Tour sont exposés au Grand Palais. – **5.** Le PSG s'est incliné devant Monaco. – **6.** L'opposition conteste la loi proposée par le gouvernement. – **7.** Les Parisiens accueillent chaleureusement les coureurs du Tour de France. – **8.** Le temps de travail hebdomadaire sera réduit à 35 heures. – **9.** Le touraine primeur est arrivé. – **10.** Le témoin des parties civiles a déposé de manière émouvante.

Employer

7 **Choisissez l'une des séries de noms suivantes. Employez ces noms dans un texte de façon à les expliquer à votre grand-mère, par exemple.**

1. tube ; best of ; remix ; pirate ; gratte ; reggae ; date.
2. mulet ; pole-position ; écurie ; warm-up ; gomme ; circuit.
3. lucarne phocéenne ; penalty ; reprise ; centre ; coup franc ; score.
4. plan ; délire ; caisse ; crise ; débris ; mégacanon.
5. modem ; logiciel ; moniteur ; souris ; antivirus ; puce ; bécane.

8 **Voici une série de mots inventés suivis de leur définition :**

– *Cheveleurre :* les quelques cheveux longs bien peignés et rabattus sur le sommet du crâne, censés dissimuler une calvitie.
– *Combientomane :* personne qui, à chaque fois que vous lui montrez un objet que vous venez d'acheter, vous demande : « Combien tu l'as payé ? »
– *Fax-terrier :* personne qui guette près du télécopieur.

À leur exemple, inventez un mot pour qualifier :

1. L'odeur particulière qui émane d'une salle d'aérobic.
2. Un miroir qui renvoie une image flatteuse.
3. Un enfant qui s'amuse avec la ficelle et le papier qui ont servi à emballer le très beau cadeau que vous lui avez offert et dont il se désintéresse totalement.
4. Un automobiliste farouche et bagarreur qui hante les rues à la recherche d'une place pour garer sa voiture.

D'après J.-L. Chiflet, N. Kristy, *Le Dictionnaire des mots qui n'existent pas,* Pocket, Presses de la Cité, 1992.

9 **Ce poème est composé de nombreux groupes nominaux. Imitez sa structure pour évoquer votre chambre ou votre coin préféré.**

JARDIN DE FRANCE

Calme jardin,
Grave jardin,
Jardin aux yeux baissés au soir
Pour la nuit,
Peines et rumeurs,
Toutes les angoisses bruissantes de la Ville
Arrivent jusqu'à moi, glissant sur les toits lisses,
Arrivent à la fenêtre
Penchée, tamisées par feuilles menues et tendres
[et pensives.

Mains blanches,
Gestes délicats,
Gestes apaisants.

Mais l'appel du tam-tam
bondissant
par monts
et
continents,

Qui l'apaisera, mon cœur,
À l'appel du tam-tam
bondissant,
véhément,
lancinant ?

L. S. Senghor, *Œuvre poétique,*

CHAPITRE 15

Le verbe

OBSERVATION

La fleur carnivore

La chute d'eau était plus éloignée que je ne l'avais cru tout d'abord, mais lorsque je l'atteignis enfin, je ne regrettai pas, bien que n'apercevant toujours nulle trace de Toine, d'être venu jusque-là. La vue qui s'offrait à moi était prodigieuse. Du centre d'un roc gigantesque, lisse comme une muraille, jaillissaient des eaux tumultueuses qui se laissaient retomber en une somptueuse gerbe de mousse blanche, laquelle s'éparpillait et scintillait dans la lumière comme une poussière de diamant. La rivière arrivait de la sorte à faire un bond de plus d'une centaine de mètres. Les rives nourries de fraîcheur étaient agrémentées de fleurs géantes aux couleurs chaudes. La plus petite devait facilement faire deux fois ma taille. L'herbe était généreuse, d'un beau vert. Je m'approchai de l'une de ces fleurs d'espèce inconnue. Elle était blanche, curieusement dentelée de mauve et son cœur était jaune. À mon approche, elle se referma très lentement. J'acquis soudain la certitude qu'elle s'avançait vers moi. Pris de panique je reculai précipitamment. Il était temps. Après s'être rouverte brusquement, elle s'inclina vivement, et, comme un filet de pêche, se plaqua au sol à l'endroit même où je me trouvais seulement quelques secondes plus tôt. Il y eut alors un affreux bruit de succion, puis la fleur se referma à nouveau et reprit très lentement sa position première.

Michel Bernanos, *La Montagne morte de la vie*, © La Table ronde, 1984.

QUESTIONS

1 ▶ Classez les verbes en bleu selon le groupe auquel ils appartiennent.

2 ▶ Quelle est la particularité de la construction des verbes en vert ? de la construction du verbe en rose ?

3 ▶ Parmi les verbes en couleur, relevez ceux qui indiquent des états ou des faits qui durent. À quel temps sont-ils employés ?

4 ▶ Parmi les verbes en couleur, relevez ceux qui expriment un mouvement. À quel temps sont-ils employés ? Ont-ils des sujets animés ? non animés ?

LEÇON

1. Définition

■ Le verbe est une **classe lexicale** (on peut toujours créer de nouveaux verbes) : *magnétoscoper, numériser, se désolidariser.*

■ Du point de vue de la syntaxe, le verbe est le **noyau du groupe verbal**. La fonction des autres groupes de la phrase se définit par rapport à lui :

➡ *Du centre d'un roc gigantesque* ***jaillissaient*** *des eaux tumultueuses.*
Des eaux tumultueuses ***jaillissaient*** *du centre d'un roc gigantesque.*

■ Du point de vue de la forme, le verbe est le seul mot de la phrase qui se **conjugue** : il varie en **personne**, en **nombre**, en **temps** et en **mode** :

➡ *La cascade scintill**ait**. Les eaux s'éparpill**aient**.*

■ Du point de vue du sens, le verbe exprime un **processus** (action, fait) qui se développe dans le temps, ou un **état** :

➡ *La fleur* ***était*** *blanche. Elle* ***se referma****.*

2. Classement des verbes

■ Selon le sens

◆ **Le verbe *être*** se distingue des autres verbes. Il peut être suivi :
– d'un **attribut du sujet** : **adjectif** qui s'accorde avec le sujet, ou **nom** qui qualifie le sujet ;
– d'un **complément essentiel indirect** (chapitre 12). Dans ce cas, il a le sens de « se trouver » :

➡ *Toine est* ***dans la forêt****.*

◆ **Les verbes attributifs** se construisent avec un attribut du sujet :
– ***sembler, paraître, avoir l'air (de)*** peuvent être suivis ou non du verbe *être*. Ces verbes expriment une **modalisation** :

➡ *Cette fleur* ***semble*** *(être) inquiétante / Cette fleur* ***a l'air*** *(d'être) carnivore.*

– ***devenir, demeurer, rester*** expriment un **aspect** *(commencer* ou *continuer à être)* :

➡ *La situation* ***devient*** *effrayante.*

◆ **Les autres verbes** expriment :
– des **actions**, qui représentent des activités, des actes effectués par un sujet volontaire susceptible d'avoir un projet :

➡ *Les enfants* ***offrent*** *un livre à leur mère.*

– des **faits**, qui représentent également des activités, des actes, mais qui se produisent sans l'intervention d'un sujet actif :

➡ *Il pleut. Il neige. Le tableau penche. Le téléviseur fume.*

■ Selon la conjugaison

– Verbes du 1er groupe : infinitif en **-er** (type *chanter*) ;
– Verbes du 2e groupe : infinitif en **-ir** et imparfait en **-issait** (type *finir*) ;
– Verbes du 3e groupe : infinitif en **-re, -ir, -oir** (types *connaître, dormir, pouvoir*).

Selon le rôle dans le groupe verbal

◆ *Avoir* et *être* servent à former les temps composés : on les appelle alors **auxiliaires**.
Le verbe *être* sert à former la **construction passive** :

➡ *Les rives **étaient** agrémentées de fleurs géantes.*

◆ Les **semi-auxiliaires** *aller, venir de, devoir, pouvoir, faire,* associés à l'infinitif, peuvent marquer l'**aspect** ou la **modalité** :

➡ *Je **venais de** quitter Toine. La plus petite fleur **devait** faire deux fois ma taille.*

Selon la construction

◆ Les **verbes d'état** établissent une relation entre le sujet et l'attribut, qui peut être un adjectif, un groupe nominal ou un groupe prépositionnel :

➡ *Sa montre est **magnifique**. Elle est **en or**.*

◆ Les **verbes intransitifs** ne sont pas suivis d'un complément essentiel :

➡ *Des eaux tumultueuses **jaillissaient**. Je **reculai** précipitamment.*

◆ Les **verbes transitifs** admettent un complément essentiel, direct ou indirect. Certains peuvent avoir une double construction (chapitre 12) :

➡ *La fleur reprit **sa position première**.*

◆ Les **verbes impersonnels** se conjuguent uniquement à la 3e personne du singulier :

➡ ***Il faudra** alors s'échapper de cet enfer.*

◆ Les **verbes pronominaux** se conjuguent avec un pronom complément de la même personne que le sujet :

➡ *La fleur **se referma** lentement.*

3. La personne

Il existe **six personnes** de conjugaison :
– trois personnes du singulier : ***je, tu, il*** ou ***elle*** ;
– trois personnes du pluriel : ***nous, vous, ils*** ou ***elles***.

4. Les modes

Les modes personnels indiquent la manière dont sont envisagés le fait ou l'action :

◆ L'**indicatif** exprime des faits qui s'inscrivent dans la réalité et situés dans le temps, alors que le **subjonctif** place l'état, l'action ou le fait dans l'univers du possible.

◆ L'**impératif**, qui ne possède pas toutes les personnes de la conjugaison, est réservé au discours direct. Il exprime une injonction (ordre).

5. Les temps

Du point de vue de la chronologie, seul l'indicatif peut situer le fait ou l'action dans une époque donnée, sans autre information que celle contenue dans le verbe. Ces trois époques sont le **passé**, le **présent**, le **futur** :

➡ *Il arriva chez nous un dimanche de septembre* (passé). *Il arrive…* (présent). *Il arrivera…* (futur).

6. L'aspect

L'aspect est la manière dont un fait ou une action sont envisagés dans leur déroulement, indépendamment de l'époque dans laquelle ils se situent.

L'aspect accompli ou non accompli

J'ai écrit : l'action est **achevée** ; *j'écris* : l'action est **en cours**.

- En français, l'opposition entre accompli et non accompli se manifeste par l'opposition des **formes composées** et des formes **simples** du verbe. Tous les modes comportent les deux séries de formes.
- Les formes **simples** expriment l'**aspect en cours**, non accompli, du fait ou de l'action :
  - *Gaëlle* ***téléphone****.* ***Téléphone*** *à ta sœur pour son anniversaire. Il faut que je* ***téléphone*** *à Michel.*
- Les formes **composées** (auxiliaire + participe passé) expriment l'**aspect achevé**, accompli, du fait ou de l'action exprimés par le verbe :
  - ***J'ai téléphoné*** *à Marc. Tu* ***auras téléphoné*** *à ta sœur avant ce soir.* ***Aie téléphoné*** *à ta sœur avant ce soir. Il faut que j'****aie téléphoné*** *à Michel avant dimanche.*

L'aspect borné ou non borné

- L'action ou l'état peuvent être envisagés de façon limitative : la durée du fait ou de l'action est encadrée par des **limites précises**. Elle est **bornée** :
  - *Il neigea en décembre 1996* (et seulement ce mois-là, entre le 1er et le 31 du mois).
- L'action peut être envisagée **sans limites précises** : rien n'est dit de son début ni de son éventuel achèvement. Elle est **non bornée** :
  - *Il neigeait en décembre 1996.* (Il a pu neiger avant et au-delà.)
- Cette opposition ne recouvre pas l'opposition durée courte / durée longue :
  - *Il marcha trente jours, il marcha trente nuits.* (V. Hugo)
  - *Il monta les huit étages et à la dernière marche il s'écroulait, victime d'une crise cardiaque.*

POUR L'EXPRESSION ÉCRITE

- Les verbes qui sont créés actuellement en français contemporain appartiennent tous au 1er groupe, pour des raisons évidentes : ils sont plus faciles à conjuguer !
  – Créations : *programmer, informatiser, scanner* ou *scannériser, numériser, télécopier, magnétoscoper.*
  – Remplacement de verbes du 3e groupe, en exprimant autrement une notion connue : *solutionner* au lieu de *résoudre* ; *positionner* au lieu de *mettre, placer ; visionner* ou même *visualiser* au lieu de *voir* ; *mémoriser* au lieu d'*apprendre* ou *retenir.*
- Ces nouveaux verbes comportent trois, quatre syllabes ou plus : *dépénaliser, institutionnaliser.*

RÉSUMÉ

1. Le verbe se **conjugue** : il varie selon la personne, le nombre, le temps, le mode.
2. Les **modes personnels** indiquent la manière dont sont envisagés le fait ou l'action.
3. Les temps de l'**indicatif** situent le fait ou l'action dans une époque : passé, présent, futur.
4. L'**aspect** est la manière dont un fait ou une action sont envisagés dans leur déroulement, indépendamment de l'époque dans laquelle ils se situent.
5. L'opposition forme simple / forme composée des verbes correspond à une opposition d'aspect : **non accompli / accompli**.

EXERCICES

Identifier

1 Relevez les verbes pronominaux dans le texte suivant.

M. JOURDAIN. – Monsieur, je sais le respect que je vous dois.
DORANTE. – Mon Dieu ! mettez[1] : point de cérémonie entre nous, je vous prie.
M. JOURDAIN. – Monsieur…
DORANTE. – Mettez, vous dis-je, monsieur Jourdain : vous êtes mon ami.
M. JOURDAIN. – Monsieur, je suis votre serviteur.
DORANTE. – Je ne me couvrirai point, si vous ne vous couvrez.
M. JOURDAIN, *se couvrant.* – J'aime mieux être incivil qu'importun.
DORANTE. – Je suis votre débiteur, comme vous le savez.
MME JOURDAIN, *à part.* – Oui, nous ne le savons que trop.
DORANTE. – Vous m'avez généreusement prêté de l'argent en plusieurs occasions, et vous m'avez obligé de la meilleure grâce du monde, assurément.
M. JOURDAIN. – Monsieur, vous vous moquez. […]
DORANTE. – Je suis homme qui aime à m'acquitter le plus tôt que je puis.
M. JOURDAIN, *bas, à Mme Jourdain.* – Je vous le disais bien.

Molière, *Le Bourgeois gentilhomme*.

1. Mettez votre chapeau.

2 Faites un tableau en deux colonnes pour distinguer les verbes qui expriment un aspect non accompli de ceux qui marquent un aspect accompli.

Les événements avaient décidé pour lui, s'enchaînant les uns aux autres de la manière la plus absurde. […]

Il y avait eu, d'abord, cette scène surréaliste de couloirs baignés d'une lueur jaunâtre où deux professeurs d'âge mûr en suivaient un troisième, portant avec cérémonie de gros thermomètres tintinnabulant dans une boîte de plastique qui avait contenu autrefois un litre de crème glacée édulcorée à l'aspartam.

« Quel est l'imbécile qui a laissé les fenêtres du labo ouvertes ? s'était emporté Gérard, bataillant avec la dernière énergie contre la porte d'une armoire. Naturellement, ça va fausser les relevés ! »

Sur les étagères s'entassait un fouillis d'appareils poisseux : chronomètres dépareillés, pommes à poire de caoutchouc, bouts de tuyaux tronqués, des rangées d'éprouvettes et de tubes à essai, alignés sur un socle de bois tels les présentoirs à épices de cuisines modernes. Il avait fallu tout vider pour trouver la boîte aux thermomètres.

Jean-Philippe Arrou-Vignod, *Le Conseil d'indiscipline*,

Transformer

3 Récrivez le texte suivant en le transposant à la 1re personne du singulier et en respectant les temps verbaux.

Nous restâmes un assez long moment immobiles et silencieux, après avoir pris contact avec le sol. Peut-être cette attitude paraîtra-t-elle surprenante, mais nous éprouvions le besoin de nous

recueillir et de concentrer notre énergie. Nous étions plongés dans une aventure mille fois plus extraordinaire que celle des premiers navigateurs terrestres et nous préparions notre esprit à affronter les étrangetés qui ont traversé l'imagination de plusieurs générations de poètes à propos des expéditions transsidérales.
Pour le présent, en fait de merveilles, nous nous étions posés sans à-coup sur l'herbe d'une planète qui contenait, comme la nôtre, des océans, des montagnes, des forêts, des cultures, des villes et certainement des habitants. Nous devions, cependant, nous trouver assez loin des pays civilisés, étant donné l'étendue de jungle survolée avant de toucher au sol.
Nous sortîmes enfin de notre rêve. Ayant revêtu nos scaphandres, nous ouvrîmes avec précaution un hublot de la chaloupe.

Pierre Boulle, *La Planète des singes*, © Julliard, 1963.

Employer

4 Imaginez une suite au texte suivant. Respectez l'opposition des plans (imparfait / passé simple).

Il était huit heures du soir lorsque nous débarquâmes. Après nous être promenés un moment sur le rivage, nous allâmes à l'auberge d'où nous pouvions contempler le merveilleux paysage, l'eau, les arbres et les montagnes qui s'effaçaient peu à peu dans la nuit. Le vent se levait de nouveau. La lune était haute dans le ciel et commençait déjà à descendre ; les nuages, plus rapides que le vol d'un vautour, obscurcissaient ses rayons et le lac, dont les vagues se soulevaient, reflétait le ciel tourmenté. Soudain il y eut une grosse averse.
J'avais été calme pendant tout le jour, mais lorsque la nuit tomba, mille angoisses revinrent à mon esprit. J'étais anxieux et je serrais dans mes mains le pistolet que j'avais toujours sur moi. Chaque bruit me faisait sursauter, mais j'avais décidé de vendre chèrement ma vie et de ne cesser la lutte qu'à la mort de mon adversaire ou à la mienne.

Mary Shelley, *Frankenstein*, trad. H. Betjeman, © Éditions du Rocher.

5 Remplacez le verbe *mettre* par un verbe plus précis dans chacune des expressions suivantes.

mettre la table ; mettre des papiers dans un classeur ; mettre de l'argent à la caisse d'épargne ; mettre la clé dans la serrure ; mettre ses économies à la bourse ; mettre de l'eau dans l'aquarium ; mettre plusieurs heures pour faire une rédaction ; mettre sa signature sur une pétition ; mettre sa veste ; mettre ses chaussures ; mettre dix francs au loto sportif.

6 Voici une série de verbes inventés :

– Déconfidencer : *v. intrans.* Divulguer systématiquement les confidences qu'on vous a faites sous le sceau du secret.

– Dégarpir : *v. intrans.* Abandonner précipitamment la place où l'on vient de se garer parce que l'on a entendu un bruit de phare brisé provenant de la voiture garée derrière la sienne.

– Déklaxonnner : *v. intrans.* Tenter d'expliquer par gestes au conducteur de la voiture qui vous précède que votre coup de klaxon était purement involontaire.

À votre tour, inventez un mot pour qualifier chacun des faits ou actions suivantes.

1. Regarder un film d'horreur en se cachant les yeux derrière les mains, tout en gardant les doigts entrouverts.

2. Manger un petit-beurre en commençant par les quatre coins.

3. Tenter de séduire une dame en lui offrant une rose au restaurant.

4. Remonter à l'aide de l'index ses lunettes sur le haut du nez (v. pronominal).

5. Se regarder dans la vitrine d'un magasin ou d'un café pour vérifier une toilette ou réajuster une coiffure, sans voir les consommateurs qui, derrière la vitre, vous regardent vous regarder (v. pronominal).

D'après J.-L. Chiflet, N. Kristy, *Le Dictionnaire des mots qui n'existent pas*, Pocket, 1992.

7 Trouvez un complément d'objet direct à chaque verbe et employez ce groupe verbal dans une phrase.

conceptualiser ; déconnecter ; défragmenter ; dépolluer ; déprogrammer ; désincarcérer ; disjoncter ; liposucer ; magnétoscoper ; miniteliser ; positionner ; promotionner ; recommercialiser ; réhydrater ; reprivatiser ; sponsoriser ; visualiser.

8 Expliquez à votre grand-père les verbes suivants, en donnant à chacun une définition ou un contexte qui éclairera son sens.

assurer ; baliser ; brancher ; buller ; craquer ; criser ; déjanter ; flasher ; ramer ; s'éclater ; se faire jeter ; squatter ; taxer ; zoner.

CHAPITRE 16

L'adjectif qualificatif

OBSERVATION

Un homme heureux

Quelle journée admirable ! J'ai passé toute la matinée étendu sur l'herbe, devant ma maison, sous l'énorme platane qui la couvre, l'abrite et l'ombrage tout entière. J'aime ce pays, et j'aime y vivre parce que j'y ai mes racines, ces profondes et délicates racines, qui attachent un homme à la terre où sont nés et morts ses aïeux, qui l'attachent à ce qu'on pense et à ce qu'on mange, aux usages comme aux nourritures, aux locutions locales, aux intonations des paysans, aux odeurs du sol, des villages et de l'air lui-même.

J'aime ma maison où j'ai grandi. De mes fenêtres, je vois la Seine qui coule, le long de mon jardin, derrière la route, presque chez moi, la grande et large Seine qui va de Rouen au Havre, couverte de bateaux qui passent.

À gauche, là-bas, Rouen, la vaste ville aux toits bleus, sous le peuple pointu des clochers gothiques. Ils sont innombrables, frêles ou larges, dominés par la flèche de fonte de la cathédrale, et pleins de cloches qui sonnent dans l'air bleu des belles matinées, jetant jusqu'à moi leur doux et lointain bourdonnement de fer, leur chant d'airain que la brise m'apporte, tantôt plus fort et tantôt plus affaibli, suivant qu'elle s'éveille ou s'assoupit.

Comme il faisait bon ce matin !

Guy de Maupassant, *Le Horla*.

QUESTIONS

1 ▶ Parmi les mots en bleu, quels sont ceux qui sont indispensables à la compréhension du texte ? Comment sont-ils construits ?

2 ▶ Quels sont ceux qui peuvent être déplacés ?

3 ▶ Lequel a un complément ?

4 ▶ Quels sont ceux qui ont la même forme au masculin et au féminin ? ceux qui varient en genre ?

5 ▶ Avec quel mot chacun d'eux s'accorde-t-il dans la phrase ?

LEÇON

1. Définition

■ Comme le nom et le verbe, l'adjectif est une **classe lexicale** : la liste est ouverte, car il est possible de former de nouveaux adjectifs, à l'aide de suffixes spécialisés *(-able, -al, -ien, -ible…)* : *royal**iste**, napoléon**ien***.

■ Du point de vue de la syntaxe, l'adjectif est le noyau d'un **groupe adjectival**. Il peut être accompagné par :
– un **adverbe modificateur** qui le précède : *très, peu, assez* ;
– un **groupe prépositionnel** : *pleins **de cloches** ; fier **de son fils***.

2. Les sous-catégories de l'adjectif

■ L'adjectif qualifiant

◆ Il exprime le plus souvent une **caractéristique** d'un être ou d'une chose :
➡ *la **vaste** ville aux toits **bleus**.*

◆ Il peut être accompagné d'un adverbe modificateur :
➡ *le fleuve **très** large ; un bourdonnement **très** doux.*

◆ Il peut figurer dans une phrase exclamative :
➡ *Quelle journée **admirable** !*

■ L'adjectif relationnel

◆ Il délimite des sous-ensembles d'êtres et de choses. Il sert à **classer** : *l'école **publique** ; l'école **privée**.*

◆ Il ne peut pas être accompagné d'un adverbe modificateur :
➡ **les vacances très scolaires ; *un tournoi de rugby très national.*

◆ Il a souvent la valeur d'un GN prépositionnel. Dans ce cas, l'usage de l'adjectif relationnel implique un registre de langue plus soutenu :
➡ *le cortège du président → le cortège **présidentiel**.*

3. Place de l'adjectif épithète

■ Les adjectifs se placent très souvent après le nom. C'est le cas des adjectifs relationnels, des adjectifs de couleur et de forme :
➡ *une ville **italienne** ; une église **orthodoxe** ; une rose **rouge**.*

■ Certains adjectifs se placent avant le nom, quand ils sont courts ou quand ils forment avec le nom une sorte de nom composé : *la **belle** vie.*

■ Les adjectifs peuvent être répartis en deux classes selon le **degré de subjectivité** qu'ils expriment :
– les adjectifs **descriptifs**, qui apportent une information supplémentaire : *un homme **pauvre*** ;
– les adjectifs **évaluatifs**, qui apportent une appréciation subjective : *un **brave** homme.*

◆ Les adjectifs descriptifs sont plutôt placés après le nom, les adjectifs subjectifs plutôt antéposés : *une secrétaire **bilingue**, une **parfaite** secrétaire.*

◆ Le changement de place de certains adjectifs s'accompagne d'un changement de sens : *un homme **grand** ≠ un **grand** homme.*

4. Fonctions de l'adjectif

■ Quand l'adjectif est placé à côté du nom qu'il détermine, il est **épithète, liée ou détachée** par une virgule :

➡ *la **vaste** ville aux toits **bleus*** (épithètes liées) *; les belles matinées, **douces** à vivre.* (épithète détachée)

■ Quand l'adjectif est placé à la suite du verbe *être* ou des verbes d'état, il est **attribut** et s'accorde avec le groupe nominal sujet :

➡ *Les clochers sont **innombrables**, **frêles** ou **larges**.*

5. Degrés de signification de l'adjectif

■ Les degrés de comparaison

Le degré de l'adjectif est apprécié par comparaison avec un autre élément. Les degrés de comparaison s'expriment par les moyens suivants :

➡ *Paul est **plus** sage **que** Pierre.* (comparatif de **supériorité**)
➡ *Paul est **aussi** intelligent **que** Robert.* (comparatif d'**égalité**)
➡ *Paul est **moins** sportif **que** Pierre.* (comparatif d'**infériorité**)
➡ *Paul est **le plus** sportif / **le moins** sportif.* (superlatif **relatif**)

■ Les degrés d'intensité

◆ Le degré d'intensité est apprécié en lui-même. Il peut être faible, moyen ou élevé.

◆ Les degrés d'intensité s'expriment par des moyens variés :
– le **bas degré** se marque par : quelques **préfixes** : *hypo- (hypotendu), sous- (sous-alimenté)* ; des **adverbes** de quantité *(peu, un peu, pratiquement pas),* des adverbes de manière *(faiblement, pauvrement)* ;
– le **degré moyen** est marqué par des **adverbes** de quantité et de manière *(assez, pas mal, à peu près, suffisamment, moyennement)* ;
– le **haut degré** est marqué par : l'**exclamation** *(Il est nul !)* ; des **suffixes** *(rich**issime**)* ; des **préfixes** *(super-, hyper-, archi-, sur-, ultra-, extra-)* ; des **adverbes** de quantité ou de manière *(très, extrêmement, parfaitement)* ; des **répétitions** *(ce n'est pas **joli joli**)* ; des **comparaisons** *(il est malin **comme un singe**)*.

POUR L'EXPRESSION ÉCRITE

■ On peut juxtaposer et coordonner plusieurs adjectifs épithètes. En théorie, leur nombre n'est pas limité :

➡ *un enfant **sale, paresseux, stupide** et **menteur**.*

■ Les adjectifs épithètes interviennent de façon hiérarchisée. L'adjectif le plus éloigné qualifie l'ensemble formé par le nom et l'adjectif le plus proche :

➡ *une guerre civile **atroce*** (*atroce* qualifie *guerre civile*).

■ De tels groupes d'adjectifs sont en général limités à deux. Cependant, on peut ajouter un adjectif antéposé :

➡ *l'**atroce** guerre civile **espagnole**.*

RÉSUMÉ

1. L'adjectif qualificatif est une **classe lexicale**. On peut former de nouveaux adjectifs avec de nombreux suffixes.

2. On peut ajouter à l'adjectif un **adverbe modificateur** ou un **groupe prépositionnel**.

3. On distingue des adjectifs **qualifiants** et des adjectifs **relationnels**.

4. Quand il fait partie du groupe nominal, l'adjectif est **épithète liée** ou **détachée**. Quand il est placé à la suite du verbe *être*, il est **attribut du sujet**.

5. L'adjectif peut avoir des **degrés** de comparaison et d'intensité.

EXERCICES

Identifier

1 Relevez les adjectifs qualificatifs dans le texte suivant. Précisez quels mots ils caractérisent et donnez leur fonction : épithète liée ou détachée, attribut du sujet.

Cela dura huit jours pleins, puis l'avalanche s'arrêta. La terre avait sur le dos un manteau épais de cinq pieds.

Et, pendant trois semaines ensuite, un ciel, clair comme un cristal bleu le jour, et la nuit, tout semé d'étoiles qu'on aurait crues de givre, tant le vaste espace était rigoureux, s'étendit sur la nappe unie, dure et luisante des neiges.

La plaine, les haies, les ormes des clôtures, tout semblait mort, tué par le froid. Ni hommes ni bêtes ne sortaient plus : seules les cheminées des chaumières en chemise blanche révélaient la vie cachée, par les minces filets de fumée qui montaient droit dans l'air glacial.

Guy de Maupassant, *Clair de lune*, « Conte de Noël ».

2 Classez en deux colonnes les adjectifs soulignés suivant que ce sont des adjectifs relationnels ou des adjectifs qualifiants.

L'ENFANCE DE PICASSO

À la rentrée scolaire, la famille Ruiz prend pour la deuxième fois le chemin du nord. Mais cette fois c'est pour Barcelone, où don José vient d'être nommé à l'École des beaux-arts. Barcelone, c'est la capitale de la Catalogne, une grande cité chargée d'histoire : une ville adossée à l'Espagne et riche de culture espagnole, mais aussi une ville ouverte depuis toujours sur le reste de l'Europe. [...]

Pablo a juste quatorze ans. En principe, il est trop jeune pour être admis à l'école. Mais, sur l'insistance de son père, on lui permet de passer le concours d'entrée. « Antique, Nature, Modèle vivant et Peinture » : c'est le programme du concours... Et quand Pablo se présente, le jury est stupéfait : en une journée, le gamin a terminé l'épreuve pour laquelle on accorde d'ordinaire un mois entier aux étudiants.

Marie-Laure Bernadac et Paule du Bouchet, *Picasso, le sage et le fou*, © Gallimard, « Découvertes », 1986.

3 Relevez les adjectifs qui portent des degrés de signification.

Ça fait plusieurs années que M. Sherlock Holmes fait appel à mes services régulièrement. C'est plutôt drôle d'ailleurs, de dire « régulièrement », parce que moi et ma bande, on s'appelle « Les Irréguliers de Baker Street »... Et c'est moi qui dirige toujours les opérations.

On n'est pas toujours bien vus là où on passe : toujours à fouiner pour découvrir ce qu'il ne faut pas, plus rapides que les lévriers de courses de riches et puis, il faut bien dire, pas toujours très propres. J'ai lu *Une étude en rouge*, dans laquelle le docteur Watson a raconté les exploits de son ami : il a bien été obligé de parler de nous, parce qu'il est honnête, pour un docteur, mais il nous a habillés pour l'hiver, si j'ose dire : « les plus sales et les plus déguenillés que j'eusse jamais vus » (quand même, il écrit bien, le docteur Watson)... « Les six petits drôles se mirent en rang comme autant de statuettes minables. » N'empêche ! Sans nous, Jefferson Hope courrait toujours !

Nicodème, *Wiggins et le Perroquet muet*, © Syros-Alternatives, « Souris Noire Plus », 1992.

Transformer

4 **a. Accordez les adjectifs entre parenthèses. b. Quels sont les adjectifs dans les homophones soulignés ?**

Même à la première lecture de la dictée, le maître détache bien les mots. […]
– Sûr ! approuve gravement Luce.
J'en étais certain ! Les (effroyable) homophones ont débarqué ! […] Ils sont tous là : les On-ont-n'ont, peuplade (dégénéré) de sourds-muets (cruel), les C'est-s'est-ces, (fier) et (dominateur), les T'en-tant-tends-temps, (farouche) guerriers de l'ombre, les Qu'en-quand-quant, cancaniers (fourbe) à bec de canard et les La-là-las, groupe (pacifique) (hilare) qui fume le calumet et fabrique ses instruments de musique avec des carapaces de tortues (marin)… *Ché sera, sera !*… comme dit la chanson. Je suis un Mohican, et je ne dois pas me laisser effrayer par ces tribus (vénéneux) d'homophones. Quoique les Sur-sûr-sures soient pour moi parmi les pires. Des (petit) bonshommes (vert), (pincé) et (obséquieux), qui ôtent et remettent leur chapeau circonflexe sans prévenir.

Daniel Picouly, *Le Champ de personne*, © Flammarion, 1995.

5 **a. Replacez les adjectifs suivants aux endroits qui conviennent.**

certaine ; agréable ; déplorable ; véritable ; seul ; magnifique ; grand.

Pour ne négliger aucune précaution, je me mis à quatre pattes et rampai sans faire de bruit vers le coin du fortin. Soudain, tandis que j'approchai du but, j'éprouvai un ① soulagement. Ce n'est pas un bruit ② en soi, et j'ai eu souvent l'occasion de m'en plaindre en d'autres circonstances, mais, à ce moment-là, ce fut une ③ musique pour mon oreille d'entendre mes amis ronfler en chœur, si fort et si paisiblement. L'appel de la vigie en mer, ce ④ « Tout va bien », ne m'apporta jamais un si grand réconfort.
Néanmoins, il y avait une chose ⑤ : ils se gardaient d'une façon ⑥. En supposant que Silver et ses acolytes se fussent trouvés à ma place, pas un ⑦ homme de notre troupe n'aurait vu le lever du jour.

Robert-Louis Stevenson, *L'Île au trésor*, trad. J. Papy, © Gallimard, « Folio junior », 1987.

b. Relevez les adjectifs qui sont avant le nom qu'ils caractérisent et ceux qui se trouvent après. Essayez de faire varier cette place et expliquez les impossibilités ou les variations de sens.

6 **Formez des adjectifs dérivés à partir des mots suivants. Notez les suffixes employés. Donnez le féminin de chacun de ces adjectifs.**

1. méthode ; alarme ; effroi ; Afrique ; sang ; fée ; paix ; Italie ; université.
2. exploser ; blâmer ; venger ; rire ; percer ; tromper ; geindre.
3. pâle ; ronde ; lourd ; gros ; royal ; pauvre ; rouge ; malade ; haut ; fade.

Employer

7 **Remplacez les groupes de mots soulignés par des adjectifs choisis dans la liste suivante. Inventez ensuite des groupes de mots équivalant aux adjectifs que vous n'avez pas employés.**

exaspéré ; fielleux ; crispé ; sarcastique ; impatienté ; narquois ; réprobateur ; buté ; venimeux ; pincé.

– Elle va te manquer, n'est-ce pas, chérie ? roucoula le Pigeon[1].
Cette question provoqua une rapide série de mines en guise de réponse : ça-y-est-c'est-reparti, suivie de je-hais-ma-sœur et couronnée par ma-mère-me-rend-folle.
L'Otarie[1] surprit cette exhibition dans le rétroviseur.
– Ne sois pas aussi stupide, Harmony, aboya-t-il.
Harmony plongea derrière le fauteuil de son père en arborant la mine ne-sois-pas-aussi-stupide-Harmony. Elle demeura tapie pour passer à la mine aucune-torture-au-monde-ne-m'obligera-à-faire-ce-que-tu-dis, et enfin à je-ris-en-douce-de-ma-propre-plaisanterie. Puis elle refit surface, le visage dénué d'expression.

Dick King-Smith, *Le Nez de la reine*, trad. D. Depland, © Gallimard Jeunesse, 1992.

1. Surnoms donnés par Harmony à sa mère et à son père.

8 **Écrivez la suite de ce récit en respectant l'atmosphère du texte et en veillant à employer, vous aussi, de nombreux adjectifs.**

Le narrateur vient d'être réveillé par trois coups secs, frappés à la porte de sa chambre.
Ma première impression, en même temps que celle du froid aux pieds, fut celle d'une vive lumière. La pleine lune brillait, en face de la fenêtre, au-dessus de l'église, et, à travers les rideaux blancs, découpait son angle de flamme déserte et pâle sur le parquet.
Il était bien minuit.

Villiers de L'Isle-Adam, *Contes cruels*, « L'intersigne ».

CHAPITRE 17

L'adverbe

OBSERVATION

Qui veut empêcher le mariage de Myra ?

Les journées qui suivirent n'amenèrent aucun nouvel incident. La ville reprenait sa tranquillité habituelle. Rien n'avait transpiré de la perquisition opérée dans la maison du boulevard Tékéli, et personne ne prononçait encore le nom de Wilhelm Storitz. Il n'y avait plus qu'à attendre patiemment – plutôt impatiemment – le jour où serait célébré le mariage de Marc et de Myra Roderich.

Je consacrai tout le temps que me laissait mon frère à différentes promenades aux environs de Ragz. Quelquefois, le capitaine Haralan m'accompagnait. Il était rare alors que nous ne prissions pas le boulevard Tékéli pour sortir de la ville. Visiblement, la maison suspecte nous attirait. D'ailleurs, cela nous permettait de voir qu'elle était toujours déserte… Oui !… et si elle était toujours gardée… Oui… jour et nuit, par deux agents, et si Wilhelm Storitz avait paru, la police aurait été immédiatement avertie de son retour, et l'eût mis en état d'arrestation.

Du reste, nous eûmes une preuve de son absence et la certitude qu'on ne pourrait, actuellement du moins, le rencontrer dans les rues de Ragz.

En effet, dans son numéro du 9 mai, le *Pester Loyd* consacra un article à la cérémonie d'anniversaire d'Otto Storitz, qui venait d'avoir lieu à Spremberg quelques jours avant. Je m'empressai de communiquer cet article à Marc et au capitaine Haralan.

Jules Verne, *Le Secret de Wilhelm Storitz*.

QUESTIONS

1 ▶ Les mots en couleur sont-ils variables en genre et en nombre ?

2 ▶ Quels sont ceux qui peuvent être déplacés dans la phrase ? Quels sont ceux qui ne le peuvent pas ?

3 ▶ Quel est le rôle des mots en rose dans la phrase ?

4 ▶ Quel mot en bleu marque le point de vue du narrateur sur son énoncé ?

5 ▶ Quels mots en bleu servent à enchaîner deux phrases ? deux paragraphes ?

LEÇON

1. Définition

- On distingue deux classes d'adverbes :
– une **classe grammaticale**, c'est-à-dire une liste fermée qui comprend des adverbes tels que *ailleurs, beaucoup, hier, bientôt, quelquefois, très...*
– une **classe lexicale**, c'est-à-dire une liste ouverte : on peut former de nouveaux adverbes à partir d'adjectifs auxquels on ajoute le suffixe *-ment*.

- Tous les adverbes sont **invariables**, sauf *tout (Elle est **toute** petite.)*.

2. Les adverbes à l'intérieur de la phrase

L'adverbe complément

◆ L'adverbe complément de phrase

– Quand l'adverbe est facultatif et mobile dans une phrase, il occupe la position de complément de phrase :

➡ ***Quelquefois**, le capitaine Haralan m'accompagnait.*

– Les adverbes compléments de phrase sont essentiellement des compléments de **temps** et de **lieu**. Certains expriment un moment en rapport avec la situation d'énonciation *(hier, aujourd'hui, demain, ici, là)* :

➡ ***Aujourd'hui**, je me suis couché de bonne heure.*

– Certains adverbes compléments de phrase servent à reprendre un élément de l'énoncé précédent :

➡ *Nous allâmes chez Wilhem Storitz. **Là**, nous ne trouvâmes aucune trace de présence humaine.*

◆ L'adverbe complément essentiel du verbe

Certains adverbes font partie du groupe verbal. On ne peut ni les déplacer ni les supprimer. Ils expriment le lieu :

➡ *Le capitaine resta **là**.*

Peu nombreux *(ici, là, ailleurs...)*, ils accompagnent un nombre limité de verbes :
– les verbes d'état quand ils ont le sens de « se trouver » ;
– quelques verbes de mouvement : *aller, partir, se rendre...*

L'adverbe modificateur

◆ L'adverbe modificateur du verbe

– Certains adverbes complètent le groupe verbal, mais on peut les supprimer. Ils expriment souvent une **quantité** ou une **manière** :

➡ *Nous attendions **impatiemment** le jour du mariage.*

– Parmi ces adverbes, certains ne peuvent être ni supprimés ni déplacés, car ils servent à introduire une proposition subordonnée :

➡ *Myra avait **tellement** pleuré **qu'elle en avait les yeux rougis**.*

◆ L'adverbe modificateur de l'adjectif

– Un adjectif peut être précédé d'un adverbe qui le modifie. Le plus souvent, cet adverbe exprime un **degré** :

➡ *La fiancée était **très** angoissée.*

– Certains de ces adverbes servent aussi à introduire des subordonnées :

➡ *Myra était* ***si*** *belle* ***que tous les garçons en étaient amoureux****.*

◆ **L'adverbe modificateur du déterminant**

– Dans le groupe nominal, certains adverbes font partie de déterminants complexes qui expriment une **quantité** plus ou moins précise :

➡ ***peu*** *de preuves ;* ***beaucoup*** *de preuves ;* ***trop*** *de preuves.*

– Certains de ces adverbes servent aussi à introduire des subordonnées :

➡ *Myra a* ***tant*** *de chagrin* ***qu'****elle dépérit à vue d'œil.*

◆ **L'adverbe modificateur d'adverbe ou de préposition**

– L'adverbe peut modifier un autre **adverbe**, quelle que soit sa position dans la phrase :

➡ *Il court* ***très*** *vite. Il n'y avait qu'à attendre,* ***plutôt*** *impatiemment.*

– L'adverbe peut modifier une **préposition** :

➡ *Tu sortiras* ***juste*** *après moi. Ma voiture est garée* ***presque*** *devant l'abribus.*

3. Les adverbes qui organisent le texte

■ Certains adverbes marquent un lien entre la phrase qu'ils commencent et la phrase qui précède :

➡ *La maison suspecte nous attirait.* ***D'ailleurs****, cela nous permettait de voir qu'elle était toujours déserte.*

■ Ces adverbes sont appelés **organisateurs du texte**. Ils sont souvent placés en début de paragraphe. On distingue les adverbes organisateurs :
– **temporels** : *d'abord, puis, ensuite, enfin…*
– **logiques** : *premièrement, deuxièmement, troisièmement…*
– **d'argumentation** : *d'ailleurs, pourtant, en effet, du reste…*

4. Les adverbes qui portent sur l'énoncé ou l'énonciation

■ Certains adverbes portent sur l'ensemble de l'énoncé. Ils sont indépendants de la phrase de base. Ils expriment le **point de vue de l'émetteur** sur ce qu'il dit (chapitre 7) :

➡ ***Visiblement****, la maison suspecte nous attirait. (= Il était visible que…)*

■ La plupart de ces adverbes expriment le point de vue de l'émetteur :

◆ sur le **degré de certitude**. L'émetteur peut signaler que l'information qu'il donne est ou non certaine, qu'il l'estime seulement possible ou probable :

➡ *Wilhem Storitz est* ***probablement*** *le coupable.*

◆ sur **l'évaluation**. L'émetteur peut exprimer un **jugement**, positif ou négatif, sur l'information qu'il donne :

➡ ***Heureusement****, la police veille sur la maison de Myra.*

■ Quelques adverbes d'énonciation servent à eux seuls de réponse à une interrogation totale : *oui, non, peut-être, assurément, sans doute, bien sûr…*

➡ *La maison est-elle toujours gardée ?* ***Oui*** *!*

POUR L'EXPRESSION ÉCRITE

Les adverbes de temps

Dans un récit, les adverbes de temps ont tendance à se répartir selon deux oppositions principales.

Adverbe de discours / adverbe de récit

– Adverbes de discours : *aujourd'hui, en ce moment, hier, demain…*
– Adverbes de récit : *ce jour-là, la veille, le lendemain…*

Adverbes de premier plan / adverbes d'arrière-plan

L'opposition des plans dans un récit peut être soulignée par des adverbes qui aident à construire le relief de l'action.
– Adverbes de premier plan **(passé simple)** : *soudain, tout à coup, subitement, brusquement, tout de suite, immédiatement…*
– Adverbes d'arrière-plan **(imparfait)** : *d'habitude, d'ordinaire, normalement, habituellement, régulièrement…*

RÉSUMÉ

1. L'adverbe est un **mot invariable** qui peut avoir des rôles syntaxiques à différents niveaux : la phrase, le texte, l'énonciation.

2. L'adverbe peut être **complément de phrase**, ou complément **essentiel du verbe**.

3. L'adverbe peut jouer le rôle de **modificateur** du verbe, de l'adjectif, d'un autre adverbe ou de certaines prépositions. Il peut introduire certaines subordonnées.

4. Certains adverbes servent d'**organisateurs du texte** : il existe des séries d'organisateurs chronologiques, logiques, argumentatifs.

5. Des adverbes, souvent détachés en tête de phrase, expriment le **point de vue de l'émetteur**.

EXERCICES

Identifier

1 Quels mots les adverbes soulignés modifient-ils ?

Par moments, il semble à Manuel qu'il vit une sorte de rêve, un cauchemar plutôt. Le coup a été si rude, si inattendu… Mais il va se réveiller, revenir dans une réalité moins terrible, impossible autrement ! Il court, pieds nus, torse nu, tête nue, poussant une énorme brouette remplie de caillasse sableuse sur un chemin étroit, fait de planches rassemblées tant bien que mal, et qui va du lit du fleuve jusqu'à la rampe de lavage, le tamis, installé sur la berge. C'est ça son travail, courir, vider la caillasse, repartir en courant, saisir une grosse pelle, emplir la brouette le plus vite possible, lâcher la pelle, repartir à nouveau pour vider le chargement, et puis recommencer encore, et encore. Ils sont trois adolescents à s'activer ainsi sur des alignements de planches parallèles. Au tamis, deux autres garçons dégagent le plus gros des cailloux à l'aide de râteaux sans manche ; une pompe à moteur amène l'eau. Ce sont seulement Salvador et un autre homme qui filtrent et refiltrent le sable du filon transformé en boue, et recueillent à la fin des fins une poussière d'or qu'eux seuls ont le droit d'approcher.

Bertrand Solet, « Sur la piste de l'or », *Je bouquine*, n° 125, juillet 1994, © Bayard Presse.

2 **Classez les adverbes soulignés en deux ensembles : adverbes organisateurs du texte, adverbes à l'intérieur de la phrase.**

MAGDELON. – […] Il faut qu'un amant, pour être agréable, sache débiter les beaux sentiments, pousser le doux, le tendre et le passionné, et que sa recherche soit dans les formes. Premièrement, il doit voir au temple, ou à la promenade, ou dans quelque cérémonie publique, la personne dont il devient amoureux ; ou bien être conduit fatalement chez elle par un parent ou un ami, et sortir de là tout rêveur et mélancolique. Il cache un temps sa passion à l'objet aimé, et cependant lui rend plusieurs visites, où l'on ne manque jamais de mettre sur le tapis une question galante qui exerce les esprits de l'assemblée. Le jour de la déclaration arrive, qui se doit faire ordinairement dans une allée de quelque jardin, tandis que la compagnie s'est un peu éloignée ; et cette déclaration est suivie d'un prompt courroux, qui paraît à notre rougeur, et qui, pour un temps, bannit l'amant de notre présence. Ensuite il trouve moyen de nous apaiser, de nous accoutumer insensiblement au discours de sa passion, et de tirer de nous cet aveu qui fait tant de peine.

Molière, *Les Précieuses ridicules*.

3 **Repérez les adverbes du texte suivant. Parmi eux, lesquels renvoient à l'organisation du texte ?**

Il devait trois sous à la marchande de gâteaux, deux sous à l'épicier du coin, homme trop crédule ! et cinq sous au marchand de billes, espèce d'usurier qui ne rougissait pas de spéculer sur le jeune âge et l'inexpérience de Jean-Paul. Que sais-je encore ?
Et tout cela, tout cela, à neuf ans et demi !
Aussi la conduite de Jean-Paul Choppart était-elle citée comme une effrayante leçon aux enfants du voisinage, et malheureusement il s'était bien acquis cette réputation, qui le rendait la terreur du pays. […]
L'horizon de Jean-Paul se couvrait donc de nuages.
Tout annonçait que la trombe de reproches, de remontrances et de corrections, qu'il accumulait sur sa tête depuis neuf ans et demi, éclaterait enfin.
Elle éclata.
Un jour, en effet, par une permission bien évidente de la Providence, qui voulait que Jean-Paul fût à la fin démasqué, il osa faire remonter jusqu'à son respectable père cette manie de détestables niches : il s'avisa de bourrer de sciure de bois le fusil paternel ; si bien que le fusil rata vingt fois de suite le plus beau lièvre qu'on puisse imaginer.

Louis Desnoyers, *Les Mésaventures de Jean-Paul Choppart*, © Casterman, 1995.

4 **Repérez les adverbes et classez-les en trois colonnes suivant que ce sont des adverbes à l'intérieur de la phrase, des adverbes qui renvoient à l'organisation du texte ou des adverbes qui renvoient à la situation d'énonciation.**

Vue de la Terre, Saturne paraît entourée de trois anneaux. Cependant, en 1981, la sonde spatiale *Voyager* révéla l'existence de milliers de petits anneaux composés de particules de glace. […]
Les anneaux sont nés il y a très longtemps. Ils ont peut-être été formés quand un satellite ou un astéroïde s'est approché de Saturne et a été pulvérisé par la forte attraction de la planète. […]
Bien des étoiles sont doubles et gravitent l'une autour de l'autre. L'intensité et la couleur de ces couples diffèrent souvent : une pâle naine blanche peut graviter autour d'une géante rouge. Certains éléments sont si proches qu'ils se touchent presque. À cause de cette proximité, ils gravitent autour de l'autre très rapidement. L'étoile la plus petite est très dense. Sa force d'attraction pompe constamment l'hydrogène de l'étoile la plus grande, qui prend alors la forme d'une larme. […]
Comme la Terre se trouve sur un des bras de la Voie Lactée, à 30 000 années-lumière du centre, il nous est difficile d'imaginer à quoi ressemble la galaxie de l'extérieur. En outre, des nuages de poussière et de gaz masquent le centre de la galaxie. Cependant, les astronomes ont récemment établi qu'un objet gigantesque, probablement un trou noir, se trouvait au centre de la Voie Lactée.

Étoiles et planètes, © Nathan, « Les clés de la connaissance », 1996.

Transformer

5 **Remplacez les groupes de mots soulignés par un adverbe. Modifiez l'ordre des mots si nécessaire.**

1. Elle a tourné à droite sans y penser. – **2.** Cette chanteuse s'habille avec une grande élégance. – **3.** Il y a peu de jours que ce livre est sorti. – **4.** Le ministre a répondu aux mécontents avec beaucoup d'habileté. – **5.** En toute certitude, le colis se sera perdu. – **6.** Les manifestants s'en sont pris avec violence au directeur. – **7.** Les hommes ont pensé pendant des années que la Terre était plate. – **8.** J'ai vu cette affiche dans tous les endroits possibles.

6 Introduisez les adverbes entre parenthèses dans les phrases suivantes et faites les transformations nécessaires.

1. (Sans doute) il s'est précipité trop tard ; il n'a pu prévenir sa chute. – **2.** (Ne plus jamais) Il a conduit imprudemment. – **3.** (Peut-être) c'est le climat de ce pays qui (ne… guère) me convient ; je me sens fatiguée. – **4.** (Encore) il faut qu'il se souvienne du numéro de téléphone. – **5.** Cet artiste (ne… jamais) a-t-il songé à faire une exposition ? – **6.** (Ne… pas) Lui avez-vous donné des tartelettes aux framboises ?

7 Replacez les adverbes suivants aux endroits qui conviennent.

mieux ; bien sûr ; davantage ; en vérité ; ensemble ; beaucoup ; même ; surtout ; vite ; pratiquement ; moins ; d'abord ; toujours ; puis.

Je partageais donc leur repas, tous les jours, à cette période-là. À midi, c'était ① expédié, Manuel n'avait pas ② de temps pour déjeuner. Le soir, ça pouvait traîner ③ : une conversation s'engageait. C'est beaucoup dire, sans doute. C'était ④ un monologue de Manuel A., pendant que Maria desservait la table et faisait la vaisselle. Nous fumions, buvions ⑤ un verre d'alcool. Manuel racontait sa vie, je l'écoutais. Je gardais le silence, je l'écoutais. ⑥ j'ai ⑦ bien aimé écouter les militants qui racontent leur vie. Et ⑧, je ne pouvais pas raconter la mienne, en échange de bons procédés. ⑨ ils en sauraient, Maria et lui, ⑩ ça vaudrait. Ils ne savaient ⑪ rien, ⑫. Ils connaissaient le nom que je portais sur ma fausse carte d'identité : c'était nécessaire, puisque j'étais en principe leur locataire. Ils savaient que j'étais un dirigeant, ⑬. Mais ils ne savaient pas mon rôle exact dans l'organisation clandestine, ils ne connaissaient ⑭ pas mon pseudonyme, Federico Sanchez.

Jorge Semprun, *L'Écriture ou la vie*, © Gallimard, 1994.

Employer

8 Complétez le texte suivant par des adverbes.

Il suffit de marcher un quart d'heure dans une grande ville pour croiser des gens qui demandent ① d'argent. La plupart d'entre eux sont des « sans domicile fixe » (SDF).

Quand on les regarde ②, sans faire ③ attention, on a l'impression qu'ils se ressemblent tous, avec leurs cheveux emmêlés, leurs ongles sales, leurs visages marqués, leurs pieds fatigués. Mais quand on discute ④ avec eux, on s'aperçoit qu'ils sont tous différents. Que chacun a une histoire à lui. […] C'est ⑤ difficile de vivre sans travail et sans argent ! Sans travail, on a le sentiment d'être inutile et de perdre sa dignité, sans argent, on ne peut plus payer son loyer, on ne peut plus payer ses vêtements, sa nourriture, ses dettes.

On risque ⑥ d'être très ⑦ pris dans un terrible engrenage. Si on ne reçoit aucune aide, si on ne retrouve pas un travail, on peut devenir un « sans domicile fixe », c'est-à-dire quelqu'un qui vit, seul ou avec sa famille, ⑧ dans des hôtels, ⑨ dans des foyers d'accueil ou des centres d'urgence, ou pire, dans la rue. Il faut ⑩ mener un combat de tous les instants contre la fatigue, le froid, la maladie, la saleté, la faim, la violence, l'ennui et la solitude, qui est ⑪ la plus grande des souffrances.

Okapi, n° 556, 11 février 1995, © Bayard Presse.

9 Modifiez tous les verbes du texte suivant par des adverbes.

Elle tourna ① la poignée de la porte, pénétra ② à l'intérieur et souleva ③ d'une main fébrile le rabat de la sacoche. Au milieu de plusieurs carnets, elle remarqua ④ une feuille blanche pliée ⑤ en quatre. Un bref examen la fit exulter ⑥ : c'était bien celle rapportée ⑦ la veille par M. Flauberd, l'en-tête au nom de l'entreprise de pompes funèbres y figurait ⑧.

Elle l'empocha ⑨ et sortit ⑩ en quatrième vitesse. Ouf ! opération réussie. Ne restait plus qu'à s'en aller ⑪ en adressant ⑫ son plus innocent sourire au gardien en faction.

Stéphane Daniel, *Les Visiteurs d'outre-tombe*,
© Rageot, « Cascade Policier », 1994.

10 En tant que délégué de votre classe, vous allez rencontrer le principal de votre collège pour tenter d'expliquer l'attitude d'un de vos camarades qui s'est montré violent en cours de récréation. Écrivez ce que vous allez lui dire. Vous utiliserez les adverbes suivants.

sans doute ; peut-être ; involontairement ; pas tout à fait ; vraisemblablement ; probablement.

Les déterminants indéfinis

Objectif ▶ Maîtriser l'accord des déterminants indéfinis.

OBSERVATION

Les chiffonniers

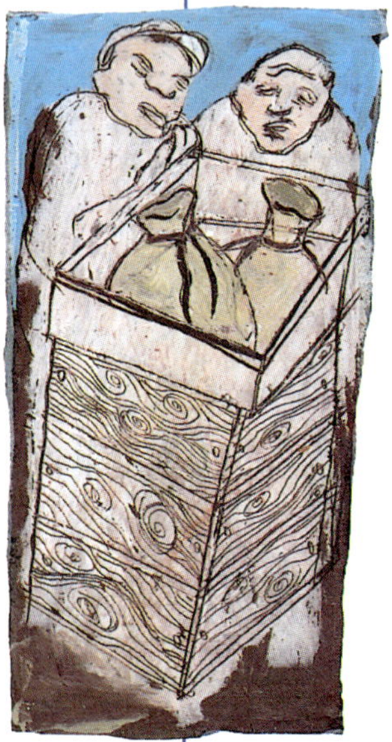

L'une des institutions les plus notables de Paris est sa population de chiffonniers. Tôt le matin on peut voir dans la plupart des rues, placées sur le trottoir en face de chaque cour et de chaque allée, et dans l'intervalle de deux ou trois maisons, comme cela existe encore dans certaines villes américaines, et même dans certains quartiers de New York, des grandes boîtes de bois où les domestiques vident les ordures accumulées pendant la journée. [...]

Un jour, à la fin d'un bel après-midi dans les derniers jours du mois de septembre, j'entrai dans le saint des saints de la ville des ordures. [...] Je vis plusieurs formes sombres qui se rassemblaient de chaque côté afin de me barrer le chemin... Traversant les tas d'ordures, se dessinant en noir sur la lumière de l'horizon, plusieurs silhouettes se déplaçaient, et j'en vis, un peu plus sur la droite, d'autres se déployer entre moi et ma destination. [...]

Alors s'engagea une chasse vraiment horrible. Je devançais facilement les vieillards, et, même lorsque quelques hommes, plus jeunes, et plusieurs femmes se joignirent à la chasse, je les distançais sans difficulté. [...] J'avais plus ou moins le sentiment de descendre, parce que je voyais autour de moi des parties de terrain plus élevées que celle sur laquelle je me trouvais, et ceci dans un espace qui, à quelque distance, semblait absolument plat. Je regardai autour de moi, mais ne pus voir aucun de mes poursuivants.

Bram Stoker, *L'Enterrement des rats*, trad. J.-P. Krémer, Librio, 1989, © J.-P. Krémer.

QUESTIONS

1 ▶ Recopiez les groupes nominaux dans lesquels figure un mot en rose.

2 ▶ Soulignez dans chaque groupe nominal le terme auquel se rapporte le mot en rose.

3 ▶ Classez les mots en rose en deux ensembles : ceux qui sont variables et ceux qui n'ont qu'une forme.

4 ▶ Comparez les phrases suivantes :
*Cela existe dans **certaines** villes américaines et dans **certains** quartiers. J'en ai la preuve **certaine**.*
Formulez une petite règle à propos de la place et du sens de *certain, -e*.

5 ▶ Précisez le sens de *quelques* et de *quelque* dans le texte. Qu'en déduisez-vous ?

LEÇON

1. Le nombre

■ Les déterminants *certain* et *quelque* s'emploient au singulier et au pluriel :

➡ *Certaines personnes de ma connaissance, quelques personnes.*

■ Les déterminants indéfinis *aucun, chaque, nul* ne s'emploient qu'au singulier :

➡ *Aucun homme, aucune femme, chaque heure, chaque jour, nul arbre, nulle fleur.*

■ Quand les déterminants *aucun, chaque* et *nul* sont répétés dans des groupes nominaux sujets, le verbe se met toujours au singulier :

➡ ***Aucun*** *édifice,* ***aucun*** *bâtiment ne* ***fut épargné****.*

■ Le déterminant *maints* (= un grand nombre de) s'emploie pratiquement toujours au pluriel ; *plusieurs* s'emploie toujours au pluriel :

➡ *Maintes fois, plusieurs jours.*

2. Le genre

■ Les déterminants *chaque, plusieurs* et *quelque* ont un masculin et un féminin identiques :

➡ *Chaque heure et chaque jour.*

■ Les déterminants *aucun, nul, certain, maint* prennent un **-e** au féminin et *nul* double le **-l** :

➡ *Aucune chance, nulle part.*

3. La nature

■ Quand ils sont employés seuls et qu'ils remplacent un nom, certains de ces termes deviennent des **pronoms** :

– sans variante morphologique *(aucun, nul, certain, plusieurs)* :

➡ *Je n'en connais* ***aucun/aucune****.*

– avec variante morphologique *(chaque → chacun)* :

➡ ***Chacun/chacune*** *pourra s'exprimer.*

■ Quand il est **adverbe**, *quelque* (= environ) est invariable :

➡ *J'ai compté* ***quelque*** *six cents hommes.*

	Toujours au singulier	Toujours au pluriel	Au singulier ou au pluriel
Variable en genre	*aucun jour, aucune nuit* *nul jour, nulle nuit*	*maints jours,* *maintes nuits*	*certain jour, certaine nuit* *certains jours, certaines nuits* *quelque jour, quelque nuit* *quelques jours, quelques nuits*
Invariable en genre	*chaque jour* *chaque nuit*	*plusieurs jours* *plusieurs nuits*	

Quelle clé utiliser ?

Clé de la prononciation

1 Parmi les déterminants suivants, quels sont ceux dont le pluriel ou le singulier s'entend ?

aucun problème ; certaines habitudes ; plusieurs fois ; aucun ennui ; plusieurs essais.

La liaison est obligatoire devant un nom ou un adjectif commençant par une voyelle ou un **h** muet : *Certain**s** **e**nfants, plusieur**s** **h**abits, aucu**n** **a**nimal, en mainte**s** **o**ccasions.*

Clé de la substitution

2 Dans chaque phrase, remplacez le mot souligné par un synonyme.

1. J'ai perdu <u>quelque</u> quarante mille francs.
2. <u>Aucun</u> passager n'en est sorti vivant.
3. Nous avons pu soigner <u>quelques bêtes</u>.
4. <u>Nulle</u> ne manquait à l'appel.
5. <u>Certains</u> coureurs ont été disqualifiés.

• Pour mieux comprendre les règles d'accord des déterminants ou des pronoms *aucun, -e* et *nul, nulle,* on peut parfois les remplacer par *pas un(e)* : ***Aucun (Pas un)*** *repas ne sera servi.* ***Nul (Pas un)*** *homme ne manque.*
• Quand on peut remplacer les déterminants *certain* et *quelque* par *plusieurs*, le groupe nominal se met au pluriel ; sinon il reste au singulier : *J'ai gagné* ***quelques (plusieurs)*** *jours. J'ai gagné* ***quelque*** *argent.*
• Quand on peut remplacer *quelque* par *environ*, il est adverbe et invariable : ***Quelque (Environ)*** *quarante copies ont été égarées.*

Clé de la place

3 Quelle est la nature des mots soulignés ?

1. Une <u>certaine</u> confusion régnait.
2. <u>Certains</u> témoins l'affirment.
3. C'est une chose <u>certaine</u>.
4. Tu écoutes une chanson <u>nulle</u>.
5. Je n'en ai <u>nulle</u> envie.

Certain et *nul* peuvent être déterminants indéfinis ou adjectifs qualificatifs :
• **Déterminants indéfinis** : ***certains*** *quartiers,* ***nulle*** *envie.*
• **Adjectifs qualificatifs** :
– employés **après un autre déterminant** : *un* ***certain*** (= imprécis, indéterminé) *temps* ;
– employé **après un nom** : *une preuve* ***certaine*** (= sûre).
– **attribut du sujet** : *Les risques sont pratiquement* ***nuls.***

4 Quelle est la nature du mot qui suit *quelque* ? Que remarquez-vous ?

1. J'ai rencontré quelques promeneurs.
2. Ils étaient quelque cent cinquante artistes.
3. Je ne vous dirai que quelques mots.

Placé devant un adjectif qualificatif ou devant un déterminant numéral, *quelque* modifie leur sens et signifie « environ » ; il est alors **adverbe et invariable** : *Nous accueillons* ***quelque*** *cinq mille visiteurs.*

Clé de la mémoire

À aucun moment ; en aucune façon ; sans aucun doute ; en aucun cas ; nulle part ; quelque part ; quelque chose ; en quelque sorte.

EXERCICES

1 Choisissez la forme nominale qui convient.

1. Dans ces deux maisons on n'apercevait aucune (chandelle/chandelles) ni aucune (lampe/lampes). (V. Hugo)
2. Dans votre bouquet, vous ne pourrez empêcher certaines (odeur/odeurs) de se nuire. (Maupassant)
3. Puis un commissaire de police apparut, venu apparemment de nulle (part/parts). (B. Stoker)
4. Comme je le fais maintenant chaque (soir/soirs), j'avais fermé ma porte à clef. (Maupassant)

2 Choisissez la forme verbale qui convient.

1. Chaque électron (est/sont) un animal, chaque molécule une collection d'animaux. (M. Twain)
2. Chaque goutte d'eau (consiste/consistent) en des milliers d'animaux vivants. (M. Twain)
3. Aucune jeune fille au monde, aucune actrice ne l'(avait/avaient) fasciné. (H. Troyat)
4. Chaque nationalité (avait/avaient) une beauté qui lui était propre. (M. Twain)

3 Dans chacune des phrases suivantes, dites si le terme souligné est déterminant ou adjectif qualificatif.

1. Car le paradis ne peut être <u>nulle</u> part et l'enfer <u>nulle</u> part. (Maupassant).
2. Je demeurai convaincu, <u>certain</u>, qu'il se passait chez moi quelque chose d'anormal. (Maupassant)
3. Je comprenais ce que <u>nul</u> homme ne peut comprendre. (Th. Gautier)
4. Il n'était pas tout à fait <u>certain</u> qu'il serait à l'abri du ridicule. (B. Stoker)
5. La gravité, dix fois moins importante que sur terre, était pratiquement <u>nulle</u>. (A.C. Clarke)

4 Remplacez les termes soulignés par *quelque* ou *quelques*.

1. Il pense que tous les atomes échapperont <u>un</u> jour à ce monde. (M. Twain)
2. Les messieurs tiraient <u>plusieurs</u> coups de fusil. (É. Zola)
3. <u>Plusieurs</u> traces antérieures de pas humains avaient dessiné la ligne sinueuse d'un sentier grisâtre. (L. Pergaud)
4. Il a entendu <u>une</u> chansonnette qu'il ne juge point trop laide. (G. Sand)
5. Seuls <u>deux</u> kayakistes félins esquimautaient sur le plan d'eau. (P. Fournel)

5 Recopiez et complétez les phrases suivantes par *quelque* ou *quelques*.

1. Une idée qui lui vint le rendit comme fou pendant [...] semaines. (Stendhal)
2. Malgré [...] trente ans d'inactivité, il n'avait pas perdu la main. (H. Troyat)
3. Il y avait un vaste clos, des terres maigres où [...] vignes consentaient à pousser. (É. Zola)
4. Cela se passait voici [...] quatre millions d'années. (M. Twain)
5. Son lancement présentait-il [...] difficulté mécanique à surmonter ? (J. Verne)

6 Recopiez les phrases suivantes en remplaçant les nombres par le mot qu'ils représentent :

① ***certain(e)(s)*** ; ② ***quelque(s)*** ; ③ ***aucun(e)*** ; ④ ***nul(le)(s).***

1. Il était arrivé souvent que ① marchand de bric-à-brac, au moment de se mettre au lit, avait entendu ② bruit dans son grenier. (Maupassant)
2. Le succès ne fait ③ doute à leurs yeux.
3. Je cherchai d'abord Toine des yeux, puis ne l'apercevant ④ part, j'allai faire dans chaque hutte un petit tour d'inspection. Je ne le trouvai dans ③. Il ne restait plus que la forêt. Je n'hésitai pas à m'y enfoncer, espérant du même coup y découvrir ② fruits. (M. Bernanos)
4. Il est doué de grandes capacités, mais d'③ imagination. C'est toujours l'hiver en dedans. Non, pas même cela – disons plutôt ② chose comme la première semaine de novembre : pas de neige, rien que des menaces ; nuageux, ② bruines, ② brouillards errants. (M. Twain)
5. ③ oiseau ne tournoyait dans le ciel, ④ arbre ne berçait sa palme à l'orée d'une jungle bordant une bande de sable doré, ④ cascade ne dévalait d'un pic escarpé. (G.A. Effinger)

Les sentiments

Objectif ▶ **Caractériser les divers sentiments par un vocabulaire précis.**

La nuit

J'aime la nuit avec passion. Je l'aime comme on aime son pays ou sa maîtresse, d'un amour profond [...]. Le jour me fatigue et m'ennuie. Il est brutal et bruyant [...]. Mais quand le soleil baisse, une joie confuse, une joie de tout mon corps m'envahit. Je m'éveille, je m'anime. À mesure que l'ombre grandit, je me sens tout autre, plus jeune, plus fort, plus alerte, plus heureux.

Guy de Maupassant, *La Nuit*.

QUESTIONS

1 ▶ Quels sentiments éprouve le narrateur pour la nuit ? Quels mots utilise-t-il ?

2 ▶ Ressent-il les mêmes sentiments pour le jour ?

3 ▶ Quelles impressions se réveillent en lui quand la nuit s'installe ?

LEÇON

1. De l'amitié à la passion

■ Ressentir un sentiment pour quelqu'un, c'est être touché, ému par cette personne, sans pouvoir, le plus souvent, analyser sur le moment ce que l'on éprouve. Les sentiments qui nous attachent à quelqu'un sont de nature et de degré variables.

Estime	bonne opinion sur la personne évoquée	*L'**estime** qu'il porte à son adversaire est forte.* *Je l'**estime** pour sa grande honnêteté.*
Amitié	estime et confiance	*Une **amitié** durable, de longue date.* *Ils **ressentent de l'amitié** l'un pour l'autre.*
Affection	tendresse et attachement	*L'**affection** que lui porte son père est sans limites.* *Luc **éprouve de l'affection** pour Lise.*
Amour	tendresse et vive attirance	*Leur **amour** s'est déclaré. Ils **s'aiment**, une belle histoire d'amour commence.*
Fascination	attirance irrésistible	*Quelle **fascination** exerce sa forte personnalité !* *Son regard et sa parole **fascinent**.*
Passion	amour violent, que la raison ne peut dominer	*Sa **passion** est incontrôlable. Loïc a **éprouvé une passion** subite pour elle. Un véritable **coup de foudre** !*
Adoration	– amour d'un être divin, d'un dieu ; – amour extrême pour une personne	*– L'**adoration** des Mages pour Jésus, dans l'histoire chrétienne, est le thème de divers tableaux.* *– Quelle **adoration** ! Roméo l'**adore**, comme un fou, il ferait n'importe quoi pour elle !*
Idolâtrie	– adoration pour quelque chose ; – amour excessif, incontrôlé	*– L'**idolâtrie** régnait dans cette tribu. Ils **idolâtraient** la montagne sacrée.* *– Il suit la vedette partout. Il l'**idolâtre**.*

■ **Quelques expressions**

– Roméo aime Juliette : *il* ***a un faible, un penchant, une inclination*** *pour elle ; il* ***brûle de tous ses feux*** *pour elle.*

– Il lui avoue son amour : *il lui* ***révèle****, lui* ***déclare ses sentiments, sa flamme, sa passion****.*

2. De la contrariété à la rage...

La contrariété : déplaisir causé par un obstacle, une opposition.
La jalousie : crainte, soupçon de l'infidélité de la personne aimée.
Le dépit : sentiment de déception, et de contrariété.
La frustration : sentiment d'être privé de ce à quoi l'on a droit.
La rancune, le **ressentiment :** souvenir d'une vexation, d'une injustice, accompagné d'hostilité, d'un désir de vengeance.
L'amertume : sentiment de tristesse et de douleur lié à une déception, une injustice.
La rancœur : amertume tenace contre quelqu'un.
L'aigreur : mauvaise humeur exprimée par des remarques acerbes, piquantes.
La colère : mécontentement violent souvent accompagné de mouvements hostiles.
L'indignation : sentiment de colère dû à une injustice.
La fureur : colère sans mesure, proche de la folie.
La rage : colère extrêmement violente, fureur intense.

EXERCICES

1 Expliquez les sentiments exprimés dans chaque phrase.

1. Sophie éprouvait de l'affection pour lui, mais elle ne l'aimait pas. – **2.** Marius l'aimait d'amour plutôt que d'amitié. – **3.** Il me fascinait et pourtant je le détestais. – **4.** La vedette se sentait idolâtrée et souffrait de ne pas être aimée. – **5.** Peux-tu l'aimer sans estime ?

2 Retrouvez les adjectifs correspondant aux mots de la leçon. Employez-les dans une phrase exemple.

1. Il a perdu la clef que tu lui as prêtée, il est très … . – **2.** … de n'avoir pas été payé, il exigea des explications. – **3.** J'avais gagné une place au concert, le groupe a annulé le concert, je suis vraiment … . – **4.** … d'avoir perdu son pari, il partit.

3 Recopiez chaque phrase et rédigez une suite explicative.

1. La conversation a tourné à l'aigre… – **2.** Il est jaloux comme un tigre… – **3.** Devant son refus, il est entré dans une colère bleue… – **4.** Il a la rancœur tenace… – **5.** Ce fut l'indignation générale…

4 Quand ils ne désignent pas un sentiment, que signifient les mots soulignés ? Cherchez-en la définition dans un dictionnaire.

1. Les <u>jalousies</u> sont fermées. – **2.** La <u>rage</u> a disparu de la région. – **3.** J'aime l'<u>amertume</u> de cette boisson. – **4.** Ta cuisine me donne des <u>aigreurs</u> d'estomac. – **5.** C'est une <u>affection</u> chronique de la gorge.

HISTOIRE DE LA LANGUE

Être en colère, se faire de la bile

• Issu du mot grec *kholê,* le latin *cholera* désigna d'abord la bile et les maladies consistant à rejeter ce liquide sécrété par le foie, puis la colère, parce qu'on imaginait que ce sentiment résultait d'un excès de bile. En effet, dans la médecine ancienne, on distinguait **quatre humeurs** – la bile, la bile noire, le flegme et le sang – et leur répartition diverse dans le corps humain était censée commander notre tempérament, notre « humeur ».

• Cette conception reste perceptible dans les expressions ***échauffer la bile*** (mettre en colère), ou ***se faire de la bile*** (être très inquiet). Étymologiquement, une personne **atrabilaire** est imprégnée de trop de bile « noire » (*atra* en latin), donc très irritable. D'où le sous-titre choisi par Molière pour *Le Misanthrope :* « l'atrabilaire amoureux ».

• Quant au **choléra**, grave maladie épidémique, il s'agit, au XVIe siècle, d'un emprunt au grec, le mot y désignant diverses maladies attribuées au désordre des « humeurs ».

Répondre à une accusation

Objectif ▶ Disposer de moyens linguistiques pour se défendre.

QUESTIONS

1 ▶ Qui accuse ? Qui est accusé ? Pourquoi ?

2 ▶ Quel reproche est formulé ?

3 ▶ Quelle excuse l'automobiliste invoque-t-il ?

4 ▶ Quelles formules emploie-t-il pour se défendre ?

LEÇON

Pour se défendre, on peut :

1. Nier une accusation

- *Ce n'est pas vrai du tout ! C'est (absolument) faux !*
- *Je nie absolument les faits. Je suis innocent. Je suis hors de cause. Je suis accusé à tort, faussement, injustement.*
- *Je jure que ce n'est pas vrai ! Je démens, je conteste, je proteste.*
- *Moi, faire une chose pareille ? Jamais ! Ce n'est pas possible, je vous le jure.*
- *Non, mais ça (ne) va pas !* (familier)

2. Accepter l'accusation en l'atténuant

- *D'accord, je l'ai fait mais... Bien sûr, j'ai fait ceci, mais je ne comprends pas ce qui vous choque.*
- *Je ne vois pas où est le mal.*
- *Ce n'est pas ma faute, c'est...*
- *Cela se pratique couramment. De plus... Et puis...*
- *Si vous saviez comme je l'ai regretté !*
- *C'est excusable, c'est pardonnable. Il n'y a pas de quoi fouetter un chat. Faute avouée est à demi pardonnée.*

3. Retourner l'accusation contre l'interlocuteur

- *Vous le faites bien, vous !*
- *Mais vous avez parfois donné l'exemple !*
- *Commencez donc par balayer devant votre porte !* (registre familier)

EXERCICES

Improvisez les scènes suivantes en réagissant aux reproches formulés.

1. Un père de famille reproche à son fils étudiant de beaucoup sortir, de ne pas préparer assez sérieusement ses examens. Celui-ci répond à son père.

2. Un de vos amis vous reproche de n'être pas venu(e) au rendez-vous qu'il vous avait fixé pour aller au cinéma.

3. Votre grand frère vous a surpris(e) en train de fumer. Il vous a sévèrement grondé(e).

4. Votre grande sœur vous accuse d'avoir fouillé dans ses affaires personnelles, d'avoir utilisé son maquillage et lu son journal intime.

5. Après une compétition sportive, vos coéquipiers vous reprochent d'avoir laissé gagner l'équipe adverse.

6. Vous assistez en tant que délégué(e) au conseil de fin de trimestre. Les professeurs reprochent aux élèves de mal travailler. Vous défendez vos camarades.

7. Vos voisins vous reprochent de travailler votre violon à des heures où ils essaient de se reposer.

IANIS SINAI

Exprimer des sensations et des sentiments

Objectif ▶ Utiliser un vocabulaire et des structures de phrases adaptés pour exprimer son affectivité.

Notes de voyage

C'est le sourire d'une babouchka, plus très jeune, les lèvres peintes d'un rouge brillant, qui m'a fait oublier ce jour-là le gris du ciel de Pétersbourg. Sur la Nevski Prospekt, ce dimanche triste de mai, elle avait installé quelques aquarelles de la forteresse Pierre-et-Paul et un étonnant dessin à la plume de la merveilleuse église de Tchesné bâtie au XVIIIe siècle par Felten. Son regard aussi était brillant lorsqu'il se posait sur moi et j'avais comme l'impression à ce moment-là que l'âme russe me pénétrait.

Nous faisions face à Notre-Dame-de-Kazan, copie imparfaite de Saint-Pierre-de-Rome dont l'ombre à peine marquée se perdait dans le chaos des trottoirs défoncés. Car Pétersbourg, je m'en rendais compte maintenant, ne devait se regarder que « vers le haut » pour capter sa majesté, s'éblouir des bleu turquoise, jaune safran et vert malachite, pour comprendre la parfaite harmonie bâtie en 1703 par la volonté d'un monarque éclairé mais tyrannique, Pierre le Grand, qui voulut faire de cette cité la plus belle capitale du monde. Palais baroques ou classiques d'un italianisme échevelé signés Rastrelli ou Rossi, rangés comme une dentelle délicate au bord de la Néva, dômes dorés, bulbes rutilants lorsque le soleil, se jouant des nuages, laisse échapper quelques rayons, jardins à la française ponctués des bustes de Dostoïevski, Pouchkine et Gogol…

Toutes ces merveilles se contemplent en levant le regard comme si le temps n'avait eu de prise que sur la base, là où les hommes s'activent quotidiennement.

Alain Ammar, *Guide classe affaire, 36 villes d'Europe*,
© Éditions Fontaine, 1994.

QUESTIONS

1 ▶ De quel type d'ouvrage ce texte est-il extrait ?

2 ▶ Quels sentiments le narrateur veut-il communiquer ?

3 ▶ Relevez quelques sensations visuelles. Par quelles classes de mots s'expriment-elles ?

4 ▶ Relevez une comparaison.

LEÇON

Lorsque nous écrivons des notes de voyage, un journal intime, des lettres, des récits imaginaires, des poèmes, nous exprimons nos **impressions** et nos **sentiments personnels**, qui témoignent de la richesse de notre vie affective. Ils sont éveillés par les **sensations**, les **perceptions** qui nous viennent de nos sens.

1. Les cinq sens

	Noms	Verbes	Adjectifs
Vue	*vision, regard, scène, panorama*	*voir, apercevoir, regarder, entrevoir, distinguer*	*éblouissant, rutilant, brillant, éclatant, minuscule, petit, grand, énorme, géant, long*
Ouïe	*bruit, bruissement, bourdonnement, clameur, chuintement, ovation*	*entendre, ouïr, distinguer, discerner, écouter*	*aigu, perçant, strident, sourd, éclatant, clair, sonore, léger, fort, faible, métallique, sec, prolongé, plaintif*
Odorat	*arôme, bouquet, effluve, exhalaison, fragrance, fumet, émanation, relent*	*sentir, embaumer, fleurer, humer, renifler, flairer, puer, infecter, empuantir*	*balsamique, riche, subtil, aromatique, odoriférant, capiteux, enivrant*
Toucher	*tact, caresse, effleurement, pression, rugosité, moiteur, humidité*	*toucher, tâter, effleurer, presser, caresser, peser, palper*	*souple, étoffé, chaud, brûlant, tiède, frais, froid, léger, lourd, soyeux, duveteux, humide, mouillé, moite, collant, sec, dur, gras*
Goût	*douceur, acidité, amertume*	*savourer, déguster, avaler, dévorer, ingurgiter, grignoter, siroter*	*acide, vert, amer, astringent, sucré, doux, salé, épicé, insipide, aigre, piquant, sec, desséchant, gouleyant*

2. Le vocabulaire des sentiments

	Noms	Verbes	Adjectifs
Aimer	*amour, passion, affection, amitié, concorde, entente, tendresse, fraternité, adoration, culte, dévotion, ferveur, ardeur, feu, cœur, fièvre*	*chérir, adorer, affectionner, brûler, languir, s'éprendre, s'embraser, cajoler, roucouler*	*épris, passionné, tendre, voluptueux, chaud, ardent, galant, câlin, angélique, céleste, chaste, platonique, affectueux, bienveillant*
Haïr	*haine, animosité, aversion, antipathie, colère, dégoût, horreur, hostilité, inimitié, exécration, rancune, rancœur, répulsion*	*abhorrer, détester, exécrer, rejeter, honnir, maudire, se venger, répugner*	*haïssable, odieux, détestable, exécrable, insupportable, maudit, haineux*

3. Les phrases

Les phrases correspondent aux émotions, à la vivacité des sentiments. Elles renvoient à la **fonction expressive** du langage. On utilise :
– des phrases **courtes** pour marquer la vivacité ;
– des phrases **longues** et **complexes** pour exprimer un état d'âme, des sentiments subtils ;
– des phrases **exclamatives** pour marquer la force des sentiments ;
– des phrases **interrogatives** pour marquer un bouleversement intérieur.

EXERCICES

Choisissez l'une des rédactions suivantes.

1. Écrivez un poème de forme libre pour exprimer votre mélancolie, votre ennui ou un souvenir personnel.

2. Un(e) ami(e) vous a déçu(e). Vous lui écrivez une lettre dans laquelle vous lui exprimez vos sentiments.

3. Vous avez rencontré les nouveaux copains de votre frère. Quelque temps après, votre frère vous demande vos impressions sur eux.

4. Vous êtes sorti(e) emballé(e) et bouleversé(e) d'une séance de cinéma. Vous communiquez vos impressions, vos sentiments à un(e) ami(e).

5. Avant de vous recevoir pour quinze jours, votre correspondant(e) étranger(ère) vous interroge sur vos goûts, vos préférences. Vous lui répondez.

6. On vous demande d'écrire un texte publicitaire sur un parfum. Aidez-vous d'un dictionnaire analogique et rédigez ce texte en une dizaine de lignes.

Les catégories de mots dans la phrase

1 10 points

Relevez et classez les noms soulignés en sous-catégories : commun/propre ; animé/non animé ; humain/non humain ; abstrait/concret. (Faites un tableau.)

L'ARCHÉOLOGIE. Reportez-vous par la pensée dans les temps antiques : la municipalité d'Athènes pose la première pierre des ruines du Parthénon. Décrivez la cérémonie.

LA VIE DE TOUS LES JOURS. (…) Vous êtes chez le coiffeur. Un vieillard à la longue barbe blanche, vêtu d'un tablier blanc, vous prie poliment de vous asseoir. Or, ce n'est autre que l'empereur Charlemagne. Lui donnez-vous tout de même un pourboire ?

Jean Tardieu, *Un mot pour un autre*, © Gallimard.

2 6 points

Identifiez les constituants des groupes nominaux soulignés.

Je profitais passionnément du privilège de l'enfance, pour qui la beauté, le luxe, le bonheur sont des choses qui se mangent ; devant les confiseries de la rue Vavin, je me pétrifiais, fascinée par l'éclat lumineux des fruits confits, la floraison bigarrée des bonbons acidulés : vert, rouge, orange, violet : je convoitais les couleurs elles-mêmes autant que le plaisir qu'elles me promettaient. J'avais souvent la chance que mon admiration s'achevât en jouissance. Maman concassait des pralines dans un mortier, elle mélangeait à une crème jaune la poudre grenue ; le rose des bonbons se dégradait en nuances exquises : je plongeais ma cuiller dans un coucher de soleil.

Simone de Beauvoir, *Mémoires d'une jeune fille rangée*, © Gallimard.

3 6 points

Relevez les adjectifs affectés d'un degré d'intensité ou de comparaison.

Le cavalier était pâle, mais d'une pâleur dorée, pleine de force et de vie ; ses prunelles nageaient sur un cristallin humide et bleu ; son nez droit et mince donnait à son profil une fierté et une vigueur merveilleuses, et la chair en était si fine que, sur le bord du contour, elle laissait transpercer la lumière ; sa bouche avait le sourire le plus doux à de certains moments, mais d'ordinaire elle était très arquée à ses coins, comme quelques-unes de ces têtes qu'on voit dans les tableaux des vieux maîtres italiens, plutôt en dedans qu'en dehors ; ce qui lui donnait quelque chose d'adorablement dédaigneux.

Théophile Gautier, *Mademoiselle de Maupin*.

4 6 points

Identifiez le temps et le mode des verbes soulignés.

Oui, je vous injurierai jusqu'à ce que je vous aie guéri de votre paresse. Je ne vous reproche point de souper tous les soirs avec Monsieur de la Popelinière. Je vous reproche de borner là toutes vos pensées et toutes vos espérances. Vous serez bientôt vieux et infirme, voilà à quoi il faut que vous songiez. Que deviendrez-VOUS quand vous aurez vieilli, quand vous serez malade et qu'on vous aura abandonné ? Sera-ce une consolation pour vous de dire : « J'ai bu du vin de Champagne autrefois en bonne compagnie » ?

Voltaire, *Lettre à Thiriot*, 13 juin 1735.

5 10 points

Relevez les adverbes. Repérez ceux qui organisent le texte.

ZINGUEUSE : LA FÉMINISATION

En juin 1993, la Communauté française de Belgique décidait de féminiser les noms de métier, fonction, grade ou titre. Cette décision a fait couler beaucoup d'encre. Pourtant, elle ne fait que refléter, à travers l'évolution du langage, celle de la société.

En effet, les femmes accèdent aujourd'hui à des fonctions de plus en plus diverses, notamment à celles autrefois réservées aux hommes. N'est-il pas étonnant, dès lors, de devoir utiliser pour elles une dénomination masculine, et de parler de Madame le juge, Madame l'avocat ou Madame le Président ? Car c'est surtout lorsqu'il faut désigner des fonctions de prestige que la langue semble résister au féminin. Or, en refusant la féminisation des noms de fonction, on occulte le fait que les femmes occupent de plus en plus la scène professionnelle et y exercent des responsabilités.

Communauté française de Belgique, article publié dans *Le Soir*, mai 1995.

6

Les transformations de la phrase

GRAMMAIRE

Chapitre 18 : Coordination, juxtaposition 168
Chapitre 19 : La subordination 173
Chapitre 20 : Les propositions subordonnées circonstancielles 179

ORTHOGRAPHE
• L'accord du verbe dans la subordonnée 184

VOCABULAIRE
• La vie professionnelle 188

EXPRESSION ORALE
• Exprimer le souhait, le regret 190

EXPRESSION ÉCRITE
• Écrire pour valoriser 192

BILAN 194

CHAPITRE 18

Coordination, juxtaposition

OBSERVATION

Dîner de fiançailles

Nous devions dîner ce jour-là à Puygarrig, chez les parents de la future ; nous montâmes en calèche et nous nous rendîmes au château, éloigné d'Ille d'environ une lieue et demie. Je fus présenté et accueilli comme l'ami de la famille. Je ne parlerai pas du dîner ni de la conversation qui s'ensuivit, et à laquelle je pris peu de part. M. Alphonse, placé à côté de sa future, lui disait un mot à l'oreille tous les quarts d'heure. Pour elle, elle ne levait guère les yeux, et chaque fois que son prétendu lui parlait, elle rougissait avec modestie, mais lui répondait sans embarras.

Mlle de Puygarrig avait dix-huit ans, sa taille souple et délicate contrastait avec les formes osseuses de son robuste fiancé. Elle était non seulement belle, mais séduisante. J'admirais le naturel parfait de ses réponses ; et son air de bonté, qui pourtant n'était pas exempt d'une légère teinte de malice, me rappela, malgré moi, la Vénus de mon hôte.

Prosper Mérimée, *La Vénus d'Ille.*

QUESTIONS

1 ▶ Comptez les verbes conjugués de la phrase en bleu : combien y a-t-il de propositions ?

2 ▶ De quelle(s) manière(s) les propositions de la phrase en bleu sont-elles reliées ?

3 ▶ Quel mot de liaison pourrait-on placer entre les propositions de la phrase en vert ?

4 ▶ Récrivez la phrase en rose en rétablissant les mots qui ont été volontairement effacés. Combien de propositions distinguez-vous ?

5 ▶ Dans le texte, quelles autres propositions unies par *et* pouvez-vous distinguer ?

6 ▶ Pouvez-vous remplacer les mots en jaune par *et* ? Pourquoi ?

LEÇON

1. La coordination

■ On appelle coordination la réunion, dans une même phrase, de deux ou plusieurs propositions jouant **le même rôle syntaxique**. Les éléments coordonnés n'ont pas de fonction l'un par rapport à l'autre.

■ La coordination est utilisée entre **deux propositions de même rang**.

◆ Des propositions **indépendantes** le plus souvent :

➡ *Nous montâmes en calèche **et** nous nous rendîmes au château.*

◆ Des propositions **principales** :

➡ *Bien que la conversation fût amusante, je parlai peu **et** préférai écouter mes voisins.*

◆ Des propositions **subordonnées** :

➡ *… la conversation qui s'ensuivit **et** à laquelle je pris peu de part.*

◆ **Remarques**

– La coordination est également utilisée à l'intérieur de la phrase simple pour unir des groupes sujets, des verbes, des compléments essentiels, le plus souvent avec ***et*** et ***ni***.

– Les conjonctions ***donc, car*** et ***or*** ne coordonnent que des propositions.

■ Propriétés syntaxiques

◆ **Permutation**

Il est difficile de permuter deux propositions coordonnées car la coordination marque souvent un rapport logique ou chronologique :

➡ *Je fus **présenté** et **accueilli** comme l'ami de la famille.* (ordre chronologique)

◆ **Effacement**

– Lorsque deux propositions sont coordonnées, les groupes de mots qui leur sont communs peuvent être effacés dans la seconde proposition :

➡ *Je fus présenté **et** [je fus] accueilli comme l'ami de la famille.*

– Ils peuvent aussi être remplacés par un **pronom** :

➡ *Son père pratique le dessin et **l'**enseigne à l'École polytechnique.*

■ Les mots coordonnants

◆ ***Et*** : la relation de sens qui unit deux éléments coordonnés par *et* peut varier.

➡ *Le chanteur écrit ses chansons **et** en compose la musique.* (addition)
➡ *Il décrocha le téléphone **et** appela les pompiers.* (succession)
➡ *Un seul être vous manque **et** tout est dépeuplé.* (conséquence)
➡ *J'ai recommencé l'entraînement **et** j'ai pris trois kilos.* (opposition)

◆ ***Ou***

– *Ou* a une valeur **exclusive** quand on ne peut pas additionner deux possibilités :

➡ *Vous avez droit à un fromage **ou** vous pouvez prendre un dessert* (et non les deux).

– *Ou* a une valeur **inclusive** quand on peut additionner deux possibilités. Dans ce cas-là, on écrit parfois « *et / ou* » :

➡ *Il pleut : mets ton imperméable **ou** prends un taxi.*

◆ ***Ni*** s'emploie pour coordonner les éléments d'une **phrase négative**. La négation porte à la fois sur le mot placé avant et sur le mot placé après :

➡ *Je ne pouvais **ni** ne voulais participer à la fête.*

◆ ***Donc, car, mais, or*** : ces conjonctions de coordination ont un **rôle dans le discours**. On les appelle aussi des **connecteurs**. Elles servent à souligner les étapes logiques d'un raisonnement :

– ***Donc*** indique que la proposition qui suit est une **conclusion** :

➡ *Elle a plus de dix-huit ans, **donc** elle est majeure.*

– ***Car*** indique que la proposition qui suit est un **argument** dont le rôle est de justifier la proposition précédente :

➡ *Fermez les volets **car** la nuit est tombée.*

– ***Mais*** indique que la proposition qui suit exprime une **opposition** ou une **concession** :

➡ *J'aimerais changer ma voiture **mais** mon budget ne le permet pas.*

– ***Or*** indique que la proposition qui suit est un **nouvel argument**, ou une nouvelle étape du raisonnement :

➡ *Je t'avais promis une récompense. **Or** tu as été insupportable, donc…*

◆ **Les adverbes coordonnants**

Certains adverbes jouent le rôle de mots coordonnants. Ce sont des **connecteurs logiques** *(en effet, aussi, au contraire, par conséquent, d'ailleurs…)* ou **chronologiques** *(d'abord, ensuite, puis, enfin, finalement)*.

2. La juxtaposition

■ Quand deux ou plusieurs propositions sont simplement **séparées**, à l'oral par une **pause**, à l'écrit par un **signe de ponctuation**, sans autre marque grammaticale, elles sont juxtaposées.

■ La **relation** qui unit les propositions est **implicite**. Elle doit être reconstituée par le récepteur selon le sens de chaque proposition :

➡ *Il pleut, le vent souffle.* (addition)

➡ *Elle ferma la porte, descendit l'escalier.* (succession)

➡ *Il va geler, je rentre les géraniums.* (conséquence)

➡ *Il peut supplier, je ne céderai pas.* (opposition)

POUR L'EXPRESSION ÉCRITE

■ À l'oral, il arrive que les différentes **étapes d'un récit** ou d'un **raisonnement** soient marquées par l'emploi de *et* en début de chaque phrase. Cette pratique est à éviter à l'écrit, car la succession dans le temps ou les étapes d'une argumentation doivent être soulignées par des procédés syntaxiques plus adaptés et plus variés.

■ Cependant, il arrive qu'on emploie la conjonction *et* en la répétant, pour insister, devant chacun des éléments coordonnés :

➡ *Tout m'afflige **et** me nuit **et** conspire à me nuire.* (Racine)

RÉSUMÉ

1. La phrase complexe contient **plusieurs propositions**. Elle résulte de la réunion de plusieurs **phrases simples** soit **coordonnées** (placées côte à côte et reliées par une conjonction de coordination), soit **juxtaposées** (placées côte à côte sans lien exprimé).

2. Les éléments coordonnés jouent le **même rôle syntaxique**. Ils n'ont pas de fonction l'un par rapport à l'autre.

3. La juxtaposition établit un **lien implicite** entre deux éléments placés côte à côte. C'est le récepteur qui doit reconstituer ce lien.

EXERCICES

Identifier

1 **Relevez toutes les conjonctions de coordination. Distinguez ensuite celles qui jouent le rôle d'organisateurs du texte et précisez quels liens logiques elles marquent.**

Il se demandait parfois comment il avait fait pour dépenser une moyenne de mille livres par mois, sans aucun excès ni aucune fantaisie, et il constatait qu'en additionnant un déjeuner de huit francs avec un dîner de douze pris dans un grand café quelconque du boulevard, il arrivait tout de suite à un louis, qui, joint à une dizaine de francs d'argent de poche, de cet argent qui coule, sans qu'on sache comment, formait un total de trente francs. Or trente francs par jour donnent neuf cents francs à la fin du mois. Et il ne comptait pas là-dedans tous les frais d'habillement, de chaussure, de linge, de blanchissage, etc.
Donc, le 14 décembre, il se trouva sans un sou dans sa poche et sans un moyen dans l'esprit pour obtenir quelque monnaie.

Guy de Maupassant, *Bel-Ami*.

2 **Relevez les conjonctions de coordination et les adverbes coordonnants. Précisez quelles nuances de sens ils apportent.**

C'était bien le père d'Anna. Mais il semblait plongé dans une activité étrange. Une activité qui l'absorbait entièrement, au point qu'il devait rester aveugle et sourd à tout ce qui l'entourait. Il tenait à la main un objet qui semblait capter non seulement ses regards, mais qui devait solliciter aussi son attention, son intelligence, sa sensibilité : parfois, il souriait ; d'autres fois, il soupirait ; quelquefois encore, il semblait ému au point que ses yeux devenaient humides. Et pourtant, il restait parfaitement immobile.
L'assistance, immobile elle aussi, le contempla une minute sans rien dire, pétrifiée d'étonnement et d'admiration. Car il n'y avait presque plus personne, aujourd'hui, pour se livrer à cette distraction complexe, rare, baroque, pour tout dire d'un autre âge. […]
« Oh, vous étiez là ? » balbutia-t-il enfin, visiblement confus.
Alors il referma et rangea très vite, dans sa poche, l'objet qui avait jusque-là capté toute son attention. Puis, comme pour se justifier, il écarta les mains et murmura, sur un ton à la fois badin et coupable :
« Oui… Pardonnez-moi : je lisais. »

Christian Grenier, *Virtuel : attention, danger !*, © Milan, 1994.

Transformer

3 **Replacez les mots coordonnants suivants aux endroits qui conviennent.**

d'ailleurs ; or donc ; alors ; et ; car.

« Je suis Bouc Émissaire, monsieur le commissaire. » Le commissaire divisionnaire Coudrier me renvoie un regard absolument vide. Je lui explique ① que la fonction dite de Contrôle technique est absolument fictive. Je ne contrôle rien du tout, ② rien n'est contrôlable dans la profusion des marchands du temple. À moins de multiplier par dix les effectifs des contrôleurs. ③ , lorsqu'un client se pointe avec une plainte, je suis appelé au bureau des Réclamations où je reçois une engueulade absolument terrifiante. Mon boulot consiste à subir cette tornade d'humiliations, avec un air si contrit, si paumé, si profondément désespéré qu'en règle générale, le client retire sa plainte pour ne pas avoir mon suicide sur la conscience ④ que tout se termine à l'amiable, avec le minimum de casse pour le Magasin. Voilà, je suis payé pour ça. Assez bien, ⑤ .

Daniel Pennac, *Au bonheur des ogres*, © Gallimard, 1985.

4 Remplacez les virgules qui séparent les propositions juxtaposées par des conjonctions de coordination ou des adverbes coordonnants.

1. J'ai appris ma leçon d'anglais, j'ai fait mes exercices de mathématiques, j'ai répété mon morceau de flûte. – **2.** La voiture est en rodage, il ne faut pas aller trop vite pendant les mille premiers kilomètres. – **3.** Harpagon est fou de douleur, sa cassette vient de lui être dérobée. – **4.** Si vous souhaitez arriver vite, prenez l'autoroute, si vous avez du temps, empruntez les routes secondaires, vous découvrirez mieux la région. – **5.** Le plombier aurait bien voulu terminer la réparation aujourd'hui, il lui manquait une pièce. – **6.** Mon voisin n'avait plus de cartouche pour son stylo à encre, il a continué son devoir au crayon à papier.

5 Retrouvez l'ordre du texte en vous aidant des conjonctions de coordination ou des adverbes coordonnants.

1. mais aussi au marchand de chapeaux de paille, aux belles dames de la maison de thé, au menuisier, au fabricant de tonneaux, au potier, au forgeron, au barbier, au teinturier, à l'écrivain public qui lui adresse toujours un clin d'œil.
2. Puis il se redresse
3. Alors Tojiro s'incline plus gravement que de coutume pour empocher la monnaie, essayant d'imprimer sur son visage l'expression impassible d'un redoutable guerrier.
4. Tojiro vend ses gâteaux aux passants,
5. et repart en criant à tue-tête sa chanson de petit vendeur des rues.
6. Il a parfois la chance d'en vendre à un samouraï qui déambule fièrement avec ses deux sabres passés dans la ceinture.

François Place, *Le Vieux Fou de dessin*, Gallimard, « Folio junior », 1997.

Employer

6 a. Complétez le texte suivant avec les conjonctions de coordination ou les adverbes coordonnants qui conviennent.

b. Inspirez-vous de ce texte pour écrire un paragraphe sur la souris de l'ordinateur.

La puce a des pattes ① elle n'a ② bouche, ③ oreille, ④ œil. Elle ne connaît que les chiffres. ⑤ uniquement les 0 et les 1 du système appelé binaire. […]
Les puces ne savent faire que deux choses : calculer ⑥ garder des chiffres en mémoire. ⑦ elles sont loin d'être des cancres ! À coups de 0 ⑧ de 1, elles avalent facilement l'équivalent de centaines de pages de texte. ⑨ , à force de gaver ces pauvres puces, il arrive que leurs mémoires débordent. Pour les soulager, on stocke toutes les informations dont l'ordinateur ne se sert pas dans l'immédiat sur des disquettes ⑩ des bandes magnétiques.

Didier Grosjean, *La Puce électronique*, © Casterman, 1991.

7 Voici une recette de cuisine mise en vers par Edmond Rostand et déclamée par le pâtissier-poète Ragueneau dans *Cyrano de Bergerac*. Récrivez cette recette en prose. Ajoutez de nombreuses conjonctions de coordination ou adverbes coordonnants.

Battez, pour qu'ils soient mousseux,
Quelques œufs ;
Incorporez à leur mousse
Un jus de cédrat choisi ;
Versez-y
Un bon lait d'amande douce ;

Mettez de la pâte à flan
Dans le flanc
De moules à tartelette ;
D'un doigt preste, abricotez
Les côtés ;
Versez goutte à gouttelette

Votre mousse en ces puits, puis
Que ces puits
Passent au four, et, blondines,
Sortant en gais troupelets,
Ce sont les
Tartelettes amandines !

Edmond Rostand, *Cyrano de Bergerac*, Acte II, scène 4.

8 Le syllogisme est un raisonnement en trois parties ; les deux dernières sont enchaînées par les conjonctions de coordination *or* et *donc*. Le plus célèbre est celui d'Aristote :

Les hommes sont mortels. Or Socrate est un homme. Donc Socrate est mortel.

Eugène Ionesco a tourné ce syllogisme en dérision :

Tous les chats sont mortels. Or Socrate est mortel. Donc Socrate est un chat.

Sur le modèle suivant, construisez vous aussi des syllogismes absurdes.

Une pierre ne peut voler. Or ma mère ne peut voler. Donc ma mère est une pierre.

D'après Claude Gagnière, *Pour tout l'or des mots*, Robert Laffont.

CHAPITRE 19

La subordination

OBSERVATION

Les deux bagues de M. Alphonse

« L'usage à Paris, lui dis-je, est de donner un anneau tout simple, ordinairement composé de deux métaux différents, comme de l'or et du platine. Tenez, cette autre bague que vous avez à ce doigt serait fort convenable. Celle-ci, avec ses diamants et ses mains en relief, est si grosse qu'on ne pourrait mettre un gant par-dessus.

– Oh ! Mme Alphonse s'arrangera comme elle voudra. Je crois qu'elle sera toujours bien contente de l'avoir. Douze cents francs au doigt, c'est agréable. Cette petite bague-là, ajouta-t-il, en regardant d'un air de satisfaction l'anneau tout uni qu'il portait à la main, celle-là, c'est une femme à Paris qui me l'a donnée un jour de mardi gras. Ah ! comme je m'en suis donné quand j'étais à Paris, il y a deux ans ! C'est là qu'on s'amuse… » Et il soupira de regret.

Prosper Mérimée, *La Vénus d'Ille*.

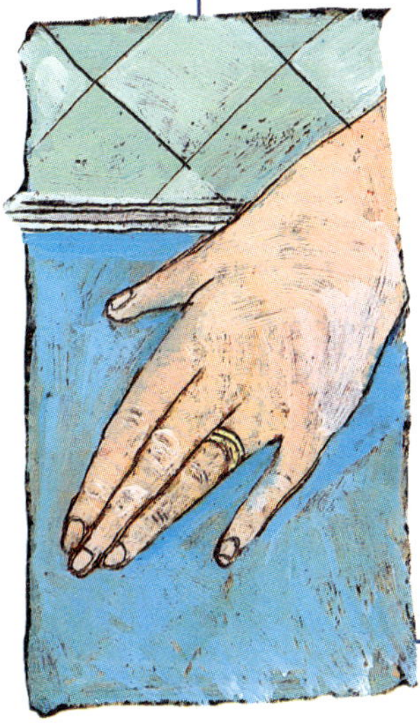

QUESTIONS

1 ▶ Parmi les groupes de mots en bleu, quels sont ceux que l'on peut remplacer par un adjectif ?

2 ▶ Quels sont ceux que l'on peut déplacer ?

3 ▶ Lesquels complètent un nom qui les précède ?

4 ▶ Lequel est complément essentiel du verbe ? Lequel est complément circonstanciel ?

LEÇON

1. Définitions

■ Une phrase complexe peut être construite par juxtaposition, coordination ou subordination.

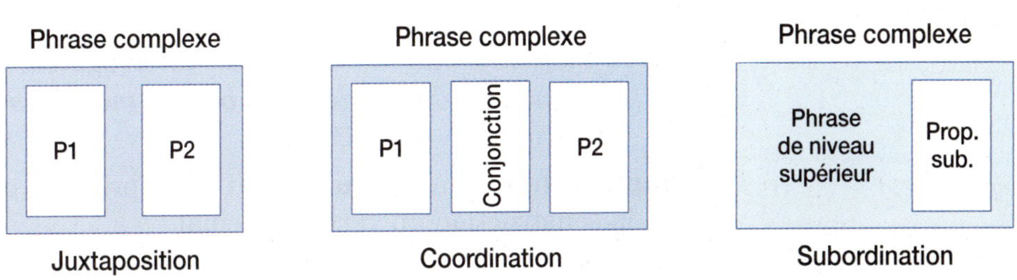

■ Une **subordonnée** est une proposition qui joue le rôle d'un **constituant** à l'intérieur d'une phrase complexe. On dit que la subordonnée est **enchâssée** dans la phrase complexe à l'intérieur de laquelle elle joue le **rôle d'un groupe syntaxique** :

➡ *Alphonse* (sujet) *croit* (verbe) ***que sa fiancée sera contente de la bague***. (subordonnée enchâssée, COD)

■ Les phrases qui comportent des subordonnées contiennent **plus d'un verbe conjugué**. Il est important de reconnaître, parmi ces verbes, le verbe principal par rapport à celui de la subordonnée.

2. Le point d'enchâssement

Une subordonnée s'enchâsse à la place d'un groupe de la phrase simple.

◆ **Complément du verbe** :

➡ *Je souhaite* ***son bonheur***. / *Je souhaite* ***qu'elle soit heureuse***.

◆ **Complément de phrase** (circonstanciel) :

➡ *Je me suis amusé* ***lors de mes vacances à Paris***. / *Je me suis amusé* ***quand j'étais à Paris***.

◆ **À l'intérieur d'un GN** :

➡ *La bague* ***de fiançailles*** *coûte très cher.* / *La bague* ***que j'offre à ma fiancée*** *coûte très cher.*

3. Les mots subordonnants

■ **La conjonction ou la locution conjonctive** s'ajoute en tête de la subordonnée. Elle permet l'enchâssement.

La proposition dont le verbe est à un mode personnel et qui est introduite par une conjonction s'appelle une subordonnée **conjonctive**.

➡ *Le marié s'est amusé* / ***quand*** *il était à Paris.*

■ Le **pronom relatif** a deux caractéristiques :

1. Il se place en tête de la proposition enchâssée.
2. À la différence de la conjonction, il **remplace un constituant** (l'antécédent) à l'intérieur de la proposition enchâssée.

➡ *La mariée apprécie* ***la bague que*** *son fiancé lui a offerte.*
(La mariée apprécie ***la bague***. / *Son fiancé lui a offert* ***la bague***.*)*

4. La subordonnée complément du verbe

La subordonnée complément du verbe peut être :

◆ **complément essentiel direct** (COD) :

➡ *Alphonse apprécie* ***que sa fiancée soit riche***. (complétive)
➡ *Alphonse demanda* ***où j'étais***. (interrogative indirecte)
➡ *Alphonse me demanda* ***si la bague me plaisait***. (interrogative indirecte)

◆ **complément essentiel indirect** (COI), après une préposition qui appartient à la construction du verbe principal :

➡ *Alphonse s'attend à* / ***ce que sa fiancée aime la bague***.

5. La subordonnée complément circonstanciel

■ **Dans la phrase simple**, le complément circonstanciel est généralement un groupe prépositionnel :

➡ *Nous rentrons le bois* ***avant** l'hiver* / ***pendant** l'automne* / ***après** l'été.*

■ **Dans la phrase complexe**, la subordonnée complément circonstanciel est introduite par une **locution conjonctive** (préposition + *que*) :

➡ *Nous rentrons le bois* ***avant que** la pluie ne le trempe.*

■ **Le sens** de la subordonnée complément circonstanciel dépend de la conjonction qui l'introduit :

➡ *Nous rentrons le bois* ***avant que** la pluie ne le trempe.* (C. de temps)

➡ *Nous rentrons le bois* ***pour que** la pluie ne le trempe pas.* (C. de but)

6. La subordonnée complément d'un nom

■ La subordonnée peut faire partie d'un groupe nominal, où elle joue le rôle de complément du nom. C'est une **subordonnée relative**. On dit qu'elle est **complément de son antécédent**.

■ La subordonnée relative peut être **insérée dans différents groupes fonctionnels** de la phrase :

➡ *La bague* ***que tu m'as offerte*** *me plaît beaucoup.* (sujet)

➡ *J'adore la bague* ***que tu m'as offerte****.* (complément essentiel)

➡ *J'ai acheté cette bague dans la boutique* ***que Pierre m'a recommandée****.* (complément de phrase)

■ Les pronoms relatifs composés comme *lequel* s'accordent avec le nom antécédent de la subordonnée relative :

➡ *Le mariage* ***auquel*** *j'ai assisté était très simple. La cérémonie* ***à laquelle*** *j'ai assisté…*

7. Les subordonnées corrélatives

■ Certaines subordonnées sont en relation avec un **adverbe modificateur** qui exprime un **degré** :

➡ *Cette bague est* ***si*** *fine* ***qu'on pourrait mettre un gant dessus****.*

Ces subordonnées ne sont pas placées immédiatement à la suite de l'adverbe. Elles ne sont pas possibles sans la présence de l'adverbe :

➡ * *Cette bague est fine* ***qu'on pourrait mettre un gant dessus****.*

■ On distingue deux catégories de subordonnées corrélatives.

◆ La **subordonnée consécutive** exprime un fait qui est la conséquence du degré exprimé par l'adverbe :

➡ *La bague est* ***si*** *belle* ***que****…* / ***tellement*** *brillante* ***que****…*

◆ Certaines **subordonnées comparatives** expriment un rapport de ressemblance ou de différence entre la principale et la proposition introduite par *que* :

➡ *Cette bague est* ***plus*** *grosse* ***qu'****elle ne l'espérait.*

POUR L'EXPRESSION ÉCRITE

La concordance des temps dans la subordonnée complément essentiel du verbe

Verbe principal		Verbe subordonné	
		Indicatif	**Subjonctif**
Présent *J'affirme* (+ indicatif) *Je veux* (+ subjonctif)	Simultanéité	**Présent :** *qu'il va*	**Présent :** *qu'il aille*
	Postériorité	**Futur simple :** *qu'il ira*	**Présent :** *qu'il écrive*
	Antériorité	**Imparfait :** *qu'il travaillait* **Passé simple** (récit) : *qu'il travailla* **Plus-que-parfait :** *qu'il avait travaillé*	**Passé :** *qu'il ait fini*
Passé *J'ai affirmé* (+ indicatif) *J'ai voulu* (+ subjonctif)	Simultanéité	**Imparfait :** *qu'il travaillait* **Passé simple :** *qu'il alla* (récit)	*(Registre soutenu)* **Imparfait :** *qu'il écrivît*
	Postériorité	**Conditionnel présent :** *qu'il travaillerait* **Conditionnel passé :** *qu'il aurait travaillé*	**Imparfait :** *qu'il écrivît*
	Antériorité	**Plus-que-parfait :** *qu'il avait travaillé*	**Plus-que-parfait :** *qu'il eût écrit*

RÉSUMÉ

1. Une phrase complexe peut être construite par **subordination**.

2. La subordonnée est une proposition qui joue le rôle d'un **constituant** à l'intérieur d'une phrase complexe.

3. Le **mot subordonnant** peut être une conjonction, un pronom relatif ou *que* en corrélation avec un adverbe modificateur.

4. Les subordonnées peuvent s'enchâsser à la place des groupes de la phrase simple, en position de **complément du verbe** (complétives ou interrogatives indirectes), de complément **de phrase** (circonstancielles), de complément **à l'intérieur d'un groupe nominal** (relatives).

EXERCICES

Identifier

1 Dans le texte suivant, identifiez les phrases complexes ; précisez ensuite si les propositions qui les composent sont juxtaposées, coordonnées ou subordonnées.

Depuis Galilée, l'Homme sait qu'il existe d'autres Terres dans le ciel. Les astronomes modernes estiment qu'elles pourraient être des centaines de millions dans notre galaxie. Nomade impénitent, l'Homme n'a jamais cessé d'imaginer d'autres espaces à conquérir, et les perspectives de la technologie lui donnent l'espoir d'échapper un jour à son berceau terrestre, peut-être définitivement. Cette expansion dans notre système solaire, puis dans la galaxie, déterminera-t-elle la création d'espèces nouvelles, par manipulation de notre patrimoine génétique ?
Rien ne sert d'imaginer l'avenir, les futurologues se sont toujours trompés. Il existe cependant des aspirations profondément humaines et des changements qui se confirment. Ainsi, il est probable que les progrès technologiques et médicaux seront plus nombreux que les avancées de la

pensée. Les hommes modernes sont voués à continuer la lutte contre la mort et la maladie.

À l'aube du XXIe siècle, © Gallimard-Larousse, « Découvertes junior », 1993.

2 **Les propositions subordonnées soulignées sont-elles compléments du verbe, compléments circonstanciels ou compléments d'un groupe nominal ?**

Marie avait trouvé un vrai sommeil quand une agitation la réveilla. Moussa le fou se tenait sous les arbres, exhibant une vipère qu'il tenait par le bout de la queue. Marie eut un sursaut de recul. Elle vit qu'Adouna cachait la tête de son enfant pour éviter le mauvais œil du serpent mort. Okoboé revenait à cet instant de chez la petite mère. Il cria quelques mots de colère à l'adresse de Moussa qui repartit tout excité jeter loin du village la bête qui avait osé s'y aventurer. […]
Marie pensa qu'un départ se préparait. Mais elle changea d'avis quand ils se répartirent les peaux de bouc : Moussa en emporta une vers sa cabane tandis qu'Okoboé remisait l'autre dans l'abri à moutons. Elle comprit aussitôt que quelque chose d'anormal s'annonçait, quelque chose de grave que les deux hommes avaient deviné avant elle et qui s'appelait un vent de sable.

Pierre-Marie Beaude, *Issa, l'enfant des sables*, © Gallimard, « Page blanche », 1995.

3 **Identifiez les propositions subordonnées et donnez leur nature.**

Savant d'origine portugaise, mais habitant à Paris vers 1830-1840, Joseph Joachim Da Gama Machado vivait entouré d'un grand nombre d'animaux qu'il observait continuellement. Cette étude patiente le conduisit à un certain nombre de conclusions étonnantes, que la zoologie officielle n'a, par malheur, pas retenues.
Il affirmait, par exemple, que chaque animal dispose d'un cri particulier pour demander son repas, que la perruche pousse un cri d'alarme quand un autre animal s'évanouit, qu'il existe, parmi les oiseaux, de très beaux exemples d'amitié et de dévouement, qu'ils peuvent se mettre en colère et souffrir de mélancolie. […]
Le savant portugais possédait un sansonnet fort hardi, qui souvent le prenait de très haut avec son maître. Il dut apprendre le langage du sansonnet pour pouvoir lui répondre. […] Quand l'âge vint affaiblir le sansonnet, Da Gama Machado lui faisait prendre tous les soirs « un bain de jambes », préparé avec des fleurs de guimauve, de sureau et de romarin.

Gut Bechtel et Jean-Claude Carrière, *Le Livre des bizarres*, © Robert Laffont, 1991.

4 **Relevez les propositions subordonnées conjonctives et donnez leur fonction.**

Mais l'enfant n'entendit rien. Il se prit à pleurer tout de bon, disant que, puisque son père emmenait la petite Marie, il pouvait bien l'emmener aussi. On lui objecta qu'il fallait passer les grands bois, qu'il y avait là beaucoup de méchantes bêtes qui mangeaient les petits enfants, que la Grise ne voulait pas porter trois personnes, qu'elle l'avait déclaré en partant, et que dans le pays où l'on se rendait, il n'y avait ni lit ni souper pour les marmots. Toutes ces excellentes raisons ne persuadèrent point Petit-Pierre ; il se jeta sur l'herbe, et s'y roula, en criant que son petit père ne l'aimait plus, et que s'il ne l'emmenait pas, il ne rentrerait point du jour ni de la nuit à la maison.
Germain avait un cœur de père aussi tendre et aussi faible qu'un cœur de femme.

George Sand, *La Mare au diable*.

Transformer

5 **Remplacez les groupes nominaux soulignés par des propositions subordonnées conjonctives. Pour chacune, indiquez si elle est complément du verbe ou complément circonstanciel.**

1. J'attends son arrivée avec impatience. – **2.** Dès la tombée du jour l'humidité envahit la vallée. – **3.** Le professeur a été interrompu par l'arrivée tardive de deux élèves. – **4.** Penses-tu faire ton jogging quotidien malgré le froid ? – **5.** Les questions posées sur un texte demandent aux élèves des réponses appuyées sur des citations. – **6.** Les fourmis accumulent des provisions en prévision de l'hiver. – **7.** Différentes formules vous sont offertes pour une obtention rapide du permis de conduire. – **8.** Il a bien tort d'attendre de moi la résolution de tous ses problèmes.

6 **Remplacez les propositions conjonctives par des groupes nominaux.**

1. Ce promeneur demande que le parc soit interdit aux vélos. – **2.** *Le Titanic* a coulé bien qu'il ait été construit avec des normes de sécurité nouvelles pour l'époque. – **3.** N'exigez pas que je me soumette à vos moindres caprices. – **4.** Quand la nouvelle a été annoncée, la stupeur fut à son comble. – **5.** Une grande fête est prévue en début d'année afin que les nouveaux s'intègrent mieux à l'établissement. – **6.** Il a fallu de longues négociations avant qu'un accord soit conclu entre les deux pays. – **7.** Je ne m'explique pas pourquoi il est souvent en retard.

7 Évitez les répétitions : transformez la deuxième phrase en subordonnée relative dépendant de la première phrase.

1. Le collège fait des travaux de rénovation. Ces travaux dureront un mois. – **2.** Je suis allée voir *Le Titanic*. Le réalisateur du *Titanic* est James Cameron. – **3.** Le film dure plus de trois heures. Je n'ai pas vu passer ces trois heures. – **4.** Je vais aller acheter les cerises. J'ai besoin de cerises pour faire un clafoutis. – **5.** J'ai posé un livre sur le fauteuil du salon. Sur ce fauteuil, Mistigri dormait. – **6.** Son courage force l'admiration. Il fait preuve d'un grand courage.

8 Récrivez le texte suivant au passé (passé simple, imparfait). Respectez la valeur des temps (reportez-vous au tableau de concordance, p. 176).

Véra est de plus en plus maigre, son visage est tout jaune, son ventre pointe, j'apprends [...] qu'elle attend un enfant. Et un matin, peu de temps après notre retour à Paris, mon père, qui n'est pas allé travailler, me dit que Véra est depuis la veille au soir dans une clinique et qu'une petite fille est née, une petite sœur pour moi... Je la verrai dès que Véra se sentira mieux, elle a énormément souffert et le bébé est encore très faible.

Nous marchons dans une morne rue longue comme son nom, Ver-cin-gé-to-rix, pour arriver enfin à la clinique. Véra me sourit gentiment, auprès de son lit dans un berceau, je vois un petit être hideux, rouge, violet, avec une énorme bouche hurlante, il paraît qu'il hurle ainsi à s'étrangler jour et nuit. Véra a l'air inquiet, la main posée sur le rebord du berceau, elle le balance. On me dit d'embrasser le bébé, mais j'ai peur d'y toucher, enfin je me décide à poser mes lèvres sur son front plissé que ses cris stridents menacent de faire éclater... Comment va-t-elle s'appeler ? – Hélène...

Nathalie Sarraute, *Enfance*, © Gallimard, 1983.

Employer

9 Enrichissez le texte suivant, uniquement composé de phrases simples. Imaginez une suite au récit d'Édith Haisman où vous veillerez à employer des phrases complexes.

Édith Haisman, en effet, était la dernière des survivantes, l'ultime rescapée du *Titanic,* coulé le 14 avril 1912. Ce jour-là, Édith Haisman, âgée de quinze ans, était à bord du paquebot. Ses parents et elle voguaient vers une nouvelle vie, les États-Unis. Puis il y eut l'iceberg, le naufrage. Il y eut surtout la disparition du père [...] : « Je me souviendrai jusqu'à ma mort de la nuit, du froid, quelques minutes après avoir vu mon père fumant une cigarette sur le pont. »

Le Monde, 23 janvier 1997.

10 Sur le modèle suivant, imaginez le scénario d'un feuilleton aux multiples rebondissements. Employez de nombreuses propositions relatives et conjonctives, comme c'est le cas dans cet article.

Ridge, qui croit que sa femme a péri dans une catastrophe, se marie, en troisièmes noces, à Brooke, ex-deuxième épouse de son père Éric. Mais Taylor retrouve la mémoire. Le prince Omar, qui est très gentil, apprend par ses services que Ridge s'est remarié. D'abord incrédule, Taylor doit se rendre à l'évidence quand elle voit, à travers un miroir sans tain, Ridge et Brooke filer le parfait amour, au cours de leur voyage de noces aux Canaries. Comme elle ne veut pas briser le bonheur de celui qu'elle aime toujours, elle accepte de prendre le prince pour époux. Apprenant par son psychanalyste que son père est gravement malade, Taylor-Leila décide de tromper la confiance de son mari, le roi. Prétextant un congrès sur la condition féminine à Tanger, elle s'envole pour L. A. recouverte de son tchador, avec la complicité de sa servante, la fidèle Yasmina.

Le Monde, Supplément télévision-radio, 30 juin-6 juillet 1997.

11 Voici quelques indications sur la vie de Prosper Mérimée. Rédigez sa biographie en employant des phrases complexes.

1803 : naissance à Paris.
1825 : *Théâtre de Clara Gazul,* comédie espagnole, supercherie littéraire.
1829 : *Chronique du règne de Charles IX,* roman historique, et *Mateo Falcone,* histoire corse.
1830 : voyage en Espagne.
1833 : *Lettres d'Espagne,* récit de voyage.
1834 : Inspecteur des Monuments historiques.
1837 : *La Vénus d'Ille,* nouvelle fantastique.
1840 : *Notes d'un voyage en Corse,* journal de voyage, et *Colomba,* nouvelle corse. Nouveau voyage en Espagne.
1845 : *Carmen,* nouvelle espagnole.
1853 : nommé sénateur.
1870 : mort à Cannes.

CHAPITRE 20

Les subordonnées circonstancielles

OBSERVATION

Adopter un chien

Puisque vos enfants insistent, vous avez décidé d'adopter un chien. Mais réfléchissez bien !

L'adoption d'un chien est un acte important : il vivra à vos côtés plusieurs années, et une certaine responsabilité vous incombe. Si vous craquez simplement par un caprice momentané, vous et votre animal risquez d'en pâtir.

Si vous décidez d'acheter un chien dans un magasin, soyez prudent, bien que tous les magasins soient respectueux de la législation et du bien-être des chiens qu'ils proposent. Cependant, convenez avec le vendeur d'une « réserve » concernant l'examen de l'animal par le vétérinaire de votre choix.

Si votre bon cœur vous pousse à sauver un chien abandonné dans un refuge, vous recueillerez probablement un chien dont vous ne connaîtrez pas les antécédents. Vous vous rendrez compte progressivement de son comportement. En général, prenez votre chien avec douceur tout en faisant preuve d'autorité, de fermeté.

Quelle que soit la provenance du chiot ou du chien adulte, mettez-le au pas dès le début. Sinon, votre nouveau compagnon établira les règles et vous n'aurez qu'à obéir.

D'après la revue *Gagnant,* n° 11, décembre 1997.

QUESTIONS

1 ▶ Les groupes de mots en bleu peuvent-ils être déplacés dans la phrase ? À quelle condition ?

2 ▶ Quelle est la visée du texte ? Quelle est la fonction de chaque groupe de mots en bleu ?

3 ▶ Les groupes de mots en bleu peuvent-ils être remplacés par un pronom ?

4 ▶ Rapprochez les groupes de mots en bleu de même construction et de même sens.

LEÇON

1. Définition

Les propositions subordonnées circonstancielles sont **mobiles** dans la phrase et **ne peuvent pas être remplacées par un pronom**.

2. Sens des subordonnées circonstancielles

La circonstancielle de temps est introduite par une conjonction ou une locution conjonctive de subordination : *quand, lorsque, pendant que, tandis que, en même temps que…* Elle indique :

- **l'antériorité** (fait de la subordonnée antérieur au fait principal) :
  - ***Dès que vous aurez adopté un chien****, vos enfants seront épanouis.*
- **la simultanéité** (fait de la subordonnée contemporain du fait principal) :
  - ***Pendant que Luc prépare le déjeuner****, vous promenez le chien.*
- **la postériorité** (fait de la subordonnée postérieur au fait principal) :
  - *Prenez des précautions* ***avant qu'il ait examiné l'animal****.*

La circonstancielle de cause est introduite par *comme, parce que, vu que, attendu que…* :

- *Soyez ferme avec le chien* ***parce que vous ne seriez pas obéi****.*

La circonstancielle de conséquence est introduite par *de sorte que, de façon que, si bien que…* :

- *La santé des animaux est primordiale* ***de sorte qu'il faut les vacciner régulièrement****.*

La circonstancielle de but est introduite par *pour que, afin que, de crainte que…* :

- *Adoptez un animal pendant les vacances* ***pour que vos enfants puissent l'apprivoiser tranquillement****.*

3. Les subordonnées circonstancielles dans l'argumentation

La subordonnée justificative est introduite par ***puisque*** : elle pose un acte de langage, distinct de l'affirmation principale, et destiné à justifier une énonciation.

- La **justification** est un acte de langage argumentatif qui consiste à **légitimer, justifier un fait** que l'émetteur veut faire admettre :
  - ***Puisque vos enfants insistent****, adoptez un chien.*
    raison avancée (argument) — incitation à agir (fait)

La subordonnée concessive est introduite par ***bien que, quoique*** : elle exprime un argument contraire, une concession, qui ne contredit pas la proposition principale. Le verbe de la concessive est au **subjonctif**.

- La **concession** est un acte argumentatif qui permet à l'émetteur de prendre en compte le point de vue de l'autre :
  - ***Bien que les magasins respectent la législation****, soyez prudent.*
    (argument contraire mais non décisif) — (fait)

■ **La subordonnée hypothétique** est détachée par une virgule et introduite par ***si*** : elle exprime une condition à admettre, une hypothèse à mettre en relation avec un fait.

◆ L'**hypothèse** est un acte de langage qui permet à l'émetteur de supposer un fait, de l'admettre provisoirement avant de le démontrer :

➡ ***Si vous craquez par caprice****, vous risquez d'en pâtir.*
(hypothèse) (fait)

◆ **Les temps et les modes dans les subordonnées hypothétiques**
Le verbe exprime si la **condition** est **réalisable ou non** :

➡ *Si vous* ***craquez*** *par caprice, votre animal* ***risque*** *d'en pâtir.* (réalisable)

➡ *Si vous* ***craquiez*** *par caprice, votre animal* ***risquerait*** *d'en pâtir.* (potentielle ou irréelle)

➡ *Si vous* ***aviez craqué*** *par caprice, votre animal* ***aurait risqué*** *d'en pâtir.* (irréelle)

POUR L'EXPRESSION ÉCRITE

L'expression de l'hypothèse est très variée.

■ Nom + préposition ou locution prépositive *(sans, avec, sauf…)* : ***Sans*** *précaution, l'adoption d'un animal serait dangereuse.*

■ Infinitif + préposition ou locution prépositive *(à, de, à condition de, à moins de, sans)* : ***À moins de*** *prendre des précautions…*

■ Gérondif : ***En prenant des précautions,*** *vous n'aurez pas de problème avec l'animal adopté.*

■ Phrase impérative juxtaposée (plutôt à l'oral) : ***Prenez des précautions****, et l'adoption d'un animal est possible.*

■ Deux phrases juxtaposées au conditionnel : ***Vous prendriez des précautions****, l'adoption d'un animal serait possible.*

■ Deux phrases coordonnées par un adverbe ou une locution adverbiale *(autrement, sinon, sans quoi, faute de quoi)* : *Prenez des précautions,* ***sinon*** *l'adoption d'un animal est risquée.*

RÉSUMÉ

1. Les propositions **subordonnées circonstancielles**, comme les compléments circonstanciels de la phrase simple, sont **mobiles** dans la phrase et **ne peuvent pas être remplacées par un pronom**.

2. Leur place est régie par les mêmes lois d'organisation textuelle que les groupes nominaux compléments circonstanciels.

3. Les subordonnées circonstancielles expriment le **temps** (antériorité, simultanéité, postériorité), la **cause**, la **conséquence**, le **but**.

4. Certaines subordonnées circonstancielles constituent en elles-mêmes un acte de langage : **justification**, **concession** ou **hypothèse**. Elles sont très fréquemment employées dans les textes argumentatifs.

EXERCICES

Identifier

1 Identifiez les propositions subordonnées soulignées et précisez leur sens, lorsqu'elles sont circonstancielles.

Valentin était heureux : il n'avait presque pas de devoirs à faire, l'interro de maths du lendemain était annulée parce que la prof était malade, et son copain Momo lui avait promis qu'il inviterait Nathalie, cette fille de 4e B qui, semblait-il, n'était pas indifférente aux regards que lui lançait Valentin à la récré. […] Il ne prit pas garde à la grosse voiture noire qui le dépassa, roulant au pas.
Il la remarqua au moment de rentrer chez lui, parce qu'elle était garée devant le portail du jardin. […] Il allait ouvrir le portail quand un homme sortit de la Lancia et l'appela, avec un fort accent italien :
– Hé, petit !
Valentin le dévisagea, fronçant les sourcils. Il détestait qu'on l'appelle « petit », d'autant qu'il était plutôt grand pour ses treize ans.

Jean-Marc Ligny, « Dans la gueule du loup », *Je bouquine,* n° 167, janvier 1998, © Bayard Presse.

2 Identifiez les propositions circonstancielles et précisez leurs sens.

LA MAYONNAISE DE MC GEE

La mayonnaise est une émulsion, c'est-à-dire une dispersion de gouttelettes d'huile dans l'eau. L'huile, en temps normal, ne se mélange pas à l'eau, mais le jaune d'œuf contient des molécules tensioactives, qui se lient à la fois aux molécules d'eau et aux molécules d'huile. Quand on ajoute de l'huile au jaune d'œuf, les tensioactifs recouvrent les gouttes d'huile parce qu'elles se lient à l'huile, d'un côté, et à l'eau, de l'autre. Elles évitent, en outre, que les gouttelettes ne fusionnent parce qu'elles portent des charges électriques toutes de même signe, qui se repoussent.
Plus on bat le mélange, plus les gouttelettes d'huile stabilisées par les tensioactifs rapetissent. Progressivement, les gouttelettes sont si nombreuses qu'elles n'ont plus la place de se déplacer : la mayonnaise devient visqueuse, épaisse.
La mayonnaise tourne quand la quantité d'eau devient trop faible pour accueillir de nouvelles gouttelettes. Pourtant, les molécules tensioactives sont en nombre suffisant pour recouvrir encore bien des gouttelettes. Aussi, quand on ajoute beaucoup d'huile à une mayonnaise, il faut aussi ajouter de l'eau pour conserver le rapport eau/huile approprié.

Science et vie junior, n° 43, décembre 1992.

Transformer

3 Transformez les groupes soulignés en propositions subordonnées circonstancielles ; vous devrez parfois modifier les propositions qui précèdent ou qui suivent pour en faire des principales.

Le tigre est le félin le plus représenté, même au Japon, où il apparaît, menaçant ou endormi comme un gros chat, sur des paravents ou des parois coulissantes. […] Mais ce tigre fêté par les Asiatiques est en train de disparaître.
Du Bangladesh à la Corée en passant par la Chine, l'Indonésie ou la Malaisie, on comptait 100 000 de ces félins il y a un siècle. Aujourd'hui, guère plus de 5 000 à 7 000. À ce rythme, estiment les experts, il ne restera que quelques spécimens en liberté lors de la prochaine année du Tigre, dans douze ans. Les seuls survivants seront dans les zoos ou les cirques.
En dépit de la protection dont il est l'objet, le tigre est victime d'un braconnage qui ne désarme pas. […]
Le tigre est surtout victime de la pharmacopée chinoise. En Chine, en Corée ou au Japon, on trouve aisément des potions à base de poudre d'os de tigre. Elles sont supposées avoir des vertus curatives pour la « gueule de bois » ou les rhumatismes.

Le Monde, 28 janvier 1998.

4 Mettez les verbes entre parenthèses aux temps et modes qui conviennent.

Mon père haussait les épaules et il (examiner) le baromètre, car il (aimer) la météorologie, pendant que ma mère, évitant de faire du bruit pour ne pas le troubler, le (regarder) avec un respect attendri, mais pas trop fixement pour ne pas chercher à percer le mystère de ses supériorités. Mais ma grand-mère, elle, par tous les temps, même quand la pluie (faire) rage et que Françoise (rentrer) précipitamment les précieux fauteuils d'osier de peur qu'ils (être mouillés), on la (voir) dans le jardin vide et fouetté par l'averse, relevant ses mèches désordonnées et grises pour que son front (s'imbiber) mieux de la salubrité du vent et de la pluie.

Marcel Proust, *Du côté de chez Swann.*

5 **Transformez les phrases suivantes en introduisant des propositions subordonnées circonstancielles à la place des propositions coordonnées ou juxtaposées. Ne changez pas l'ordre des propositions.**

1. Ce devoir comptera dans la moyenne avec un coefficient moins important car il a été fait à la maison. – **2.** Ce spectateur parle vraiment très fort, donc j'ai du mal à entendre les répliques des personnages. – **3.** Le musicien a joué deux ou trois airs puis il est passé dans les rangs en demandant de l'argent. – **4.** Je sais que ce n'est pas encore l'heure de notre rendez-vous mais pouvez-vous me recevoir en avance ? – **5.** Mon frère part au cinéma voir le dernier James Bond, je reste pour réviser mon contrôle d'histoire géographie. – **6.** Le suspect est sorti de l'immeuble, le détective lui a immédiatement emboîté le pas. – **7.** La sonnerie a retenti et au même instant Paul est tombé de sa chaise. – **8.** Nous sommes tous d'accord ; allons lui parler.

6 **Transformez les propositions subordonnées circonstancielles en propositions coordonnées.**

1. Sherlock Holmes a une telle puissance de déduction qu'il résout toutes les énigmes qui lui sont proposées. – **2.** La nouvelle « Les trois pépins d'orange » peut cependant être considérée comme un échec du célèbre détective puisque celui qui demandait secours est tué en sortant de Baker Street. – **3.** Le match a failli être annulé parce que le gel avait fortement endommagé la pelouse. – **4.** Quand le 31 janvier est passé, il n'est plus temps d'envoyer des vœux.

Employer

7 **Replacez les mots subordonnants aux endroits qui conviennent. Suivez ensuite le conseil du Petit Prince : choisissez une histoire qui se termine mal et récrivez un dénouement joyeux.**

quand ; pour que ; chaque fois que (deux fois) *; si ; parce que.*

– [...] Je déteste les livres où les gens meurent.
– C'est ① tu ne les ouvres pas à la bonne page, dit le Petit Prince.
– Comment ça ?
– Ce qu'il y a de bien dans les histoires, c'est qu'on peut toujours revenir en arrière.
– Que veux-tu dire ?
– C'est l'avantage qu'ont les livres sur la vie réelle. Dans la vie réelle, ② un drame arrive, on se dit : « Comme j'aimerais retourner dans le passé, profiter du bonheur d'avant ! » La lecture nous donne cette possibilité : il suffit de reprendre les chapitres précédents, et l'on revit les moments que l'on aime ③ on le désire.
Guillaume n'avait jamais envisagé les choses sous cet angle.
– Gavroche est toujours vivant, dans *Les Misérables,* réalise-t-il. Je pourrai l'y retrouver ④ je le désirerai.
Et il se sentit le cœur léger, tout à coup.
– ⑤ tu ne veux plus jamais qu'il meure, tu n'as qu'à ne pas relire le mauvais passage, dit doctement le Petit Prince.
Il réfléchit un instant, puis reprit :
– J'ai connu quelqu'un qui faisait mieux encore : il récrivait la fin des livres qui se terminaient mal, ⑥ ce soit toujours des « happy end ».

Gudule, *La Bibliothécaire,* © Hachette, Le Livre de Poche jeunesse, 1995.

8 **Un passeur doit faire traverser la rivière à un loup, à une chèvre et à un chou.**
Complétez toutes les solutions qu'il examine et qu'il rejette car elles sont impossibles.

Si je faisais traverser le loup...
Si je faisais traverser d'abord le chou, pendant ce temps...
Si je faisais traverser la chèvre et ensuite le chou...
Si je faisais traverser la chèvre et ensuite le loup...

Il trouve enfin une solution. Laquelle ? Rédigez-la en ayant soin de bien indiquer des rapports de cause ou de conséquence.

9 **Observez la construction des phrases dans ce poème de Victor Hugo. Que remarquez-vous ? Évoquez à votre tour un moment heureux de votre vie en respectant la même structure syntaxique.**

QUAND NOUS HABITIONS TOUS ENSEMBLE...

Quand nous habitions tous ensemble
Sur nos collines d'autrefois,
Où l'eau court, où le buisson tremble,
Dans la maison qui touche au bois,

Elle avait dix ans et moi trente ;
J'étais pour elle l'univers.
Oh ! comme l'herbe est odorante
Sous les arbres profonds et verts !
[...]

Elle avait l'air d'une princesse
Quand je la tenais par la main.
Elle cherchait des fleurs sans cesse
Et des pauvres dans le chemin.
[...]

Victor Hugo, *Les Contemplations.*

L'accord du verbe dans la subordonnée

Objectif ▶ Déterminer la nature et la place du sujet dans les phrases complexes.

OBSERVATION

La poche miraculeuse

Ce jour-là, je m'en souviendrai toujours. C'était un mardi d'avril et il pleuvait. Quand j'eus passé mon complet – pantalon, gilet et veston – je constatai avec plaisir qu'il ne me tiraillait pas et ne me gênait pas aux entournures comme le font toujours les vêtements neufs. Et pourtant il tombait à la perfection.

Par habitude je ne mets rien dans la poche droite de mon veston, mes papiers, je les place dans la poche gauche. Ce qui explique pourquoi ce n'est que deux heures plus tard, au bureau, en glissant par hasard ma main dans la poche droite, que je m'aperçus qu'il y avait un papier dedans. Peut-être la note du tailleur ?

Non. C'était un billet de dix mille lires.

Je restai interdit. Ce n'était pas moi qui l'y avais mis…

J'écrasai la sonnette pour appeler ma secrétaire. J'allais écrire un mot à Corticella et lui restituer cet argent qui n'était pas à moi. Mais, à ce moment, et je ne saurais en expliquer la raison, je glissai de nouveau ma main dans ma poche.

– Qu'avez-vous monsieur ? Vous ne vous sentez pas bien ? me demanda la secrétaire qui entrait alors.

J'avais dû pâlir comme la mort. Dans la poche mes doigts avaient rencontré les bords d'un autre morceau de papier qui n'y était pas quelques instants avant.

Dino Buzzati, *Le K*, trad. J. Roussillon, © Robert Laffont.

QUESTIONS

1 ▶ À quoi correspondent les deux couleurs ?

2 ▶ Identifiez le sujet et le verbe des propositions en bleu. Combien trouvez-vous de propositions ?

3 ▶ Quelle proposition en rose présente une inversion du sujet ? Peut-on déplacer le sujet ? Que constatez-vous ?

4 ▶ Recherchez les antécédents du pronom relatif *qui*.

5 ▶ Justifiez l'accord du verbe dans : « moi qui l'y avais mis ».

LEÇON

1. L'inversion du sujet

■ La présence d'un mot subordonnant en tête de proposition peut entraîner l'inversion du sujet dans la proposition subordonnée circonstancielle. Selon le registre de langue, on peut écrire :

➡ *Quand **arrivent** les beaux jours, les plages se peuplent.* (soutenu)

➡ *Quand les beaux jours **arrivent**, les plages se peuplent.* (courant)

■ Quand le sujet est un **pronom personnel** :

◆ dans l'**interrogation directe**, l'inversion est obligatoire :

➡ *Quand arrive-t-elle ?*

◆ dans l'**interrogation indirecte**, elle est incorrecte :

➡ *Je me demande quand elle arrive.* (Et non : *Je me demande quand * arrive-t-elle.*)

2. La proposition subordonnée relative

■ Dans une proposition subordonnée relative, le pronom relatif ***qui*** est forcément sujet s'il n'est pas précédé d'une préposition. Les pronoms composés ***lequel, laquelle, lesquels, lesquelles*** peuvent également être sujets du verbe.

■ Quand le **sujet** de la relative est ***qui***, l'accord du verbe se fait avec l'**antécédent**, ce qui nécessite les précautions suivantes :

◆ **repérer cet antécédent,** surtout s'il appartient à un groupe nominal :

➡ *Les énormes **quantités** de pétrole qui se dépos**ent** sur les plages finissent par gêner les baigneurs.*

◆ veiller à faire l'accord en nombre, parfois en **nombre** et en **genre** :

➡ ***Les trains** qui travers**ent** le pays…* (nombre)

➡ ***Les maisons** qui se **sont** effondr**ées**…* (genre et nombre)

◆ ne pas oublier d'accorder avec la **personne** si l'antécédent est un pronom :

➡ ***Moi** qui **suis** (= je suis) une grande amie de la littérature…*
→ ***Toi** qui nous **as** (= tu nous as) si souvent dépannés…*

■ Les autres pronoms relatifs simples sont : ***que / qu', quoi, dont, où***.

◆ Le pronom relatif ***que*** est généralement **COD** du verbe de la relative, plus rarement **attribut du sujet** de la relative :

➡ *L'homme **que j'aperçois** ne m'est pas inconnu.* (COD)

➡ *Vous décevez les professionnels **que** nous **sommes**.* (attribut du sujet)

◆ Le pronom relatif ***où*** est complément circonstanciel de lieu ou de temps :

➡ *J'habite dans la ville **où** Charlemagne **est né**.* (CC de lieu)

➡ *Au moment **où** il **arriva**…* (CC de temps)

Quelle clé utiliser ?

Clé de la substitution

1 Dans chaque phrase, dites quel nom est représenté par le pronom souligné.

1. Mais la lumière du matin bouge un peu, comme si elle n'était pas tout à fait sûre. (J.-M. G. Le Clézio)
2. Les mots sont dangereux, quand ils proviennent d'un abîme. (T. Ben Jelloun)
3. Lorsqu'ils apercevaient son chapeau de feutre, les paysans tournaient la tête. (B. Visage)

• Dans les propositions subordonnées, on utilise souvent les **pronoms** afin d'éviter la reprise d'un nom ou d'un groupe nominal de la proposition principale ou d'une phrase précédente. Il est nécessaire de vérifier quel nom ou quel groupe nominal est représenté par le pronom :
À un certain âge, les hommes feraient les cent coups pour avoir des cheveux, quand ***ils*** (les hommes) *n'en ont pas.* (Balzac)

• Ce nom est appelé **antécédent** quand il s'agit d'un pronom relatif :
Il avait vu des hommes ***qui*** (les hommes)*, couchés à terre, semblaient dormir.* (L. Michel)

Clé de la place

2 Quelles sont les propositions soulignées dans lesquelles le pronom *qui* est sujet ?

1. Une autre pensée lui vint aussitôt, qui le fit sourire.
2. C'est un enfant à qui l'on donnerait le bon Dieu sans confession.
3. Les convois qui traversent les villes créent de nombreux embouteillages.
4. Je vous présente mon impresario sans qui je ne serais rien aujourd'hui.

Lorsqu'il n'est pas précédé d'une préposition *(à, pour…)*, le pronom relatif ***qui*** est sujet du verbe de la subordonnée et l'accord se fait avec son antécédent.

Clé de l'analyse

3 Quel est le sujet des verbes soulignés ?

1. N'exigez point que je vous raconte comment deux hommes, dont la passion pour moi n'a que trop éclaté, ont occupé successivement ma vie avant de vous connaître. (Mme de Staël)
2. Ces maladies nouvelles dont sont frappés chaque année les produits de la terre, ces fausses récoltes, tout cela est le signe certain d'une vitalité qui s'altère. (J. Verne)
3. Involontairement je me comparais à lui, moi chétif auprès de lui, comme l'auraient été presque tous les jeunes gens de mon âge. (E. Feydeau)

• Le sujet d'un verbe peut être repéré en utilisant les présentatifs ***c'est… qui, ce sont… qui*** :
Et puis ils arrivaient, un soir, dans un village de pêcheurs, où des ***filets*** *bruns* ***séchaient*** *au vent.* (G. Flaubert) (**Ce sont** les filets **qui** séchaient.)

• Ces formules sont particulièrement utiles dans le cas des subordonnées dont le **sujet** est **inversé** ou **éloigné** du verbe :
Quand les ***fabricants*** *anglais, énormément enrichis par les machines récentes,* ***vinrent*** *se plaindre, il dit un mot effroyable.* (V. Hugo) (**Ce sont** les fabricants **qui** vinrent se plaindre.)

EXERCICES

1 Avec quel mot s'accorde chacun des verbes soulignés ?

1. Le vent donne de grands coups de bec dans la roche si bien que la terre en tremble au loin. (B. Cendrars)
2. Quand les galets furent brûlants, on y déposa des poissons. (H. Bosco)
3. La bête souple du feu a bondi d'entre les bruyères comme sonnaient les coups de trois heures du matin. (J. Giono)
4. J'ai vu que ma Jeep, lancée à toute vitesse, venait de s'écraser contre le tronc. (T. Brown)

2 Dans les groupes nominaux en gras, quel est le mot qui détermine l'accord du verbe souligné ?

1. Jusqu'à présent, **les régions mystérieuses** qui commençaient au-delà de ses frontières n'avaient pas stimulé sa curiosité. (A.C. Clarke)
2. Elle adoptait chaque fois **un ton de soubrette de cinéma** qui cadrait mal avec son physique de catcheuse fatiguée. (D. Daeninckx)
3. Sa fille et ses petits-enfants se rassirent à ses côtés devant la table, **dans une attitude recueillie** qui leur était naturelle. (A. Gide)
4. La mince couverture a glissé par terre, elle sent de nouveau **ce froid dans les os** qui délie sa volonté, lui ôte jusqu'au souvenir de son malheur. (G. Bernanos)

3 Complétez les formes inachevées en fonction de l'antécédent du pronom relatif.

1. Jacques et Rose, qui avai… déjà vingt-cinq ans de ménage, demeuraient plus graves.
2. C'est toi qu'on gâtai…, c'est toi qui avai… reçu les patins. (B. Chagall)
3. J'avais un pardessus trop grand qui m'arrivai… aux talons. (R. Gary)
4. Ils préparaient une manifestation d'étudiants de toutes les tendances qui devai… se tenir aux colonnades de l'université le mercredi 21 juillet. (S. Tsirkas)

4 Introduisez dans chaque phrase la forme demandée entre parenthèses.

1. C'était une large toiture de hangar, faite de planches solides, que les eaux (arracher, *indicatif plus-que-parfait*) tout entière, et qui (flotter, *indicatif imparfait*), pareille à un radeau. (É. Zola)
2. Debout sur ces plages désolées, des voyageurs que (réchauffer, *indicatif imparfait*) à peine les derniers rayons avaient regardé la masse sombre s'avancer dans la mer. (A.C. Clarke)

3. Après manger, je me détendais en participant aux tournois de ping-pong, de fléchettes, de pétanque qu' (organiser, *indicatif imparfait*) les deux garçons. (D. Daeninckx)
4. Du chevet de cette église part un joli cimetière de campagne que (borner, *indicatif présent*) à droite la haie d'une grande ferme et, à gauche, le mur du presbytère. (M. Leblanc)

5 Même exercice.

1. Nous avions dû récemment agrandir les étables, où (se trouver, *indicatif imparfait*) près de cent têtes de bétail, des vaches, des moutons surtout, sans compter les chevaux. (É. Zola)
2. Parfois passe une charrette et les mules, d'elles-mêmes, prennent la droite sans que (bouger, *subjonctif présent*) le muletier endormi. (Fr. Mauriac)
3. Il n'y avait pas de nouvelles, sinon celles qu' (apporter, *indicatif imparfait*) chaque heure dans chaque foyer. (S. Ousmane)
4. Quand il eut fini, il resta immobile, tourné vers la mer, où (courir, *indicatif imparfait*) déjà, d'un bout à l'autre de l'horizon, le rapide crépuscule. (A. Camus)

6 Mettez les formes soulignées à l'imparfait.

1. Moi qui vous cause, je m'appelle Duderrière. Comme ça se prononce. (A. Blondin)
2. Mais la pensée, c'est moi qui la continue, qui la déroule. (J.-P. Sartre)
3. C'est moi, Jeannie, ma belle Jeannie, qui soigne le mouton que tu chéris et qui donne à sa laine un poli qui le dispute à la soie et à l'argent. (Ch. Nodier)
4. C'est moi qui supporte le poids de tes rames pour l'épargner à tes bras et qui repousse au loin l'onde qu'elles ont à peine touchée. (Ch. Nodier)

La vie professionnelle

Objectif ▶ Disposer d'un vocabulaire précis sur le thème du travail.

Le travail bien fait

Il nous faut aussi des artisans, des artistes, des gens sensibles et des perfectionnistes. Retrouver le sens du travail bien fait me paraît être un objectif important de l'éducation. On dit que nous évoluons vers une civilisation des loisirs, peut-être est-ce vrai… Mais si nous passons moins de temps au travail, autant le faire impeccablement.

Pierre-Gilles de Gennes, *Les Objets fragiles*, Plon, 1994.

QUESTIONS

1 ▶ Quel est le souhait de l'auteur ? Par quels autres mots pourrait-on remplacer *objectif* ?

2 ▶ À quel mot utilisé deux fois dans le texte s'opposent les *loisirs* ?

3 ▶ Ce mot a-t-il le même sens dans ses deux emplois ? Quelle est la nuance ?

LEÇON

1. Le projet et sa réalisation

Un **projet**	– Ce qu'on a l'**intention** de faire ; l'étude rédigée en vue de sa réalisation. – La première rédaction d'un texte important.	– *Former des projets, envoyer son projet.* – *Rédiger un projet de loi.*
Un **dessein**	Une idée que l'on souhaite voir se réaliser, une intention personnelle.	*Deviner le dessein de quelqu'un, réaliser un dessein secret.*
Un **objectif**	Le but que l'on a défini et que l'on veut atteindre.	*Définir un objectif, se fixer des objectifs, atteindre ses objectifs.*
Une **ébauche**, un **premier jet**, une **esquisse**, un **canevas**	Une première mise en forme, imparfaite, le plus souvent par écrit, de ce que l'on veut faire ; les premières idées données.	*Présenter une ébauche, brosser une esquisse. Un premier jet. Travailler sur le canevas d'un discours.*
Un **programme**	La suite d'actions que l'on propose d'accomplir pour arriver au résultat projeté ; ces actions énoncées par écrit.	*Avoir un programme serré, concevoir un programme, le publier.*
Un **plan**	– Les différentes opérations programmées pour faire aboutir un projet. – Les différentes parties d'un travail présenté.	– *Établir un plan, dresser des plans d'avenir.* – *Rédiger un plan clair.*
La **réalisation**, la **mise en œuvre**, l'**exécution**, l'**application**	Le fait de réaliser ce qu'on a projeté, programmé ; accomplir, mener à bien ce qui a été prévu ; mettre en pratique un programme, une théorie.	*Réaliser son projet, le mettre en œuvre, l'exécuter ; appliquer un programme précis.*

2. Le travail et sa rétribution

■ **Travail** : toute activité humaine en vue d'un résultat ; en particulier, activité professionnelle rétribuée.

– Un **emploi** : travail salarié.

– Une **profession**, un **métier** : activité régulière et définie grâce à laquelle on gagne sa vie.

– Une **fonction** : occupation, responsabilité correspondant à un emploi, un métier.

– Une **charge** : responsabilité professionnelle confiée à quelqu'un.

■ **Rétribution** : l'argent reçu en échange du travail.
– Une **rémunération** payée pour un service, un travail.
– Une **paye** (ou une **paie**), un **salaire**, versés régulièrement par l'employeur au travailleur en contrepartie de son travail.
– Un **traitement** : le salaire d'un fonctionnaire.
– Les **honoraires** des professions libérales (avocat, médecin, notaire).
– Le **cachet** d'un artiste, pour chaque spectacle.
– La **pige**, pour un journaliste payé à l'article.
– La **solde**, pour un militaire.
– Les **gages**, donnés autrefois à un domestique.
– En plus du salaire : des **primes**, des **gratifications**, une **participation**.

EXERCICES

1 Complétez par un mot de la leçon pris dans son sens propre. Puis construisez une phrase dans laquelle ce mot aura un rapport avec le travail.

1. As-tu bien lu le ... de la ville ? Nous sommes perdus ! – **2.** Le ... de la machine à laver est cassé, elle fait tout à l'envers ! – **3.** En deux traits de crayon, elle brossa une ... du personnage. – **4.** L' ... capitale eut lieu très tôt. – **5.** Il met beaucoup d' ... dans son travail. – **6.** Claude fait de la broderie sur ... . – **7.** Ce n'est qu'une ... ; achevée, la sculpture sera superbe !

2 Pour les mots *traitement*, *cachet*, *solde*, *charge*, donnez une autre définition que celle de la leçon. Puis construisez une phrase à double sens que vous expliquerez.

EXEMPLE : *Ce traitement n'est pas suffisant.*
→ 1. Transformation (« traitement de l'eau ») ; 2. Salaire.

3 Imaginez un dialogue entre une personne qui demande une réduction de son temps de travail et une autre qui préfère recevoir une augmentation.

HISTOIRE DE LA LANGUE

Le salaire de la paix...

• Le **sel** avait autrefois une très grande importance dans l'alimentation. Il permettait notamment de mieux conserver les aliments. Ainsi, le latin *salarium*, à l'origine « ration de sel », désigna très tôt la somme d'argent donnée au soldat romain pour acheter du sel. Le mot ***salaire*** devint ensuite synonyme de « solde », « traitement » ; au XIIIe siècle, sans plus de référence au sel, il définissait tout simplement la rémunération d'un travail. Mais il faut attendre le XVIIe siècle pour que le salaire puisse correspondre à une somme versée régulièrement par l'employeur.

• Le verbe ***payer***, à l'origine du mot ***paye*** ou ***paie***, vient du latin *pacare*, dérivé de *pax*, qui signifiait « faire la paix », d'où l'idée d'apaiser, de satisfaire en donnant évidemment de l'argent, en somme « le salaire de la paix »...

• En ancien français coexistait un autre verbe, *soudre*, du latin *solvere* (à l'origine du mot ***solvable***, « qui peut payer »), évincé à la fin du Moyen Âge par son synonyme gagnant : *payer*.

Exprimer le souhait, le regret

Objectif ▶ Maîtriser l'emploi de formules variées et des modes verbaux pour exprimer certains sentiments.

QUESTIONS

1 ▶ Qui sont les personnes en présence ? Caractérisez leur âge, leur statut, les rapports qui les unissent.

2 ▶ Que devinez-vous de la situation de communication ?

3 ▶ Relevez, d'une part, les expressions du souhait, d'autre part, celles du regret.

LEÇON

1. L'expression du souhait

Suite à l'indicatif	Suite à l'infinitif	Suite au subjonctif
J'espère que / Il est à espérer que... *J'ai bon espoir que /* *Je garde l'espoir que...* *Je compte bien que...* *(Ah !) Si seulement* (+ imparfait)...	*Il faudrait / Puisse-t-il...* *Si je pouvais...* *Si j'étais...* *Je voudrais (bien / tellement)...* *J'aimerais (tant / bien)...*	*Je souhaite (vivement) que...* *Tout ce que je souhaite, c'est que...* *Il est à souhaiter que...* *Il faudrait que...* *Pourvu que...*

◆ **Formules de politesse**

➡ ***Je vous souhaite*** *une bonne année / un bon anniversaire.*

➡ ***Tous mes vœux*** *de bonheur.*

➡ *Bon anniversaire ! Amusez-vous bien ! Bonne fête ! Bon appétit !*

2. L'expression du regret

Suite à l'infinitif	Suite au subjonctif	Suite au conditionnel
Je regrette de... Je m'en veux de... *J'aurais dû...* *Que n'ai-je (pas)...* *Je m'en veux de...*	*Je regrette que...* *Il est regrettable / (bien) dommage que...* *Quel dommage que...* *Je m'en veux que...*	*Si j'avais su... j'aurais pu...* *Si j'avais imaginé que c'était ça... j'aurais...*

◆ **Tournures**

➡ *À mon grand regret... Dommage !... Malheureusement... Hélas !... Si seulement... Pourquoi n'est-il pas... ? C'est bête...*

EXERCICES

1 Quels souhaits formulez-vous pour l'an 2000 :
pour votre famille ? pour votre meilleur(e) ami(e) ? pour vous-même ?

2 En employant des formules variées, vous adressez à quelqu'un des souhaits :
pour sa fête ; pour son anniversaire ; pour le premier janvier ; pour la naissance d'un enfant ; à l'occasion d'une hospitalisation.

3 Exprimez votre regret dans les situations suivantes.

1. Vous ne pouvez pas acheter les mêmes chaussures de sport que votre ami(e).

2. Vous ne voulez pas prêter le dernier CD de Stomy à votre grand frère.

4 Improvisez à deux une situation au cours de laquelle sera prononcée une des phrases suivantes, au choix.

– Si je pouvais avoir une place pour ce concert !
– Quand vont-ils enfin partir !
– Pourvu qu'elle ne me voie pas !
– S'ils pouvaient enfin me rembourser !

5 Improvisez une des deux situations suivantes.

1. Deux jeunes sur une moto, sans casque, sont arrêtés par un agent. Les casques sont dans le porte-bagages.

2. Dans le train, une dame très distraite, accompagnée d'un bébé, d'un chien, et très encombrée de bagages, a oublié de composter son billet. Arrive le contrôleur. Dans un second temps, un voyageur s'interpose.

Écrire pour valoriser

Objectif ▸ Respecter les règles de la lettre de candidature et mettre en valeur ses qualités personnelles.

CURRICULUM VITAE

Nom : David LEMOINE

Date de naissance : 22 juin 1980.

Adresse : 14 rue Henri IV
59600 MAUBEUGE

Situation familiale : célibataire.

Études :

1998 : Baccalauréat professionnel (commerce et gestion).

Autres activités :

– Juillet 1997 : aide-jardinier à la pépinière municipale.
– Différents stages de formation dans des supermarchés de Hautmont, Louvroil (Auchan, Truffaut).

Loisirs :

VTT, natation, skateboard, cinéma.

Langues :

– Anglais : parlé, lu.
– Espagnol : parlé, lu.

David Lemoine
14, rue Henri IV
59600 Maubeuge

à Monsieur le Directeur de la Pépinière
Route de Cangé
41150 Chaumont-sur-Loire

Maubeuge, le 17 février 1998.

Monsieur le Directeur,

J'ai trouvé votre petite annonce dans La France agricole de février 1998 (annonce n° 902). Vous proposez une place au pair dans votre exploitation agricole.

J'ai dix-huit ans, je termine mes études et souhaite entrer dans la vie professionnelle. J'ai fait des études au lycée de Maubeuge, j'ai travaillé un mois dans une pépinière. Je ne suis pas vraiment préparé au travail que vous demandez, mais je suis travailleur et persévérant, et j'aime la nature et la campagne.

J'ai envie d'apprendre. Je suis en bonne santé, assez solide et résistant, et je m'adapte facilement à une nouvelle situation. Je pense être en mesure de répondre à votre demande.

Je vous propose de juger mon travail pendant les mois de juillet et août et, si vous êtes satisfait de moi, je peux rester à votre disposition jusqu'au mois de juin 1999.

Dans l'attente de votre réponse, je vous prie de recevoir l'assurance de mes salutations distinguées.

David Lemoine.

Pièce jointe : curriculum vitae.

QUESTIONS

1 ▸ Quels points du CV sont repris dans la lettre ?

2 ▸ Quels points ne sont pas repris ? Pourquoi ?

3 ▸ Quels éléments sont mis en valeur dans la lettre ?

4 ▸ Quelles remarques faites-vous sur la présentation du CV ? sur la disposition de la lettre ?

LEÇON

■ Parmi les écrits sociaux que nous sommes amenés à rédiger, figurent les **lettres de candidature** à un stage, à un emploi proposé par une petite annonce. Ce type de lettre est accompagné d'un **curriculum vitae**.

■ Ces deux documents obéissent à des règles précises de **présentation** et de **rédaction**. L'ensemble doit mettre en valeur les aptitudes et les qualités de l'émetteur.

1. Le curriculum vitae

Ce document est destiné à obtenir un entretien. Il présente la vie scolaire et/ou professionnelle en donnant une bonne image du candidat.

■ **Présentation**

Le CV est présenté sur une feuille blanche (21 x 29,7 cm). Il est **dactylographié**. On n'utilise jamais le verso de la feuille.

■ **Erreurs à éviter**

– Les détails inutiles, comme le numéro de Sécurité sociale.
– Le CV manuscrit.
– Des phrases de conclusion désinvoltes comme : « Libre de suite. »
– Le titre : « CV ».
– L'absence de rubriques, d'ordre logique ou chronologique.
– Des indications sur le salaire souhaité.
– Un style trop sec, trop flatteur ou trop larmoyant.
– L'oubli des coordonnées (adresse, téléphone).

2. La lettre de candidature

La lettre de candidature complète le curriculum vitae, dont elle développe certains aspects, en relation directe avec l'offre formulée dans l'annonce à laquelle on répond.

■ **Présentation**

– Elle est également rédigée sur une feuille blanche, non lignée, de 21 x 29,7 cm.
– Elle doit toujours être **écrite à la main** pour permettre éventuellement une analyse de l'écriture du candidat.
– Il ne faut pas envoyer une photocopie, mais toujours l'original.
– Il faut soigner son écriture, tout en restant naturel.

■ **Contenu**

– La lettre doit être **personnalisée**. Originale, elle doit retenir l'attention du lecteur.
– Le premier paragraphe rappelle l'annonce en précisant sa référence.
– Le deuxième paragraphe développe les **qualités personnelles** et les **compétences** du candidat, en rapport avec les demandes de la petite annonce.
– Dans une troisième partie, on exprime sa **disponibilité**.
– On termine par une formule de politesse, on signe lisiblement et on mentionne les pièces que l'on joint à la lettre.

EXERCICES

1 **Écrivez une lettre de candidature qui serait adaptée à l'annonce ci-contre.**

2 **Écrivez une lettre de candidature personnelle à un stage (au choix) dans une parfumerie, une pharmacie, un club équestre, une ferme, un magasin de vêtements, une agence de voyages, un terrain de camping.**

3 **Vous souhaitez garder des enfants pendant les vacances, ou faire les courses d'une personne âgée. Écrivez une lettre pour poser votre candidature à une petite annonce trouvée chez le boulanger.**

Épinay-sur-Seine / Seine-Saint-Denis
• 50 000 habitants
• Cité des industries du cinéma
• À la pointe ouest du 93 et à 10 min de Paris

PUÉRICULTRICE D. E.

Forte de cinq ans d'expérience, vous serez chargée de diriger une crèche collective de 60 berceaux et d'encadrer 20 agents.
Ce poste à pourvoir le 1er février 1998 bénéficie d'une rémunération statutaire assortie d'un régime indemnitaire et d'un logement de fonction.

Les transformations de la phrase

1 5 points

Quand c'est possible, coordonnez les phrases juxtaposées avec les mots de liaison qui conviennent. Quel est l'effet produit ? Quel texte est préférable ?

Il est le directeur d'une grande industrie. Il a passé la soixantaine. [...] Il se croit important. Il est important. Il est très important. Il dit des choses importantes. Il a des amis importants. Il ne donne que des coups de fil importants. Même ses blagues en famille sont très importantes. Il se croit indispensable. Il est indispensable. Les obsèques auront lieu demain à 14 h 30.

Dino Buzzati, « Le chef » in *Nous sommes au regret de...*, trad. Y. Panafieu, Robert Laffont, 1992.

2 10 points

Quand c'est possible, substituez des subordinations aux juxtapositions pour renforcer les liens logiques.

Hsing Hsing est vieux, il a vingt-sept ans. Il vit seul depuis la mort de Ling Ling. Il ne monte plus sur le trapèze qu'on leur avait construit autrefois pour leurs ébats. Mao Zedong l'avait offert, en 1972, à Richard Nixon. C'était, depuis, la vedette du zoo de Washington. Aujourd'hui, Hsing Hsing est malade. Son artérite le fatigue. Il vient d'être opéré d'un cancer des testicules. Il n'aura plus de petits pandas géants.

Le Monde, 25 avril 1997.

3 8 points

Relevez les propositions subordonnées. Dites si elles sont relatives, complétives ou circonstancielles.

Derrière la charrette marchait un homme qui, vu de loin, et à travers les ramures, paraissait immense et blond. Ugolin vit qu'il était d'une bonne taille, mais qu'il portait, à cheval sur son cou, une fillette aux boucles dorées, dont les mains étaient croisées sur les cheveux noirs de sa monture. [...] Ugolin, stupéfait, pensa que ces gens s'étaient perdus et il allait leur conseiller de rebrousser chemin lorsque l'homme qui portait la petite fille sur son dos cria au charretier :
« C'est là ! Arrêtez-vous sur le chemin, juste au-dessus de la maison ! »

Marcel Pagnol, *Jean de Florette*, © Éd. Bernard de Fallois.

4 6 points

Relevez les subordonnées relatives et donnez leur fonction.

L'homme qui écrivait leva la tête ; Julien ne s'en aperçut qu'au bout d'un moment, et même, après l'avoir vu, il restait encore immobile, comme frappé à mort par le regard terrible dont il était l'objet. Les yeux troublés de Julien distinguaient à peine une figure longue et toute couverte de taches rouges, excepté sur le front, qui laissait voir une pâleur mortelle. Entre ces joues rouges et ce front blanc, brillaient deux petits yeux noirs faits pour effrayer le plus brave.

Stendhal, *Le Rouge et le Noir*.

5 6 points

Repérez les subordonnées consécutives. Par quel(s) mots sont-elles enchâssées ?

Le silence était froid et si rares étaient les bruits qu'au moindre tintement de métal, au moindre heurt de tôles dans le lointain, c'était comme un appel au secours à travers les avenues de la nuit...
Précédés de leurs ombres, ils passèrent en bas du grand mur gris. En verraient-ils la fin ? Ils étaient deux et couraient si vite qu'on eût dit une illusion, car à peine eurent-ils franchi les derniers réverbères que la nuit les aspira.

M. Grisollia, *Le Choix des armes*, J.-Cl. Lattès.

6 10 points

Relevez les propositions subordonnées. Donnez leur nature et leur fonction.

Je suis un enfant trouvé.
Mais, jusqu'à huit ans, j'ai cru que, comme tous les autres enfants, j'avais une mère, car, lorsque je pleurais, il y avait une femme qui me serrait si doucement dans ses bras en me berçant, que mes larmes s'arrêtaient de couler.
Quand je gardais notre vache le long des chemins herbus ou dans les brandes, et que j'étais surpris par une pluie d'orage, elle accourait au-devant de moi et me forçait à m'abriter sous son jupon de laine...
Par tout cela et par bien d'autres choses encore, par la façon dont elle parlait, par la douceur qu'elle mettait dans ses gronderies, je croyais qu'elle était ma mère.

D'après Hector Malot, *Sans famille*.

7

L'organisation du texte

GRAMMAIRE

Chapitre **21** : Les marques d'organisation du texte 196

Chapitre **22** : Les reprises d'information 204

Chapitre **23** : La répartition de l'information : thème et propos 211

Chapitre **24** : Les progressions thématiques 218

ORTHOGRAPHE

• *Même, tout* : variables ou invariables ? 226

VOCABULAIRE

• La pensée, le raisonnement 230

EXPRESSION ORALE

• Introduire, enchaîner, conclure 232

EXPRESSION ÉCRITE

• Écrire pour argumenter 234

BILAN

236

CHAPITRE 21

Les marques d'organisation du texte

OBSERVATION

Fêtes en Europe

En Hollande, actuellement, saint Nicolas arrive trois semaines avant son anniversaire, par bateau venant d'Espagne. Le soir où il arrive, on met une chaussure devant la cheminée, accompagnée d'une lettre ou d'un dessin, d'un peu de paille, d'un récipient d'eau et d'une carotte pour le cheval blanc du saint. Le lendemain, on trouve, à la place de la paille, de petits chocolats en forme de saint Nicolas et un gâteau de pain d'épice représentant une sorte de paysan ou de paysanne en costume traditionnel, appelé *taai-taai vrijer* (de *vrijer,* « faire sa cour, offrir »), accompagné de bouts-rimés humoristiques… Trois semaines plus tard, le soir du 5 décembre est appelé le « soir des paquets » : on dispose un grand sac devant la porte d'entrée et, le lendemain, on le retrouve plein de cadeaux pour toute la famille.

Colette Méchin, *Saint Nicolas,* © Berger-Levrault, 1978.

QUESTIONS

1 ▶ Donnez la fonction des groupes de mots en bleu.

2 ▶ Ces groupes de mots peuvent-ils être déplacés à l'intérieur de la phrase ?

3 ▶ Si l'on supprime ou si l'on déplace certains groupes de mots en bleu, quel est l'effet produit ?

4 ▶ Identifiez le but du texte : raconter, décrire, expliquer, convaincre… Justifiez votre réponse.

LEÇON

■ Quel que soit son but – raconter, informer, convaincre –, un texte n'est pas seulement une suite de phrases. Chaque phrase qui compose le texte participe à l'organisation générale : elle s'articule sur la précédente de façon à faire progresser le texte (apporter une information nouvelle) tout en tenant compte des éléments précédents.

■ Un texte est donc une suite de phrases dont l'enchaînement obéit à des **règles de cohérence**. Ces règles sont différentes de celles qui régissent la structure de la phrase. Elles font l'objet des leçons qui vont suivre.

1. Les marques d'organisation du texte

■ Les marques non linguistiques

◆ Les diverses parties d'un texte sont souvent marquées par des procédés :
– de **mise en page** : paragraphes, espacements, alignements, tableaux, schémas ;
– de **typographie** : emploi de lettres de tailles différentes, de couleurs, de caractères en italique, en gras, soulignés, de capitales (lettres majuscules), de flèches ;
– de **hiérarchisation** des différentes parties du texte : numéros I, II, III ; 1, 2, 3 ; lettres A, B, C ; a, b, c.

◆ Ces marques conviennent particulièrement aux **textes explicatifs**. Elles sont également employées dans les sommaires et les tables des matières des livres.
Possibilités de présentation :

I.	A.	1. ......
A.	1.	1. 1. ....
B.	2.	1. 2. ....
II.	B.	2. ......
A.	1.	2. 1. ....
B.	2.	2. 1. 1. ......
III.	C.	2. 1. 2. ......
A.	1.	2. 2. ....
B.	2.	3. ......
etc.	*etc.*	3. 1. ....
		3. 2. ....
		etc.

■ Les marques linguistiques

Le plan d'un texte peut aussi être marqué, à l'intérieur du texte, par des moyens linguistiques : les organisateurs du texte.

2. Les organisateurs du texte

■ Les **différentes étapes** d'un texte sont souvent marquées par des mots ou expressions qui les délimitent et les situent les unes par rapport aux autres. Ces mots et expressions sont le plus souvent détachés en tête de phrase ou de paragraphe. En général, ils ne sont pas compris dans la structure de la phrase elle-même. Ce sont les **organisateurs du texte**.

■ La plupart de ces termes sont des **adverbes**. On distingue :

◆ des organisateurs **temporels** : *d'abord, puis, ensuite, enfin* ;

◆ des organisateurs **spatiaux** : *à gauche, à droite, devant, derrière, au fond* ;

◆ des organisateurs **logiques** qui marquent :

– **l'ordre** : *premièrement, deuxièmement, troisièmement* :

➡ *Bien chers enfants,*
En ce jour de mon soixantième anniversaire, sain de corps et d'esprit, j'ai décidé de faire mon testament. ***Premièrement****, je lègue à ma fille aînée Gaëlle ma villa de Biarritz et mon appartement de l'île Saint-Louis.* ***Deuxièmement****, je lègue à ma fille cadette Estelle l'ensemble de mes livres, ma collection de poupées folkloriques et mon cyclorameur.* ***Troisièmement****, à ma benjamine Catherine mes chats Moustache et Pistache, ainsi que le cactus, en espérant qu'elle en prendra bien soin. Fait à Tours, le 31 mai 1936. Thierry Aulait.*

– **l'ouverture et la clôture d'une énumération** : *d'abord, ensuite, enfin* :

➡ *Contrairement aux jeunes de mon âge, je ne suis pas une fan des vidéo-clips.*
D'abord *je trouve qu'ils sont rarement bien faits. [...]*
Ensuite*, il se dégage de ces images une violence qui m'écœure. [...]*
Enfin*, ce qui m'irrite le plus, c'est qu'on m'impose des images. Je ne peux même plus avoir la liberté d'imaginer mes propres fantasmes sur la musique ; on m'inflige des images qui ne sont pas les miennes et détruisent mon rêve.* (*Phosphore*, n° 40, mai 1984)

– **la hiérarchisation** : *d'une part, d'autre part, par exemple, essentiellement, surtout, en résumé*. Ces organisateurs structurent les textes argumentatifs :

➡ *Le ronflement est une maladie qui mérite d'être considérée.* ***D'abord*** *parce qu'il est extrêmement répandu.* ***En effet****, on estime qu'il touche environ un homme adulte sur quatre et une femme sur sept.* ***Ensuite****, parce qu'il témoigne de difficultés respiratoires importantes qui peuvent avoir des conséquences cardiaques.*

3. L'antéposition d'un groupe de la phrase

Dans certains textes, on observe, en tête d'une série de phrases, des compléments circonstanciels qui expriment tous la même idée (lieu ou temps le plus souvent).
Ces groupes détachés ont un rôle particulier dans l'organisation du texte : ils mettent en évidence sa **progression**.

■ Les **organisateurs de lieu** sont fréquents dans les **descriptions** :

➡ ***Dès l'entrée****, la clochette au son doux et grave semblait vous souhaiter bon accueil.* ***Sous la voûte****, à gauche, la concierge, de la porte vitrée de sa loge exhaussée de trois marches, vous souriait.* ***En face****, s'ouvrait la cour.* (André Gide, *Si le grain ne meurt*)

■ Les **organisateurs de temps** structurent :

◆ des **textes explicatifs** de nature historique :

➡ ***Dès l'Antiquité****, on savait déjà extraire des métaux de leurs minerais. Puis,* ***au Moyen Âge****, les alchimistes réussirent à obtenir quel-*

ques produits, comme le phosphore. ***Au XVIIIe siècle****, avec le Français Lavoisier et l'Anglais Priestley, est née la chimie moderne.* (D'après *Méga Senior,* Nathan)

- des **textes narratifs** :
  - ***Plus qu'une minute*** *et le pari était gagné. Andrew Stuart et ses collègues ne jouaient plus. Ils avaient abandonné les cartes ! Ils comptaient les secondes !*
    À la quarantième seconde*, rien.* ***À la cinquantième****, rien encore !*
    À la cinquante-cinquième*, on entendit comme un tonnerre au-dehors, des applaudissements, des hurrahs, et même des imprécations, qui se propagèrent dans un roulement continu.*
    Les joueurs se levèrent.
    À la cinquante-septième seconde*, la porte du salon s'ouvrit…*
    (Jules Verne, *Le Tour du monde en 80 jours*)

POUR L'EXPRESSION ÉCRITE

On choisit les organisateurs selon la relation qu'on veut marquer dans un texte.

- **Addition :** *et, encore, de plus, aussi, de même.*
- **Succession :** *d'abord, ensuite, enfin, finalement, premièrement, deuxièmement.*
- **Transition :** *d'ailleurs, d'autre part, en outre, du reste.*
- **Explication :** *en d'autres termes, à savoir, c'est-à-dire, car, c'est que.*
- **Illustration :** *par exemple, entre autres, notamment, en particulier, à savoir.*
- **Opposition :** *mais, en revanche, d'un côté… d'un autre côté.*
- **Concession :** *toutefois, néanmoins, cependant.*

RÉSUMÉ

1. Les diverses parties d'un texte sont souvent marquées par des **procédés de mise en page, de typographie,** par des **numérotations**.

2. L'organisation du texte est également marquée par des mots ou expressions particuliers : ce sont les **organisateurs du texte**.

3. Certaines marques linguistiques **n'appartiennent pas à la structure de la phrase**. Elles mettent en évidence :
– **la succession** : *premièrement, deuxièmement ; d'abord, ensuite, enfin ;*
– **l'argumentation** : *donc, c'est pourquoi, à plus forte raison…*

4. Certaines marques linguistiques **appartiennent à la structure de la phrase**. Ce sont des **compléments circonstanciels** déplacés en tête de phrase qui marquent :
– **le lieu** : *ici, là, à gauche, à droite, au fond, plus loin* ;
– **le temps** : *hier, aujourd'hui, demain ; en ce temps-là, quelques années après, en 1789…*

EXERCICES

Identifier

1 **Observez la table des matières suivante et indiquez quelles sont les grandes parties de l'ouvrage. Quelles marques typographiques les signalent ? Relevez les intitulés des chapitres qui composent chaque partie. Quels chapitres sont eux-mêmes divisés en « sous-chapitres » ?**

TABLE

AUX JEUNES LECTEURS	5
LES ENFANTS DU CHEVALIER	6
NAISSANCE	8
Le château	8
Le seigneur	13
La famille	18
APPRENTISSAGE	22
L'éducation des filles	22
Les écoles	25
Dans la forêt	31
L'usage des armes	36
L'éducation du cœur	46
Les vertus chevaleresques	49
L'AVENTURE	54
L'ADOUBEMENT	56
LES TOURNOIS	66
LA CROISADE	81
LA FIN DE LA JEUNESSE	92
LE MARIAGE	94
ARNOUL SEIGNEUR	100
LA GUERRE NOUVELLE	104
Fortifications et machines	104
Les routiers	108
La chevalerie soumise	110
LA MORT DU PÈRE	112
BOUVINES	116

Georges Duby, *La Chevalerie*, © Perrin.

2 **Repérez les organisateurs des textes suivants et précisez si ce sont des organisateurs temporels, spatiaux ou logiques.**

La maison principale, moitié pierre, moitié paillis, ne renferme qu'un rez-de-chaussée, où Grand-mère, Martin et Martine Mac Carthy, Murdoch et sa femme, occupent des chambres séparées d'une salle commune à large cheminée, dans laquelle on se réunit en famille pour les repas. Au-dessus, contiguë aux greniers, une mansarde éclairée de deux lucarnes, sert de logement à Sim – et aussi à Pat dans l'intervalle de ses voyages.

En retour, d'un côté, se développent les aires, les granges, les appentis sous lesquels s'abritent le matériel de culture et les instruments du labourage ; de l'autre, la vacherie, la bergerie, la laiterie, la porcherie et la basse-cour.

Jules Verne, *P'tit Bonhomme,* © Hachette, 1986.

Ce qu'il vous faut, c'est le frisson, l'amour, l'évasion, le rêve : un roman pour l'été. Attention à bien choisir : il en est d'exécrables. [...]

D'abord, sans doute, vous voulez de la clarté : des bons et, naturellement, des méchants. Lorsque vous descendez le sentier qui mène à la plage, vous n'avez pas envie qu'un romancier vienne vous démontrer que la vie est compliquée et que vous-même n'êtes pas si simple. Vous acceptez que l'analyse psychologique s'efface devant l'action, ses galops et ses renversements. Il faut que ça bouge. Le rythme est donc essentiel, et il n'est pas si facile à orchestrer. Vous voulez aussi savoir où vous êtes, dans quelle contrée, à quelle époque, et vous êtes exigeant sur les descriptions, parce que vous comptez y accrocher vos rêveries. Pour frivole que soit le sujet, l'auteur doit le connaître à fond, et vous savez déceler les paresses et les tricheries. Enfin, il vous faut du volume, un livre qui vous fera de l'usage, car vous divaguez mieux au long cours.

Le Monde, 4 juillet 1997.

TOPAZE, *découragé* : [...] Chaque jour, nous voyons dans les journaux que l'on brave impunément les lois humaines. Tantôt, c'est le crime horrible d'un fou qui égorge l'un de ses semblables, pour s'approprier le contenu d'un portefeuille ; d'autres fois, c'est un homme alerte, qui, muni d'une grande prudence et d'outils spéciaux, ouvre illégalement la serrure d'un coffre-fort pour y dérober des titres de rente ; tantôt, enfin, c'est un caissier qui a perdu l'argent de son patron en l'engageant à tort sur le résultat futur d'une course chevaline. *(Avec force)* Tous ces malheureux sont aussitôt arrêtés, et traînés par les gendarmes aux pieds de leurs juges.

Marcel Pagnol, *Topaze,* © Bernard de Fallois.

3 Les textes suivants contiennent tous des organisateurs logiques. Retrouvez-les et indiquez la relation qu'ils établissent dans le texte.

– Oh ! t'as pas besoin d'avoir peur : nous, on est tous des réguliers. Et d'un : t'as fait un beau gâchis de ce voyage (t'aurais un sacré toupet de dire le contraire). Et de deux : t'as laissé nos ennemis sortir de ce traquenard sans aucune garantie. Pourquoi qu'ils ont voulu filer, j'en sais rien ; mais ce qui est clair, c'est qu'ils l'ont voulu. Et de trois : tu nous as pas laissés tomber sur eux pendant qu'ils s'en allaient. Oh, mais on y voit clair, John Silver : tu veux jouer double jeu, c'est ça qui cloche chez toi. Et de quatre : y a ce gamin.

Robert-Louis Stevenson, *L'Île au trésor*, trad. J. Papy, © Gallimard, « Folio junior », 1987.

Pour nettoyer le sol, on peut utiliser une sorte de chiffon qu'on appelle aujourd'hui le plus souvent une *serpillière*, mais vous connaissez sans doute d'autres mots pour cet objet : *wassingue, cinse*, mais aussi *loque, panosse*, et même *faubert* ou *guenille*.

Ici, les résultats de l'enquête sont encore plus contrastés : on a recensé 21 termes différents, mais il y a un grand gagnant, la *serpillière*, qui est nettement majoritaire.

Viennent ensuite, très loin derrière : *wassingue, cinse, torchon, panosse, chiffon, loque, lave-pont, pièce* et *patte*.

Mais les mots les plus curieux sont ceux qui ont été proposés chacun par une seule personne, comme *emballage, emballe, faubert, gagucher, (un) laplace, guenille, peille, drap de maison, pouques* ou *loque à reloqueter*.

Henriette Walter, *Le Français dans tous les sens*, © Robert Laffont, 1988.

4 Identifiez les groupes détachés. Quelle est l'organisation du texte ?

La pratique du cerf-volant est un sport ancien en Thaïlande où s'affrontent les petits cerfs-volants femelles, Les Pakpaos, et les grands mâles en forme d'étoiles, les Chulas. En Corée, les cerfs-volants sont tous rectangulaires et transportent des messages au ciel tout-puissant [...] tandis qu'au Cambodge, les cerfs-volants restent souvent toute la nuit suspendus en l'air, au rythme de leur arc musical, véritable signe de reconnaissance. En Indonésie, ils adoptent des formes de poisson, rappelant qu'ils étaient autrefois utilisés pour pêcher. En Martinique, on les appelle les cerfs-volants malheureux : ils sont fabriqués par des enfants avec des feuilles séchées de résinier, d'amandier ou de caoutchouc. Le continent sud-américain n'est pas en reste. Au Guatemala, les Barrilete sont circulaires et restituent sur leurs voilures le calendrier maya. Au Brésil, les Pipa de forme pentagonale sont très appréciés dans les favelas comme signal pour alerter les trafiquants des mouvements des forces de police. Quant au cerf-volant chilien, il est essentiellement consacré au combat.

Paris-Match, 15 août 1996.

Transformer

5 **Voici la table des matières d'un guide sur les traces d'animaux. Présentez-la différemment en hiérarchisant les parties par des chiffres ou des lettres placés devant les titres. Vous vous inspirerez des trois possibilités présentées dans la leçon.**

Table des matières

Préface 5
Introduction 7
Mensurations et légendes 12
Illustrations
Batraciens Urodèles 13
Batraciens Anoures 15
Reptiles (Lézard) 20
Oiseaux
Hérons, Cigogne 21
Rapaces diurnes et nocturnes 24
Gallinacés 26
Rallidés 30
Limicoles 32
Laridés 36
Canards 37
Colombins 38
Corvidés 39
Autres passereaux 42
Mammifères
Carnivores 43
Ongulés 56
Léporidés 67
Rongeurs 71
Insectivores 85
Remarques et commentaires 88
Index alphabétique 91
Index systématique 94
Bibliographie 96

Jacques Morel, *Les Traces d'animaux, 100 vertébrés dans votre poche,* © Delachaux et Niestlé, 1991.

6 **Rétablissez les quatre paragraphes du texte suivant.**

DRAGONS

Par décret impérial daté du palais de Saint-Cloud, le 15 avril 1806, un régiment de dragons fut organisé sur le modèle des grenadiers à cheval. Leur uniforme était exactement le même, mais on remplaça le drap bleu par du drap vert. Le recrutement se faisait dans les différents régiments de dragons de la ligne, parmi les soldats de belle prestance, totalisant dix ans de service et mesurant 5 pieds 4 pouces (1,73 m). C'est lors de sa première présentation au cours d'une revue sur la place du Carrousel que l'Impératrice décida d'être la marraine de ce nouveau corps, qui s'appela désormais fièrement « Dragons de l'Impératrice ». En marche, un escadron comptait 200 dragons plus 50 vélites, incorporés pour l'occasion de façon que, si le régiment réunissait ses quatre escadrons, il alignât 1 000 hommes dont 800 « anciens » et 200 « bleus ». Le régiment eut tout d'abord des chevaux noirs, puis alezans. Transformé pour le temps de la première Restauration en « Corps royal des dragons de France », le régiment fut rétabli par l'Empereur à son retour d'exil dans la nouvelle organisation de la Garde, le 8 avril 1815. Après la capitulation de Paris, le régiment se retira derrière la Loire et se dispersa. Tout était fini et pourtant, pendant de longues années et jusqu'à ce que le dernier dragon de l'Impératrice eût rendu le dernier soupir, le château de Malmaison fut le lieu d'un pèlerinage annuel qui réunissait, le jour anniversaire de la mort de Joséphine, les survivants des fringants cavaliers dont elle avait été la marraine.

Liliane et Fred Funcken, *L'Uniforme et les Armes des soldats du premier Empire,* © Casterman, 1969.

7 **Reconstituez le texte suivant en vous appuyant sur les organisateurs du texte.**

1. Il faut sans doute attribuer ces phénomènes aux pollutions de l'atmosphère et aux fumées que retient l'air de Paris.
2. Il est particulièrement intéressant par la variété et la distribution des espèces.
3. L'écologie parisienne montre la plus grande fantaisie dans le développement et la disparition de certaines espèces.
4. Quelle plus calme visite de Paris rêver qu'en herborisant ? Nous vous conseillons tout d'abord d'exercer vos connaissances dans le périmètre protégé de la circulation : Louvre – Tuileries – Concorde.
5. Par exemple, les trente-trois espèces de lichens que Nylander recensait en 1866 avaient toutes disparu en 1896.

Guide de Paris mystérieux, © Éditions Tchou, « Les guides noirs », 1985.

8 **Remettez les phrases suivantes dans l'ordre en vous aidant des marques d'organisation du texte.**

1. pour d'autres encore, Rotten Row et ses amazones, Chelsea et ses quais balayés par le vent.
2. Pour les uns, cela signifie Picadilly Circus et son bouquet d'enseignes lumineuses ;
3. Vous trouveriez difficilement deux personnes considérant un pays ou une ville sous le même angle.

4. Pour M. Julie, Londres, c'était le British Museum.
5. pour les autres, une maison amie de Bloomsbury ou de Belgravia ;
6. Ainsi Londres…

S.A. Steeman, *L'assassin habite au 21*, © Librairie des Champs-Élysées, 1939.

Employer

9 Replacez les mots organisateurs du texte aux endroits qui conviennent.

Eh bien (2 fois) ; *Mais* (4 fois) ; *Alors* ; *Ou du moins* ; *Ainsi donc* ; *Bien sûr* ; *plutôt* ; *Tant pis* ; *Pour le reste.*

Histoire terrible et inquiétante ! ① est-ce bien vrai que cette histoire est si terrible que ça ?
②, elle parle d'assassinat. ③ d'assassiné, en vérité, il n'y en a pas, que je sache !
④ ?
⑤ certains diront que dans le Midi on aime exagérer les choses…
Je crois ⑥ que ce sont les personnages eux-mêmes, avec leurs idées farfelues et leur imagination sans borne, qui ont fait « l'affaire Folle Épître ». L'histoire se serait déroulée dans le Limousin qu'il en aurait été de même.
⑦ laissons là la géographie…
Un événement réel a inspiré cette histoire. ⑧ l'idée principale. ⑨ , il suffisait de laisser faire tonton Charlie et ses amis… ⑩ , en 1983, un jeune metteur en scène est venu tourner à Marseille. ⑪ des scènes importantes de son film se passaient sur les docks de la ville. Zut ! ⑫ qu'est-ce que je viens de dire ! ⑬ , j'ai vendu la mèche et le nom est lâché : Marseille.

Amélie Rangé, *L'ice-cream était presque parfait*, © Milan, Zanzibar, 1987.

10 Replacez les marques d'organisation du texte aux endroits qui conviennent.

Lors de son 120e anniversaire, le 21 février 1995 ; Le 25 décembre de la même année ; En mai 1965 ; Dans la vie ; Fin 1995.

① , Jeanne Calment, alors âgée de quatre-vingt-dix ans, vend son appartement en viager à un notaire, André-François Raffray. Celui-ci verse une rente viagère […] de 2 500 francs jusqu'au décès de la propriétaire. ② , le notaire a déjà versé un total de 920 000 francs. ③ , M. Raffray décède, à soixante-dix-sept ans. Ses enfants et héritiers poursuivent son engagement viager pour un appartement inoccupé depuis quinze ans et qui nécessite une remise en état. ④ , Mme Calment s'était inquiétée pour la santé du notaire. Elle avait déclaré : « ⑤ , on fait parfois de mauvaises affaires. »

Le Monde, 6 août 1997.

11 Inventez la table des matières d'un livre présenté ainsi sur la quatrième de couverture.

LE MONDE DES OISEAUX

Depuis 150 millions d'années, les oiseaux peuplent les forêts, les plaines, les côtes et les montagnes de notre planète ; certains vivent près de nous, dans les villes. De l'autruche au colibri, le monde des oiseaux compte une infinité d'espèces ; chacune d'elles est merveilleusement adaptée à son environnement. La forme du bec, la longueur des pattes, rien n'est dû au hasard. Le peuple des oiseaux a ses architectes et ses couturiers, ses pirates et ses vampires ; certains utilisent des outils, d'autres vivent en association avec des mammifères. Découvrez au fil des pages tous les mystères de ce monde fascinant, aujourd'hui souvent menacé.

David Burnie, *Le Monde des oiseaux*, © Hachette, « Le tour de la question », 1992.

12 Voici un sketch de Jacques Dufilho, qui incarne le guide d'un château très particulier. Repérez les indices d'organisation du texte, puis écrivez vous aussi, sur le mode humoristique, une visite de votre collège ou d'un musée imaginaire. Vous veillerez à bien organiser le texte suivant des indices spatiaux et temporels.

Mesdames, mesdemoiselles, messieurs, la visite va commencer. […]
Ici, dans la vitrine, les restes d'une chaussure du Prince Noir comme vous le voyez…
La petite gravure que vous voyez à côté est la reproduction d'un tableau du musée de Ribérac… qui relate le thème… La peinture du XVIIe…
La gravure du XVe seulement…
Ici la pelisse de chasse de la duchesse, c'était une grande chasseresse… Tous les poils de la fourrure ont été dévorés par les mites… et la trame elle-même est tombée en poussière… et ici divers objets sans importance… dont on ne connaît pas la provenance…
Et nous arrivons maintenant à la chapelle… […]
La chapelle rasée par le Prince Noir… incendiée par les z'Huguenots, pillée par les sans-culottes aux révolutions de 89, 30 et 48 est entièrement d'époque… La voûte est, paraît-il, un chef-d'œuvre d'architecture, inclinée fortement sur le côté gauche… Les architectes se demandent comment elle peut tenir. […]

Jacques Dufilho, *La Visite du château*, © Éditions Warner-Chapelle, 1956.

CHAPITRE 22

Les reprises d'information

OBSERVATION

Le nez de Bécassine

Annaïk Labornez était un gros poupon, rose et dodu. Elle avait des yeux et une bouche minuscules ; son nez était si petit qu'on le voyait à peine. Et cela désolait ses parents qui, chaque jour, mesuraient le pauvre petit nez.

« Y pousse pas, disaient-ils. Qué malheur ! On va être la risée de tout le pays ! »

On est, en effet, persuadé, à Clocher-les-Bécasses, que l'intelligence est en proportion de la longueur du nez. Cette croyance bizarre tient sans doute à ce qu'on voit, dans le petit bourg, à l'époque des bains de mer, un grand savant, membre de nombreuses académies, qui est doué d'un appendice nasal formidable…

Caumery, *L'Enfance de Bécassine,*

QUESTIONS

1 ▶ Donnez la nature des mots en bleu.

2 ▶ Les mots en bleu renvoient à une partie de l'énoncé précédent. Que représente chacun d'eux ?

3 ▶ Quels mots en bleu reprennent un nom ou un groupe nominal ?

4 ▶ Quels mots en bleu reprennent toute une phrase précédente ?

5 ▶ Quels mots et expressions reprennent le mot *nez* ? Étudiez-les du point de vue du vocabulaire.

6 ▶ Quels mots et expressions reprennent le mot *pays* ? Étudiez leur ordre d'apparition.

LEÇON

1. Définition

■ Un texte mentionne des êtres, des objets, des idées, qui ont des rapports entre eux.
Pour être cohérent, le texte doit maintenir l'information en renommant, phrase après phrase, les êtres et les objets dont il parle. On dit alors qu'il y a **reprise de l'information**.

■ Divers moyens linguistiques sont employés pour reprendre l'information, qui est alors présentée d'une manière plus variée que la simple répétition.

2. Les reprises nominales

■ Reprise simple, par le même nom

On peut reprendre le nom du groupe nominal, à condition de changer le déterminant :

➡ *Annaïk Labornez était **un** gros **poupon**. [...]*
***Ce poupon** était adorable.*

■ Reprise par réduction du groupe nominal

On peut reprendre un groupe nominal étendu en réduisant ses différents compléments :

➡ *les parents du bébé qui hurle toutes les nuits → les parents du bébé → les parents.*

La réduction la plus courte contient implicitement la totalité de l'information.

■ Reprise par un autre nom

Pour éviter les répétitions, la reprise d'un groupe nominal se fait souvent avec un nom différent du premier nom, généralement un **terme générique** ou un **synonyme** :

➡ *le poupon → l'enfant* (terme générique) ; *le nourrisson* (synonyme).

Cette utilisation d'autres mots peut apporter :

◆ des **informations supplémentaires** : *l'enfant de deux mois, le frêle enfant* ;

◆ une **vision positive ou négative** de l'auteur sur le personnage : *le marmot, le mouflet, le moutard, le lardon, le poupard, le bambin…*

■ Reprise par une périphrase

La périphrase est un procédé qui consiste à reprendre un nom unique par un groupe de plusieurs mots. Elle peut être **positive**, **neutre** ou **négative** :

➡ *L'héritière des Labornez, la future héroïne, la petite Bretonne, la brave paysanne, la petite sotte.*

3. Les reprises pronominales

Les **pronoms** forment une classe fermée de mots grammaticaux qui reprennent une unité de la phrase ou du texte précédent.

Reprise par un pronom personnel

C'est le cas le plus simple et le plus fréquent :

➡ *Annaïk Labornez était un gros poupon rose et dodu.* ***Elle*** *avait des yeux et une bouche minuscules.*

La cohérence du texte exige qu'il n'y ait pas d'ambiguïté sur l'antécédent du pronom.

Reprise par un pronom possessif

➡ *Prête-moi ton stylo.* ***Le mien*** *est en panne sèche.*
Le mien reprend *mon stylo* (= *le stylo de moi).

Remarque : le **déterminant possessif** représente le groupe nominal antécédent, en indiquant la personne :

➡ *Annaïk avait des yeux et une bouche minuscules ;* ***son*** *nez était si petit qu'on le voyait à peine.*

Reprise par un pronom démonstratif

◆ Les pronoms *cela* ou *ça, ceci, ce,* signifient « cette chose ». Ils peuvent servir à reprendre des groupes nominaux détachés :

➡ *Les aventures de Bécassine,* ***cela*** *passionnait nos grand-mères.*

◆ *Cela* permet de reprendre une partie étendue de l'énoncé précédent, une phrase ou un ensemble de phrases :

➡ *Son nez était si petit qu'on le voyait à peine. Et* ***cela*** *désolait ses parents.*

Reprise par un pronom indéfini

➡ *Tous les enfants étaient là.* ***Chacun*** *avait appris sa leçon.*
➡ *Les enfants avaient appris leur leçon.* ***Tous*** *l'avaient comprise.*

4. Les différents types d'antécédents

Reprise d'un groupe nominal complet

C'est le cas le plus simple :

➡ *J'ai vu le bébé de ma voisine. Je* ***l'****ai admiré.* (reprise par un pronom personnel)

Reprise partielle d'un groupe nominal

◆ Reprise de la **fin du GN** :

➡ *J'ai reçu une lettre de Mamie.* ***Sa*** *santé est bonne.*

Le déterminant possessif *sa* ne reprend pas le GN *la lettre de Mamie,* mais le complément déterminatif *Mamie.*

◆ Reprise du **début du GN** :

➡ *J'ai corrigé la dictée de David.* ***Celle*** *de Franck est plus mauvaise.* ***La tienne*** *est meilleure.*

Le pronom démonstratif *(celle)* ou possessif *(la tienne)* ne reprend que le début du GN antécédent, en permettant de lui ajouter un autre complément déterminatif *(de Franck).*

Reprise d'un groupe verbal

Le verbe ***faire*** reprend la plupart des verbes d'action, le verbe ***être*** reprend tous les verbes d'état :

➡ *Est-ce que tu as rangé ta chambre ? Oui, je* ***l'ai fait****.*

Tu as l'air fiévreux ? Oui, je ***le suis****.*

Les groupes *l'ai fait* et *le suis* reprennent chacun le GV entier.

Reprise d'un attribut

Un groupe attribut est repris par un pronom personnel attribut :

➡ *Est-elle capable de se débrouiller seule ? Oui, elle* ***l'****est.*

Reprise d'une subordonnée

Le procédé est assez subtil :

➡ *Tu approuves que Pierre abandonne ses études. Moi, je* ***le*** *regrette.*

Avec *Moi,* le pronom *le* reprend uniquement la subordonnée : *que Pierre abandonne ses études.*
Sans la présence de *Moi,* le pronom *le* reprend la totalité de la phrase précédente.

POUR L'EXPRESSION ÉCRITE

■ Il existe des rapports de sens précis entre le mot de reprise et son antécédent.
La loi générale est de reprendre un nom précis par un terme plus général et non l'inverse :

➡ *Un cavalier arriva.* ***Cet homme*** *était épuisé.*

Et non : * *Un homme arriva.* ***Ce cavalier*** *était épuisé.*

Cependant, on peut écrire :

➡ *Un homme arriva au grand galop.* ***Ce cavalier*** *était épuisé.*

La présence de *au grand galop* indique qu'il s'agit d'un cavalier, dont la reprise devient possible.

■ La **reprise par un pronom personnel** pose parfois des problèmes d'ambiguïté. En outre, il est bon de se demander à partir de combien de reprises un pronom cesse d'agir et quand il devient indispensable de **renommer le personnage**.

RÉSUMÉ

1. Pour être cohérent, un texte doit maintenir l'information sur les êtres, les choses, les idées qu'il nomme. On a donc recours à des **procédés de reprise** de l'information.

2. Ces procédés sont très nombreux :
– **reprises lexicales** par un GN réduit, un terme générique, un synonyme, une périphrase ;
– **reprises pronominales** par des pronoms personnels, démonstratifs, possessifs, indéfinis.

3. Les antécédents repris peuvent appartenir à différentes classes grammaticales, avoir différentes fonctions dans la phrase et être de longueurs variées, du mot à la phrase ou au paragraphe précédent.

EXERCICES

Identifier

1 Identifiez toutes les reprises concernant le sujet de l'article suivant (noms, groupes nominaux, déterminants possessifs, pronoms).

CAROLINE DE MONACO

Comme un conte de fées merveilleux et cruel, sa vie de princesse du XXe siècle s'écrit au jour le jour pour les enfants de tous âges. Héroïne malgré elle, Caroline de Monaco attire invinciblement les regards depuis ce matin de janvier 1957 où 21 coups de canon saluèrent sa naissance. Chacune de ses joies ou de ses douleurs alimente une chronique qu'elle n'a demandé à personne de tenir. Son mariage à 21 ans, alors qu'elle prépare à la Sorbonne une licence de lettres, avec un homme de dix-sept ans son aîné, Philippe Junot, dont elle divorce deux ans plus tard. La mort de la princesse Grace, sa mère, au détour d'un virage de la corniche qui surplombe Monaco, le 14 septembre 1982. Sa rencontre enfin avec Stefano Casiraghi, qu'elle épouse le 23 décembre 1983 et dont elle aura trois enfants. Mais c'est la mort de Stefano, sept ans plus tard, aux commandes de son offshore[1], qui fait entrer Caroline née Grimaldi dans la légende des destins marqués par la fatalité. Sa haute silhouette drapée de noir et le visage muré dans sa douleur qu'elle tente de dissimuler sous des verres fumés se fixent dans les mémoires. La princesse de conte de fées est devenue héroïne de tragédie.

Paris-Match, n° 2257, 27 août 1992, © Paris-Match / F. Diwo.

1. Bateau très puissant et très rapide.

2 Identifiez les reprises nominales qui désignent les rhinocéros et précisez leur nature.

LES RHINOCÉROS

La vie quotidienne des rhinocéros est en définitive assez monotone. Le temps fort de leur activité se situe la nuit. C'est quand il fait moins chaud, en effet, que ces pachydermes s'agitent pour rechercher leur nourriture. Mais dès que les rayons du soleil commencent à se faire trop insistants, nos mastodontes s'affalent, à l'ombre d'un acacia si possible. John Goddard a même pu observer des rhinocéros s'offrir un petit somme d'une dizaine d'heures. À peine se levaient-ils pour se dégourdir les jambes.

Vers la fin de la journée, ces rois fainéants de la savane se réveillent enfin. C'est l'heure du bain rituel. Ils trouvent alors une mare à leur convenance et s'y vautrent dans la boue pendant de longues minutes. Le spectacle de ces impressionnants mastodontes s'adonnant les quatre pattes en l'air à des jeux de boue très enfantins est toujours un peu désopilant. Après ce bain, les rhinocéros repartent en quête de nourriture…

B. Loridan, *30 Millions d'amis*.

3 a. Faites la liste des reprises du lapin et de la belette.

b. Précisez la nature des reprises lexicales : terme générique, périphrase, nom propre.

LE CHAT, LA BELETTE ET LE PETIT LAPIN

Du palais d'un jeune Lapin
Dame Belette un beau matin
S'empara : c'est une rusée.
Le maître étant absent, ce lui fut chose aisée.
Elle porta chez lui ses pénates un jour
Qu'il était allé faire à l'Aurore sa cour,
Parmi le thym et la rosée.
Après qu'il eut brouté, trotté, fait tous ses tours,
Jeannot Lapin retourne aux souterrains séjours.
La Belette avait mis le nez à la fenêtre.
« Ô Dieux hospitaliers, que vois-je ici paraître ?
Dit l'animal chassé du paternel logis.
Ô là ! Madame la Belette,
Que l'on déloge sans trompette,
Ou je vais avertir tous les rats du pays. »
La dame au nez pointu répondit que la terre
Était au premier occupant.
C'était un beau sujet de guerre
Qu'un logis où lui-même il n'entrait qu'en rampant.
« Et quand ce serait un royaume
je voudrais bien savoir, dit-elle, quelle loi
En a pour toujours fait l'octroi
À Jean, fils ou neveu de Pierre ou de Guillaume,
Plutôt qu'à Paul, plutôt qu'à moi. »

Jean de La Fontaine, *Fables*, VII, 15.

4 Identifiez les reprises nominales dans le texte suivant. Vous observerez ensuite leur enchaînement et la façon dont elles créent une image favorable de l'animal.

Le phoque du jardin botanique de Tours vient de mourir à 40 ans. Ils seront nombreux à pleurer ce gentil pinnipède.

Il est des disparitions qui laissent un grand vide dans une communauté. Celle de Bobby, le gentil phoque du Jardin Botanique, est de celles-là.

Il s'est éteint samedi soir, entre 16 h et 16 h 45 : un gardien venu donner sa ration de poisson au phoque préféré de générations d'enfants, n'a pas vu ce dernier nager à sa rencontre. En fait, l'ani-

mal reposait au fond de son bassin, à jamais endormi du sommeil du juste. Selon des estimations dignes de foi, Bobby devait avoir atteint l'âge canonique de 40 ans. Il était arrivé à Tours le 6 février 1953, et avait rapidement conquis le cœur des habitués du jardin botanique ; d'après M. Huguet, le responsable du service des espaces verts de la ville, c'était sans doute le plus vieux phoque d'Europe en zoo.
Bobby était un pinnipède de sexe faible, originaire des îles Weddell, qui avait su rapidement conquérir le cœur des foules. Et quel quadragénaire tourangeau ne se souvient pas, avec une pointe d'émotion, de ses visites dominicales au Botanique ? Objectif numéro un, aller saluer la sympathique bestiole, dont le regard adorable de candeur naïve faisait fondre les petits et les grands.

La Nouvelle République du Centre-Ouest, 22 septembre 1992.

Transformer

5 **Remplacez les groupes soulignés par des reprises variées (inventez des périphrases).**

Pourquoi *La Joconde* est-elle si célèbre ? En fait, dès sa naissance, La Joconde eut une répercussion immédiate sur ses contemporains. Les professionnels ne s'y trompèrent pas : tant pour la qualité de son exécution plastique que pour ses innovations techniques, *La Joconde* était perçue comme un tour de force.
Après son acquisition par François Ier, La Joconde ne quitta plus les collections royales. Ce fut la vie de château… On la vit dans la chambre à coucher de la Maintenon, puis dans celle de Napoléon, aux Tuileries, et Louis XIII, encore enfant, refusa de la céder au duc de Buckingham. Elle fit école et inspira de grands artistes : Raphaël, Ingres, David, Corot… Elle fascinait toujours, mais il lui manquait encore l'épreuve majeure : sa disparition brutale. Le 21 août 1911, les journaux titraient : « On a volé *La Joconde* ! » Ce jour-là, La Joconde entrait définitivement dans la légende.
On ne la retrouva que deux ans plus tard. C'est une idole qui rentra au Louvre, entre deux gardiens de la paix en faction. Le voleur, un ouvrier italien qui travaillait au musée, s'était fait prendre en tentant de revendre La Joconde à un antiquaire de Florence. La Joconde étant italienne, il avait décidé qu'elle retournerait au pays.

Science et vie junior, n° 55, janvier 1994.

6 **Repérez les pronoms personnels et les déterminants possessifs ambigus. Remplacez-les par leurs référents en utilisant des périphrases variées.**

Trévor est en train de peindre le portrait d'un mendiant qui lui sert de modèle ; il a reçu la visite de Hughie, un de ses amis.

Au bout de quelque temps la servante entra, et dit à Trévor que l'encadreur désirait lui parler.
« Ne te sauve pas, Hughie, dit-il en sortant, je reviens tout de suite. »
Le vieux mendiant profita de son absence pour se reposer un moment sur un banc de bois qui se trouvait derrière lui. Il avait l'air si triste et si misérable qu'il ne put s'empêcher de le plaindre, et tâta ses poches pour voir ce qu'il avait d'argent sur lui. Tout ce qu'il put trouver, ce fut un souverain et quelques sous. […] Il traversa l'atelier, et glissa la pièce d'or dans sa main.
Il sursauta, et un léger sourire passa sur ses lèvres flétries. « Merci, monsieur, dit-il, merci bien. »
Puis il revint, et il prit congé de lui, en rougissant un peu de ce qu'il avait fait.

D'après Oscar Wilde, *Le Fantôme de Canterville et autres contes,* « Le Millionnaire modèle », trad. J. Castier, © Stock, 1979.

7 **Transformez le texte suivant de façon à éviter la répétition incessante de *Titanic*. Vous emploierez des reprises variées.**

Le 10 avril 1912, dans le port de Southampton, le fameux *Titanic* s'apprête à lever l'ancre pour ce qui va être sa première et unique traversée. À bord du *Titanic*, parmi les 2 200 passagers, Jack Dawson, jeune Américain aussi fauché que débrouillard et Rose Dewitt Bukater vont se rencontrer. À l'instar du *Titanic*, leur histoire d'amour naissante se brisera au large de Terre-Neuve.
Cette romance naît dans le luxe feutré et victorien du *Titanic* et bascule soudainement dans l'horreur du naufrage. Le *Titanic* va être le tombeau d'acier de 1 500 personnes.
D'un romantisme échevelé, le fascinant destin du *Titanic* et de ses passagers captive.

Le Programme du Cinéma Méliès, n° 4, du 21 janvier au 24 février 1998, DR.

8 **Récrivez le texte suivant en évitant les répétitions. Utilisez des reprises nominales et pronominales.**

Landry resta auprès de la petite Fadette jusqu'à la nuit, car encore que Landry n'osât plus conter fleurette à la petite Fadette, Landry était si épris de la petite Fadette et prenait tant de plaisir à voir la petite Fadette et à écouter parler la petite Fadette que Landry ne pouvait se décider à quitter la petite Fadette un moment. Landry joua avec le sauteriot, qui n'était jamais loin de la petite Fadette, et qui vint bientôt rejoindre Landry et la petite Fadette. Landry se montra bon pour le sauteriot, et s'aperçut bientôt que le sauteriot, si maltraité par tout le monde, n'était ni sot, ni méchant avec qui traitait bien le sauteriot ; mêmement, au bout d'une heure, le sauteriot était si bien apprivoisé et si reconnaissant que le sauteriot embrassait les mains de Landry et appelait Landry mon Landry, comme le sauteriot appelait la petite Fadette ma Fanchon ; et Landry était compassionné et attendri pour le sauteriot, trouvant tout le monde et Landry dans le passé bien coupables envers la petite Fadette et le sauteriot, lesquels n'avaient besoin, pour être les meilleurs de tous, que d'être un peu aimés comme les autres.

D'après George Sand, *La Petite Fadette,* XXIV.

Employer

9 Replacez les reprises nominales aux endroits qui conviennent et devinez quel sportif se cache derrière X. À votre tour, faites un portrait mystère où vous multiplierez les reprises nominales.

le basketteur du siècle ; leader charismatique des Chicago Bulls ; ce milliardaire trentenaire, bon père, bon mari, beau mec et bonne affaire pour les businessmen ; prophète isolé sur sa planète ; ce kid originaire du sud-est des États-Unis.

① issu de la petite bourgeoisie black [...] est, depuis douze ans, le planeur du basket dont les posters, toute langue rose dehors, sont devenus des objets de culte, dupliqués à des centaines de millions d'exemplaires dans les chambres des teen-agers. ② avec lesquels il triomphe depuis le début de la décennie, X marque des paniers d'extraterrestre, fait rêver et fait vendre. Frappé au cœur par le meurtre de son père, traqué comme une rock star par ses fidèles, il s'est infligé, ③, une traversée du désert de 18 mois. Avant de revenir sur les parquets, pour y survoler à nouveau ses adversaires et partenaires. Et enrichir sa légende en entretenant un mythe et une énigme : pourquoi, comment ④, pourquoi donc ⑤, repu de gloire et recru d'honneurs, continue-t-il tous les trois jours, de novembre à juin, de vouloir s'envoler vers le ciel, la balle au bout des doigts ? Pour y décrocher les étoiles ?

Jean-Marc Rohmer, *Les Compacts de l'info,* © Casterman, 1997.

10 a. Relevez les reprises nominales et pronominales des deux animaux présentés dans cette fable.

b. En gardant la même morale, imaginez une situation identique mais transposée dans le monde des humains.

Le Cheval et l'Âne

En ce monde il se faut l'un l'autre secourir,
Si ton voisin vient à mourir,
C'est sur toi que le fardeau tombe.

Un Âne accompagnait un Cheval peu courtois,
Celui-ci ne portant que son simple harnois,
Et le pauvre Baudet si chargé qu'il succombe.
Il pria le Cheval de l'aider quelque peu :
Autrement il mourrait devant qu'être[1] à la ville.
La prière, dit-il, n'en est pas incivile :
Moitié de ce fardeau ne vous sera que jeu.
Le Cheval refusa, fit une pétarade[2] :
Tant qu'il vit sous le faix mourir son camarade,
Et reconnut qu'il avait tort.
Du Baudet, en cette aventure,
On lui fit porter la voiture[3],
Et la peau par-dessus encor.

Jean de La Fontaine, *Fables,* VI, 16.

1. Avant d'être. – 2. Ruade. – 3. Charge.

11 a. Relevez toutes les informations fournies par les reprises nominales et pronominales.

b. Imaginez que Karine Ruby réponde à un journaliste japonais après sa victoire : elle présentera ses origines, ses études, ses résultats sportifs antérieurs. Employez à votre tour des reprises nominales et pronominales.

La Chamoniarde Karine Ruby a décroché le premier titre olympique pour la sélection française aux Jeux d'hiver de Nagano, mardi 10 février, en s'imposant dans le slalom géant du snowboard. [...]
Grande favorite de la première épreuve olympique de surf féminin, la Savoyarde n'a pas déçu ses supporteurs en dépit des conditions atmosphériques épouvantables.
Allongée les bras en croix dans l'aire d'arrivée, elle a risqué un œil inquiet sur le tableau de chronométrage. « J'ai vu et j'ai pleuré », a dit Karine Ruby. Des larmes de soulagement. Car rarement victoire olympique n'a été si annoncée et si méritée. À tout juste vingt ans, la snowboardeuse d'Argentière (Haute-Savoie) n'a pas voulu y croire trop tôt. « Si je n'avais pas gagné, j'aurais été trop déçue », a avoué celle qui a enlevé huit des neuf courses disputées depuis le début de la saison.
Avec ses longs cheveux blonds nattés, son regard limpide et ses taches de rousseur, Karine Ruby a tout d'un ange, mais elle fait figure d'épouvantail sur la Coupe du monde FIS (Fédération internationale de ski), qu'elle a déjà remportée deux fois. Sur son casque d'entraînement, cette étudiante en BTS de commerce arbore d'ailleurs l'effigie d'une sorcière.

Le Monde, 11 février 1998.

CHAPITRE 23

La répartition de l'information : thème et propos

OBSERVATION

La pièce de Petit-Gervais

Pas même le clocher d'un village lointain. Jean Valjean pouvait être à trois lieues de Digne. Un sentier qui coupait la plaine passait à quelques pas du buisson.

Au milieu de cette méditation qui n'eût pas peu contribué à rendre ses haillons effrayants pour quelqu'un qui l'eût rencontré, il entendit un bruit joyeux.

Il tourna la tête, et vit venir par le sentier un petit Savoyard d'une dizaine d'années qui chantait, sa vielle au flanc et sa boîte à marmotte sur le dos, un de ces doux et gais enfants qui vont de pays en pays, laissant voir leurs genoux par les trous de leur pantalon.

Tout en chantant l'enfant interrompait de temps en temps sa marche et jouait aux osselets avec quelques pièces de monnaie qu'il avait dans sa main, toute sa fortune probablement. Parmi cette monnaie il y avait une pièce de quarante sous.

L'enfant s'arrêta à côté du buisson sans voir Jean Valjean et fit sauter sa poignée de sous que jusque-là il avait reçue avec assez d'adresse tout entière sur le dos de sa main.

Cette fois la pièce de quarante sous lui échappa, et vint rouler vers la broussaille jusqu'à Jean Valjean.
Jean Valjean posa le pied dessus.

Cependant l'enfant avait suivi sa pièce du regard, et l'avait vu.
Il ne s'étonna point et marcha droit à l'homme.

Victor Hugo, *Les Misérables,* II, 13.

QUESTIONS

1 ▶ Relevez les mots et expressions qui reprennent *Jean Valjean*. Classez-les : reprises nominales ; reprises pronominales.

2 ▶ Relevez les expressions désignant Petit-Gervais. Identifiez-en le déterminant et justifiez son emploi.

3 ▶ Faites de même avec les expressions désignant la pièce et analysez-les.

4 ▶ Dans le passage en bleu, quels sont, dans chaque phrase, les éléments connus ? Quelles sont les informations nouvelles ?

LEÇON

1. Définition

On peut étudier une phrase selon **trois niveaux** différents :
– le plan **grammatical**, ou **syntaxique** ;
– le plan **sémantique**, qui s'attache au sens des groupes de mots et de leurs rapports de sens entre eux ;
– le plan **thématique**, qui étudie la répartition de l'information dans la phrase.

Toute phrase doit partir d'un **élément déjà connu** par la situation ou le contexte (règle de **répétition**) et doit apporter une **information nouvelle** à propos de cet élément connu (règle de **progression**).
L'**élément déjà connu** s'appelle le **thème** : c'est l'élément à propos duquel on dit quelque chose. L'**élément nouveau** est appelé le **propos** :

Plan	*Jean Valjean*	*entendit*	*un bruit joyeux*	*dans la campagne.*
syntaxique	sujet	verbe	complément essentiel	complément circonstanciel
sémantique	agent	verbe	objet	lieu
thématique	thème	← propos →		

2. La répartition de l'information

L'élément à propos duquel on apporte une information (le **thème**) se place **en tête de la phrase** ; l'information nouvelle que l'on apporte sur le thème (le **propos**) se place **à la fin de la phrase**.
Selon le contexte et la structure de la phrase, le verbe fait ou non partie du thème.

Dans une phrase neutre, isolée, le **thème** correspond habituellement au **sujet** du verbe.
Cependant, les différents plans d'analyse ne coïncident pas toujours. **L'information déjà connue** peut être indiquée par :

- un **complément essentiel** :

Plan	*Cet enfant,*	*Jean Valjean*	*l'*	*a volé.*
syntaxique	complément essentiel	sujet	rappel du c. essentiel	verbe
thématique	thème	← propos →		

- un **complément circonstanciel**. Dans ce cas, le sujet fait partie du propos (information nouvelle) :

Plan	*Dans cette maison*	*un crime*	*a été commis.*
syntaxique	c. circonstanciel	sujet	verbe
thématique	thème	← propos →	

Une phrase peut ne contenir qu'une information nouvelle, si elle commence un texte.

Les formules *il y a, il était une fois* permettent de commencer un énoncé sans référence à une situation ou un contexte précédent :

Plan thématique		*Un violent incendie a ravagé un entrepôt.* *Il y avait une pièce de quarante sous.* *Il était une fois un pauvre ramoneur.*
	(thème) ∅	propos (information nouvelle)

◆ **Remarques**

– Un groupe nominal introduit par un **article indéfini** fait généralement partie du **propos**.

– Un groupe nominal qui appartient au **thème** est généralement introduit par un **article défini**, un **déterminant démonstratif**, un **déterminant possessif**.

3. Formes de phrases et répartition de l'information

Certaines transformations de la phrase ont pour effet de **déplacer** et de **détacher** des groupes syntaxiques. Ces transformations modifient la répartition de l'information.

La forme emphatique

Jean Valjean,	*les gendarmes le recherchent.*
Quant à l'enfant,	*il va rentrer chez lui.*
thème	propos

Le **détachement** est caractéristique de la langue parlée, qui isole volontiers le thème de la phrase et le reprend par un pronom de rappel :

➡ ** Ton frère, il a dit qu'il venait avec nous au cinéma.*

La forme passive

◆ La transformation passive a pour effet d'inverser la présentation du sujet et du complément d'objet direct, c'est-à-dire d'**inverser le thème et le propos**. Cette inversion est très utile pour enchaîner deux phrases :

Alice a acheté un roman.	*Ce livre*	*a été emprunté par toutes ses amies.*
	thème	propos

◆ Cette transformation s'accompagne souvent de l'effacement du complément d'agent, soit pour gommer volontairement l'information, soit parce que le contexte permet facilement de la rétablir.

◆ Elle permet d'éviter l'emploi de ***on*** :

➡ *Jean Valjean a été condamné aux galères.*

La forme impersonnelle

La construction impersonnelle permet le **déplacement** du groupe sujet en fin de phrase. Ce déplacement place le sujet de la phrase en position d'information nouvelle :

➡ *Il est arrivé **un accident**.*

POUR L'EXPRESSION ÉCRITE

■ La distinction entre le thème et le propos permet de comprendre comment deux **phrases** s'enchaînent l'une à l'autre, comment est assurée la cohérence d'un **paragraphe**.
Elle permet également de comprendre comment sont construits certains **raisonnements**.

■ Dans une phrase, le thème ne peut pas se mettre à la forme négative. Seul le propos peut être nié.
Si un émetteur veut imposer une idée, un argument, il les placera donc en position de thème. Ainsi son interlocuteur sera obligé de les admettre. La publicité, l'argumentation font un usage fréquent de ce procédé :

Avec Marielle liquide,	*votre linge est plus blanc.*
Thème admis, imposé, présupposé : il est évident que vous utilisez « Marielle liquide ».	Propos que l'on peut discuter : oui, il l'est ; non, il ne l'est pas.

RÉSUMÉ

1. Pour étudier la répartition de l'information, on distingue, dans la plupart des phrases, le **thème** et le **propos**.

2. Le **thème** est l'élément **à propos duquel on apporte une information**. Il se place généralement en tête de la phrase.

3. Le **propos** est l'**information nouvelle** que l'on apporte sur le thème. Il se place généralement à la suite du thème.

4. Certaines **transformations** de la phrase ont pour effet de déplacer et de détacher des groupes syntaxiques, et de les placer ainsi en position de thème : ce sont les constructions **emphatiques, passives** et **impersonnelles**.

EXERCICES

Identifier

1 **Les différents thèmes du texte suivant sont soulignés ; indiquez pour chacun d'eux le propos. Quelle remarque pouvez-vous faire sur la répartition des thèmes suivant les phrases ?**

<u>La vie à Bali</u> défilait devant leurs yeux. <u>Des rizières</u>, échelonnées en terrasses arrondies, s'ouvraient devant eux, puis se repliaient vers les gorges profondes où <u>les fleuves</u> coulaient en cascades, <u>des palmeraies</u> couronnaient les crêtes des montagnes, qui se succédaient, chaîne après chaîne, jusqu'à la Grande Montagne dont <u>deux longs nuages blancs</u> masquaient le sommet. <u>Les gigantesques et sombres couronnes des varingas</u> se détachaient sur le vert émeraude des champs… <u>Des sources</u> jaillissaient de terre et, guidées par des tuyaux de bambou, allaient irriguer les terres. <u>Des bois de bambou</u> se rejoignaient en de belles voûtes au-dessus d'étroites rivières et il y régnait une ombre fraîche et mystérieuse. <u>Des buffles gris</u> dormaient dans des fossés pleins d'eau, derrière les villages. <u>Des enfants nus</u>, coiffés de grands chapeaux, poussaient des

troupeaux de canards à travers champs. Des bottes de paille déambulaient, si grandes qu'on ne voyait pas les hommes qui les portaient. Des vieillards, dont les visages étaient pareils à des masques de danseurs, marchaient, appuyés sur leurs cannes, la blague à sirih suspendue à la ceinture. Des femmes revenaient des champs et du marché ; elles portaient sur leur tête des paniers, ou des gerbes de riz, ou des tours de noix de coco, ou d'immenses charges de cruches de grès…

Vicki Baum, *Sang et volupté à Bali*, © 10/18, « Domaine étranger ».

2 Trouvez les propos des phrases suivantes.

CAMBRIOLEURS EN FLAGRANT DÉLIT

Deux cambrioleurs ont été interpellés dans la nuit de dimanche à lundi par une patrouille de la brigade de gendarmerie d'Essey alors qu'ils venaient de commettre un cambriolage dans une habitation de Pulnoy.

Un Maxois et un Nancéen ont été arrêtés dans une rue de Pulnoy en possession de bijoux, chéquiers et bibelots divers qu'ils venaient de dérober au domicile de M. X, habitant rue de Nancy. Les cambrioleurs avaient également, dans l'après-midi précédent, visité le domicile de Mme Y, rue Lazare-Carnot à Nancy, où ils avaient commis le même type de larcin. Dans les deux cas, les voleurs avaient pu pénétrer dans les domiciles sans effraction.

L'Est républicain, 3 septembre 1991.

3 Recopiez le texte suivant ; soulignez d'une couleur les thèmes et d'une autre couleur les propos. Quelles sont les phrases uniquement constituées d'un propos ?

Vous connaissez l'histoire de Caïn et d'Abel ? C'étaient les deux fils aînés d'Adam et Ève. En somme les numéros 3 et 4 de l'humanité. Ils avaient des caractères et des métiers totalement différents. Caïn n'aimait rien tant que rester chez lui et s'occuper de sa maison et de son jardin. Naturellement il était agriculteur. Abel au contraire ne tenait pas en place. Toute l'année il courait derrière ses troupeaux de moutons et de chèvres, et il se couchait sous des tentes avec les siens. […]

Michel Tournier, *L'Aire du muguet*, © Gallimard, « Folio junior », 1982.

4 Dans le texte de publicité suivant, relevez les différents moyens de mettre en relief le propos.

LA PLANÈTE, C'EST VOTRE AFFAIRE !

Il est encore temps d'agir !
Se battre pour la survie des baleines, des dauphins, des phoques ou des loups, nous pensons, à **Europe Conservation,** que c'est **notre affaire, que c'est votre affaire** : chaque espèce menacée de disparition met la vie, **toute la vie**, en danger.
Voilà pourquoi il y a urgence à se mobiliser.
Voilà pourquoi **Europe Conservation** consacre toutes ses ressources, financières autant qu'humaines, à la protection de la biodiversité.
Pour l'instant, nous sommes 1 350 volontaires.
Nous attendons le 1 351e : **c'est peut-être vous** !

Publicité, *Animal Nature*, n° 4, janvier 1996, DR.

Transformer

5 Quelle solution (a ou b) choisissez-vous pour poursuivre les textes suivants ? Pourquoi ?

LE GARDE ET SON CHIEN VUS PAR UN FAON

Et tandis qu'il pantelait sous l'épaisseur du feuillage, il avait vu passer un être étrange, au visage nu, qui marchait sous les arbres. L'odeur de la bête inconnue avait rempli peu à peu le hallier, une odeur fade et pénétrante qu'il ne devait plus oublier.

a. *Contre ses jambes toutes droites, pareilles à des poteaux noirs, marchait une autre bête au poil de feu.*

b. *Une autre bête au poil de feu marchait contre ses jambes toutes droites, pareilles à des poteaux noirs.*

C'était un petit animal, courtaud de pattes, dodu de ventre, qui traînait aussi après soi une odeur insupportable, tenace, fétide, une odeur ennemie. Cette bestiole furetait, flairait à travers les broussailles, se rapprochait de lui en reniflant…

Maurice Genevoix, *La Dernière Harde*, © Flammarion.

NORMA RAE, FILM DE MARTIN RITT

L'histoire : Norma Rae est une ouvrière apparemment quelconque. La trentaine, mère de deux enfants, pas de mari, un emploi sans intérêt ni avenir dans une filature du sud des États-Unis. Elle rencontre un jour un syndicaliste venu d'ailleurs pour essayer de convaincre les travailleurs de la manufacture de s'organiser. Norma Rae est attentive à ce discours et passe bientôt à l'action, ce qui la mène en prison.

a. *On la considère comme une meneuse et, par conséquent, elle le devient.*

b. *Elle est considérée comme une meneuse et, par conséquent, le devient.*

Grâce à elle, une première victoire est obtenue : une section syndicale est créée…

Gilbert Salachas, *Télérama*.

ANVERS

Lorsque je montai jusqu'en haut de la flèche de sa merveilleuse cathédrale, je vis du même regard, devant moi, la mer de Flessingue à vingt-deux lieues ; à gauche, la Flandre et les tours de Gand ;

a. *à droite, la Hollande et la flèche de Bréda ; derrière moi, le Brabant et le clocher de Malines...*
b. *la Hollande et la flèche de Bréda à droite ; le Brabant et le clocher de Malines derrière moi...*

Victor Hugo, *En voyage, France-Belgique*.

6 Transformez les phrases suivantes à la forme passive ou emphatique (*c'est... qui, c'est... que*), en mettant les groupes soulignés en tête de phrase.

1. Olivier va courir tous les samedis au bois de Vincennes. – **2.** Ma fille découvre le cédérom que j'ai acheté ce matin. – **3.** Je souhaite partir en Bretagne pour quelques jours. – **4.** Le patron de ce nouveau restaurant offre l'apéritif à tous les clients. – **5.** Je suis tombée ici ; je m'en souviens très bien. – **6.** On informe les usagers des perturbations à prévoir. – **7.** Il m'a dévoilé la vérité. – **8.** À l'occasion du centenaire de *J'accuse*, de nombreux journaux ont reproduit intégralement l'article de Zola.

7 Récrivez le texte suivant en supprimant toutes les tournures emphatiques et comparez avec le texte de départ. En adoptant cette façon d'écrire, quelle intention avait l'auteur ?

En revenant sur nos pas, on a mangé des marrons pour se donner la soif. C'est mal à la bouche qu'on a eu, mais pas soif. Un asticot aussi dans les marrons, un mignon. C'est Madelon qui est tombée dessus, comme un fait exprès. C'est même à partir de ce moment-là que les choses se sont mises à ne plus aller du tout entre nous, jusque-là on se retenait encore un peu, mais le coup du marron ça l'a rendue absolument furieuse.
Au moment où elle allait jusqu'au ruisseau pour le cracher l'asticot, Léon il lui a dit en plus quelque chose comme pour l'empêcher, je ne sais plus quoi, ni ce qui lui prenait, mais cette façon d'aller cracher ça lui plaisait pas du tout soudain à Léon. Il lui demanda assez sottement si elle avait trouvé dedans un pépin ?

Louis-Ferdinand Céline, *Voyage au bout de la nuit*,
© Gallimard, 1952.

8 Trouvez le déterminant qui convient : article défini pour les groupes nominaux qui appartiennent au thème, article indéfini pour ceux qui font partie du propos.

① villageois avaient eu le temps de le détailler au passage. C'était ② homme grand, maigre, au visage prématurément flétri. D'étranges cheveux d'un jaune filasse sortaient de dessous ③ chapeau à boucle d'argent. Ses souliers étaient cloutés. Il avait ④ grosse épine[1] à la main.
Et ⑤ commentaires allaient bon train. [...] ⑥ gars, eux, faisaient ⑦ groupe menaçant auprès de la fontaine.

Blaise Cendrars, *L'Or*, © Denoël, 1925.

1. Bâton épineux.

Employer

9 a. Insérez les propos suivants aux endroits qui conviennent dans le texte ci-dessous.
b. Continuez ensuite la série des questions et des réponses.

Il n'y a qu'à faire attention à ne pas salir. / Il ne peut pas y avoir d'accidents, puisque les voitures n'ont plus d'essence. / décida de ne plus faire de pain tant que Jeannot n'aurait pas retrouvé son chiffon. / Il n'y a qu'à ne pas allumer de feux. / Il n'y a qu'à ne pas être malade. / qui va le lui rendre ! / Il n'y a qu'à ne plus mourir pour l'instant. / vais demander à mon mari de ne plus réparer les fuites jusqu'à nouvel ordre.

Et il ①.
– Ce n'est pas ça ② ! remarqua Mme Blot, la charcutière.
– Ça dépend ! dit le boulanger. Si tout le monde faisait pareil !
– Pourquoi pas ? dit la femme du plombier. Je ③.
– Et moi, j'interdis à mon frère de régler la circulation. On va voir si je ne suis pas toujours la sœur aînée !
– Oui, mais si on a besoin des pompiers ? firent remarquer les plus inquiets.
– ④.
– Oui, mais s'il y a des ordures partout ?
– ⑤.
– Oui, mais si on a besoin des médecins, si on doit aller à l'hôpital ?
– ⑥.
– Oui, mais s'il faut appeler les croque-morts ?
– ⑦.
– Oui, mais s'il y a des accidents ?
– ⑧.

François David, *Une petite flamme dans la nuit*,
© Bayard, 1996.

10 a. Repérez le thème et le propos dans chacune des annonces qui figurent sous les photographies de la publicité de la page ci-contre. Observez la progression des textes et des images et commentez-la.

b. Inventez la même progression pour une femme ; vous aurez soin d'enrichir peu à peu le thème et le propos et vous illustrerez, si possible, cette évolution par des dessins ou des photographies.

CHAPITRE 24

Les progressions thématiques

OBSERVATION

1 **Henry Dunant**, suisse et neutre, se trouve par hasard spectateur de la bataille de Solferino, gagnée par les Français sur les Autrichiens, en 1859. Il découvre l'horreur. Il organise aussitôt des secours pour les blessés des deux camps, abandonnés sur le terrain. [...] Il fait adopter la Convention de Genève, qui préserve les droits des prisonniers de guerre. Il prévoit l'organisation de la santé et la lutte contre toutes les misères en temps de paix. Avec lui, l'aide humanitaire prend naissance en Europe. Il fonde la Croix-Rouge en 1863.

Terres lointaines, n° 446, décembre 1992.

2

Noël en Europe

En Scandinavie, les portes restent ouvertes la nuit de Noël ; les entrées sont allumées et le couvert est mis pour l'ami solitaire ou le clochard sans logis.

En Norvège, les enfants déposent des graines, de la graisse et de l'eau tiède sur les rebords des fenêtres. C'est aussi le Noël des oiseaux !

En Irlande, des bougies sont disposées sur chaque fenêtre, pour guider Marie et Joseph vers la crèche.

En Pologne, on décore la table du réveillon de petites touffes de foin qui rappellent que Jésus est né dans une étable... Pour se rendre à la messe de minuit, on attend que la première étoile se soit levée...

Terres lointaines, n° 446, « Spécial Europe », décembre 1992.

3

Or nazi

Une partie de l'or des victimes des camps de la mort nazis a bel et bien été stockée en Suisse durant la Seconde Guerre mondiale. **C'**est ce que vient de confirmer un rapport du gouvernement américain. Selon **ce document**, plusieurs tonnes d'or provenant de pillages de biens juifs par les nazis ont été entreposées dans les coffres des banques suisses. **Le gouvernement helvétique** pourrait être contraint de renégocier les accords de Washington de 1946 prévoyant la restitution des biens pillés.

Les Clefs de l'actualité, n° 253, 21 mai 1997, © Milan.

QUESTIONS

1 ▶ Dans le texte 1, quels mots reprennent les mots en bleu dans la suite de l'histoire ? Donnez la nature et la fonction grammaticale de ces mots de reprise. Quelles informations nouvelles sont données à la suite de ces mots de reprise ?

2 ▶ Dans le texte 2, quelles informations nouvelles sont données à la suite des expressions en bleu ? Comment ces expressions se rattachent-elles au titre du texte ?

3 ▶ Dans le texte 3, identifiez les mots ou groupes de mots qui sont repris par les mots en bleu. Où sont-ils placés ? Quelle est l'étendue de chacun ?

LEÇON

1. Définition

■ Du point de vue de l'information, un texte est constitué à la fois de la reprise d'éléments déjà connus et de l'apport d'informations nouvelles. La cohérence d'un texte s'appuie sur la **transformation du nouveau en connu**.
L'analyse permet de repérer comment le thème d'une phrase s'articule avec les thèmes des phrases qui précèdent ou qui suivent.

■ On peut distinguer deux cas.

◆ Il y a **enchaînement thématique**, et l'on peut caractériser la nature de la progression thématique.

◆ **Le thème de la phrase est nouveau** par rapport à celui de la phrase précédente, et l'on examine la cause et l'effet produits par cette rupture.

2. Les progressions thématiques

■ La progression à thème constant

➡ ***Henry Dunant** se trouve par hasard spectateur de la bataille de Solferino, en 1859. **Il** découvre l'horreur, organise aussitôt des secours.*

Dans le **texte 1**, tous les verbes ont pour sujet *Henry Dunant* ou son représentant *il*. Les propos se rapportent tous à lui : ce qu'il fait, ce qu'il pense. Toutes les phrases ont donc le **même thème** : on dit qu'il s'agit d'une progression à thème constant.

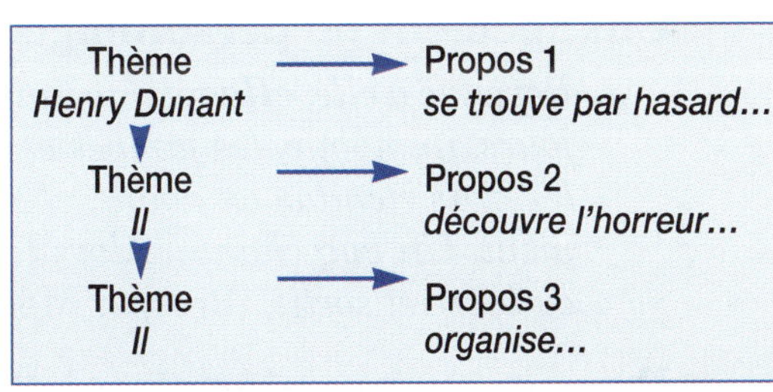

■ La progression à thèmes dérivés (en éventail)

Dans le **texte 2**, chaque phrase a un thème différent : *En Scandinavie... En Norvège... En Irlande... En Pologne*. Le texte est construit à propos d'un **thème général** : *Noël en Europe*, mentionné par le **titre**.
Ce thème général est développé en **thèmes dérivés**, à propos desquels on apporte successivement une **information nouvelle** (propos).

La progression linéaire (en escalier)

Dans le **texte 3**, on constate que l'ensemble de la phrase 1 *(Une partie de l'or des victimes des camps de la mort nazis a bel et bien été stockée en Suisse durant la Seconde Guerre mondiale)* est repris dans la phrase 2, dont il devient le thème *(**C'**est ce que…)*.
De la même façon, **le propos de la phrase 2** *(un rapport du gouvernement américain)* fournit **le thème de la phrase 3** *(ce document)*.
La progression s'effectue par la **transformation du nouveau en connu**.

Thème 1 → Propos 1
↓
Thème 2 → Propos 2
↓
Thème 3 → Propos 3
↓
Thème 4 → Propos 4

3. Les ruptures thématiques

Lorsqu'un texte est assez étendu, il est impossible qu'il garde le même type de progression au-delà de quelques phrases. La plupart des textes présentent des **changements de progressions**.
Il est alors intéressant de repérer les **ruptures** et d'en analyser les causes et les effets.

Changement de personnage

→ *Revenue à elle, **elle** revit le fantôme, ou la statue, comme **elle** dit toujours, immobile, les jambes et le bas du corps dans le lit, le buste et les bras étendus en avant, et entre ses bras **son mari**, sans mouvement. **Un coq** chanta. Alors **la statue** sortit du lit, laissa tomber le cadavre et sortit.* (Prosper Mérimée, *La Vénus d'Ille*)

Passage du premier plan à l'arrière-plan du récit

Ce procédé se combine avec l'opposition passé simple / imparfait.

→ ***Julien** s'adossa contre un arbre. **Il** contemplait d'un œil béant l'énormité du massacre, ne comprenant pas comment il avait pu le faire. De l'autre côté du vallon, sur le bord de la forêt, **il** aperçut un cerf, une biche et son faon.*
***Le cerf**, qui était noir et monstrueux de taille, portait seize andouillers avec une barbe blanche. La **biche,** blonde comme les feuilles mortes, broutait le gazon ; et **le faon** tacheté, sans l'interrompre dans sa marche, lui tétait la mamelle.* (Gustave Flaubert, *La Légende de saint Julien l'Hospitalier*)

Insertion d'une description

→ *À Bray, **il** n'attendit pas qu'on eût donné l'avoine, **il** alla devant, sur la route, tout seul. Arnoux l'avait appelée « Marie ! ». **Il** cria très haut « Marie ! ». **Sa** voix se perdit dans l'air. Une large couleur de pourpre enflammait le ciel à l'occident. De grosses meules de blé, qui se levaient* *au milieu des chaumes, projetaient des ombres géantes. Un chien se mit à aboyer dans une ferme, au loin.* ***Il*** *frissonna, pris d'une inquiétude sans cause.* (Gustave Flaubert, *L'Éducation sentimentale*)

POUR L'EXPRESSION ÉCRITE

■ La progression à **thème constant** s'emploie souvent dans les **récits** : elle s'organise **autour d'un personnage**. Chaque propos permet de mentionner une action ou une pensée nouvelle. Avec le **passé simple**, elle insiste sur le déroulement temporel des faits ; avec l'**imparfait**, elle permet un effet d'accumulation.

■ La progression à **thèmes dérivés** (en éventail) permet d'organiser des **textes narratifs** et des **descriptions**. Les compléments de temps *(à midi ; vers trois heures ; le soir ; le lendemain...)* ou de lieu *(à gauche, à droite, au fond, en avant...)*, détachés en tête de phrase, permettent de structurer le déroulement chronologique ou la situation dans l'espace.
Elle structure également les **textes informatifs** de façon très claire. On l'utilise pour la **prise de notes**.

■ La **progression linéaire** (en escalier) donne l'impression d'un mouvement de caméra qui finit par s'arrêter sur un détail important. Souvent, le propos précédent n'est pas repris dans son intégralité, mais il est également possible de reprendre toute une phrase ou un ensemble de phrases précédentes. Sa souplesse convient à de nombreux **textes descriptifs et explicatifs**.

RÉSUMÉ

1. Un texte est constitué à la fois de la reprise d'éléments déjà connus et de l'apport d'informations nouvelles.

2. La progression d'un texte s'appuie sur la **transformation du nouveau** (propos) **en connu** (thème).

3. Les textes se construisent selon trois types de progression :
– **progression à thème constant :** les phrases qui s'enchaînent sont construites à partir du même thème ;
– **progression à thèmes dérivés :** un thème général – cité ou non au début du texte – se divise en plusieurs thèmes particuliers ; chacun de ces éléments constitue le thème d'une phrase ;
– **progression linéaire :** le propos de chaque phrase devient le thème de la phrase suivante.

4. Les **ruptures de progression** signalent les articulations importantes du texte.

EXERCICES

Identifier

1 Les trois textes suivants suivent une progression unique. À vous de la trouver.

Amis lecteurs, ne le répétez surtout pas. Mais Gaspard m'a dit toute la vérité.
Le secret des secrets, c'est que tous les chats parlent. Les uns parlent dès leur naissance. D'autres parlent plus tard, comme Gaspard, quand le temps est venu pour eux d'avoir des choses utiles et importantes à dire, à ce moment de leur vie où il ne leur manque plus rien, même pas la parole.
Oui, tous les chats parlent. Mais ils sont trop sages et trop avisés pour le laisser voir.

Claude Roy, *Le Chat qui parlait malgré lui,* © Gallimard, « Folio junior », 1982.

Dans un projecteur, quand une photo du film (un photogramme) est projetée sur l'écran, la pellicule reste fixe, comme quand on projette une diapositive. La pellicule avance ensuite d'un cran. Pendant ce mouvement, un obturateur vient boucher l'objectif. L'obturateur permet de ne pas voir le mouvement de la pellicule qui avance pendant la projection.
L'appareil projette 24 images par seconde. Quand nous voyons une image, nous l'avons encore en mémoire quand la suivante arrive, un peu différente. Les deux images s'enchaînent alors sans sensation d'interruption. Ce phénomène s'appelle la « persistance rétinienne ».

Okapi, n° 554, 14 janvier 1995, © Bayard Presse.

COUPLETS DE LA FILEUSE

Je file les rayons de lune
le vent qui souffle et la fumée
je file les lambeaux de brume
les cheveux d'ange et les reflets
Je choisis des parfums très doux
les lueurs de l'aube et les sources
pour ma quenouille de cristal
et mes rêves les plus secrets
Quand le soir tombe je file encore
pour que passent le temps et la vie
Je prépare mon crépuscule
mon agonie et mon décès
Tous les fils de ma vie s'emmêlent
et je me perds dans mes regrets
dans l'écheveau de mes remords
en attendant l'heure de la mort.

Philippe Soupault, *Sans phrases,* © Grasset, 1953.

2 Même exercice. Faites le schéma de la progression thématique de chaque texte en vous inspirant de ceux qui sont présentés aux pages 219 et 220.

Les jardiniers du festival ont eu l'idée d'aller dans les marchés asiatiques ou nord-africains pour y acheter des herbes et légumes vivants. Le résultat est étonnant. À appliquer en appartement ou en serre froide.

Nous savons tous faire germer des noyaux d'avocat. On peut aussi essayer les mangoustans, les mangues ou les tamarins. Les litchis supportent le froid comme les pommes cannelle. La patate douce et le bétel donnent de magnifiques lianes. La canne à sucre est aussi somptueuse que les pousses de bambou. Les rhizomes de gingembre ou de curcuma reprennent facilement et il serait stupide de se priver du feuillage des colocasias.

Enfin, et pour mémoire, les plantes aquatiques vendues sous sachet plastique : liseron d'eau, lotus taros. Il faut se dépêcher de visiter les épiceries exotiques.

Régionales, n° 18, été 1995.

Angelo soufflait sans arrêt sur sa mèche de briquet et ne pensait absolument à rien. Il marcha ensuite à l'aventure dans l'ombre et il trébucha encore sur deux ou trois corps ; peut-être étaient-ce les mêmes car, sans savoir comment cela s'était fait, il se retrouva dehors avec les chouettes. Il appela. Il chercha le bosquet dans lequel il avait laissé l'attelage. Il tomba dans une rigole d'arrosage pleine d'eau. Il appela encore. Il sentit les ornières dures du chemin sous ses pieds. Il trouva le bosquet et il appela à voix très haute, en marchant, les bras étendus devant lui.

Jean Giono, *Le Hussard sur le toit,* © Gallimard.

Omniprésents dans toute la littérature, la mort et le crime apparaissent dans la Bible avec le meurtre d'Abel par son frère Caïn [...]. Premier criminel de la littérature, Caïn aura d'innombrables successeurs, au rang desquels Œdipe. Ce dernier, assassin de son père sans le savoir, est aussi l'ancêtre de tous les détectives, puisqu'il commandite une enquête qui le mènera à découvrir sa propre culpabilité.

Stéphanie Dulout, *Le Roman policier,* Milan, « Les Essentiels », 1995.

3 **Chacun des textes suivants présente successivement deux progressions que vous identifierez.**

L'âge du bronze voit se développer trois techniques différentes de moulage.

La plus ancienne méthode, pratiquée dès le chalcolithique, consiste à mouler les objets dans un moule ouvert. Celui-ci est alors formé d'une seule valve, en pierre ou en terre cuite, épousant la forme de l'objet que l'on souhaite réaliser, et dans laquelle on verse le métal en fusion. Ces moules sont surtout destinés à fabriquer des objets présentant une face plane : haches ou faucilles, par exemple.

La deuxième méthode, plus élaborée, utilise des moules fermés, formés de deux parties distinctes (bivalves). Ils peuvent être fabriqués en terre cuite, en pierre ou en bronze. Dans ce procédé de moulage, la cavité intérieure du moule prend la forme de l'objet que l'on souhaite fabriquer, et un trou est aménagé pour y verser le métal en fusion. On peut ensuite récupérer l'objet en bronze sans briser le moule, en séparant les deux parties du moule. Le moule fermé est plus tard amélioré pour permettre la réalisation d'objets creux.

Enfin, la troisième méthode, celle de la cire perdue, reste, à quelques variations près, en usage encore de nos jours. Dans ce procédé, le modèle est sculpté directement dans de la cire recouvrant un support temporaire. Celui-là est ensuite enlevé et des conduits de cire sont aménagés entre les différents éléments du moule, pour permettre au métal fondu de se répandre et à l'air de s'évacuer. Après quoi, on recouvre le moule de plusieurs couches d'argile et on le place dans un four pour permettre à la cire de s'échapper. Une fois ce délicat processus réalisé, le moule est cuit et prêt à recevoir le métal en fusion. À la fin de l'opération, le moule est brisé, tous les conduits, qui sont fabriqués de nos jours en métal, sont sectionnés et les surfaces rugueuses sont embouties.

Les Grandes Inventions, © Larousse, « La mémoire de l'humanité », 1994.

Lorsque vous parlez, vos cordes vocales sont des vagues dans l'air. Ces ondes sonores pénètrent dans la partie basse du combiné téléphonique, où se trouve le microphone. Leur énergie fait vibrer une membrane métallique dont les oscillations viennent comprimer plus ou moins de petites billes de charbon enfermées dans une capsule. De part et d'autre de la capsule, deux électrodes crachotent un courant électrique. Le débit de ce courant dépend de la résistance que lui opposent les billes. Si vous criez, les billes resserrent les rangs sous la pression du diaphragme, et le courant électrique s'amplifie. Si vous murmurez, les billes prennent leurs aises et le courant qui passe est très faible. Bref, le micro a transformé fidèlement l'énergie acoustique de vos paroles en un signal électrique. À l'autre bout de la chaîne, côté écouteur, le signal électrique déboule dans les méandres d'une bobine de cuivre. Ce faisant, il engendre des variations de champ magnétique. Une tige en fer doux, très sensible au magnétisme, transmet fidèlement des vibrations à une membrane déformable qui les retransforme en ondes sonores.

Science et vie junior, n° 53, octobre 1993.

4 **Repérez les ruptures dans les progressions thématiques et déterminez à quoi elles sont dues : changement de personnage, changement de plan ou insertion d'une description.**

Nous nous fîmes descendre à l'endroit même où était la villa d'Agrippine. La mer l'a recouverte ; on en chercherait donc inutilement les ruines. Puis, à la lueur de la lune qui se levait derrière Sorrente, située en face de nous, de l'autre côté du golfe de Naples, nous nous engageâmes dans le chemin bordé de tombeaux qui conduit des bords de la mer au village de Boccola, l'ancienne Bauli. C'était fête, et tout ce pauvre village était en joie ; on chantait, on dansait, et tout cela au milieu des ruines, au milieu des monuments funéraires d'un peuple disparu, sur cette même terre qu'avaient foulée Manlius, César, Agrippine, Néron, sur ce sol où était venu mourir Tibère.

Alexandre Dumas fils, *Le Corricolo*.

[Chick] marchait en regardant ses pieds chaussés de cuir brun-rouge, et s'étonna de voir que l'un cherchait à l'entraîner d'un côté, et l'autre dans une direction opposée. Il réfléchit quelques instants, construisit mentalement la bissectrice de l'angle et s'élança le long de cette ligne. [...]

Chick reprit son chemin, droit devant lui, il y avait une librairie, c'était la rue Jimmy-Noone et l'enseigne était peinte à l'imitation du Mahogany Hall de Lulu White. Il poussa la porte, elle lui rendit brutalement sa poussée et il entra par la vitrine sans insister.

Le libraire fumait le calumet de paix, assis sur les œuvres complètes de Jules Romains qui les a conçues pour cet usage. Il avait un très joli calumet de paix en terre de bruyère, qu'il bourrait de feuilles d'olivier. [...]

Il leva vers Chick un regard désincarné et malodorant.

Boris Vian, *L'Écume des jours,* © J.-J. Pauvert, 1963.

[Saint-Roch] s'accroupit au centre d'une clairière, se concentra un instant, commença à siffler entre ses dents.
Quelques minutes plus tard, cinq à six serpents approchaient lentement. Ils se dressèrent, balançant la tête de gauche à droite, au rythme de son sifflement. Le garçon choisit une vipère rougeâtre, particulièrement agressive et venimeuse. Prudemment, l'adolescent avança la main. La vipère s'enroula autour de son poignet, puis de son bras. Le regard attentif, Saint-Roch modifia insensiblement sa mélodie : libérés, les autres serpents disparurent sous les fougères.
La vipère nicha sa tête plate au creux de son épaule. […] Sûr de son pouvoir, Saint-Roch n'avait pas peur. Il dégagea doucement la tête du reptile et la caressa avec précaution. Il sentait sous ses doigts le dessin des écailles, le vague frémissement du corps souple et glacé. La vipère ouvrit sa gueule, découvrant ses crochets. De la main gauche, Saint-Roch, s'aidant de son couteau, fit jouer les glandes à venin, sans blesser l'animal. La vipère répondait à ses moindres sollicitations, sans tenter de frapper.

Paul Thiès, *Le Sorcier aux loups*, © Rageot, 1988.

Transformer

5 Comme dans bien des portraits de La Bruyère, celui d'Arrias est à thème constant avec, toutefois, trois brèves ruptures thématiques qui ont été supprimées.
À vous de les replacer aux endroits qui conviennent en justifiant votre choix.

Quelqu'un se hasarde de le contredire, et lui prouve nettement qu'il dit des choses qui ne sont pas vraies. / lorsque l'un des conviés lui dit : « C'est Sethon à qui vous parlez, lui-même, et qui arrive de son ambassade. » / On parle, à la table d'un grand, d'une cour du Nord.

Arrias a tout lu, a tout vu, il veut le persuader ainsi ; c'est un homme universel, et il se donne pour tel : il aime mieux mentir que de se taire ou de paraître ignorer quelque chose. Il prend la parole, et l'ôte à ceux qui allaient dire ce qu'ils en savent ; il s'oriente dans cette région lointaine comme s'il en était originaire ; il discourt des mœurs de cette cour, des femmes du pays, de ses lois et de ses coutumes : il récite des historiettes qui y sont arrivées ; il les trouve plaisantes, et il en rit le premier jusqu'à en éclater. Arrias ne se trouble point, prend feu au contraire contre l'interrupteur. « Je n'avance, lui dit-il, je ne raconte rien que je ne sache d'original : je l'ai appris de Sethon, ambassadeur de France dans cette cour, revenu à Paris depuis quelques jours, que je connais familièrement, que j'ai fort interrogé, et qui ne m'a caché aucune circonstance. » Il reprenait le fil de sa narration avec plus de confiance qu'il ne l'avait commencée.

D'après Jean de La Bruyère, *Les Caractères.*

6 Les recommandations suivantes sont organisées suivant une progression linéaire ; à vous d'en retrouver l'ordre.

L'AUTORADIO SUR LA ROUTE

1. Les signaux d'avertissement émis par exemple par les sirènes de police ou de pompiers doivent être perçus à temps et sans ambiguïté à l'intérieur du véhicule.
2. La priorité absolue revient à la sécurité routière. N'utilisez donc votre autoradio que de façon à pouvoir toujours faire face aux conditions actuelles de la circulation.
3. Nous vous déconseillons fortement de manipuler votre autoradio dans les situations critiques.
4. C'est pourquoi, en roulant, n'écoutez votre programme qu'à un niveau sonore adéquat.
5. Songez qu'à une vitesse de 50 km/h vous vous déplacez de 14 m en une seconde.

Mode d'emploi d'une radiocassette Blaupunkt.

7 Repérez les ruptures thématiques et mettez les verbes entre parenthèses au temps qui convient (imparfait ou passé simple). Que constatez-vous ?

Bientôt, elle (parvenir) au pied de l'escalier d'honneur qui (mener) à la terrasse de l'édifice. Son regard (s'attarder) sur les statues de marbre dressées sur leurs socles ; alors docile, l'image (se stabiliser) ; elle (se remettre) à défiler quand Logicielle (regarder) les marches de pierre.
Elle (monter) l'escalier […]. Enfin, elle (s'arrêter) sur l'immense terrasse et (observer) la façade du château. On y (trouver), sur trois niveaux, plusieurs enfilades irrégulières de fenêtres à meneaux, dont les vitres de couleur (être cerclé) d'épais fils de plomb. Ici et là, une tourelle (rompre) l'harmonie de l'ensemble. Et côté ouest, le toit d'une chapelle attenante (se reconnaître) à ses arcs-boutants et à son petit clocher dentelé de pierre. […]
[Logicielle] (se demander) combien de millions d'octets avaient été nécessaires pour numériser ces images vidéo – vidéo et interactives, puisqu'on (explorer) à volonté les moindres recoins de cet univers !

Christian Grenier, *L'Ordinatueur*,
© Rageot, « Cascade policier », 1997.

Employer

8 **Observez le schéma ci-dessous ; la position des différents instruments de l'orchestre est indiquée. À partir de ce plan, écrivez une description qui aura une progression à thèmes dérivés. Vous aurez soin de placer des compléments de lieu en tête de phrases pour mieux structurer la situation dans l'espace.**

9 **Voici quelques indications sur le rôle d'un chef d'orchestre. Imaginez maintenant que vous êtes à la tête de l'orchestre présenté à l'exercice 8. Racontez ce que vous faites dans un texte dont la progression sera essentiellement à thème constant.**

LE RÔLE DU CHEF D'ORCHESTRE

Son rôle ne se limite pas à battre la mesure. Il doit également préparer chaque groupe d'instruments à démarrer sa partie, ou à l'arrêter. Certains gestes servent à nuancer les intensités, à susciter des accentuations… L'orchestre est son instrument. Il est un interprète et doit connaître toutes les possibilités sonores et techniques de chaque instrument.

Nombre de chefs d'orchestre utilisent une baguette pour donner leurs indications. Certains font de grands mouvements de bras, d'autres ont des gestes plus sobres, d'autres encore dirigent en fermant les yeux.

Nathalie Decorde, *Les Instruments de musique*,
© Hachette Éducation, « En savoir plus », 1995.

10 **Repérez la progression linéaire dans le récit de cette anecdote liée à un chef d'orchestre célèbre. À votre tour, inventez une petite histoire, liée ou non au monde de la musique, qui montrera un enchaînement malheureux de circonstances.**

Jean-Baptiste Lully, compositeur de la chambre du roi Louis XIV, dirigeait souvent son orchestre, battant la mesure en tapant le plancher avec une canne. Sa canne lui fut d'ailleurs fatale, car, lors d'une exécution de son *Te Deum* en 1687, il s'en donna un coup si fort sur le pied qu'il se blessa profondément. La blessure s'infecta et dégénéra. Il en mourut quelques semaines plus tard.

Nathalie Decorde, *Les Instruments de musique*,
© Hachette Éducation, « En savoir plus », 1995.

11 **Découvrez la progression selon laquelle le poème suivant est construit. Observez sa structure et sa chute. Inventez à votre tour un poème organisé selon cette progression sur un thème de votre choix.**

LE RHUME

Cette plume avait un chapeau,
Ce chapeau avait une tête ;
Cette tête, un homme pas bête
Et cet homme avait un château.

Ce château avait des bouleaux ;
Ce bois de bouleaux, vingt chevreuils
Et ces chevreuils avaient des bois
Sur la tête comme un chapeau.

Ce chapeau n'avait pas de plume ;
Cette plume, pas d'alouette ;
Cette alouette, pas de tête
Et cette tête, pas de rhume.

Ce rhume errait comme un brigand
Autour des maîtres du château.
Mais en vain depuis tout un an,
Car ils avaient tous un chapeau,

Un chapeau avec une plume,
Une plume qui, dans le vent,
Chantait comme un petit enfant
Au château perdu dans la brume.

Maurice Carême, *Le Jongleur*,
© Fondation Maurice Carême.

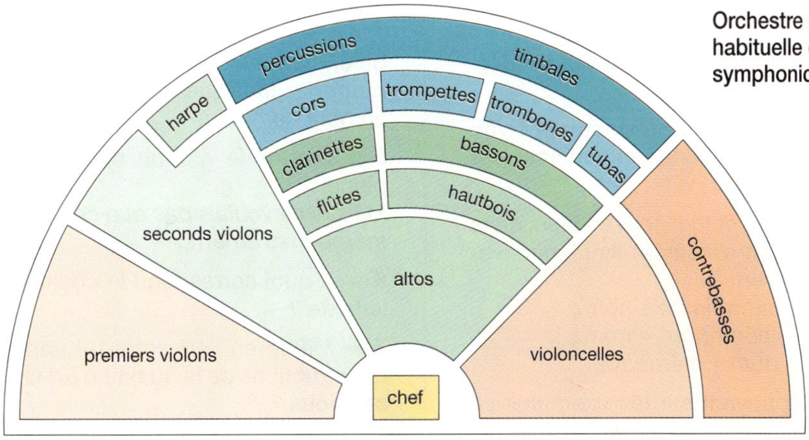

Orchestre : disposition habituelle de l'orchestre symphonique classique.

© D'après le Petit Larousse, 1997.

"Même", "tout" : variables ou invariables ?

Objectif ▶ Orthographier correctement "même" et "tout" en distinguant leurs emplois.

OBSERVATION

Mon père

– Mon père est mort quand j'ai eu neuf ans. […] Il ne m'a rien laissé, même pas un lacet de chaussure !

Sugar se tut quelques instants avant de reprendre :

– Certains disent : « Rien ! » ; moi je dis : « Tout ! » Il m'a « tout » laissé ! La folie de la musique, c'est de lui que je la tiens. C'était ça, mon héritage ! Partout où il y avait de la musique, mon père était chez lui ; et c'est pareil, j'y suis chez moi. Il improvisait sur sa guitare toutes les nuits. […]

« Durant quelque temps il posséda une Cadillac ; il me fourrait derrière et m'emmenait partout avec lui. Lorsqu'il jouait, j'adorais mon père ; je riais, je pleurais en l'écoutant. Quand je te regarde ou que je t'écoute, Omar-Jo, j'ai l'impression qu'avec toi aussi le rire et les larmes, c'est pareil. Tout ça remonte d'un même fond, d'un même cœur, d'un même puits…

À ses funérailles il n'y avait même pas un cercueil, même pas une pierre tombale en son nom… Après la mort de mon père je me suis dit : si la musique est en lui, elle est sûrement en moi aussi. Mais je ne voulais pas que ce soit à travers le même instrument. J'ai choisi le saxo. Je ne suis pas mon père et pourtant je viens de lui. Je joue comme lui avec mon cœur qui cogne dans tous les sens jusqu'à emporter « all body and soul » : tout le corps et toute l'âme.

Andrée Chédid, *L'Enfant multiple,* © Flammarion, 1989.

QUESTIONS

1 ▶ Les mots en bleu sont-ils variables ou invariables ?

2 ▶ Donnez l'ensemble des orthographes de *tout* présentes dans le texte en identifiant leur genre et leur nombre.

3 ▶ Lorsque *même* et *tout* sont en bleu, dans quelle construction s'insèrent-ils respectivement le plus souvent ?
- *même/tout* + déterminant + nom ;
- déterminant + *même/tout* + nom ;
- déterminant + nom + *même/tout*.

4 ▶ En vous appuyant sur les exemples en bleu, dites à quel autre type de mot peut se rapporter *tout* quand il ne se rapporte pas à un nom commun.

5 ▶ Mettez le groupe nominal en gras au pluriel :
Mais je ne voulais pas que ce soit à travers ***le même instrument.***

6 ▶ À quoi correspond la couleur rose dans le texte ?

7 ▶ *Même* en vert entre-t-il dans l'une des constructions de la question 3 ? Qu'en déduisez-vous ?

LEÇON

1. Même

■ Quand il se rapporte à un adjectif, à un verbe ou à un adverbe, *même* est **adverbe** et invariable :

◆ **avec un adjectif** : *Nos salaires* ***même modestes*** *nous suffisaient.*

◆ **avec un verbe** : *Son adversaire souriait,* ***riait même*** *par moments.*

◆ **avec un adverbe** : *Je veux les rencontrer* ***aujourd'hui même****.*

■ Quand il se rapporte à un pronom, *même* est **adjectif** et variable en nombre ; s'il suit un pronom personnel, on lui adjoint un trait d'union :

➡ *Ils font leur marché* ***eux-mêmes****.*

■ Quand il se rapporte à un nom :

◆ intercalé entre le déterminant et le nom ou seul devant le nom, il est **variable** :

➡ ***Les mêmes causes*** *produisent* ***les mêmes effets. Mêmes causes, mêmes effets.***

◆ placé devant un groupe nominal (déterminant [+ adjectif] + nom), *même* est **adverbe** et invariable :

➡ ***Même*** *les médecins l'avaient prévenu.*

◆ placé après un nom, *même* est **tantôt adverbe** et invariable, **tantôt adjectif** et variable :

➡ *Les médecins* ***même*** (adverbe) *l'avaient prévenu. / Ses jours* ***mêmes*** (adjectif) *ne sont pas en danger.*

■ Employé seul et précédé d'un article, *même* est **pronom indéfini** et variable en nombre :

➡ *On écoute toujours* ***les mêmes****.*

2. Tout

■ Quand il se rapporte à un nom ou à un pronom, *tout* est **déterminant** et variable en genre et en nombre *(tout, toute, tous, toutes)* :

➡ *Le facteur passe* ***tous les jours****.* ***Toute discussion*** *est inutile.*

■ Employé seul, *tout* est **pronom indéfini** et variable en genre et en nombre *(tout, toute, tous, toutes)* :

➡ ***Toutes*** *n'étaient pas obligées de venir, après tout !*

■ Quand il se rapporte à un adjectif, *tout* est **adverbe** et invariable, sauf si l'adjectif est au féminin et qu'il commence par une consonne ou un **h** aspiré :

➡ *Mes copains sont* ***tout tristes*** *: ils ont perdu leurs balles* ***toutes neuves****.*

Quelle clé utiliser ?

Clé de la place

1 **Peut-on déplacer *même* dans la phrase suivante ?**

Les champions même sont parfois battus.

Après un nom, si on peut déplacer *même*, c'est un adverbe et il reste invariable ; sinon, c'est un adjectif qui s'accorde avec ce nom.
• **Adverbe** : *Ses parents* ***même*** *n'en revenaient pas. /* ***Même*** *ses parents n'en revenaient pas.*
• **Adjectif** : *Je vous ai rapporté les paroles* ***mêmes*** *qu'il a prononcées* (= *les paroles originales*).

2 **Donnez la nature de chaque mot souligné.**

1. Tous les hommes sont mortels.
2. Même les orages sont agréables.
3. Je viendrai aujourd'hui même.
4. Les outils, même cassés, seront revendus.

Voici les structures les plus courantes dans lesquelles *même* et *tout* s'insèrent.
• **Variables** :
– déterminant + *même* + nom : *le* ***même*** *jour* ;
– *tout* + déterminant + nom : ***tous*** *les jours,* ***toutes*** *les fois...*
– *tout* + nom : ***tout*** *homme,* ***toute*** *chose...*
• **Invariables** :
– *même* + déterminant + nom : ***même*** *les enfants...* ;
– déterminant + nom + *même* : *les amis, les proches, les voisins* ***même***...

Clé de la substitution

3 **Recopiez et complétez les phrases à l'aide de *tout* ou *toute(s)*.**

1. Il repart ... penaud.
2. Il a mis des chaussures ... usées et des chaussettes ... neuves.

Quand on peut remplacer *tout* par *tout à fait*, il est adverbe et invariable, sauf devant un adjectif féminin commençant par une consonne ou un **h** aspiré :
Il est ***tout (tout à fait)*** *seul.*

Clé de la prononciation

4 **Quels sont les mots soulignés dont l'orthographe est plus facile ?**

1. Tous auront une place.
2. Il y a de la place pour tout le monde.
3. Tous les invités auront une place.
4. Tout individu aura sa place.

Le **-s** de *tous* se prononce toujours quand *tous* est pronom : *Tous sont venus.*
La liaison, quand elle est possible, renseigne sur la terminaison de *tout, toutes* :
Tout un jour, toutes ensemble.

Clé de l'analyse

5 Avec quel mot s'accorde chaque terme souligné ?

1. Tous mes copains sont en vacances.
2. J'ai un costume pour tout vêtement.
3. Toute aide sera la bienvenue.
4. Elles sont toutes venues l'attendre.

L'analyse permet de distinguer l'orthographe de *tous, tout, toute, toutes* en retrouvant à quel mot ils se rapportent.
• *Tout* et *tous* (prononcés [tu]) :
***Tout candidat** doit se présenter au parloir.*
***Tous les journaux** sont vendus.*
• *Tout, toute, toutes* (prononcés [tut]) :
Toute une année, tout un mois.

EXERCICES

1 Parmi les groupes suivants, quels sont ceux pour lesquels la clef de la prononciation est utile ?

tous les jours ; tous sans exception ; tous ces détails ; nous tous ; tous ensemble ; tous ceux-là ; en tous sens ; tous trois ; à tous égards ; tous nos amis.

2 Avec quel nom s'accorde chaque mot souligné ?

1. La brave femme avait dû se charger de la ferme, de toute la besogne et de tous les soucis. (S. Lagerlof)
2. Elle a reçu les uns et les autres avec les mêmes mots et les mêmes gestes. (B. Clavel)
3. Tous ces matériaux, tout ce travail, toutes ces installations, tous ces actes de foi dans l'avenir, pour rien, perdus. (R. Ferlet)
4. Deux compagnons n'aboutiront jamais au même réglage, ne donneront pas exactement la même figure ni la même attaque aux outils. (J. Romains)

3 Donnez la nature des mots soulignés.

1. Mais au même moment il découvrit sur le seuil une paire de tout petits sabots. (S. Lagerlof) – **2.** Toute défaillance exposait au fouet, toute maladie était mortelle. (A. Frossard) – **3.** Ma mère fut tout heureuse et moi j'étais très fier. (J. Guéhenno) – **4.** La cloche monstrueuse hennissait toute haletante sous lui. (V. Hugo) – **5.** À quoi se rapportent toutes ces formules, tous ces chiffres, tous ces noms propres ? (H. Troyat)

4 Même exercice.

1. Le jour même où j'aurais dû retourner au collège, j'entrai à l'usine. (J. Guéhenno) – **2.** Les gens qui avaient surgi étaient les parents mêmes de la petite. (Stevenson) – **3.** Apprenez à votre élève à aimer tous les hommes et même ceux qui les méprisent. (J.-J. Rousseau) – **4.** Puisque je suis passé sans encombre, j'espère bien sortir dans les mêmes conditions. (J. Verne)

5 Complétez par *tout, tous, toute* ou *toutes*.

1. Alors ce fut un hurlement prodigieux où se mêlaient … les langues, … les patois, … les accents. (V. Hugo)
2. Puis vous êtes devenue l'unique but de … mes pensées, de … mes efforts. (É. Zola)
3. Mais ce soir, la serveuse n'avait pas … à fait son air de … les jours. (B. Clavel)
4. Les malheurs arrivent … à la fois ! (A. Chédid)
5. J'avale indifféremment … les croyances, … les dogmes, … les morales, … les superstitions, … les hypothèses, … les illusions. (Maupassant)

6 Mettez les mots soulignés au pluriel et procédez aux modifications nécessaires dans la phrase.

1. La nuit était très chaude, tout allumée d'étoiles. (É. Zola) – **2.** Je regardais une araignée toute noire marcher sur moi. (R. Matheson) – **3.** La lanterne jetait toute sa lumière sur mon visage. (B. Stoker) – **4.** La seule conversation qu'il eut fut tout sauf plaisante. (B. Stoker)

7 Complétez par *même* ou *mêmes*.

1. Dans toutes les maisons privées, … les plus modestes, on distribuait sans compter la lumière. (É. Zola) – **2.** Je retrouve tout, … les détails de sa chère toilette. (P. Loti) – **3.** Nul ne doit être inquiété pour ses opinions, … religieuses. *(Déclaration des droits de l'homme)* – **4.** … mots, … propos. Seules diffèrent les voix. (C. Beyala)

La pensée, le raisonnement

Objectif ▶ Disposer de mots précis pour qualifier l'acte de penser.

Accusation

À chacune de ces questions le vieil homme répondit par l'affirmation.

« Nous avons rencontré les traces de votre chameau à une journée de marche d'ici », conclurent les quatre jeunes gens. […]

« Comment pouvez-vous en savoir si long sur mon chameau à partir de ses seules traces ? », vociféra le vieillard. Après quoi, il leur ordonna de le suivre jusqu'au cadi du village, tout en les accusant d'avoir volé sa monture. Le juge (le cadi) […] pria les accusés de se disculper. Les quatre frères se justifièrent…

Bamine Lamrabott, *Légendes du Jour et de la Nuit,* L'École des loisirs.

QUESTIONS

1 ▶ Comment le vieil homme répond-il ? Quel mot peut-il utiliser ?

2 ▶ À quelle étape du raisonnement correspond la phrase prononcée par les quatre jeunes gens ?

3 ▶ Les accusés parviennent-ils à se défendre ? Quel mot le montre ?

LEÇON

1. De l'idée au raisonnement

La pensée	– Faculté de combiner des idées : *une pensée riche ; penser profondément.* – Point de vue particulier : *connaître la pensée de quelqu'un sur un sujet.*
– Une idée – Un **concept**, une **notion** – Une **question**	– Représentation par la pensée d'un être, d'un objet, d'un rapport, d'un projet : *l'idée de la beauté ; avoir l'idée de partir.* – Représentation intellectuelle, générale : *le concept de la justice ; dégager, forger un concept ; la notion du temps.* – Point de discussion, problème posé : *la question de l'avenir ; soulever, poser une question ; une question brûlante* (qui soulève les passions).
Une bonne idée à retenir **Une idée curieuse à creuser** **Une mauvaise idée à écarter**	*Une idée pertinente* (très juste), *judicieuse, exploitable.* *Une idée étonnante, originale, déroutante, saugrenue* (presque ridicule). *Une idée fausse, erronée, sans intérêt, détestable* (contraire à la morale).
Des analogies à établir	Rapports de ressemblance : *constater une analogie entre deux idées.*
Une réflexion à élaborer	Fait d'arrêter sa pensée sur quelque chose pour l'examiner en détail : *le temps de la réflexion ; réfléchir longuement ; une réflexion pertinente* (juste), *vexante,* etc.
Un raisonnement à construire	Fait de lier les idées les unes aux autres pour aboutir à une conclusion : *un raisonnement juste, bien élaboré, faux ; raisonner bien, mal, calmement, sereinement.*
Une logique dont il faut faire preuve	Manière de raisonner méthodique et cohérente : *une logique infaillible ; exercer sa logique.*

2. L'analyse

Analyser, faire l'analyse de...	Décomposer un tout en plusieurs parties, étudier une question de manière détaillée : *analyser une situation, un problème.*
Considérer un problème	*L'examiner, l'étudier, l'envisager, l'approfondir, le prendre en considération.*
Cerner une question	*La délimiter, en faire le tour, la circonscrire, bien la définir.*
Justifier un raisonnement	Le *confirmer*, en montrer la justesse, fournir la preuve qu'on a raison ; le *défendre* en donnant des preuves ; *prouver* sa justesse.
Concevoir : **– une idée à soi** **– un projet**	 *– La créer, la former, la forger dans son esprit...* *– L'imaginer, l'inventer, le prévoir, l'échafauder, le construire.*
Concevoir l'idée de quelqu'un	*La comprendre, l'admettre, se représenter ce qui est expliqué, ressentir ce qui est évoqué.*

EXERCICES

1 Exprimez une prise de position contraire à chacune des affirmations suivantes, et justifiez-la par un argument.

1. C'est une question sans intérêt ! – **2.** Cette idée-là est stupide. – **3.** Sa logique n'est pas sûre. – **4.** Familièrement, je dirais qu'il raisonne comme un pied ! – **5.** Il n'y a aucun rapport entre ces deux idées.

2 Recopiez chaque phrase deux fois en incluant un verbe différent.

1. Peux-tu … ce que tu avances ? – **2.** Elle a … un projet extraordinaire. – **3.** Je n'arrive pas à … que ce qu'il annonce est possible. – **4.** Nous … la situation puis nous nous déciderons. – **5.** Il faut bien … la question pour pouvoir répondre sans être hors sujet.

3 Employez les mots suivants dans une phrase en leur adjoignant un complément de nom.

conclusion ; solution ; résultat ; conséquence.

4 Employez chacun des mots suivants dans une phrase où ils seront COD du verbe.

raison ; argument ; preuve.

5 Vérifiez le sens des expressions suivantes. Puis construisez un exemple comportant chaque expression et l'expliquant.

1. Louis a <u>des idées toutes faites.</u> – **2.** C'est <u>une idée en l'air.</u> – **3.** J'ai <u>perdu le fil de mes idées.</u> – **4.** Il faut lui <u>remettre les idées en place.</u> – **5.** Tu <u>sautes d'une idée à l'autre.</u> – **6.** Il <u>broie des idées noires.</u> – **7.** Lise <u>a sa petite idée sur</u> la question. – **8.** Elle a les <u>idées larges</u> et lui les <u>idées étroites</u>.

HISTOIRE DE LA LANGUE

Réfléchir sur la « réflexion » de la lumière...

Dans ***réfléchir***, on retrouve le verbe ***fléchir***, du latin *flectere*, « courber », « ployer », comme lorsque l'on fléchit les genoux. Le préfixe *re-* du verbe latin *reflectere* d'où est tiré *réfléchir* a donc signifié « se recourber », « se courber en arrière ». En fait, lorsqu'on se retourne en arrière, on marque un arrêt, on prend du recul sur ce que l'on vient de faire ; donc on fait fonctionner sa pensée, on « réfléchit ». C'est ainsi que le verbe *réfléchir* s'est assimilé au fait de penser. Mais le sens premier correspondant au fait de se retourner est encore présent dans l'un des sens du mot *réfléchir*. En effet, la lumière qui arrive sur une glace se réfléchit, de même que la voix peut se réfléchir sur une paroi pour produire un écho. La réflexion de la lumière sur la glace n'est donc pas à confondre avec la réflexion de quelqu'un sur un sujet donné.

Introduire, enchaîner, conclure

Objectif ▸ Savoir marquer les étapes d'un raisonnement

QUESTIONS

1 ▸ Quel est le problème abordé ?

2 ▸ Quels points de l'exposé sont annoncés ?

3 ▸ Quels moyens permettent d'introduire, d'enchaîner et de conclure ?

LEÇON

1. Marquer les étapes d'un développement

Introduire, présenter	– **Verbes :** *aborder, avancer (que), commencer par, considérer, parler (de), présenter, traiter (une question), voir (comment, pourquoi)... :Nous aborderons... Nous parlerons de... Nous verrons... Je commencerai par aborder (+ nom)... On peut avancer que... La première remarque que l'on puisse faire est que... Partons de l'observation... Le premier problème à traiter, c'est...* – **Mots organisateurs :** *tout d'abord, en premier lieu, dans un premier temps...*
Enchaîner	– *Venons-en maintenant à... Passons au point suivant... Venons à l'aspect suivant... Passons à présent à...* – *Premièrement... Deuxièmement... Premier point... Deuxième point... En premier lieu... En second lieu...* – *Ensuite... Puis... En outre... De plus... Par ailleurs...* – *Quant à... Pour ce qui est de... Reste à parler de...* – *Le dernier point... Je terminerai... Nous terminerons... Enfin...*
Conclure	– *En résumé... En dernier lieu... En conclusion...* – *Pour conclure / finir / terminer...* – *Je conclus... On peut donc conclure que... Cela nous permet de dire pour terminer / de conclure que...* – *Au bout du compte... La conclusion (de tout cela), c'est que... Cela montre que...* – *Donc... Ainsi... Finalement... En conséquence... En résumé... Par conséquent...*

2. Développer ou résumer

Donner un exemple, illustrer	*Prenons un exemple... Par exemple... Ainsi... J'illustrerai ce point par une anecdote... Entre parenthèses, cela me fait penser à / cela rappelle...*
Résumer	*En somme / En gros / Pour tout dire... Ce qu'il faut retenir... L'essentiel, c'est... Pour me résumer / En résumé...*
Insister sur un point	*J'étudierai davantage... Je développerai... Je vais un peu m'étendre sur...*
Passer rapidement sur un point	*Je ne développerai pas... Je ne m'étendrai pas sur... Je m'en tiendrai à... Je passerai rapidement sur...*

EXERCICES

Voici quelques sujets d'exposés, dans les différentes matières du programme de Quatrième.

Préparez-en un en vous documentant, puis faites l'exposé devant la classe.

1. Les langues en Europe.
2. La prise de la Bastille.
3. Louis Pasteur et ses découvertes.
4. La presse quotidienne régionale dans votre département.
5. Le sida et les MST.
6. La santé et la sécurité.
7. La contraception.
8. Les atteintes à l'environnement.
9. Les volcans.
10. La conservation du patrimoine.

Écrire pour argumenter

Objectif ▶ Maîtriser le procédé de la réfutation pour exprimer un jugement personnel.

Internet à l'école

Un spécialiste exprime ce qu'il pense de l'arrivée d'Internet à l'école.

Maxime Wock, maître de conférence en informatique à l'Institut polytechnique de Sevenans (Belfort), responsable de nombreuses manifestations européennes inter-écoles sur Internet :

« Voici quelques années, on utilisait des "règles à calcul". Leurs utilisateurs rejetaient les calculettes. Aujourd'hui, plus personne n'utilise la fameuse règle. On est dans la même situation avec Internet. Comme à chaque fois qu'un nouvel outil apparaît, certains en ont peur.

Sur Internet, l'utilisateur peut aller librement choisir les informations dont il a besoin. Il est seul maître à bord. Mais Internet n'isole pas. Au contraire, c'est un facteur formidable de sociabilisation, puisqu'il appelle à communiquer avec les autres, quels que soient leur pays, leur nationalité ou religion.

Pour qu'Internet joue pleinement son rôle formateur, il faut que cet outil soit disponible dans toutes les classes, un peu comme il y a un dictionnaire dans toutes les classes. Ce qui fait du tort à Internet, c'est que l'on a trop médiatisé l'idée de "surfer", "vagabonder"... Ceci est une utilisation ludique. L'école doit développer une utilisation responsable et professionnelle de cet outil. »

Les Clés de l'actualité, n° 269, 25 septembre-1er octobre 1997, © Milan.

QUESTIONS

1 ▶ L'auteur est-il favorable ou non à l'utilisation d'Internet à l'école ?

2 ▶ Quel rapprochement fait-il entre Internet et la calculette ? Qu'en conclut-il ?

3 ▶ Dans le deuxième paragraphe, l'auteur anticipe un reproche que l'on peut faire à Internet : lequel ? Comment répond-il à ce reproche ?

4 ▶ Quelle utilisation, selon lui, l'école doit-elle faire d'Internet ? Que doit-elle éviter ?

LEÇON

Argumenter, c'est **exprimer un jugement** et le **justifier**, c'est-à-dire donner ses raisons, afin de convaincre quelqu'un du bien-fondé de ce jugement.

1. Où, quand, pourquoi argumenter ?

■ On exprime un jugement dans les types d'écrits suivants : article de presse, courrier des lecteurs, note de synthèse, rapport, fiche de lecture, exposé, critique de film, commentaire de texte.

■ En général, on exprime une opinion ou un jugement à la suite d'un fait, d'un événement, ou en réponse à l'opinion de quelqu'un.

2. Comment argumenter ?

La manière la plus simple et la plus courante d'argumenter est la **réfutation** : elle consiste à partir d'une opinion adverse et à la contredire en apportant des arguments.

■ **Présenter** d'abord clairement **les faits** dont il est question et la **thèse adverse** :
– en la citant intégralement et en rappelant ses sources :

➠ *Nous rappelons ici que M. X écrit* (nom du journal, date) : *« Internet est un outil indispensable à l'école. »*

– en la citant indirectement :

➠ *« On dit que... Certains affirment que... »*

■ **Contester la thèse adverse**
On peut apporter des informations qui contredisent la thèse de l'adversaire. Toutefois, on s'interdit les attaques personnelles, les insultes, les affirmations non prouvées. La courtoisie, la tolérance et le respect de l'adversaire sont de règle :

➠ *En sommes-nous à apprendre aux enfants à faire leurs achats dans tous les pays du monde et à consulter des avalanches de publicités d'origine plus ou moins douteuse ?*

■ **Présenter sa propre thèse** et la justifier par des faits et des exemples concrets.

■ **Conclure** en interpellant le destinataire. On peut, par exemple, l'interroger par une question à laquelle il ne peut pas répondre négativement :

➠ *L'école de la République ne peut-elle pas former des citoyens cultivés au lieu de consommateurs passifs* ?

EXERCICES

1 **Seriez-vous prêt(e) à quitter votre famille pour un an, afin de faire un séjour linguistique dans une famille européenne ou américaine ? Exposez d'abord l'avis contraire au vôtre, puis donnez votre jugement en le justifiant par des exemples.**

2 **Votre meilleur(e) ami(e) s'est fait faire un petit tatouage. Il (elle) vous demande votre avis et vous invite à l'imiter. Vous voulez refuser sans le (la) vexer. Exposez vos raisons. Vous pouvez choisir d'écrire un dialogue.**

3 **Actuellement, plusieurs associations tentent de réintroduire des bêtes sauvages en montagne (ours, loups, lynx) malgré l'opposition de certains bergers. Exposez votre avis sur la question après avoir exposé la thèse adverse.**

4 **Répondez au texte suivant de façon argumentée. Prenez en compte la personne que vous devez convaincre : choisissez vos arguments en fonction de son âge et de ses occupations.**

J'ai lu attentivement votre dossier sur les jeunes et la télévision, paru dans le numéro de lundi 31-03-1997. Comme je suis retraité, j'ai tout le temps d'observer les jeunes qui vivent autour de moi, et je tiens à vous donner mon avis sur la question.
Je pense qu'il faudrait interdire purement et simplement aux jeunes de regarder la télévision avant leur majorité. Je trouve que les jeunes qui regardent la télévision ne font plus rien d'intéressant. Ils ne lisent plus, ne font plus de sport, ne jouent presque plus avec leurs amis et ne travaillent plus à l'école.
De plus, la télévision ne leur apprend rien, sauf à parler un français incorrect. On n'y voit que des publicités, des émissions vulgaires, immorales, et des spectacles de violence.
Les enfants se couchent trop tard et n'ont plus aucune attention en classe. Ils se conduisent devant leur professeur comme devant un poste de télévision, l'écoutant quand cela leur chante, et parlant en même temps que lui.
C'est pourquoi je crois qu'il faudrait interdire la télévision aux enfants de moins de dix-huit ans.

Félix Grandet, Saumur.

5 **Réagissez à la lecture de l'article de revue suivant et donnez votre jugement sur l'opportunité de donner ce médicament aux chiens.**

La société pharmaceutique S... met sur le marché un médicament pour chiens tristes, stressés ou agressifs. Ce médicament est à la fois un antidépresseur et un anxiolytique. Il traite les chiens qui n'ont plus le moral, ceux qui souffrent d'hyperagitation ou qui ont fâcheusement tendance à mordre les mollets des passants. Administré sur prescription du vétérinaire, il se présente en comprimés pour une durée de traitement de quatre mois.

Revue *Eurêka*, n° 22, septembre 1997, © Bayard Presse.

L'organisation du texte

1 10 points

Quels sont les passages narratifs, les passages descriptifs ? Justifiez votre réponse.

Sous les déblais entassés pendant la démolition, on distinguait les angles d'une boîte de fer. Séraphin s'en saisit. Elle était plus lourde que les briques qu'il venait de détacher. C'était une boîte oblongue, destinée à contenir un kilo de sucre en morceaux. Sa couleur de pain cuit témoignait que, pendant longtemps, elle avait dû servir à cet usage, exposée aux fumées de l'âtre. Le couvercle en était orné d'un paysage breton qu'on distinguait encore. C'était l'image d'un calvaire et d'une Bigouden assise sur les marches, laquelle contemplait une anse semée de brisants. Séraphin souleva ce couvercle sans effort. La boîte était pleine à ras bord de pièces de vingt francs en or.

Pierre Magnan, *La Maison assassinée*, © Denoël.

2 10 points

Repérez l'organisation du paragraphe en faisant un schéma.

L'ATELIER DES LORILLEUX

C'était une pièce étranglée, une sorte de boyau, qui semblait le prolongement même du corridor. Un rideau de laine déteinte, en ce moment relevé par une ficelle, coupait le boyau en deux. Le premier compartiment contenait un lit, poussé sous un angle du plafond mansardé, un poêle de fonte encore tiède du dîner, deux chaises, une table et une armoire dont il avait fallu scier la corniche pour qu'elle pût tenir entre le lit et la porte. Dans le second compartiment se trouvait installé l'atelier : au fond, une étroite forge avec son soufflet ; à droite, un étau scellé au mur, sous une étagère où traînaient des ferrailles ; à gauche, auprès de la fenêtre, un établi tout petit, encombré de pinces, de cisailles, de scies microscopiques, grasses et très sales.

Émile Zola, *L'Assommoir*.

3 10 points

Identifiez les progressions thématiques.

1. Charlotte se définit par cette phrase : elle a treize ans, ce qu'on appelle l'âge ingrat. Pour elle, les vacances s'annoncent sans charme ; elle va rester un mois dans le petit village où son père est artisan avant de l'accompagner dans le Doubs. Elle s'ennuie et, parfois, l'adolescente timide explose et passe sa mauvaise humeur sur son père, veuf et un peu dépassé, sur son frère, sur la bonne et même sur sa copine Lulu. Elle n'est ni odieuse ni foncièrement méchante, mais elle rêve d'autre chose, d'une autre vie.

2. Elle portait cet affreux petit sac en taffetas noir avec lequel les vieilles femmes s'enveloppent l'occiput, et qui dépassait son bonnet de nuit relevé par les mouvements du sommeil. Ce désordre donnait à cette tête l'air menaçant que les peintres prêtent aux sorcières. Les tempes, les oreilles et la nuque assez peu cachée, laissaient voir leur caractère aride et sec ; leurs rides âpres se recommandaient par des tons rouges peu agréables à l'œil, et que faisait encore ressortir la couleur quasi blanche de la camisole nouée au cou par des cordons vrillés. Les bâillements de cette camisole entrouverte montraient une poitrine comparable à celle d'une vieille paysanne peu soucieuse de sa laideur.

Balzac, *Pierrette*.

3. Sa figure était d'un blanc sale, et son crâne ridé, dégarni de cheveux, avait une vague ressemblance avec un quartier de granit. Quelques mèches plates et grises, placées de chaque côté de sa tête, descendaient sur le collet de son habit crasseux et boutonné jusqu'au cou. [...] Sa barbe était longue. Sa méchante cravate noire tout usée, déchirée, laissait voir un cou protubérant, fortement sillonné, composé de veines grosses comme des cordes. Un large cercle brun, meurtri, se dessinait sous chacun de ses yeux.

Balzac, *Ferragus*.

8

Les ressources

ORTHOGRAPHE

- L'accord du participe passé 238
- Adjectif verbal ou participe présent ? 242
- Les homophones grammaticaux 246
- Les homophones grammaticaux en discours 250
- Les consonnes doubles 254
- L'orthographe en 65 règles - Jeu 258

VOCABULAIRE

- Bien utiliser les dictionnaires 264
- Dénotation et connotation 266
- Mots simples, mots construits, groupes de mots figés 268
- L'étymologie 270
- Des éléments grecs et latins dans la création des mots 272
- La langue en situation 274
- Des mots en relation de sens 276

CONJUGAISON

Les verbes les plus fréquents :

- *être, avoir* 278
- *chanter* (1er groupe), *finir* (2e groupe) 279
- *faire, dire* (3e groupe) 280
- *pouvoir, aller* 281
- *voir, savoir* 282
- *vouloir, venir* 283
- *devoir, croire* 284

LEXIQUE GRAMMATICAL

110 mots utiles 285

L'accord du participe passé

Objectif ▶ Analyser les compléments essentiels pour accorder correctement le participe passé.

OBSERVATION

La femme dans l'île

La femme à laquelle je rêvais ne m'attendait pas. Se souvenait-elle seulement que j'existais ? Nous ne nous étions **vus** qu'une fois, deux mois auparavant. Elle était de passage à Paris. Nous nous étions **rencontrés** chez des amis communs. On nous avait **présentés**. Elle m'avait **souri**. Au cours de la soirée nous avions **échangé** quelques phrases. Rien de plus. Elle repartait le lendemain pour son île.

Depuis, je m'étais **renseigné** auprès de mes amis. Son île est minuscule. De son jardin, m'avait-on **dit**, de quelque côté qu'on se tourne, on voyait la mer. Je l'avais **imaginée** là-bas. Tout le froid de la mer autour de cette chair de femme. Elle peignait. Je m'étais **procuré** ses catalogues d'exposition. Des grèves. Des landes. Des ciels. Jamais une silhouette, jamais un visage. Comme si le monde avait **été** désert autour d'elle.

J'avais **laissé** passer du temps. Je suis comme un champ, sillons **tracés** en plein vent. Les visages s'y déposent comme des graines. La plupart meurent, ou bien des oiseaux les picorent. Le sien avait **germé**, **poussé**, s'était **épanoui** en moi. Un matin, quand je m'étais **éveillé**, il tenait toute la place.

Georges-Olivier Châteaureynaud, *Le Jardin dans l'île*, Librio, 1996, © G.-O. Châteaureynaud.

QUESTIONS

1 ▶ Classez les seize participes passés en gras en trois ensembles : celui qui est employé sans auxiliaire, ceux qui sont employés avec *avoir* et les participes passés des verbes pronominaux.

2 ▶ Un participe employé sans auxiliaire s'accorde de la même façon qu'une autre catégorie de mots : laquelle ?

3 ▶ Relevez les COD des verbes en rose. Rappelez la règle d'accord du participe passé illustrée par ces trois exemples.

4 ▶ Avec quel auxiliaire se conjugue un verbe pronominal ?

5 ▶ Observez la place des pronoms en bleu : ont-ils tous une influence sur la terminaison du participe passé ?

Quelle similitude relevez-vous par rapport à la règle évoquée en 3 ?

6 ▶ Quels sont les participes passés dont la terminaison changerait si le narrateur était une femme ?

7 ▶ Quel est le seul participe passé dont la terminaison changerait si la personne dont le narrateur parle était un homme ?

LEÇON

1. Rappel

■ Employé **sans auxiliaire**, le participe passé se comporte comme un adjectif qualificatif et s'accorde en genre et en nombre avec le nom ou le pronom auquel il se rapporte :

➡ ***Le jour indiqué*** *pour tenir café, on place dans* ***la salle destinée*** *à cet usage plusieurs petites tables de deux.*

■ Employé **avec l'auxiliaire *être***, le participe passé s'accorde en genre et en nombre avec le sujet :

➡ ***Les magasins*** *sont* ***fermés*** *le lundi.* ***Elles*** *sont* ***allées*** *au cinéma.*

■ Employé **avec l'auxiliaire *avoir***, le participe passé reste invariable sauf si l'auxiliaire est précédé d'un complément essentiel direct (COD) ; dans ce dernier cas, l'accord se fait en genre et en nombre avec le COD.

◆ **Pas de COD** exprimé / participe passé **invariable** :

➡ *De toute façon, la question n'a pas* ***changé****.*

◆ COD placé **après le verbe** / participe passé **invariable** :

➡ *Ils ont* ***posé une bombe*** *et ils ont* ***coupé la voie****.*

◆ COD **précédant l'auxiliaire / accord avec le COD** :

➡ *La question* ***qu'****il a* ***posée*** *reste sans réponse.*

Remarque : le COD est souvent un pronom personnel ou un pronom relatif.

2. Le participe passé des verbes pronominaux

■ Le participe passé est variable et **s'accorde avec le sujet** :

◆ s'il appartient à un verbe qui n'existe que sous la forme pronominale :

➡ ***Les fauves*** *se sont* ***acharnés*** *sur leur victime.* (Le verbe **acharner* n'existe pas.)

◆ s'il est précédé d'un pronom complément d'objet direct :

➡ *Elles* ***s'****étaient* ***rencontrées****.* (Le pronom *se* est COD et représente *Elles*.)

■ Le participe passé est **invariable** :

◆ s'il est **suivi d'un COD** :

➡ *Elle s'est* ***offert une jolie robe****.*

◆ s'il n'y a pas de COD :

➡ *Elles se sont* ***parlé*** *à voix basse.* (Le pronom *se* est COI.)

Quelle clé utiliser ?

Clé de la dérivation

1 **Quelle information apporte le groupe nominal entre parenthèses pour orthographier le participe passé souligné ?**

1. Le manteau que nous lui avons offert (la robe offerte) ne lui plaît pas.
2. Quand aurai-je le cadeau que tu m'as promis (la récompense promise) ?
3. J'aime bien le maillot que tu as choisi (la chemise choisie).
4. Elle est issue d'un peuple soumis (une nation soumise).

Quand on hésite sur la terminaison d'un participe passé au masculin singulier, il suffit de le **remplacer par son féminin** :
*Un mur repein**t** / une cloison repein**te** ; un animal surpri**s** / une bête surpri**se** ; un texte choisi / une page choisi**e** ; un joueur exclu / une joueuse exclu**e** ; un ensemble inclu**s** / une phrase inclu**se**.*

Clé de la place

2 **Pourquoi certains participes passés sont-ils invariables et d'autres variables ?**

1. Elle s'est rincé les doigts.
2. Elle s'est coupé les cheveux.
3. Les cris se sont rapprochés.
4. Elle ne les a pas comptés.

Avec l'auxiliaire *avoir* et avec les verbes pronominaux, il faut **vérifier la place du COD du verbe, s'il y en a un** : lorsque ce complément d'objet direct est placé avant l'auxiliaire, le participe passé s'accorde en genre et en nombre avec lui ; sinon il demeure invariable :
*Les chemises **que** nous avons lav**ées** avec Marielle sentent bon. / Marielle et Julie **se** sont lav**ées** avant les autres.*

Clé de l'analyse

3 **Classez les participes passés en quatre ensembles :**
a. sans auxiliaire,
b. employé avec *être*,
c. employé avec *avoir*,
d. participe passé d'un verbe pronominal.

1. Ils ont joué.
2. Tu es tombé.
3. Un enfant perdu.
4. Ils se sont aimés.
5. Ils sont connus.
6. Une serviette mouillée.
7. Nous nous sommes vus.
8. Elles auraient deviné.

La clef de l'analyse doit s'utiliser en **deux temps** :
a. Identifier le type de participe passé auquel on a affaire : employé sans auxiliaire, employé avec *être*, employé avec *avoir*, appartenant à une forme pronominale.
b. Par rapport à chaque cas, **identifier les termes qui déterminent l'accord**.
• Seul → nom ou pronom auquel le participe se rapporte : ***Les objets perdus*** *ne nous encombrent plus.*
• Avec *être* et dans les formes essentiellement pronominales → sujet de l'auxiliaire : ***Les feuilles*** *sont* ***tombées, les beaux jours*** *se sont* ***enfuis****.*
• Avec *avoir* et dans les formes pronominales → COD s'il existe et qu'il précède l'auxiliaire : *Nous réparons les dégâts* ***que*** *vous avez* ***causés*** *chez les victimes qui* ***se*** *sont* ***manifestées****.*

EXERCICES

1 Avec quel mot s'accorde chaque participe passé souligné ?

1. L'enthousiasme suscité par notre découverte nous avait à nouveau réunis, et nous nous étions retrouvés tels qu'au temps jadis. (M. Twain)
2. Enfin un soir, il s'était enhardi jusqu'à emporter la flûte en courant, cachée sous son paletot, serrée contre sa poitrine. (É. Zola)
3. Le parfum des violettes sur lesquelles Valentine s'était assise montait, très fin, associé aux senteurs du thym. (R. Ferlet)
4. Cette partie de moi-même que j'avais le pouvoir de matérialiser s'était, en ces derniers temps, remarquablement renforcée. (R.L. Stevenson)

2 Même exercice, mais avec des formes à compléter.

1. Ces événements se sont prod... à des époques si recul... que l'histoire ne se les remémore plus et que la légende même les a oubli... . (M. Twain)
2. Une fois, au début de mes essais, les résultats s'étaient révél... décevants. (R.L. Stevenson)
3. Cette pauvre femme s'était donc réfugi... dans la maladie. (H. Killian)
4. Il y a tout autour des loups de montagne et des lions qu'elle a charm... en leur donnant de perfides breuvages. (Homère)

3 Quels participes resteraient invariables si les mots soulignés étaient au pluriel ?

1. J'avais eu l'impression que le corps d'Edward Hyde avait grandi. (R.L. Stevenson)
2. Il lui a répondu que la pluie l'avait surpris plusieurs fois. (I. Kadaré)
3. La chute d'eau était plus éloignée que je ne l'avais cru tout d'abord. (M. Bernanos)
4. Je suis entré et je suis resté sans faire de bruit. (R. Matheson)

4 Mettez les formes soulignées au plus-que-parfait.

1. La visite des bureaux s'achevait et les pas reprenaient dans l'escalier. (A. Chédid)
2. Des multitudes de pas d'animaux s'entrecroisaient aux carrefours et les deux voyageurs s'en étonnaient parfois. (L. Pergaud)
3. À sept heures et demie sonnant, elle se débarbouillait, elle cirait ses chaussures et elle se lavait les mains.
4. Et la brise chaude qui mettait les feuilles en mouvement, me donnait la désagréable impression que ces regards du ciel s'amusaient de moi. (M. Bernanos)

5 Recopiez et complétez les formes inachevées.

1. Nous *(sujet masculin)* sommes pourtant bien entr... dans cette maison, nous l'avons parcour..., nous y avons touch... des objets. (E. Queen)
2. Le lecteur superficiel, qui prétend deviner les choses avant qu'elles soient écri..., a déjà trouv... une explication vraisemblable. (E. About)
3. Les deux frères s'étaient distribu... leurs rôles. (Balzac)

6 Même exercice.

1. Les images que la jeune fille avait capt... sur son écran vidéo répandaient la terreur dans tout le pays. (F. Reynaud)
2. Nous vivons à bord de deux caravanes install... dans le jardinet de mon oncle.
3. Quand les hommes avaient fin... et qu'ils avaient enferm... les zébus dans leur parc, ils venaient chercher les plus jeunes d'entre nous qui s'étaient endorm... sous l'arbre. (D. Fossette)
4. Mes lunettes sont tomb... à l'eau mais une baigneuse les a repêch... et me les a remi... sur le nez.

Adjectif verbal ou participe présent ?

Objectif ▶ Opposer forme verbale et forme non verbale pour orthographier le participe présent et l'adjectif verbal.

OBSERVATION

L'infernal cortège

En quittant la maison fatale, le docteur s'arrêta un instant sur le seuil et respira à pleins poumons le grand air de la liberté. Puis reprenant son pas allègre d'autrefois, il se mit en route vers son domicile. Il marchait depuis cinq minutes quand un gamin qui l'aperçut poussa tout à coup un sifflement prolongé… Un second galopin arriva immédiatement en courant, et le premier, montrant Héraclius à son camarade, cria de toutes ses forces : « V'là l'homme aux bêtes qu'est sorti de la maison des fous », et tous deux, emboîtant le pas derrière le docteur, se mirent à imiter avec un talent remarquable tous les cris d'animaux connus. Une douzaine d'autres polissons se furent bientôt joints aux premiers et formèrent une escorte aussi bruyante que désagréable. L'un d'eux marchait à dix pas devant le docteur, portant en guise de drapeau un manche à balai au bout duquel il avait attaché une peau de lapin trouvée sans doute au coin de quelque borne ; trois autres venaient immédiatement derrière, simulant des roulements de tambour, puis apparaissait le docteur effaré qui, serré dans sa grande redingote, le chapeau rabattu sur les yeux, semblait un général au milieu de son armée. Après lui la horde des garnements courait, gambadait, sautait sur les mains, piaillant, beuglant, aboyant, miaulant, hennissant, mugissant, criant cocorico, et imaginant mille autres choses joyeuses pour le plus grand amusement des bourgeois qui se montraient sur leurs portes.

Guy de Maupassant, *Le Docteur Héraclius Gloss.*

QUESTIONS

1 ▶ Donnez l'infinitif correspondant à chaque mot en couleur.

2 ▶ Parmi les formes colorées, quelle est la seule variable ?

3 ▶ À quel mot se rapporte chaque forme en rose ?

4 ▶ Quelle est la fonction de chacun de ces mots ?

5 ▶ Les formes en rose s'accordent-elles avec les mots auxquels elles se rapportent ?

6 ▶ Quelles formes en rose peuvent être remplacées par une proposition relative ? Donnez un exemple.

LEÇON

1. Le participe présent et le gérondif

■ Le participe présent se forme en ajoutant le suffixe **-ant** au radical du verbe : *parl-**ant**.*

■ Dans la phrase, le **participe présent** est un verbe à un mode impersonnel et reste **invariable** :

➡ ***Bousculant** ses habitudes, elle est rentrée plus tard.*

■ Le **gérondif** se forme en ajoutant la préposition *en* devant le participe présent ; tout comme lui, il est **invariable** :

➡ *Il mangeait tout **en continuant** sa lecture.*

2. L'adjectif verbal

■ Comme son nom l'indique, l'adjectif verbal est une forme dérivée du verbe, terminée par **-ant**, plus rarement par **-ent**. En tant qu'adjectif, cette forme **s'accorde en genre et en nombre** avec le nom ou le pronom auquel elle se rapporte :

➡ ***Les sirènes hurlantes** envahissaient les rues.*

■ L'orthographe de l'adjectif verbal est différente de celle du participe présent dans **deux cas**.

◆ La terminaison **-ant** est remplacée par **-ent** :

– dans l'adjectif verbal de quelques verbes en **-ger** :

➡ *conver**gent**,-e ; diver**gent**,-e ; émer**gent**,-e ; négli**gent**,-e.*

– dans treize autres adjectifs verbaux dont les plus courants sont :

➡ *adhér**ent**,-e ; influ**ent**,-e ; différ**ent**,-e ; équival**ent**,-e ; excell**ent**,-e ; précéd**ent**,-e ; somnol**ent**,-e ; viol**ent**,-e.*

◆ Le **radical du verbe** est modifié :

– dans six verbes en **-quer (-cant/-cante** remplace **-quant)** :

➡ *claudi**cant**,-e ; communi**cant**,-e ; intoxi**cant**,-e ; provo**cant**,-e ; suffo**cant**,-e ; va**cant**,-e.*

– dans quelques verbes en **-guer (-gant/-gante** remplace **-guant)** :

➡ *diva**gant**,-e ; extrava**gant**,-e ; fati**gant**,-e ; frin**gant**,-e ; intri**gant**,-e ; navi**gant**,-e ; zigza**gant**,-e.*

3. Les formes nominales

De même que certains substantifs proviennent d'adjectifs qualificatifs *(malade / un, une malade)*, les substantifs en **-ant** et **-ent** proviennent d'un adjectif verbal :

➡ *un commerçant, un fabricant* (et non **un fabriquant*).

Quelle clé utiliser ?

Clé de la substitution

1 Complétez les formes inachevées.

1. J'ai vécu des jours exalt…
2. On a trouvé des hommes hurl… de joie.

Pour savoir si une forme en **-ant** est un participe présent ou un adjectif verbal, il suffit de la **remplacer par son féminin** ; si la substitution est possible, on a affaire à un adjectif verbal, sinon il s'agit d'un participe présent :
*Nous lisons **des romans passionnants** (des histoires **passionnantes**).*
*Les romans **passionnant** (les histoires **passionnant**) les jeunes enfants sont rares.*

Clé de la place

2 Quel terme souligné peut-on mettre à la forme négative ?

1. J'ai emprunté plusieurs escaliers roulants. – **2.** Je recherche une étudiante sachant parler anglais.

3 Après quel verbe la forme en *-ant* est-elle invariable ?

1. Tes vêtements sont dégoûtants. – **2.** Nos munitions vont diminuant. – **3.** Le bilan reste alarmant. – **4.** Le bruit va croissant. – **5.** Le château paraît accueillant.

Une forme en **-ant** est un **verbe** et donc invariable :
– quand elle est à la forme négative :
*Les vents **ne soufflant pas** assez fort, notre adversaire nous rattrapa.*
– quand elle suit le verbe *aller* :
*Le chômage **va croissant**.*
– quand elle est précédée de la préposition *en* (gérondif) :
*Elle sortit **en ricanant**.*

Clé de l'analyse

4 Quelle est la fonction des termes soulignés ? par rapport à quel verbe ?

1. Nous admirions les vagues se brisant sur les rochers. – **2.** Venant de pays lointains, les voyageurs ne reconnurent pas leurs propres demeures. – **3.** La chaussée devenant trop glissante, les commissaires interrompirent la course.

Une forme en **-ant** est un **participe présent** :
– quand elle a un sujet exprimé et qu'elle est le verbe d'une proposition participiale :
***Le tonnerre grondant** (= Comme le tonnerre grondait), nous rentrâmes rapidement.*
– si elle régit un complément verbal (COD, COI), un complément circonstanciel ou un attribut :
*On recherche une nourrice **aimant les animaux**.*
– quand elle est à la construction pronominale :
***S'apercevant** de leur erreur, les policiers ont changé de tactique.*

Clé de la position

5 Donnez le participe présent des dix verbes suivants.

allonger ; percer ; commencer ; encourager ; ménager ; dédicacer ; ravager ; pincer ; obliger ; négliger.

> Au participe présent, il ne faut pas oublier le **-e-** dans les verbes en **-ger** *(ran**ge**ant)* et la cédille dans les verbes en **-cer** *(pla**ç**ant)*.

EXERCICES

1 Donnez le participe présent des verbes suivants.

annoncer ; corriger ; obliger ; négliger ; enfoncer ; remarquer ; mélanger ; allonger ; coincer ; nuancer.

2 Quels indices permettent d'identifier la nature des formes en *-ant* ?

1. Il saisit une grosse pierre et il va rasant le mur opposé de la maison. (A. France)
2. Nous faisons quelques pas sur la route, ne sachant par quel bout prendre tant de beauté. (Alain-Fournier)
3. « De bons rougets ! » dit-il en les regardant et en les palpant avec plaisir. (C. Collodi)
4. À partir de ce jour leur renommée alla s'amplifiant dans le pays. (B. Lamrabott)

3 Donnez la nature (participe présent, gérondif ou adjectif verbal) de chaque forme soulignée.

1. La population de Charleston assistait à cette <u>intéressante</u> opération, <u>aidant</u> et <u>félicitant</u> les matelots. (J. Verne)
2. Était-ce l'effet de <u>l'étouffante</u> chaleur <u>succédant</u> au froid glacial des heures passées en plein air ? (E. Queen)
3. Ceux-là virent le grand royaume du Cœur envoyer le sang <u>rafraîchissant</u> de sa gracieuse civilisation vers mainte nation obscure et négligée, <u>croupissant</u> dans une <u>dégradante</u> indolence. (M. Twain)
4. Rachida reprit en <u>maugréant</u> le chemin de la maison. (A. Chédid)

4 Parmi les formes suivantes, quelles sont celles qui sont impossibles en français ? Pourquoi ?

communiquante ; suffoquantes ; naviguante ; convainquant ; fatiguante ; communicant ; fatigant ; suffocantes ; manquante ; navigants.

5 Recopiez et complétez les formes inachevées.

1. Nous avons assisté à des actions étranges, horribles, terrifi..., forcenées, extravag... et boulevers... . (P. Loti) – **2.** Tressaill... de joie, il disait : « Quels beaux merlans ! Excell... crabes ! » (C. Collodi) – **3.** Il pouvait vous indiquer l'adresse du fabri... à qui vous pourriez exprimer vos doléances. (R. Mimouni) – **4.** André habitait tout en haut, au cinquième : une entrée minuscule et deux pièces communi... . (H. Troyat)

6 Remplacez l'infinitif entre parenthèses par son participe présent.

1. Elle n'attire pas plus l'attention qu'une luciole (divaguer) dans les profondeurs des cieux. (M. Twain) – **2.** Une seconde douche s'écroula du plafond et le docteur s'abattit, (grelotter), étranglé, (suffoquer) au fond de sa baignoire glacée. (Maupassant) – **3.** C'étaient de simples figures de rêve (voguer) sans forme à travers une brume. (M. Twain)

7 Remplacez l'infinitif entre parenthèses par une forme en *-ant(e)(s)*.

1. Il les laissa pour accueillir les nouveaux (arriver). (H. Troyat)
2. Les couches de gaz lumineuses nous environnaient, (bannir) la nuit normale des espaces intersidéraux. (A.C. Clarke)
3. Les produits de certaines expériences étaient encore plus (choquer). (H.P. Lovecraft)
4. Les soldats reçurent l'ordre de marcher au pas de gymnastique, et d'un pas vif et (sauter), moitié (courir), moitié (marcher), ils avancèrent rapidement. (B. Stoker)
5. Se (reformer) en ligne, les soldats reprirent donc leur route. (B. Stoker)
6. Ateba s'abandonne à la chaleur (suffoquer) de la tôle ondulée. (C. Beyala)

Les homophones grammaticaux

Objectif ▶ Distinguer quelques « mots outils » homophones fréquents.

OBSERVATION

Conseils d'un vieillard

C'est un vieillard qui parle. Il était père d'une famille nombreuse. À l'arrivée des Européens, il laissa tomber des regards de dédain sur eux, sans marquer ni étonnement, ni frayeur, ni curiosité. Ils l'abordèrent, il leur tourna le dos et se retira dans sa cabane. Son silence et son souci ne décelaient que trop sa pensée : il gémissait en lui-même sur les beaux jours de son pays éclipsés. Au départ de Bougainville, lorsque les habitants accouraient en foule sur le rivage, s'attachaient à ses vêtements, serraient ses camarades entre leurs bras, et pleuraient, ce vieillard s'avança d'un air sévère, et dit : « Pleurez, malheureux Tahitiens ! pleurez ; mais que ce soit de l'arrivée, et non du départ de ces hommes ambitieux et méchants : un jour, vous les connaîtrez mieux. Un jour, ils reviendront, le morceau de bois que vous voyez attaché à la ceinture de celui-ci, dans une main, et le fer qui pend au côté de celui-là, dans l'autre, vous enchaîner, vous égorger, ou vous assujettir à leurs extravagances et à leurs vices ; un jour vous servirez sous eux, aussi corrompus, aussi vils, aussi malheureux qu'eux. Mais je me console ; je touche à la fin de ma carrière, et la calamité que je vous annonce, je ne la verrai point. Ô Tahitiens ! Ô mes amis ! vous auriez un moyen d'échapper à un funeste avenir ; mais j'aimerais mieux mourir que de vous en donner le conseil. Qu'ils s'éloignent, et qu'ils vivent. »

Puis s'adressant à Bougainville, il ajouta : « Et toi, chef des brigands qui t'obéissent, écarte promptement ton vaisseau de notre rive : nous sommes innocents, nous sommes heureux ; et tu ne peux que nuire à notre bonheur. »

Denis Diderot, *Supplément au voyage de Bougainville.*

QUESTIONS

1 ▶ À propos des mots en couleur :
a. Ont-ils un sens précis ?
b. Quand on observe leur « longueur », quel point commun partagent-ils ?
c. Lesquels se prononcent de la même manière ?

2 ▶ Classez ces mots en deux ensembles : mots variables et mots invariables.

3 ▶ Quelle est la particularité du mot en vert ?

4 ▶ Quels sont les deux mots du texte qui se distinguent grâce à la présence ou à l'absence d'un accent ?

LEÇON

1. Rappel

On appelle homophones grammaticaux des **mots outils**, généralement monosyllabiques et très fréquents, dont la prononciation est identique, mais dont l'orthographe est différente.

2. Ne pas confondre

- ***as*** (2e pers. du sing. de l'indicatif présent du verbe *avoir*), ***a*** (3e pers. du sing. de l'indicatif présent du verbe *avoir*), ***à*** (préposition avec accent) :
  - *Tu **as** / Il **a** quelque chose **à** dire.*
- ***es*** (2e pers. du sing. de l'indicatif présent du verbe *être*), ***est*** (3e pers. du sing. de l'indicatif présent du verbe *être*), ***et*** (conjonction de coordination) :
  - *Tu **es** / Il **est** grand **et** fort.*
- ***ces*** (déterminant démonstratif pl.), ***ses*** (déterminant possessif pl.) :
  - ***Ses** parents ne comprennent pas **ces** choses-là.*
- ***leur*** (pronom personnel invariable), ***leur/leurs*** (déterminant possessif) :
  - *Je **leur** ai rendu **leur** scooter et **leurs** raquettes.*
- ***mais*** (conjonction de coordination), ***mes*** (déterminant possessif) :
  - *Il a pris **mes** clefs, **mais** je n'en ai pas besoin.*
- ***(le/la/les) nôtre(s)*** (pronom possessif), ***notre*** (déterminant possessif sans accent circonflexe), ***(le/la/les) vôtre(s)*** (pronom possessif), ***votre*** (déterminant possessif) :
  - *Ils vous ont rendu **votre** chapeau, mais ils ont gardé **le nôtre** : combien vaut **le vôtre** ?*
- ***on*** (pronom indéfini invariable), ***ont*** (3e pers. du pl. de l'indicatif présent du verbe *avoir*) :
  - ***On** dit qu'ils **ont** raison.*
- ***ou*** (conjonction de coordination), ***où*** (pronom relatif ou adverbe de lieu) :
  - *Je ne sais plus **où** aller : à droite **ou** à gauche ?*
- ***peu*** (adverbe invariable), ***peux*** (1re et 2e pers. du sing. de l'indicatif présent du verbe *pouvoir*), ***peut*** (3e pers. du sing. de l'indicatif présent du verbe *pouvoir*) :
  - *Je **peux** / Tu **peux** / Il **peut** travailler encore un **peu**.*
- ***près*** (adverbe ou préposition), ***prêt/prêts*** (adjectif qualificatif) :
  - *Les flèches passaient si **près** que j'étais **prêt** à m'enfuir.*
- ***son*** (déterminant possessif sing.), ***sont*** (3e pers. du pl. de l'indicatif présent du verbe *être*) :
  - ***Son** oncle et **son** amie **sont** sympathiques.*

3. Expressions courantes

- *au cas où, n'importe où, je ne sais où ;*
- *un peu (de), un (tout) (petit) peu, pour peu que, pour un peu, peu à peu, peu de chose, depuis peu, d'ici peu ;*
- *à peu près, à peu de chose(s) près, à cela près, au plus près, près de ;*
- *prêt à.*

Quelle clé utiliser ?

Clé de la prononciation

1 Quels sont les groupes nominaux pour lesquels la prononciation renseigne sur l'orthographe de *leur* ?

leur école ; leurs livres ; leur camarade ; leurs affaires ; leurs avis.

La liaison ou l'enchaînement apportent un renseignement sur la dernière lettre de certains homophones :
leur enfant (enchaînement), *leurs enfants* (liaison) ; *leur chien / leurs chiens* (ni enchaînement, ni liaison).

Clé de la substitution

2 Parmi les termes soulignés, quels sont ceux qui se conjuguent ?

1. Les spectateurs sont peu nombreux.
2. Le chanteur a perdu son public.

• Pour repérer les verbes *avoir (as / a / ont), être (es / est / sont)* et *pouvoir (peux / peut),* il suffit de les mettre à l'imparfait dans la phrase :
*Les nuits **sont (étaient)** plus longues.*

• Les conjonctions ***et*** et ***ou*** peuvent être remplacées respectivement par *et puis* et *ou bien* :
*Boire **ou (bien)** conduire, il faut choisir.*

Clé de la dérivation

3 Quels termes soulignés pourrait-on mettre au féminin ?

1. J'habite près de la gare.
2. Il est prêt à tout pour réussir.
3. Tu n'es pas près d'y arriver.
4. Les pompiers sont toujours prêts à intervenir.

Pour déceler la présence de l'adjectif ***prêt*** dans une phrase, il suffit de le remplacer par son féminin *prête* en changeant le nom ou le pronom auquel il se rapporte :
*Nos **bagages** sont **prêts**.* (On pourrait dire : *Nos **valises** sont **prêtes**.*)

Clé de l'analyse

4 D'après le sens de chaque phrase, utiliseriez-vous un possessif ou un démonstratif à la place des points ?

1. Elle faisait partie de … femmes qu'on croise une fois et qu'on n'oublie jamais.
2. Le berger s'est réfugié avec … bêtes à l'entrée d'une grotte.

Pour choisir entre un **déterminant possessif** et un **déterminant démonstratif**, il faut repérer la présence ou non d'un rapport d'appartenance, sachant que les démonstratifs commencent par **c-** alors que les possessifs de 3e personne commencent par **s-** :
*Toutes **ces** explosions* (celles-là) *ont fini par le rendre sourd.*
Il a vendu son livre (le sien) *et **ses** chaussures* (les siennes).

Clé de la place

5 Donnez la nature du mot qui suit *leur* dans les phrases suivantes. Dans quel cas *leur* est-il invariable ?

1. Je leur parle de leurs études.
2. Nous leur donnons leur part.

> Devant un verbe conjugué, ***leur*** est un pronom personnel. Il ne prend jamais d'**-s** malgré son sens pluriel :
> *Nos propositions **leur*** (à eux/à elles) ***conviennent**.*

EXERCICES

1 Parmi les mots soulignés, quels sont ceux qui se conjuguent ?

1. Notre maison se fera sans doute, peu à peu, plus humaine. (A. de Saint-Exupéry)
2. Le ciel est limpide et le bleu qui le pare est presque le bleu de l'été. (G. Chérau)
3. Les médecins ont trouvé des lésions sur presque toute la surface de son torse. (R. Barjavel)
4. Qui peut le plus peut le moins.

2 Quels sont les termes soulignés dont l'orthographe est facilitée par l'oral ?

1. Pendant le repas, leurs yeux s'étaient plusieurs fois rencontrés avec une fixité ardente. (É. Zola)
2. C'est la bibliothèque municipale. On peut y entrer gratuitement. (B. Cacérès)
3. D'autres enfants avec leurs familles attendaient derrière eux. (R. Barjavel)

3 Complétez par *leur* ou *leurs* et précisez la nature de ce mot : pronom personnel ou déterminant possessif.

1. Je les accueillis comme au bon vieux temps, ce qui les toucha, [...] fit même venir les larmes aux yeux. (M. Twain)
2. Des légumes géants étaient étalés sur les tables, choisis pour la majesté de [...] taille et l'ampleur de [...] proportions. (E. Moselly)
3. Je [...] dis à tous deux qu'ils étaient aussi mesquins que possible. (M. Twain)
4. L'oranger et le citronnier mêlent [...] feuilles au laurier noir. (J. Tharaud)

4 Remplacez les chiffres par l'homophone qui convient : ① : *a* ou *à* ; ② : *peu* ou *peut* ; ③ : *et* ou *est* ; ④ : *ou* ou *où*.

Il y ① une multitude d'îles autour du monde. Celles chantées par les dépliants touristiques, très faciles ① atteindre : un ② d'argent, quelques billets pour un coup d'aile ③ l'île lointaine flotte ① portée du regard, tel un cadeau déposé sur un plateau d'émeraude. Il y en ① d'autres, moins accessibles, en dehors des routes de navigation habituelles ④ des autoroutes alizéennes, sans aéroport, désertes ④ presque. (M. Demai)

5 Même exercice avec les homophones précédents et les suivants : ⑤ : *mais* ou *mes* ; ⑥ : *on* ou *ont*.

⑤ j'ai pas eu le temps de me faire du souci ① cause du texte libre parce que la porte de la classe ① claqué très fort. Pas la grande porte ④ ⑥ passe pour rentrer ③ sortir en temps normal : non, celle de derrière, qui ③ tout le temps fermée ① clé ! Quand ⑥ l'ouvre, ⑥ tombe sur l'escalier en fer qui descend directement dans la cour de récré. C'est l'escalier de secours, même que c'est interdit d'aller y jouer. Il y ① juste un étage ① descendre pour se retrouver dans la cour. (Th. Jonquet)

6 Complétez par *près* ou *prêt(s)*.

1. On arrive ici à peu [...] à la même moyenne.
2. Il laissa ses hommes, les avirons armés, et [...] à partir. (J. Verne)
3. Et trois bateaux de plaisance accostaient, [...] à recevoir les promeneurs. (Alain-Fournier)
4. Je suis [...] à partir, je devrais même être en route. (J. Verne)
5. Il avait eu très [...] du sien le visage désormais perdu de la jeune fille ! (Alain-Fournier)

7 Choisissez le déterminant qui convient.

1. J'ai un ami écrivain : certaines de (ces/ses) œuvres sont très connues. – **2.** La star américaine ne sort jamais sans (ces/ses) gardes du corps. – **3.** Certains serpents sont inoffensifs, pourtant je n'aime pas beaucoup (ces/ses) animaux. – **4.** Durant (ces/ses) dernières années aucun voilier n'a abordé l'île. – **5.** Le pilote a disparu, mais on a retrouvé (ces/ses) papiers et son casque.

Les homophones grammaticaux en discours

Objectif ▸ Se servir des constituants de la phrase et des organisateurs textuels pour distinguer les homophones en discours.

OBSERVATION

Le portrait de Vénus

Peut-être avait-on voulu représenter la déesse au jeu de mourre. Quoi qu'il en soit, il est impossible de voir quelque chose de plus parfait que le corps de cette Vénus ; rien de plus suave, de plus voluptueux que ses contours ; rien de plus élégant et de plus noble que sa draperie. Je m'attendais à quelque ouvrage du Bas Empire ; je voyais un chef-d'œuvre du meilleur temps de la statuaire. Ce qui me frappait surtout, c'était l'exquise vérité des formes, en sorte qu'on aurait pu les croire moulées sur nature, si la nature produisait d'aussi parfaits modèles.

La chevelure, relevée sur le front, paraissait avoir été dorée autrefois. La tête, plus petite, comme celle de toutes les statues grecques, était légèrement inclinée en avant. Quant à la figure, jamais je ne parviendrai à exprimer son caractère étrange, et dont le type ne se rapprochait de celui d'aucune statue dont il me souvienne. Ce n'était point cette beauté calme et sévère des sculpteurs grecs, qui, par système, donnaient à tous les traits une majestueuse immobilité. Ici, au contraire, j'observais avec surprise l'intention marquée de l'artiste de rendre la malice arrivant jusqu'à la méchanceté. Tous les traits étaient contractés légèrement : les yeux un peu obliques, la bouche relevée des coins, les narines quelque peu gonflées. Dédain, ironie, cruauté se lisaient sur ce visage d'une incroyable beauté cependant.

Prosper Mérimée, *La Vénus d'Ille.*

QUESTIONS

1 ▸ Les expressions en rose ont-elles un rapport avec le texte qui les précède ou avec le texte qui les suit ? Justifiez votre réponse pour chacune d'elles.

2 ▸ L'expression en bleu peut-elle être placée au tout début d'un texte, ou a-t-elle un rapport avec le texte qui précède ? Si oui, quel rapport de sens ?

3 ▸ L'expression en vert peut-elle être placée au tout début d'un texte ? Peut-on la déplacer en tête du 3e paragraphe ? Pourquoi ? Peut-on, dans cette expression, remplacer *la* par *une* ?

LEÇON

1. Définition

■ Certains mots et expressions ne peuvent être compris qu'en référence à un passage plus ou moins étendu du texte qui les précède ou qui les suit. Ce sont les **mots de reprise** et les **mots d'annonce**.

2. *Ce*

■ ***Ce*** est un déterminant ou un pronom **démonstratif**. Il ne peut commencer un énoncé que dans le cas d'une situation de communication directe, pour désigner (avec un geste) un **objet présent dans la situation** :

➡ *Bonjour, madame, je voudrais essayer* ***ce*** *manteau.* (geste)

■ ***Ce*** est très souvent un **mot de reprise**, qui remplace un nom ou une partie plus ou moins étendue du texte qui précède :

➡ ***Tous les traits*** *étaient contractés légèrement [...]. Dédain, ironie et cruauté se lisaient sur* ***ce*** *visage d'une incroyable beauté cependant.*

■ ***Ce*** est quelquefois un **mot d'annonce**, suivi d'une explication :

➡ ***Ce*** *qui me frappait surtout,* ***c'****était* ***l'exquise vérité des formes****.*

■ ***Ce*** ne doit pas être confondu avec ***se***, dont le rôle se comprend à l'intérieur de la phrase : ***se*** est un **pronom personnel de 3e personne** :

➡ *Les députés* ***se*** *lèvent et* ***se*** *séparent.*

3. *Quoi qu'il en soit*

■ Cette expression signifie « en tout état de cause », « de toute façon ».

■ Elle ne peut être placée au tout début d'un énoncé. Elle ne se comprend qu'en rapport au texte qui la précède :

➡ *Les patrons ont fait un certain nombre de propositions.* ***Quoi qu'il en soit****, les employés ont décidé de poursuivre la grève.*

Quoi est ici un **pronom de reprise** : ***quoi que*** ne doit pas être confondu avec la conjonction ***quoique*** (en un seul mot), qui introduit une opposition ou une concession, et qui peut être remplacée par *bien que*.

4. *Quant à*

■ L'expression ***quant à (quant au/aux)*** signifie « en ce qui concerne », « pour ce qui est de », « à l'égard de ». Elle s'emploie en tête de proposition ou de phrase pour attirer l'attention sur quelque chose :

➡ *Tu fais ce que tu veux de ton argent de poche.* ***Quant à moi****, j'économise le mien pour faire des cadeaux de Noël.*

■ *Quant à* introduit souvent une **opposition** ou une nette **distinction** entre deux éléments, spécialement quand on décompose un sujet considéré d'abord globalement :

➡ *La* ***chevelure*** *[...], la* ***tête*** *[...].* ***Quant à la figure****, jamais je ne parviendrai à exprimer son caractère étrange.*

■ *Quant à* est une **expression de reprise** et, comme telle, elle ne peut être suivie d'un article indéfini :

➡ ** Quant à une figure...*

Quelle clé utiliser ?

Clé de la substitution

1 Dans quelle phrase le passage souligné signifie-t-il « de toute façon » ?

1. Quoiqu'il en soit dégoûté, il ne peut s'empêcher de boire.
2. Quoi qu'il en soit, il ne faudra pas vous inquiéter.

Dans une proposition, on peut remplacer la formule ***quoi qu'il en soit*** par *en tout état de cause, de toute façon, n'importe comment.*

2 Complétez les mots inachevés.

1. Quan… à votre histoire, on n'en croit pas un mot.
2. C'est toujours ainsi quan… à la mauvaise foi succède le mensonge.

• Si l'on peut remplacer [kɑ̃] par *lorsque,* il faut l'orthographier *quand* :
Quand (lorsque) *les secours arrivent, il est parfois trop tard.*
• Si l'on peut remplacer [kwak] par *bien que,* il faut écrire *quoique / quoiqu'* :
Je recevrai votre ambassadeur ***quoique (bien que)*** *je n'aie rien à lui dire.*

Clé de la place

3 Quelles sont les suites de mots impossibles dans les groupes suivants ?

quand un ; quant un ; quant à ; quant à son ; quant à un ; quant au ; quand on.

• Le mot ***quant*** est toujours suivi de la préposition ***à*** ou de l'article contracté ***au(x)*** avec lesquels il forme une locution prépositive qui signifie « au sujet de » : *quant à lui, quant aux autres…*
• La locution ***quant à*** apparaît dans une énumération, une progression thématique à thèmes dérivés, pour introduire une **opposition** :
Les autres *peuvent partir ;* ***quant à lui,*** *je vais m'en occuper personnellement.*

Clé de l'analyse

4 Quelle est la nature des propositions soulignées ?

1. Quoiqu'on ait beaucoup de visiteurs, le musée reste peu connu.
2. Quand les visiteurs arrivent, ils sont accueillis en fanfare.

• La conjonction ***quoique*** introduit une proposition subordonnée circonstancielle de **concession** et se construit avec le **subjonctif** :
J'ai préparé un cadeau, ***quoiqu'****on ne* ***connaisse*** *pas encore le nom du vainqueur.*
• La conjonction ***quand*** introduit une proposition subordonnée circonstancielle de temps :
Quand *le vainqueur* ***aura franchi*** *la ligne d'arrivée, je lui remettrai son cadeau.*

EXERCICES

1 Complétez par *ce* ou *se*.

1. Je me souviens d'un pont de bois sur une rivière toute noire, puis d'un grand quai désert et d'un immense jardin au long de [...] quai. (A. Daudet)
2. Il y a belle lurette que je ne rêve plus de punir les menteurs, leur propre mensonge [...] charge de [...] soin, le mensonge est bien [...] que l'homme a inventé de plus cruel pour [...] torturer soi-même. (G. Bernanos)
3. Presque aussitôt je reconnus les bruits familiers : [...] léger clapotis qui gonfle l'herbe et va sucer la vase des bords, [...] goutte-à-goutte des rames qui replongent, [...] froissement d'eau déchirée par l'avance d'un bateau. (H. Bazin)

2 Même exercice.

1. Le roi Louis le Bègue mourut l'an 879, au mois d'avril. Après, [...] fut Carloman. C'est dans [...] temps que [...] passe cette histoire. (P. Quignard)
2. Plus je relis [...] que j'ai écrit les nuits précédentes, et plus l'injustice de l'écriture me frappe : elle ne retient que [...] qui l'intéresse, [...] qui passe par les mots. (V. K. Bontemps)
3. Les Noirs, parés de leur uniforme, [...] réjouirent encore davantage, car ils ignoraient complètement [...] que c'était que la guerre. (J. Kruss)

3 Choisissez la forme qui convient.

1. (Quoiqu'/Quoi qu') il ait fait, on ne peut s'empêcher de le plaindre. (J. Verne)
2. Ils ont le corps, les soies, la tête, le grognement des pourceaux, (quoiqu'/quoi qu') ils aient conservé la pensée. (Homère)
3. Tu ne sortiras plus de ma pensée (quoiqu'/quoi qu') il advienne. (E. Le Roy)
4. On ne plaint pas non plus un mouton qu'on voit paître, (quoiqu'/quoi qu') on sache qu'il sera bientôt égorgé. (J.-J. Rousseau)

4 Complétez par *quand, quant* ou *qu'en*.

1. J'ai acquis une certaine autonomie. Mais cette autonomie coûte cher [...] au poids. (J. Lacarrière)
2. Il n'hésite pas à donner personnellement un coup de main [...] un homme fait défaut. (Bl. Cendrars)
3. On ne cueillait que les prunes. [...] aux poires, elles étaient pour les moineaux. (J.-L. Lecas)
4. Je vous propose deux contrats. [...] pensez-vous ? (A. Meyer)
5. Le surlendemain matin, pour la sixième épreuve, même si le vent a faibli, il souffle encore très fort. [...] à la mer, elle est toujours très agitée. (C. Lesaulnier)

5 Même exercice.

1. [...] j'entrai, on venait de se mettre à table pour le dîner. (A. Daudet)
2. Ils étaient en train de pendre le malheureux [...] la police est intervenue de justesse. (M. Tournier)
3. Je fus un peu rassuré par un message de Sa Majesté. [...] à l'impératrice, on m'avertit sous le manteau qu'elle avait été écœurée de ma conduite. (J. Swift)
4. Or le sable est trompeur : on le croit ferme et on s'enlise. [...] aux anciennes salines, elles cèdent parfois sous le poids des roues. (A. de Saint-Exupéry)
5. [...] je me réveillai, je ne vis rien que le bassin du ciel nocturne. (A. de Saint-Exupéry)

Les consonnes doubles

Objectif ▶ Déceler la présence d'une consonne double à l'intérieur d'un mot.

OBSERVATION

Un sommeil de 900 000 ans

Non, elle n'**é**tait pas réveillée. Ses longues paupières étaient encore baissées sur le sommeil inter**m**inable. Mais son cœur battait avec une puissance tranquille, ses poumons res**p**iraient calme**m**ent, sa tempé**r**ature montait peu à peu vers celle de la vie.

– Attention ! dit Lebeau, penché sur l'encéphalographe. Pul**s**ations irrégulières… Elle rêve !

Elle rêvait ! Un rêve l'avait accompagnée, recroquevillé, ge**l**é quelque part dans sa tête, et mainte**n**ant, réchauffé, il ve**n**ait de fleurir. Fleurir en quelles stu**p**éfiantes images ? Roses ou noires ? Rêve ou cauche**m**ar ? Les pulsations du cœur mont**è**rent brusque**m**ent de 30 à 45, la pression sanguine piqua une pointe, la respiration s'accéléra et devint irrégulière, la température grimpa à 36°.

– Attention ! dit Lebeau. Pulsations de pré-réveil. Elle va s'éveiller ! Elle s'éveille ! Ôtez l'oxyg**è**ne !

Simon souleva l'inhalateur et le tendit à une in**f**irmière. Les paupières de la femme fré**m**irent. Une mince fente d'ombre apparut au bas des paupières.

– Nous allons lui faire peur, dit Simon.

Il arracha le masque de chirurgien qui lui cachait le bas du visage. Tous les médecins l'imitèrent.

Lente**m**ent, les paupières se soulevèrent. Les yeux apparurent, incroyable**m**ent grands. Le blanc était très clair, très pur. L'iris large, un peu é**c**lipsé par la paupière supé**r**ieure, était du bleu d'un ciel de nuit d'été, se**m**é de paillettes d'or.

René Barjavel, *La Nuit des temps*, © Presses de la Cité, 1968.

QUESTIONS

1 ▶ Relevez les mots du texte qui contiennent des consonnes doubles. Quelles consonnes doublent le plus souvent ?

2 ▶ Relevez trois mots de la même famille que les mots suivants : *compagnon, régulier, paraître.* À quel endroit précis du mot se situe la consonne double dans les trois exemples que vous venez de trouver ?

3 ▶ Comparez les deux mots du texte qui contiennent la consonne -cc- et dites pourquoi l'un est plus facile à orthographier que l'autre.

4 ▶ Trouvez un mot du texte dont le suffixe comporte une consonne double.

5 ▶ Observez les mots en rose et essayez de retrouver les deux règles qui rendent impossible le doublement de la consonne en gras.

6 ▶ Dans les mots en bleu, pourquoi ne peut-on pas doubler la consonne en gras ?

LEÇON

1. Dans quels cas rencontre-t-on une consonne double ?

■ On trouve souvent une consonne double **à la limite du préfixe et du radical**, notamment quand le préfixe se termine par une consonne et que le radical commence aussi par une consonne.
Même si au départ, en latin ou en ancien français, ces deux consonnes étaient différentes, dans bien des cas elles se sont « contaminées » pour donner une consonne double : *****ad****teindre* est devenu ***at****teindre*.

■ Les consonnes doubles apparaissent dans certains **suffixes au féminin** : **-elle** *(éternelle)*, **-onne** *(une baronne)*, **-ienne** *(une comédienne)*, **-éenne** *(une lycéenne)*, **-yenne** *(moyenne)*.

2. Dans quels cas ne rencontre-t-on pas de consonne double ?

■ On ne double pas la consonne qui suit une voyelle accentuée et, à l'inverse, on n'accentue pas une voyelle suivie d'une consonne double : on peut écrire *Michèle* ou *Michelle*.

■ On ne double pas la consonne qui suit un **-e-** non accentué et prononcé [ə] : *proprement*.

■ Après **i** et **u**, on ne double pratiquement jamais **m** et **n** dans les mots simples : *une plume, intime, une colline, une dune*. Exception : *un tunnel*.

■ On ne double pratiquement jamais une consonne placée après une autre consonne : *enfermer, verser.*

3. Dans quels cas doit-on se méfier ?

■ Les consonnes doubles aident à distinguer certains homophones, mais il n'est pas toujours facile de faire le bon choix : *une balade* (une promenade) / *une ballade* (une chanson).

■ Dans certains suffixes au féminin, la consonne ne double pas systématiquement :

- **-ane** *(une gitane)* est plus répandu que **-anne** *(une paysanne)* ;
- les adjectifs en **-ette** *(muette)* sont plus nombreux que ceux en **-ète** (sept adjectifs : *complète, concrète, désuète, discrète, inquiète, replète, secrète*).

■ Dans les verbes en **-eler** et **-eter**, mieux vaut recourir au dictionnaire pour trancher entre l'accent grave *(il gèle, il achète)* et la consonne double *(il appelle, il jette)*.

Quelle clé utiliser ?

Clé de la prononciation

1 **Parmi les mots suivants, quels sont ceux dans lesquels la consonne double est plus facile à repérer ? Pourquoi ?**

une accélération ; une accolade ; un accouplement ; un accès ; un accent.

Dans certains cas, les deux composants d'une consonne double s'entendent :
- toujours : **-cc-** et **-gg-** devant **-e-** et **-i-** *(un accident, suggérer)* ;
- parfois : préfixes **il-, im-, in-, ir-** *(**il**lisible, **im**mortel, **in**nombrable, **ir**rémédiable)*.

Clé de la position

2 **Tenez compte des lettres en rouge pour compléter les mots suivants à l'aide de *-n-* ou *-nn-*.**

une pé…itence ; un cade…as ; une ante…e ; une bé…édiction ; un car…aval.

Quand une consonne est précédée d'une autre consonne, d'une voyelle accentuée, d'un **e** prononcé [ə], elle ne peut pratiquement jamais être doublée :
*en**l**ever, un vé**l**o, un me**l**on.*

3 **Même exercice avec *-s-* ou *-ss-*.**

une ver…ion ; une pre…ion ; un maga…in ; un pa…age.

On double **s** entre deux voyelles afin d'obtenir ou de conserver la prononciation [s] *(un cou**ss**in)* ; seuls quelques mots préfixés ou composés échappent à cette règle *(para**s**ol, co**s**inus, vrai**s**emblable*, etc.).

Clé de la dérivation

4 **Pour chacun des mots suivants, citez un mot de la même famille qui aide à déceler la consonne double en rouge.**

immortel ; accourir ; supposer ; interrompre.

Le recours à un **mot de la même famille** permet souvent de déceler la présence d'une consonne double en séparant préfixe et radical *(ap-**prendre** / **prendre**)*, même si le radical ne correspond pas à un mot *(inter-**rogation** / dé-**rogation**)*.

Clé de la mémoire

- **Consonne simple + consonne double :** *une bagarre, bizarre, un intervalle, une carotte, développer, une enveloppe, une étoffe, intéresser.*
- **Consonne double + consonne double :** *un ballottage, embarrasser, un essoufflement, (en l') occurrence, un tonnerre.*
- **Consonne double + consonne simple :** *une attitude, attraper, un cannibale, une cellule, une colline, la littérature, occuper, une parallèle.*

EXERCICES

1 Quels sont les mots dans lesquels le doublement d'une consonne s'entend ?

une coccinelle minuscule ; un costume impeccable ; le monde occidental ; un territoire occupé ; un coccyx fêlé ; une formation accélérée ; des pièces buccales ; un vaccin efficace ; des accessoires fragiles ; une occasion rare.

2 Mettez les dix formes soulignées à la 1re personne du pluriel.

1. Tu te promènes en ville. – **2.** Il achète des fruits. – **3.** Je me lève tôt. – **4.** Elle vient avec toi. – **5.** Tu lui rappelles quelqu'un. – **6.** Tu jettes l'éponge. – **7.** Elle s'inquiète pour un rien. – **8.** Je prends l'air. – **9.** Tu tiens le bon bout. – **10.** Tu digères lentement.

3 Pour chacun des mots suivants, trouvez un dérivé terminé par *-on*.

une échelle ; une nappe ; une bûche ; une aile ; une mouche ; une puce ; une forge ; une mamelle ; un rejet ; une vigne.

4 Complétez les tableaux suivants d'après les modèles proposés en gras.

grand	**grande**	**agrandir**
nouveau		
beau		
jumeau		

épice	**épicier**	**épicerie**
hôtel		
bateau		
papier		

5 Remplacez les barres obliques par *-s-* ou *-ss-*.

un men/onge invrai/emblable ; un immen/e para/ol ; des barres a/ymétriques ; un avion super/onique ; un dernier soubre/aut ; un élève demi-pen/ionnaire ; un canot in/ubmer/ible ; un con/eil de cla/e ; une réu/ite in/olente ; une con/ommation exce/ive.

6 Récrivez chaque phrase en remplaçant le mot souligné par l'un des mots suivants.

douleur ; entrée ; situation.

1. Il a découvert un passage secret. – **2.** On n'apprend bien qu'avec des cas concrets. – **3.** Les grands chagrins sont muets.

7 Observez bien la liste de noms féminins suivants et complétez chaque affirmation.

une patronne ; une paysanne ; une baronne ; une lapine ; une lionne ; une voisine ; une espionne ; une coquine ; une gitane ; une gamine ; une cousine ; une concubine ; une musulmane ; une polissonne ; une sultane ; une faisane ; une championne.

a. Quand le masculin se termine par ..., le féminin prend toujours deux **n**.

b. Quand le masculin se termine par ..., le féminin prend généralement un **n** et rarement deux **n**.

c. Quand le masculin se termine par ..., le féminin ne prend qu'un **n**.

8 Employez chaque homophone dans une phrase qui éclairera son sens.

une date / une datte ; sale / une salle ; une cane / une canne.

9 Donnez l'orthographe des objets suivants.

L'orthographe en 65 règles

LE NOM

R.1 • **Les noms féminins** en ***-eur*** se terminent par ***e, u, r*** : *une fleur.* Sauf : *heure, demeure, gageure.*

• **Les noms masculins** se terminent en ***-eur*** sauf : *beurre, leurre, babeurre* et *un heurt.*

R.2 **Les noms féminins** en ***i*** et en ***u*** s'écrivent avec un ***e*** : *la mie, une avenue.*

Sauf : *brebis, fourmi, (à la) merci, nuit, perdrix, souris ; bru, glu, tribu, vertu.*

R.3 **Les noms féminins** en ***-té*** ou ***-tié*** s'écrivent sans ***e*** : *la beauté, la volonté.*

Sauf ceux qui expriment un contenu : *une cuillerée.*

Et les noms : *butée, dictée, frottée, jetée, montée, nuitée, pâtée, portée.*

R.4 • **Les noms en *-ition*** s'écrivent avec un ***t*** : *une addition.* Sauf : *scission* et les noms en « *-mission* ».

• **Les noms en *-ation*** s'écrivent avec un ***t*** : *la nation.* Sauf : *passion* et *compassion.* Après ***e-***, on écrit : *-ssion (session)* ; après ***c-*** et ***p-*** : *-tion, (adoption)* ; après ***l-*** : *sion (émulsion, expulsion).*

• **Les noms en** [zɔ̃] s'écrivent ***s, o, n,*** sauf : *gazon, horizon.*

R.5 **Le nom : genre.** En général : **féminin = masculin** + ***-e*** *(un ami, une amie).*

Autres terminaisons : *-ère, -esse, -euse, -ière, -ienne, -ionne, -trice, -se, -ve.*

R.6 **Le nom : nombre.** En général : **pluriel = singulier** + ***-s*** *(une lampe, des lampes).*
Les noms en ***-s, -x, -z*** ne changent pas : *une voix, des voix ; un gaz, des gaz.*

R.7 **Les noms en *-au, -eau, -eu*** ont leur pluriel en ***-x*** : *un tonneau, des tonneaux.*
Sauf : *landau, sarrau, pneu, bleu.*

R.8 **Sept noms en *-ou*** ont leur pluriel en ***-oux*** : *bijou, caillou, chou, genou, hibou, joujou, pou.*

R.9 **Sept noms en *-ail*** ont leur pluriel en ***-aux*** : *bail, corail, émail, soupirail, travail, vantail, vitrail.*

R.10 **Les noms en *-al*** ont leur pluriel en ***-aux*** : *un cheval, des chevaux.*
Sauf : *bal, carnaval, cérémonial, chacal, festival, récital, régal...* (et quelques autres).

R.11 **Pluriel de noms composés**
Dans les noms composés, seuls le **nom** et l'**adjectif** peuvent prendre la marque du pluriel si le sens le permet : *un chou-fleur, des choux-fleurs ; une pomme de terre, des pommes de terre ; un timbre-poste, des timbres-poste ; un château fort, des châteaux forts ; un couvre-lit, des couvre-lits.*

L'ADJECTIF

R.12 **Les adjectifs masculins en *-ile*** s'écrivent ***i, l, e*** : *utile.*
Sauf : *civil, puéril, subtil, vil, volatil, viril* et *tranquille.*

R.13 **L'adjectif : genre.** En général : **féminin = masculin** + ***-e*** *(poli, polie).*
Autres terminaisons : *-ce, -che, -ère, -esse, -lle, -nne, -se, -sse, -trice, -tte, -ve.*

R.14 **L'adjectif : nombre.** En général : **pluriel = singulier** + ***-s*** *(poli, polis).*

• Les adjectifs en ***-eau*** forment leur pluriel en ***-eaux*** : *un beau cadeau, de beaux cadeaux.*

• La plupart des adjectifs en ***-al*** forment leur pluriel en ***-aux*** : *un tigre royal, des tigres royaux.*
Exceptions : *banal, bancal, fatal, final, glacial, natal, naval.*

R.15 **L'adjectif composé.** En général, seul l'adjectif s'accorde : *des enfants bien-aimés, les relations franco-américaines.*

R.16 **L'adjectif de couleur**

• 1 adjectif → accord : *des vestes bleues.*

• 2 adjectifs → pas d'accord : *des blousons bleu foncé, bleu-vert.*

• 1 nom → pas d'accord : *des pantalons olive, des cravates moutarde, des pulls mandarine.*

LES DÉTERMINANTS

R.17 • **Le déterminant numéral cardinal** est invariable : *quatre maisons, treize mille francs.*

• ***Vingt*** et ***cent*** prennent la marque du pluriel s'ils sont **multipliés** et non suivis d'un autre numéral : *trois cents maisons, quatre-vingts élèves,* mais *deux cent deux livres.*

• Dans les **dates**, pas d'accord. On écrit *mille* ou *mil : l'année mille* ou *mil neuf cent.*

• Les déterminants numéraux en ***-ante*** se terminent par ***a, n, t, e,*** sauf : *trente.*

R.18 ***leur***

• **Devant un nom**, *leur* est **déterminant possessif** et s'accorde : *leur planche à voile ; leurs surfs.*

• **Devant un verbe**, *leur* est un **pronom personnel**, invariable, pluriel de *lui : Je* ***leur*** *donne du chocolat ; je* ***lui*** *donne du chocolat.*

R.19 ***chaque = un*** ; *chaque* est toujours singulier : *chaque élève.*

LES ADVERBES

R.20 Les adverbes en ***-ment*** s'écrivent :
-amment s'ils sont formés sur un adjectif en ***a, n, t*** : *complaisant, complaisamment.*
-emment s'ils sont formés sur un adjectif en ***e, n, t*** : *conscient, consciemment.*

LES VERBES

R.21 Les verbes en ***ap-*** prennent **2 *p*** : *apporter.*
Sauf : *apaiser, apercevoir, apeurer, apitoyer, aplanir, aplatir, apostropher.*

AVOIR

R.22 • ***a*** sans accent est une forme du verbe *avoir*, on peut le remplacer par *avait.*

• ***à*** avec accent est une préposition.

Il ***a*** *mal* ***à*** *la tête ; il* ***avait*** *mal* ***à*** *la tête.*

R.23 • ***ont (o, n, t)*** est une forme du verbe *avoir*, on peut le remplacer par *avaient : Ils* ***ont*** *des invités ; ils* ***avaient*** *des invités.*

• ***on (o, n)*** est un pronom indéfini sujet, 3e personne du singulier : ***On*** *aime chanter ;* ***il*** *aime chanter.*

R.24 • ***ai (a, i)*** est une forme du verbe *avoir* au présent de l'indicatif ; on peut le remplacer par *avons : J'****ai*** *des copains ; nous* ***avons*** *des copains.*

• Il ne faut pas le confondre avec l'impératif : ***Aie*** *soin de toi.*

• Ni avec le subjonctif présent : *il faut que j'****aie****, que tu* ***aies****, qu'il* ***ait****.*
Pour identifier la forme, on met la phrase au pluriel.

ÊTRE

R.25 • ***est (e, s, t)*** est une forme du verbe *être*, on peut le remplacer par *était : Il* ***est*** *sympathique ; il* ***était*** *sympathique.*

• ***et (e, t)*** est une conjonction de coordination : *Marc* ***et*** *Anne se promènent* ***et*** *font des courses.*

R.26 • ***sont (s, o, n, t)*** est une forme du verbe *être*, on peut le remplacer par *étaient : Ils* ***sont*** *gais ; ils* ***étaient*** *gais.*

• ***son (s, o n)*** est un déterminant possessif : *Il a pris* ***son*** *vélo.*

VERBES DU 1er GROUPE

R.27 • Les verbes en ***-cer*** prennent une cédille sous le **c** devant ***a*** et ***o*** : *je place, nous plaçons, il plaçait, nous placions.*

• Les verbes en ***-ger*** prennent un ***e*** après le ***g*** devant ***a*** et ***o*** : *je mange, nous mangeons, il mangeait, nous mangions.*

R.28 • Les verbes en ***-oyer*** et ***-uyer*** changent l'***y*** en ***i*** devant un ***e*** muet : *j'envoie, nous envoyons ; je m'ennuie, nous nous ennuyons.*

• Les verbes en ***-ayer*** peuvent conserver l'***y*** devant un ***e*** muet : *je paie* ou *je paye, nous payons.*

• Attention à l'**imparfait de l'indicatif** et au **présent du subjonctif** : *nous nous* ***ennuyions*** *; il faut que vous* ***payiez*** *les factures.*

R.29 • La plupart des verbes en ***-eler*** et ***-eter*** doublent la consonne ***l*** ou ***t*** devant un ***e*** muet : *j'appelle, nous appelons ; je jette, nous jetons.*

• Un certain nombre d'entre eux prennent un accent grave au lieu de doubler la consonne : *je gèle, nous gelons ; j'achète, nous achetons.*

• Les verbes ayant un ***-e*** ou un ***-é*** (accent aigu) à l'avant-dernière syllabe le changent en ***-è*** (accent grave) quand la syllabe finale contient un ***e*** muet : *semer* → *je sème, nous semons ; espérer* → *j'espère, nous espérons.*

R.30 Pour écrire un verbe au **présent** ou au **futur simple**, on pense à son infinitif :
plier : je plie, nous plierons (-erai, -eras, -era, -erons, -erez, -eront) ;
finir : je finis, nous finirons (-irai, -iras, -ira, -irons, -irez, -iront).

VERBES DU 3e GROUPE

R.31 Les verbes en ***-vrir, -ffrir, -eillir, -aillir*** se conjuguent au présent de l'indicatif et de l'impératif comme les verbes du 1er groupe : *j'ouvre, tu offres, il cueille, il tressaille.*

R.32 Les verbes du 3e groupe en ***-tir*** perdent le ***-t*** aux deux premières personnes du singulier du présent de l'indicatif : *je pars, tu pars, il part* (de même à la 2e personne de l'impératif : *pars).*
Sauf ***vêtir*** et ses composés : *je me* ***vêts****.*

R.33 Les verbes ***pouvoir, vouloir, valoir*** prennent ***-x, -x, -t*** aux personnes du singulier du présent de l'indicatif : *je peux, tu veux, il vaut.*

R.34 • Les verbes en *-(t)tre* perdent le/un *-t* de leur infinitif aux personnes du singulier du présent de l'indicatif : *je mets, tu mets, il met ; je parais, tu parais, il paraît.*

• Les verbes en *-aître* gardent l'accent circonflexe quand *i* est suivi de *t* : *il paraît.*
Croître conserve l'accent quand il peut être confondu avec *croire.*

R.35 • Les verbes en ***-dre*** conservent le ***d*** aux personnes du singulier du présent de l'indicatif : *je prends, tu prends, il prend.*

• Les verbes en ***-endre*** s'écrivent avec ***e***, sauf : *épandre* et *répandre.*

R.36 • Les verbes en ***-indre, -oindre, -soudre,*** perdent le ***d*** aux personnes du singulier du présent de l'indicatif et prennent ***-s, -s, -t*** : *je crains, tu crains, il craint, nous craignons.*

• Les verbes en ***-eindre*** s'écrivent avec ***e***, sauf : *contraindre, craindre, plaindre.*

R.37 **L'imparfait du subjonctif** rappelle le **passé simple**. Pour ne pas confondre les deux formes, on pense au pluriel : *Il **sut** la nouvelle, ils **surent** la nouvelle ; il fallait qu'il **sût** la nouvelle, qu'ils **sussent** la nouvelle.*
Seule la 3e personne du singulier est encore en usage, à l'écrit, en langue soutenue.

PARTICIPES

R.38 **Le participe passé** employé seul ou avec ***être*** s'accorde comme un adjectif : *les maisons **abandonnées** ; les maisons sont **abandonnées**.*

R.39 **Le participe passé** des verbes conjugués avec ***avoir*** s'accorde avec le complément d'objet direct quand celui-ci est placé avant lui : *Tu as choisi la bonne solution ; c'est la bonne solution que tu as **choisie.***

R.40 • **Le participe passé des verbes pronominaux** de sens réfléchi ou réciproque suit la règle d'accord du participe passé des verbes conjugués avec l'auxiliaire *avoir* (accord avec le COD s'il est placé devant lui) : *Ils se sont **lavé** les dents ; les lettres qu'ils se sont **écrites.***

• Le participe passé des verbes pronominaux de sens passif et celui des verbes essentiellement pronominaux s'accorde avec le sujet : *Ces bagues se sont bien **vendues** ; ils se sont **enfuis.***

R.41 **Le participe présent** a tantôt valeur de verbe, tantôt valeur d'adjectif. Lorsqu'il garde sa valeur de verbe, il est invariable ; lorsqu'il a la valeur d'adjectif, il s'accorde comme l'adjectif qualificatif ; on l'appelle alors **adjectif verbal** :
*Une bande de supporters **hurlant** de joie a envahi la pelouse.*
*Une équipe **gagnante**.*

R.42 ***-i, -is, -it***
Il ne faut pas confondre le participe en ***-i*** avec le verbe en ***-is*** ou en ***-it*** qu'on peut remplacer par l'imparfait :
*L'immeuble **bâti** est solide.*
*L'entreprise **bâtit** (bâtissait) l'immeuble.*

POSITION

R.43 Devant ***b, m, p***, on met un ***m*** : *embrasser, emmener, emporter.*
Sauf dans : *bonbon, bonbonne, bonbonnière, embonpoint, néanmoins, mainmise, mainmorte.*

R.44 Entre deux voyelles, on écrit ***-ss-*** (et non ***-s-***)pour écrire le son [s].
Sauf dans certains mots composés : *parasol, entresol, resituer, cosinus, vraisemblable.*

HOMOPHONES

R.45 • ***ce*** s'écrit ***c, e*** :
1. Devant un nom, c'est un déterminant démonstratif : ***ce*** *garçon.*
2. Devant *qui, que, dont, à quoi* et devant le verbe *être* seul, c'est un pronom démonstratif : ***Ce*** *qui m'intéresse, **c**'est la musique.*

• ***se (s, e)*** est un pronom personnel : *Il **se** cache, il **s**'est caché.*

R.46 • ***si (s, i)*** est une conjonction de subordination ou un adverbe :
Si *tu gagnes la partie, tu emporteras la coupe, tu es **si** doué pour le tennis de table !*

• ***s'y (s', y)*** appartient à la forme pronominale :
*La chambre d'Élodie est agréable ; elle **s'y** réfugie volontiers.*

R.47 • ***ni (n, i)*** est une conjonction de coordination qui s'emploie toujours en double :
*Elle n'a **ni** chien **ni** chat.*

• ***n'y (n, y)*** se rencontre devant un verbe à la forme négative :
*Elles n'aiment pas le cinéma ; elles **n'y** vont jamais.*

R.48 • ***peut, peux*** sont des formes du verbe ***pouvoir*** (on peut les remplacer par *pouvait, pouvais*).

• ***peu (p, e, u)*** est un adverbe de quantité, contraire de *beaucoup.*
*Il **peut** vivre avec **peu** d'argent.*

• ***peu*** peut être aussi un nom : *Il vit de **peu**. Le **peu** que j'ai me suffit.*

R.49 • Quand ***ou*** veut dire « ou bien », il s'écrit ***o, u*** ; c'est une conjonction de coordination : *elle **ou** moi.*

• ***où (o, ù)*** est un pronom relatif ou un adverbe ; il indique le lieu : ***Où*** *allez-vous ?*

R.50 • ***la (l, a)*** est un article ou un pronom personnel : ***La*** *télévision, on **la** regarde souvent.*

• ***là*** exprime le lieu ou le temps : *Tes vêtements se trouvent **là**.*

• ***l'a*** appartient au verbe *avoir* : *Elle **l'a** rencontré ; elle l'avait rencontré.*

R.51 ***on, on n'***
La locution adverbiale de négation s'écrit en deux *mots : ne... pas, ne... plus, ne... que, ne... jamais, ne... guère, ne... point.*
Devant une voyelle, ***ne*** = ***n'*** : *On **n'**aime que le rap ; il **n'**aime que le rap.*

R.52 • ***plus tôt,*** contraire de *plus tard*, s'écrit en deux mots.

• ***plutôt*** exprime une préférence et s'écrit en un mot :
***Plutôt** souffrir que mourir, / C'est la devise des hommes.* (La Fontaine)

R.53 • ***près de*** est le contraire de *loin de,* ou signifie « sur le point de » : *Il est **près de** la porte ; il est **près de** sortir.*

• ***prêt à*** signifie « disposé à » (*prêt,* adjectif, s'accorde) : *Ils sont **prêts** à partir.*

R.54 • ***sans (s, a, n, s)*** est une préposition.

• ***s'en (s', e, n)*** peut se décomposer en *se... en.*
*Il se conduit **sans** violence. Il **s'en** préoccupe.(= Il se préoccupe de cela.)*

R.55 • ***dans (d, a, n, s)*** est une préposition.

• ***d'en (d', e, n)*** peut se décomposer en *de... en.*
*Il est **dans** le grenier, il appelle **d'en** haut.*

R.56 • ***quand*** s'écrit ***q, u, a, n, d*** quand on peut **le remplacer par** *lorsque.*

• ***quant*** s'écrit ***q, u, a, n, t*** quand il signifie « pour ce qui est de », « en ce qui concerne » ; il est suivi de *à* ou de *au(x).*

• ***qu'en*** s'écrit en deux mots quand il se décompose en *que... en.*
***Quand** tu auras réparé cette lampe, **qu'en** feras-tu ? **Quant à** moi, j'aimerais la mettre dans ma chambre.*

R.57 • ***quel*** en un mot est un déterminant et s'accorde : ***quel** champion ! **quelle** joueuse !*

• ***qu'elle*** s'écrit en deux mots quand on peut le remplacer par *qu'il* :
***Qu'elle** est laide, cette couleur ! Qu'il est laid, ce blouson !*

R.58 • ***quoique*** s'écrit en un mot quand il signifie « bien que » (c'est une conjonction de subordination) :
***Quoique** très moderne, il n'a pas de téléphone mobile (bien que très moderne).*

• ***quoi que*** s'écrit en deux mots quand il signifie « quelle que soit la chose que » :
***Quoi que** tu dises, tu ne me convaincras pas.*

ACCORDS PARTICULIERS

R.59 • ***demi***
1. Devant un nom, invariable (+ trait d'union) : *une **demi-**heure.*
2. Après un nom, accord en genre seulement : *deux heures et **demie**, deux ans et **demi**.*
3. Devant un adjectif, invariable (= adverbe) : ***demi-**éveillée.*
4. ***Demi*** peut être un nom : *J'ai bu un **demi** au comptoir.*

• ***mi-, semi-, à demi*** sont invariables.

R.60 ***même***
1. Adjectif et variable s'il accompagne un nom ou un pronom : *les **mêmes** émissions, elles-**mêmes**.*
2. Adverbe et invariable s'il accompagne un verbe, un adjectif, un adverbe :
*Elle travaille **même** le dimanche. Elle aime les enfants **même** insupportables.*

R.61 ***tout***
1. Déterminant et variable s'il accompagne un nom ou un pronom : ***tous** les enfants ; **toutes** les filles.*
2. Adverbe et invariable s'il accompagne un adjectif ou un adverbe.
Mais ***tout*** s'accorde par euphonie devant un adjectif féminin commençant par une consonne ou un ***h*** aspiré : *des immeubles **tout** neufs, des maisons **toutes** neuves.*
3. Pronom et variable : ***Tout** me plaît. **Tous** me plaisent.*
4. Nom : *J'achète le **tout.***

R.62 ***quelque***
1. Déterminant et variable devant un nom : ***quelques** fruits, **quelque** argent.*
2. Adverbe et invariable devant un adjectif ou un adverbe : ***quelque** intelligents qu'ils soient.*
3. L'expression ***quel que*** s'écrit en deux mots devant *être* au subjonctif : ***quel que** soit le problème...*, et *quel* s'accorde (***quelles que** soient les situations*).

MÉMO

R.63 Le pronom relatif ***qui*** est à la même personne que son antécédent.
Avant d'accorder le verbe, il faut rechercher avec soin l'antécédent : *C'est **moi qui** te le **dis**. C'est **moi qui irai** en premier.*

R.64 Quand un nom et un verbe sont homonymes, le nom s'écrit presque toujours plus simplement que le verbe : *un sommeil, il sommeille ; un travail, elle travaille.*

R.65 Quand un verbe du 1er groupe peut être remplacé par un verbe du 2e ou du 3e groupe à l'infinitif, il s'écrit lui aussi à l'infinitif :
*Je veux **visiter** les châteaux de la Loire ; je veux **voir** Chambord.*

1. Lequel de ces trois pluriels est incorrect ? R.9

A. soupirails

B. coraux

C. émaux

2. Laquelle de ces formes verbales est inexacte ? R.33

A. tu vas

B. tu peux

C. tu vaus

3. Lequel de ces noms peut faire son pluriel en « -aux » ? R.10

A. étal

B. chacal

C. cérémonial

D. récital

4. Une de ces trois formes est incorrecte. Laquelle ? R.11

A. des coffres-forts

B. des garde-boue

C. des soutien-gorges

5. Laquelle de ces trois formes est forcément au féminin ? R.12

A. subtile

B. tranquille

C. utile

6. Quelle forme verbale est fausse ? R.21

A. tu appercevras

B. j'apitoyais

C. elle apaisa

7. Laquelle de ces phrases contient une erreur ? R.40

A. Ils se sont serré la main.

B. Ils se sont écrits des lettres.

C. Ils se sont embrassés.

Si vous ne savez pas répondre, étudiez la règle indiquée.

8. Laquelle de ces phrases est mal orthographiée ? R.51

A. On n'aime que les jeux vidéo.

B. On aime guère le sport chez eux.

C. On n'apprécie pas d'être privé de télévision.

9. Laquelle de ces trois formes du verbe « savoir » est impossible ? R.37

A. ils surent

B. ils sussent

C. ils savraient

10. Laquelle de ces phrases contient une erreur ? R.54

A. Il s'en moque.

B. Il s'en échappe.

C. Il est sans argent.

D. Il sans défend.

11. De ces trois orthographes, laquelle est la bonne ? R.44

A. resituer

B. ressituer

C. recituer

12. Laquelle de ces trois formes du subjonctif présent est correcte ? R.24

A. qu'il ait

B. qu'il aie

C. qu'il aît

13. Laquelle de ces phrases contient une erreur ? R.59

A. Il a bu trois demis.

B. Je n'aime pas les demies-mesures.

C. Elle reste à demi endormie.

14. Quel nom ne fait pas son pluriel en « -x » ? R.7

A. pneu

B. milieu

C. feu

15. Dans laquelle de ces phrases « tout » est-il mal orthographié ? R.61

A. Il sort par tous les temps.

B. Elle est toute à sa lecture.

C. Tout m'afflige et me nuit et conspire à me nuire.

16. Laquelle de ces phrases est correctement écrite ? R.57

A. Qu'elle championne !

B. Qu'elle abandonne !

C. Quelle vienne !

17. Quel mot est mal orthographié ? R.4

A. horizon

B. blouzon

C. gazon

D. tison

18. Laquelle de ces phrases est correctement écrite ? R.50

A. Elle l'a perd.

B. Elle la déçoit.

C. Elle la déçue.

19. Lequel de ces mots n'est pas féminin ? R.2

A. fourmi

B. brebis

C. souris

D. courlis

20. Laquelle de ces phrases est correctement écrite ? R.56

A. Quand dis-tu ?

B. Quand dira-t-on ?

C. Qu'en penses-tu ?

Bien utiliser les dictionnaires

Objectif ▶ **Mieux répondre aux questions que l'on se pose à propos d'un mot.**

« Les manga (bandes dessinées) constituent 40 % des ouvrages publiés. » (Cécile Sakaï)

Manga n'est pas un mot courant. Quelles informations peuvent nous apporter les différents types de dictionnaires ?

DICTIONNAIRE DE LANGUE

Manga [mɑ̃ga] n. m. inv. (mot jap.). ■ **1.** Bande dessinée japonaise. *Lire des manga. Le manga moderne. « Phénomène culturel et économique du Japon contemporain, les manga [...] ont pour point commun une stylisation très poussée. »* (C. Sakaï). ■ **2.** Par extension : dessin animé japonais.

DICTIONNAIRE ENCYCLOPÉDIQUE

Manga [mɑ̃ga] n. m. inv. ■ **1.** Bande dessinée au Japon. *Osamu Tezuka est l'un des grands auteurs du manga moderne.* Voir Illustr. ■ **2.** Dessin animé du Japon.

ENCYCLOPÉDIE

Bande dessinée ■ **1.** *(Historique)* ■ **2.** *(Technique)* ■ **3.** La bande dessinée dans le monde. *(Extrait de l'article)* « Après avoir évoqué les *comics* américains, quelques précisions s'imposent concernant les *manga* qui constituent au Japon un véritable phénomène économique. Il faut remonter aux sources avec *la Manga*, un ensemble de dessins d'Hokusai, grand maître de l'estampe japonaise (1814-1848), qui représente une sorte d'encyclopédie en images. » *(Suivent 2 pages sur les différents types de manga.)*

DICTIONNAIRE DE SYNONYMES

Bande dessinée, B. D. ; « comics » (angl.), « manga » (jap.).

DICTIONNAIRE ANALOGIQUE

Bande dessinée, B. D. ; « comics » (angl.), « manga » (jap.) ; vignette, bulle, légende ; dessin, caricature, estampe.

DICTIONNAIRE ÉTYMOLOGIQUE

Manga : mot japonais signifiant « bande dessinée », popularisé à partir de *la Manga*, œuvre encyclopédique en images d'Hokusai (1814-1848).

QUESTIONS

1 ▶ Quelles différences y a-t-il entre le dictionnaire de langue et le dictionnaire encyclopédique ? Entre ces deux dictionnaires et l'encyclopédie ?

2 ▶ Y a-t-il un article réservé au mot *manga* dans tous les dictionnaires ?

3 ▶ Où trouve-t-on des exemples ? Leur contenu est-il le même ?

4 ▶ En quoi le dictionnaire de synonymes diffère-t-il du dictionnaire analogique ? Quelles informations particulières apporte le dictionnaire étymologique ?

LEÇON

■ Le **dictionnaire de langue**, généralement sans illustrations, donne surtout des informations sur l'emploi du mot dans la langue.

■ Le **dictionnaire encyclopédique**, souvent illustré, offre surtout des informations sur la chose ou l'idée représentée par le mot.

■ Une **encyclopédie** présente des informations sur toutes les connaissances humaines dans l'ordre alphabétique ou par matières.

■ Le **dictionnaire de synonymes** permet de trouver d'autres mots de sens très proche et indique parfois les nuances qui les différencient.

■ Le **dictionnaire analogique** donne des mots se rattachant, par association d'idées, au mot qui introduit chaque article.

■ Le **dictionnaire étymologique** donne l'origine du mot et son évolution.

EXERCICES

1 **a. Quel dictionnaire consulterez-vous pour chacune des questions suivantes ?**

b. Décrivez en une phrase chaque dictionnaire utilisé.

1. Quels sont tous les sens du mot *auteur* ?
2. Par quels verbes remplacer *écrire* dans : « J'écris des B. D. » ?
3. D'où vient le mot *disque* ?
4. Quels sont tous les types de dessins ?
5. Où trouver un ensemble d'informations sur les dessins animés pour mon exposé ?

2 **Pour chacun des mots suivants, consultez un dictionnaire de langue puis un dictionnaire encyclopédique. Relevez les différences, puis rédigez un court développement en tenant compte des deux.**

1. Bulle – **2.** Bande – **3.** Légende – **4.** Estampe – **5.** Album.

3 **Lisez la préface de votre dictionnaire préféré et rédigez une fiche de vingt lignes résumant ses principales caractéristiques.**

4 **a. Rédigez un article de dictionnaire de langue pour le verbe *consulter*.**

b. Comparez-le à l'article d'un dictionnaire de langue de votre choix.

HISTOIRE DE LA LANGUE

Des in-folio aux CD-ROM

• Les premiers dictionnaires se présentaient dans un format **in-folio** (environ 40 cm x 25 cm). Puis, du XIXe siècle à la fin du XXe siècle, les gros dictionnaires ont le plus souvent correspondu à des **in-quarto** (32 cm x 25 cm).

• La fin du XXe siècle est marquée par l'apparition de l'informatique et la publication de dictionnaires sur disques optiques compacts, les **CD-ROM**, qui se consultent sur écran d'ordinateur. Le sigle CD-ROM vient de l'anglais *Compact Disc Read Only Memory* (disque compact dont on peut seulement lire la mémoire).

• Le *Petit Robert* de la langue française, par exemple, existe sur CD-ROM et offre la sonorisation des entrées. Notre plus gros dictionnaire de la langue française, le *Trésor de la langue française* (P. Imbs, B. Quemada) a été élaboré en partant de milliers de textes stockés sur support informatique. Ainsi est née, consultable sur Internet, une « base de données textuelles », *Frantext,* le plus grand répertoire de citations françaises du monde, avec 3 000 œuvres du XVIe au XXe siècle et 180 millions de contextes pour les mots.

Dénotation et connotation

Objectif ▶ **Utiliser les sens ordinaires des mots et leurs sens variables en fonction des situations.**

Un jeune Béarnais

Notre jeune homme portait un béret orné d'une espèce de plume ; l'œil ouvert et intelligent ; trop grand pour un adolescent, trop petit pour un homme fait, et qu'un œil peu exercé eût pris pour un fils de fermier en voyage. [...] Notre jeune homme avait une monture : c'était un bidet du Béarn, âgé de douze ou quatorze ans. L'apparition du susdit bidet à Meung, où il était entré, produisit une sensation dont la défaveur rejaillit jusqu'à son cavalier.

D'après Alexandre Dumas, *Les Trois Mousquetaires.*

QUESTIONS

1 ▶ Cherchez dans un dictionnaire l'origine du mot *béret*. Quel détail du texte apporte une information de même nature ? Que peut-on en déduire sur les origines du jeune homme ?

2 ▶ Dans le texte, l'expression « fils de fermier » est-elle neutre ? péjorative ? valorisante ?

3 ▶ Que signifie ici le mot *bidet* ? En quoi le fait d'être *cavalier* sur un *bidet* paraît-il ridicule ?

4 ▶ Quel effet produit l'expression le « susdit bidet », *susdit* signifiant « nommé ci-dessus » ? Est-ce une formule du langage courant ?

LEÇON

1. Un sens premier et stable : la dénotation

■ Les mots ont un ou plusieurs sens précis admis par tous et définis dans les dictionnaires.
Ainsi, la ***nuit*** est définie par le moment s'écoulant entre le coucher et le lever du soleil ; l'***hiver*** est délimité par l'automne et le printemps, le ***rouge*** correspond à une couleur précise.

■ On appelle **dénotation** l'ensemble des **caractéristiques invariables, stables,** qui définissent les sens ordinaires des mots. La dénotation d'un mot est la même pour tout le monde.

2. Un sens second et variable : la connotation

■ Au-delà du sens indiqué dans un dictionnaire, les mots peuvent acquérir des sens ajoutés aux sens ordinaires. On appelle **connotation** l'ensemble de ces **sens ajoutés, variables** en fonction du moment et de chacun.
Ainsi, par association d'idées, la ***nuit*** peut exprimer l'idée de peur, de froid ou de fête ; l'***hiver*** peut s'assimiler à la tristesse et à l'absence de vie, le ***rouge*** à la gaieté, à la violence ou au danger.

■ En fait, la **prononciation**, l'**intonation**, les **gestes** qui accompagnent la parole peuvent également donner un second sens aux mots : « *Quel temps !* » n'a de sens qu'en fonction de l'intonation donnée.

■ Par ailleurs, certains mots sont porteurs d'une valeur particulière qui traduit un niveau de langue, une origine régionale, culturelle, professionnelle, un état de langue ancien, etc.

La dénotation est la même dans les couples suivants :

- *se hâter / se magner,*
- *une maison de campagne / un mas,*
- *un bleuet / une centaurée,*
- *avoir entendu dire / avoir ouï dire quelque chose.*

Mais **la connotation est différente** : familière, régionale, scientifique ou archaïque.

EXERCICES

1 **a. Présentez en une phrase ce à quoi vous fait penser chacun des mots suivants au-delà de sa définition habituelle.**

b. Rédigez en un paragraphe un court récit fantastique avec au moins trois de ces mots.

1. lune – **2.** pantoufles – **3.** serpent – **4.** bonnet – **5.** chauve-souris.

2 **Les mots suivants se prêtent à des connotations :** rouge ; bleu ; lunettes de soleil ; diamant ; voiture décapotable ; portefeuille.

Continuez le dialogue entre Claude, qui emploie ces mots sans connotation, et Dominique, qui en perçoit toujours une.

Claude : J'ai acheté un pull-over *rouge.*
Dominique : Avec ton caractère violent, cela ne m'étonne pas !

3 **a. Dans ce texte, les mots en italique ont été intervertis. Reconstituez le texte initial en mettant les mots à leur place.**

b. Sur ce modèle, composez un texte avec *fourmi, souris, couleuvre, lézard, singe.*

Sylvie court avec élégance, on dirait *un aigle.* Son frère est très fort en informatique, c'est *un bœuf* dans ce domaine, et il ne ressemble guère physiquement à sa sœur, il est fort comme *une gazelle.*

4 **a. En vous aidant d'un dictionnaire s'il y a lieu, expliquez quelle différence il y a entre les mots des couples suivants.**

b. Rédigez pour chacun une phrase qui illustre cette différence.

1. pâtre / berger – **2.** soufflet / gifle – **3.** importun / casse-pieds – **4.** coryza / rhume de cerveau – **5.** onde / eau (de la mer, d'un lac, etc.).

5 **a. En vous aidant d'un dictionnaire, rédigez une phrase humoristique contenant les mots suivants.**

moult ; sans coup férir ; céans ; choir ; occire.

b. Expliquez l'effet produit par l'emploi de ces mots.

HISTOIRE DE LA LANGUE

Le sens d'un mot modifié par rapprochement avec un autre mot

• Le mot ***rustre*** désigne, depuis le XVe siècle, un homme grossier et brutal (du latin *rusticus,* issu de *rus, ruris,* « campagne »). Au cours du XVIe siècle, nous avons emprunté le mot ***fruste*** à l'italien *frusto,* signifiant « usé » (du latin *frustare,* « user », « mettre en morceaux ») : on disait alors d'une médaille ou d'une monnaie usée qu'elle était « fruste ». Par extension, au XIXe siècle, une sculpture *fruste* est devenue une sculpture dont le relief était rude, grossier. Enfin, depuis le milieu du XIXe siècle, sous l'influence du mot *rustre,* l'adjectif *fruste* qualifie quelqu'un de mal dégrossi, manquant de finesse. Ce procédé de changement de sens par rapprochement avec un mot voisin de forme ou de construction a pour nom la **contamination**.

• Ainsi, le mot ***étourneau,*** désignant d'abord un petit oiseau, par contamination avec le mot ***étourdi,*** a également défini une personne qui oublie tout. En somme une tête de linotte, la linotte étant d'ailleurs également un petit oiseau…

Mots simples, mots construits, groupes de mots figés

Objectif ▸ Connaître les différents types de mots et les principes de leur construction.

Une vocation contestée

– Mais où diable a-t-il pris pareille idée ?

– Un petit moment ! reprit Brulette ; ne le fâchons pas injustement ; ne te dépêche pas de dire qu'il est incapable de musiquer, car tu penses peut-être, comme mon grand-père, qu'il a l'esprit bouché à cela […]. Mais, poursuivit Brulette, nous avions bien quelquefois maille à partir ensemble à ce sujet-là.

George Sand, *Les Maîtres sonneurs.*

QUESTIONS

1 ▸ *Mais, ou, et, donc*… Combien y a-t-il de conjonctions de coordination dans notre langue ?

2 ▸ Quel verbe a été inventé dans le texte ? Comment a-t-il été construit ?

3 ▸ Comment sont composés les mots : *grand-père ; peut-être* ?

4 ▸ De quels mots dérivent : *injustement ; incapable* ?

5 ▸ Le mot *diable* est-il employé comme nom ?

6 ▸ *Avoir maille à partir* signifie « avoir un désaccord ». Quel verbe peut remplacer cette expression ? Un *petit bon moment* aurait-il ici un sens ?

LEÇON

1. Mots grammaticaux et mots lexicaux

■ Les **mots grammaticaux** appartiennent à des listes déjà fixées dans la langue et que l'on ne peut augmenter : articles, pronoms personnels, conjonctions…
Le nombre des mots grammaticaux est **limité à environ 150** dans notre langue, mais ces mots représentent la moitié de tous les mots d'un texte.

■ Les **mots lexicaux** sont ceux qui appartiennent à des **listes illimitées**. Ainsi, des noms, des verbes, des adjectifs sont sans cesse inventés en fonction de l'évolution des sciences et de la société.

2. Mots simples radicaux ou abrégés

■ Les mots simples radicaux sont ceux dont on ne peut rien ôter, car ce qui resterait n'aurait aucun sens. La plupart sont des mots issus du latin, petit à petit déformés : *dire* vient du latin *dicere.*

■ Les mots simples peuvent être **issus de mots abrégés** au début du mot ou à la fin : *autobus* → *bus ; photographie* → *photo.*

3. Mots construits composés

■ Les mots composés sont construits avec **deux mots reliés ou non par un trait d'union** : *porte-avions ; portefeuille.*

■ Ils peuvent être **composés savants** si au moins l'un des éléments représente une racine latine ou grecque : *télévision,* du grec *télé,* « au loin » ; *apiculture,* du latin *apis,* « abeille ».

4. Mots construits dérivés propres et impropres

■ Les mots dérivés sont construits avec des préfixes *(**in**-juste)* et des suffixes *(juste-**ment**)* qui s'agglutinent à un radical *(juste)*. Ce type de dérivation est appelé la **dérivation propre**.

■ Quand un mot appartenant à une classe grammaticale donnée (les verbes *manger, boire* ; les prépositions *pour, contre*) est employé tel quel dans une autre classe grammaticale, il s'agit d'un **dérivé impropre** : *le manger, le boire, le pour et le contre* (noms).

5. Des groupes de mots figés

■ Une suite de mots toujours employés ensemble finit par se figer pour former **une seule unité de sens** : *avoir maille à partir ; au fur et à mesure ; pomme de terre.*

■ Un groupe de mots peut être **plus ou moins figé** : *robe de chambre* n'admet aucun mot intercalé ; *robe à plis* n'est pas encore complètement fixé.

EXERCICES

1 **Complétez les pointillés soit par une réponse précise, soit par quelques exemples. Dans ce cas, expliquez pourquoi il y a plusieurs réponses possibles.**

1. Article défini féminin singulier : … – **2.** Verbe du 3e groupe : … – **3.** Pronom personnel indéfini : … – **4.** Nom masculin : …

2 **Dix mots composés reliés par un trait d'union et au pluriel ont été désunis et mélangés.**

a. Retrouvez-les.

b. Retrouvez dix autres mots composés commençant par *après, compte, chasse, couvre,* et vérifiez leur orthographe dans un dictionnaire.

procès ; heures ; après ; forts ; papier ; têtes ; demi ; chasse ; comptes ; chefs ; midi ; verbaux ; neige ; cumulo ; couvre ; rendus ; coffres ; nimbus ; en ; gratte.

3 **a. Associez ces expressions par deux, l'une étant le contraire de l'autre.**

b. Rédigez un dialogue en les utilisant.

prendre le taureau par les cornes ; saisir la balle au bond ; prendre son temps ; courber l'échine devant quelqu'un ; baisser les bras ; brûler les étapes ; faire front à quelqu'un ; laisser passer sa chance.

4 **Complétez chaque expression avec un nom de la liste suivante. Puis inventez cinq phrases contenant ces expressions.**

Tantale ; Troie ; Crésus ; Achille ; Jupiter.

1. Le cheval de … – **2.** Riche comme … – **3.** La cuisse de … – **4.** Le supplice de … – **5.** Le talon d'… .

L'étymologie

Objectif ▸ **S'interroger sur l'origine et sur l'histoire des mots.**

Je déteste les ordinateurs. [...] Vous avez constaté que le carton ne contenait aucune notice [...], votre femme catastrophée [...] entame déjà son chapelet d'imprécations à l'adresse du marchand sans scrupule. [...] Il faut alors ramener votre engin chez le vendeur...

Rachid Mimouni, « Les ordinateurs et moi », *La Ceinture de l'ogresse.*

■ **ORDINATEUR** ◆ Lorsque sont nés les premiers ordinateurs, on utilisait le mot anglais *computer* (du latin *computare* qui a donné *compter*). Pour désigner cette machine qui met de l'*ordre* dans les informations, l'écrivain Jacques Perret proposa en 1954 *ordinateur,* mot qui avait déjà un sens religieux mais presque inconnu du public. En effet, le latin *ordo, ordinis,* « rang », a donné le mot *ordre* qui, repris dans la religion catholique, a correspondu aux trois ordres de la hiérarchie de l'Église (évêque, prêtre, diacre). L'*ordinaire,* du latin *ordinarius,* a alors désigné l'évêque pratiquant entre autres l'*ordination,* et donc le sacrement d'un homme d'Église. Cet évêque a aussi été appelé l'*ordinant* ou l'*ordinateur.*

■ **CARTON** ◆ De l'italien *cartone,* dérivé de *carta,* « papier », le suffixe *-one* ayant valeur de renforcement. *Carta* vient du latin *charta* (papier), lui-même emprunté au grec *khartès* désignant une feuille de papyrus.

■ **SCRUPULE** ◆ Du latin *scrupulus,* diminutif de *scrupus,* désignant un petit caillou pointu. C'est par comparaison avec ce caillou gênant sous les pieds qu'apparaît le sens d'« embarras », d'« inquiétude ». *Scrupule,* traduit du latin, est attesté dans notre langue depuis 1375.

■ **CATASTROPHE** ◆ Du grec *katastrophè* qui désignait le « retournement » (*cata* : « de haut en bas » ; *strephein* : « tourner »). En fait la « catastrophe » correspondait au retournement de situation, favorable ou défavorable, propice au dénouement dans une pièce de théâtre. Mais c'est le dénouement défavorable qui a été retenu dans la langue pour donner à *catastrophe* le sens de « malheur ».

■ **ENGIN** ◆ Du latin *ingenium,* qui désignait les qualités de quelqu'un dès la naissance, puis son adresse. De l'adresse, on a glissé aux objets fabriqués avec adresse. Ainsi, en ancien français, *engien* signifie « habileté » et « machine ». L'*engeignor* était donc le constructeur d'*engins,* le futur *ingénieur.*

QUESTIONS

1 ▸ Dans chaque article, jusqu'à quelle langue remonte l'information concernant le mot ?

2 ▸ Quelle langue d'origine revient le plus souvent ?
Le mot *carton* vient-il directement du latin ?

3 ▸ Donne-t-on toujours la date de naissance du mot ?

4 ▸ Les mots gardent-ils toujours le même sens au cours de l'histoire ?
Évoluent-ils tous de la même manière ?

LEÇON

1. De l'état actuel du mot à son état le plus ancien

■ Dans la langue française, l'étymologie fait souvent remonter à un mot latin. Mais le mot a aussi pu être emprunté à l'italien, l'espagnol, l'arabe, l'anglais, etc. Les mots peuvent voyager d'une langue à l'autre.

➡ *Imprécation,* du latin *imprecari,* « souhaiter du mal à quelqu'un ».

➡ *Chiffre,* emprunté à l'arabe *sifr* en passant par l'italien *cifra.*

■ Le mot le plus ancien à l'origine du mot actuel est appelé **l'étymon**.
On connaît très rarement la date de naissance d'un mot et la personne qui l'a inventé. On donne souvent la date ou le siècle de la première apparition du mot dans un texte.

➡ *Chapelet* (XIIe) a pour étymon le latin *cappelus* (chapeau).

➡ *Informatique* a été inventé par Ph. Dreyfus en 1962, chez Bull.

■ Un **dictionnaire étymologique** donne parfois une **racine reconstituée**. Les langues de l'Europe (sauf le basque) appartiennent en effet à une famille de langues, appelée **indo-européenne** parce que ces langues issues d'une même langue perdue sont présentes en Inde et en Europe.

2. L'histoire du mot dans la langue

■ Chaque mot est au contact d'autres mots et de la société. C'est souvent par association d'idées que les mots changent de sens.
Ainsi, dans la religion catholique, le *chapelet* était un petit chapeau en forme de couronne de fleurs et assimilé à la couronne de roses consacrée au culte de la Vierge. D'où le chapelet ensuite égrené entre les doigts.

EXERCICES

1 Récrivez cet article qui donne l'étymologie d'*étymologie,* en remettant dans l'ordre les informations ici mélangées.

etymos signifiant « vrai » et *logos* « traité », // intitulé *Etymologiae,* traduit en français par *Étymologie.* // Vient du grec *etymologia,* // l'ensemble désignant donc un « traité qui fait connaître le vrai sens des mots ». // C'est le titre d'un ouvrage de 1160 d'Isidore de Seville,

2 Pour comprendre le lien entre l'étymon latin présenté dans un dictionnaire et le mot actuel, il faut connaître certaines évolutions phonétiques. Du latin au français :
– en début de mot, *c + a* → *ch* ; *v* → *g* ;
– entre deux voyelles, *b* → *v* ; *p* → *v*.
Retrouvez l'étymon de chaque mot.

Mots : charbon ; couver ; chèvre ; œuvre ; saveur ; champ ; gâter ; chauve.

Étymons : campus ; capra ; carbo ; sapor ; vastare ; cubare ; calvus ; opera.

3 Reprenez la liste d'étymons donnée dans l'exercice précédent et retrouvez celui qui correspond à chacun des mots suivants.

calvitie ; campagne ; incubation ; opération ; carbone ; dévaster ; capricorne ; sapide *(qui a du goût).*

4 a. Cherchez dans un dictionnaire l'étymon des mots suivants et classez ces mots en fonction de leur origine.

b. Quelles remarques faites-vous ? Rédigez-les par écrit.

chêne ; caillou ; algèbre ; ruche ; (une) vague ; alchimie ; varech ; guerre ; garder ; glaise ; hasard ; guetter ; heaume ; cotte ; crique ; échec.

Des éléments grecs et latins dans la création des mots

Objectif ▶ Connaître la signification des éléments grecs et latins pour deviner le sens des mots et pour en inventer.

LEÇON

1. Les éléments et la nature

cosmo : monde
ast(e)ro, astre : étoile
hélio : soleil
gé(o) : terre
noct : nuit

aéro : air
anémo : vent

thalasso : mer
-nésie : île
hydro : eau
aqua : eau
hygro : humide

igni : feu
pyro : feu

litho, lithe : pierre
lapid : pierre
petra : pierre
aréni : sable

spéléo : caverne
sider : fer
chrys : or

2. La vie, le corps humain

bio : vie
nécro : mort
gymno : nu

céphalo : tête
caput, capit : tête
capill : cheveux
ophtalmo : œil
ocul : œil
lacri(y)ma : larme
oto : oreille
auri : oreille
stomato : bouche
bucca : bouche
denti : dent
odonto : dent

manu : main
chiro : main
pédi, pède : pied
podo, pode : pied
grade : marcher

myo : muscle
neuro, nevr : nerf
ostéo : os
arthro : articulation
dermato : peau

pneumo : poumon
broncho : gorge
gastro : ventre, estomac
hépato : foie
néphro : rein
cardio, cordi : cœur
artéro : artère
sangui : sang
hémo, hémato : sang
phlébi : veine

phago, phage : manger
vore : manger

algie : douleur
pathe, pathie : maladie

3. La relation établie, l'ordre, la mesure

LA RELATION ÉTABLIE

hom(é)o : semblable
simili : semblable
hétéro : différent
dis : différent
équi : égal
iso : égal
crypto : caché
auto : soi-même
ambi : de part et d'autre

intra : dans
syn, sym : avec
co (l, m, n, r) : avec
dis : séparé de
anti : contre
para : contre
dia : à travers
per : à travers
trans : à travers

ultra : au-delà
pro : en avant
rétro : en arrière
dynamo : force
fère : qui porte
phore : qui porte
fuge : qui fuit
dys : avec difficulté
vice : à la place de

L'ORDRE

archi, arche : au plus haut
proto : premier
hyper : au-dessus
super : au-dessus
hypo : sous
sub : sous
anté : avant
pré : devant
post : après

LA MESURE

métro, mètre : mesure
nome : art de mesurer
grade : degré
arithmo : nombre
poly : nombreux
multi : nombreux
méga(lo) : grand
macro : grand
micro : petit
pan : tout
omni : tout
péné : presque
quasi : presque
hémi : demi
méso : milieu

EXERCICES

1 Voici des mots apparemment compliqués mais dont vous pouvez deviner le sens à l'aide des tableaux de la leçon.

a. Donnez-en une définition.

b. À partir des éléments grecs ou latins qui composent chacun d'eux, trouvez un ou deux autres mots.

EXEMPLE : *Subaquatique :* situé sous l'eau
→ ***sub**alterne, **aque**duc.*

hydravion ; similicuir ; dynamomètre ; astronome ; pyromètre ; sidérolithique ; microcosme ; omniprésence ; (construction) hypogée.

2 Traduisez ces mots inventés (néologismes) puis continuez le texte en créant vous-même quatre mots ou davantage.

L'aéronef a été astrolapidé par les guerriers de la Cosmonésie. Mais grâce à l'hyperastroprotection on a pu pénétrer dans la Pyronésie…

3 Dans (a) vous sont donnés des éléments correspondant aux nombres et dans (b) des « inventions » curieuses. Donnez-leur un nom en combinant des éléments de (a) et de (b).

a. 1 : uni, mono ; **2 :** bi, bis ; **3 :** tri, ter ; **4 :** quadr, tétra ; **5 :** quinq, penta ; **6 :** hexa ; **7 :** hepta ; **8 :** octa, octo ; **9 :** nona ; **10 :** déca, déci ; **100 :** hecto ; **1 000 :** kilo ; **10 000 :** myria.

b. 1. Vélo à huit roues. – **2.** Appareil à sept réacteurs. – **3.** Pays de dix mille îles. – **4.** L'univers des six mondes. – **5.** Une fourche à cent dents. – **6.** Couteau à neuf lames.

4 Inventez cinq mots avec les éléments grecs et latins de votre choix et donnez-en une définition suivie d'un exemple.

5 Retrouvez pour chaque mot la racine qui manque.

1. Il y a de l'or, c'est un terrain auri… !
2. L'Australie est aux …podes de la France.
3. Ils ne se ressemblent pas, ils sont vraiment …semblables.
4. Il a tendance à être content de lui, il fait de l'…satisfaction.
5. Depuis ce choc, on constate des …fonctionnements.

6 Précisez quelles sont les douleurs de Mathieu en lisant ces indications portées sur ses boîtes de médicaments.

1. Combat l'arthralgie. – **2.** Libère des céphalalgies. – **3.** Pour les odontalgies. – **4.** Pour névralgies diverses. – **5.** Contre l'ostéalgie.

7 Sachant que *-logue* signifie ici « spécialiste », recopiez chaque phrase en la complétant, puis donnez par écrit la définition du mot souligné.

1. Le stomatologue examinait sa …
2. L'arthrologue écoutait le patient décrire sa …
3. L'ophtalmologue regardait le fond de ses …
4. Le néphrologue examinait une radio de ses …

8 La planète Cryptocosme est peuplée d'êtres très différents de nous. Recopiez le texte en traduisant les mots inventés, puis écrivez une suite avec des mots de votre invention.

Similex la capillophtalme dressa ses cheveux pour mieux voir Hyperus l'aurigastre manger d'une oreille pendant que Mégacordius le lacrymophage partait à la recherche d'un désespéré. Buccos le dentigrade se tenait debout sur ses molaires pendant que…

La langue en situation

Objectif ▸ Percevoir les usages différenciés des mots et des constructions de phrases.

Dangereux ?

Info ou intox ? – Certains racontent que le pitbull a une pression de 1 500 kg dans la mâchoire, que, lorsqu'il tient une « proie », il ne la lâche plus. Réponse d'un vétérinaire : « Cela vient essentiellement du dressage, ce chien n'est pas comportementalement dangereux. Mais il est vrai que de par sa mâchoire hyperpuissante et sa construction massive, dans des mains mal intentionnées, il peut évidemment [le] devenir… » Côté SPA, le son de cloche n'est pas le même.

QUESTIONS

1 ▸ De quel type de texte s'agit-il ? Quelles sont ses caractéristiques ?

2 ▸ Le vétérinaire s'exprime-t-il d'une manière courante ? Précisez.

3 ▸ *Cela* est-il fréquent à l'oral ? Par quoi ce pronom est-il souvent remplacé ?

4 ▸ De quelle langue, de quel style relèvent « Info », « intox », « Côté SPA » ? Y a-t-il dans le texte d'autres mots ou expressions choisis dans le même registre de langue ?

LEÇON

1. Un code oral et un code écrit distincts

■ La comparaison entre un texte écrit et une conversation fidèlement transcrite fait souvent apparaître de grandes différences. Le choix des mots et des phrases est généralement très distinct.

■ Les textes dans lesquels la langue orale est imitée restent néanmoins des textes écrits. On ne peut pas en effet rendre compte en même temps de l'intonation et des gestes exécutés.

■ **L'oral** se distingue par les hésitations, les répétitions, les phrases inachevées, propres à un message sans brouillon préparatoire, et par une syntaxe souvent différente.

➡ Code écrit : *Pourrais-je venir lundi ?*

➡ Oral transcrit : *Euh, est-ce que… Est-ce que j'peux v'nir lundi ?*

■ **L'écrit** est souvent soigné et reste assimilé à la langue bien employée, voire littéraire. Mais certains textes littéraires et journalistiques reposent sur la reprise partielle des manières de parler courantes ou familières. Inversement, un oral très soigné (discours, exposé) se rapproche beaucoup de la langue écrite soutenue.

2. Les registres de langue : mots et syntaxe

■ Qu'il s'agisse de l'écrit ou de l'oral, selon les situations et les personnes, pour une même réalité, des mots différents peuvent apparaître en fonction du registre de langue choisi :

→ *Chien, cabot, clébard ; tâche, travail, boulot, turbin.*

■ Du point de vue de la syntaxe, à l'oral (ou dans un écrit imitant l'oral), on constate l'usage fréquent des **procédés de mise en relief**, comme l'emploi :

◆ de **phrases sans verbe** et en deux parties :

→ *Excellente, cette choucroute !*

◆ de **phrases juxtaposées** et donc sans mot de liaison :

→ *Il pleut. Je reste chez moi. C'est mieux, je travaillerai.*

◆ de **formules de présentation** *(il y a, c'est)* et du pronom *ça* :

→ ***Il y a** quelqu'un ? **C'est** Pierre ? **Ça** m'étonnerait !*

EXERCICES

1 Le texte ci-dessous est fidèlement retranscrit d'un enregistrement effectué dans la rue.

a. Récrivez-le pour que le dialogue puisse être publié dans une revue dont le style est soigné.

b. Lisez ce texte en adoptant d'abord un ton vulgaire puis un ton distingué. Rédigez vos remarques en un court paragraphe.

– Les romans, ça vous plaît ?
– Euh, ouais. Ça dépend. J'aime pas tout. Y en a qui sont mal écrits, oui, mal écrits. Moi, j'aime quand c'est beau. Les phrases y faut que ça coule… Faut aussi que ça me fasse rêver ! Qu'ça me donne des idées. Les meilleurs, c'est ceux que j'oublie pas.

2 Ajoutez les négations, les mots de liaison, transformez les phrases pour aboutir à un texte de registre soutenu. Puis rédigez une suite de cinq lignes.

On arrive jamais après midi. Ça ferme à midi pile. Le patron veut pas rester une minute de plus. Y a pas de raison qu'il dit toujours, les enfants c'est lui qui va les chercher, c'est pas les clients qui iront. Son magasin, extra ! Les derniers modèles, tu les trouves. Et moins chers qu'ailleurs. J'te jure, c'est super.

3 Recopiez la phrase en récrivant ce qui est entre parenthèses pour que la phrase entière soit dans un seul registre de langue.

1. Joshua et Geneviève rédigèrent ensemble sur un très beau papier une (superbafouille au type qui trouvait extra leur chanson). – **2.** Pendant que Fabien jonglait avec aisance, (Anne braillait comme une dingue en jouant de la gratte). – **3.** On se farcissait une visite pas marrante du tout, depuis plus d'une plombe, (et Frédéric n'avait de cesse de poser d'irritantes questions au guide). – **4.** François et Valérie photographiaient avec un sens artistique assuré (ce bled paumé où y a pas un chat, à cent bornes de chez moi).

4 Rédigez un dialogue dans lequel un des interlocuteurs reprend dans un style soutenu ce que dit l'autre dans un style familier mais imagé.

HISTOIRE DE LA LANGUE

Le vocabulaire des précieux

• Au début du XVIIe siècle, les courtisans, soucieux d'échapper à la Cour qui n'était plus très raffinée, prirent notamment l'habitude de se réunir chez la marquise de Rambouillet pour y tenir une conversation brillante, « précieuse », et s'y livrer à des jeux littéraires. Mais ces efforts pour très bien s'exprimer ont parfois été excessifs, et Molière s'en est moqué dans *Les Précieuses ridicules* (1659).

• En effet, dans la volonté d'éviter des mots perçus comme trop simples, certains termes étaient bannis et remplacés par des **périphrases**. Les pieds et les mains devenaient par exemple les *chers souffrants* et les *belles mouvantes* ; les yeux, les joues, se disaient les *miroirs de l'âme* et les *trônes de la pudeur*…

• Néanmoins, certaines de ces expressions sont restées dans la langue. Ainsi, on dit encore *s'encanailler, s'enthousiasmer, avoir l'intelligence épaisse, le fin du fin, du dernier cri, châtier son style*…

Des mots en relation de sens

Objectif ▶ Comprendre que les mots ne sont pas isolés dans la langue mais s'insèrent dans des réseaux.

■ **BIENVEILLANCE** ◆ Sentiment par lequel on veut du bien à quelqu'un. *Syn.* : altruisme (de *autrui,* du latin *alter,* « autre »). *Analogies* : bonté, indulgence. *Antonymes* : malveillance, hostilité, méchanceté.

■ **CHIEN** ◆ Mammifère domestique dont il existe différentes races élevées pour remplir diverses fonctions auprès de l'homme. *Syn.* : cabot *(fam.),* toutou *(fam.),* clebs *(pop.). Analogies* : chiot, mâtin, collier, chenil, niche. *Types de chiens* : basset, bouledogue, bouvier, boxer, caniche, cocker, danois, épagneul, fox-terrier, pitbull, etc.

■ **NEZ** ◆ Partie saillante du visage entre le front et la lèvre supérieure, qui abrite une partie des fosses nasales. *Syn.* : appendice nasal *(plaisant),* pif *(fam.),* blair *(pop.). Analogies* : narines, renifler.

QUESTIONS

1 ▶ Si la définition de *bienveillance* s'arrêtait au premier mot, serait-elle suffisante ?

Citez d'autres sentiments.

Quels mots de la définition de *chien* peuvent aussi inclure le *chat* ou le *cheval,* la *vache,* etc. ?

2 ▶ Tous les mots présentés ont-il un synonyme de même niveau de langue ?

3 ▶ Quelle différence y a-t-il entre les mots synonymes et les mots analogues ?

4 ▶ Citer tous les types de chiens, c'est aussi définir le mot *chien*. Pourrait-on procéder facilement de la même manière pour *bienveillance* ?

5 ▶ Quel mot a des antonymes ? Peut-on dire que le chat est le contraire du chien ? Tous les mots ont-ils des antonymes ?

LEÇON

1. Les mots ne sont pas isolés dans la langue

Un mot se définit par d'autres mots. On peut en effet le définir :

◆ en recherchant d'abord le mot correspondant à l'**ensemble plus large** auquel il appartient, puis en précisant ce qui le distingue de ce mot :

➡ Le *bruit* est un son distingué par le fait qu'il est : *sans harmonie / sans lien avec la musique.*

◆ en proposant un ou plusieurs **synonymes** :

➡ *Bruit* a pour synonyme approximatif *boucan* (fam.).

◆ en offrant, si c'est possible, des **mots se rangeant sous sa définition** :

➡ Types de sons « sans harmonie, sans lien avec la musique » : *bruissement, clapotis, cliquetis, craquement, détonation, fracas, froissement, grondement, sifflement, tintement,* etc.

◆ en présentant des mots sur le même thème, des **analogies** :

➡ *abasourdir, cacophonie, assourdir, insonoriser,* etc.

◆ en donnant un mot de sens contraire (**antonyme**).
→ *Bruit* a pour antonyme *silence.*

2. Les relations de sens sont variables d'un mot à l'autre

■ Le mot sous lequel on peut immédiatement ranger un autre mot n'existe pas toujours. *Deux-roues* a été inventé tardivement pour regrouper les *vélos,* les *vélomoteurs* et les *motos.*

■ Le mot qui peut en inclure un autre est un **hyperonyme** (*hyper* : « sur ») ; celui qui est inclus est un **hyponyme** (*hypo* : « sous ») :
→ *Deux-roues* est l'hyperonyme de *vélo.*
→ *Vélomoteur* est un hyponyme de *deux-roues.*

■ Les **synonymes** sont parfois difficiles à trouver. Quel est le synonyme d'*étagère,* de *trompette,* de *veau* ?
Lorsqu'il y a des synonymes, leur sens est rarement exactement le même : *voiture, bagnole* appartiennent à des registres de langue différents.

■ Les **antonymes** sont des mots de sens opposés.
– Certains acceptent des mots intermédiaires : *grand,* ***moyen****, petit.*
– D'autres ne peuvent pas en admettre : *vivant, mort.*
– Beaucoup de mots n'ont pas d'antonymes : *autobus, dent, texte, ville, rue,* etc.

EXERCICES

1 **Voici deux définitions données dans le désordre, incluant synonymes et analogies, antonymes et hyponymes, s'il y a lieu. Reconstituez chaque définition et rédigez un exemple pour chaque mot.**

Fidélité / Oiseau / consistant à être constant dans son affection, son attachement. / **Passereau** / Loyalisme, dévouement. / Qualité / de petite taille, vivant dans les arbres, chanteur. / Sincérité, loyauté, honnêteté / Moineau / Infidélité, déloyauté. / Nid, piailler, voleter. / Pinson, rossignol, rouge-gorge, fauvette, grive.

2 **Voici des débuts de définitions. Rédigez la suite en y ajoutant tous les mots en relation de sens puis comparez vos articles avec l'article d'un dictionnaire de langue.**

1. Bicyclette : véhicule… – **2.** Bonheur : état… – **3.** Maison : bâtiment… – **4.** Parler : articuler des sons… – **5.** Voilier : bateau…

3 **Dressez des listes d'hyponymes pour chaque mot.**

arbre ; vaisselle ; artiste ; livre ; rivière.

4 **Chacun des mots suivants peut avoir (au moins) deux sens. Donnez l'hyperonyme correspondant à chacun d'entre eux.**

perche ; bac ; charme ; grue ; souci ; baie.

HISTOIRE DE LA LANGUE

Des retournements de sens

• Au cours de leur histoire, certains mots prennent le sens inverse de celui qu'ils avaient au départ. Ainsi, *rien,* du latin *rem,* « chose », signifiait d'abord « quelque chose ». *Rien* n'a donc pas le sens négatif qu'il va acquérir par la suite, au contact de la négation qui l'accompagne très souvent. « Il ne voit *rien* » signifiait d'abord : « Il ne voit (pas) quelque chose. » On retrouve encore ce sens positif dans : « Il perd son temps à des petits *riens* », « Un *rien* l'amuse »…

• Le verbe *gâter* a également changé de sens : de la même famille que *vaste* (du latin *vastus,* « désert »), *gâter* (du latin *vastare*) voulait donc dire « dévaster », « rendre désert ». Le sens s'est affaibli au fil des années pour désigner les fruits *gâtés,* ou le temps qui se *gâte*. *Gâter* un enfant, c'était donc, dans un premier temps, le traiter avec faiblesse et entretenir ses défauts, un sens que l'on retrouve dans « un enfant gâté ».

Être

INDICATIF					
	Présent	**Imparfait**	**Passé simple**	**Futur simple**	**Conditionnel présent**
Temps simples	Je suis Tu es Il (elle) est Nous sommes Vous êtes Ils (elles) sont	J'étais Tu étais Il (elle) était Nous étions Vous étiez Ils (elles) étaient	Je fus Tu fus Il (elle) fut Nous fûmes Vous fûtes Ils (elles) furent	Je serai Tu seras Il (elle) sera Nous serons Vous serez Ils (elles) seront	Je serais Tu serais Il (elle) serait Nous serions Vous seriez Ils (elles) seraient
	Passé composé	**Plus-que-parfait**	**Passé antérieur**	**Futur antérieur**	**Conditionnel passé**
Temps composés	J'ai été Tu as été Il (elle) a été Nous avons été Vous avez été Ils (elles) ont été	J'avais été Tu avais été Il (elle) avait été Nous avions été Vous aviez été Ils (elles) avaient été	J'eus été Tu eus été Il (elle) eut été Nous eûmes été Vous eûtes été Ils (elles) eurent été	J'aurai été Tu auras été Il (elle) aura été Nous aurons été Vous aurez été Ils (elles) auront été	J'aurais été Tu aurais été Il (elle) aurait été Nous aurions été Vous auriez été Ils (elles) auraient été

SUBJONCTIF					
	Présent	**Imparfait**		**Passé**	**Plus-que-parfait**
Temps simples	Que je sois Que tu sois Qu'il (elle) soit Que nous soyons Que vous soyez Qu'ils (elles) soient	Que je fusse Que tu fusses Qu'il (elle) fût Que nous fussions Que vous fussiez Qu'ils (elles) fussent	*Temps composés*	Que j'aie été Que tu aies été Qu'il (elle) ait été Que nous ayons été Que vous ayez été Qu'ils (elles) aient été	Que j'eusse été Que tu eusses été Qu'il (elle) eût été Que nous eussions été Que vous eussiez été Qu'ils (elles) eussent été

IMPÉRATIF		INFINITIF		PARTICIPE	
Présent	Sois, soyons, soyez	**Présent**	Être	**Présent**	Étant
Passé	Aie été, ayons été, ayez été	**Passé**	Avoir été	**Passé**	Été, ayant été

Avoir

INDICATIF					
	Présent	**Imparfait**	**Passé simple**	**Futur simple**	**Conditionnel présent**
Temps simples	J'ai Tu as Il (elle) a Nous avons Vous avez Ils (elles) ont	J'avais Tu avais Il (elle) avait Nous avions Vous aviez Ils (elles) avaient	J'eus Tu eus Il (elle) eut Nous eûmes Vous eûtes Ils (elles) eurent	J'aurai Tu auras Il (elle) aura Nous aurons Vous aurez Ils (elles) auront	J'aurais Tu aurais Il (elle) aurait Nous aurions Vous auriez Ils (elles) auraient
	Passé composé	**Plus-que-parfait**	**Passé antérieur**	**Futur antérieur**	**Conditionnel passé**
Temps composés	J'ai eu Tu as eu Il (elle) a eu Nous avons eu Vous avez eu Ils (elles) ont eu	J'avais eu Tu avais eu Il (elle) avait eu Nous avions eu Vous aviez eu Ils (elles) avaient eu	J'eus eu Tu eus eu Il (elle) eut eu Nous eûmes eu Vous eûtes eu Ils (elles) eurent eu	J'aurai eu Tu auras eu Il (elle) aura eu Nous aurons eu Vous aurez eu Ils (elles) auront eu	J'aurais eu Tu aurais eu Il (elle) aurait eu Nous aurions eu Vous auriez eu Ils (elles) auraient eu

SUBJONCTIF					
	Présent	**Imparfait**		**Passé**	**Plus-que-parfait**
Temps simples	Que j'aie Que tu aies Qu'il (elle) ait Que nous ayons Que vous ayez Qu'ils (elles) aient	Que j'eusse Que tu eusses Qu'il (elle) eût Que nous eussions Que vous eussiez Qu'ils (elles) eussent	*Temps composés*	Que j'aie eu Que tu aies eu Qu'il (elle) ait eu Que nous ayons eu Que vous ayez eu Qu'ils (elles) aient eu	Que j'eusse eu Que tu eusses eu Qu'il (elle) eût eu Que nous eussions eu Que vous eussiez eu Qu'ils (elles) eussent eu

IMPÉRATIF		INFINITIF		PARTICIPE	
Présent	Aie, ayons, ayez	**Présent**	Avoir	**Présent**	Ayant
Passé	Aie eu, ayons eu, ayez eu	**Passé**	Avoir eu	**Passé**	Eu(e), ayant eu

Chanter (1er groupe)

INDICATIF

Temps simples	**Présent**	**Imparfait**	**Passé simple**	**Futur simple**	**Conditionnel présent**
	Je chante	Je chantais	Je chantai	Je chanterai	Je chanterais
	Tu chantes	Tu chantais	Tu chantas	Tu chanteras	Tu chanterais
	Il (elle) chante	Il (elle) chantait	Il (elle) chanta	Il (elle) chantera	Il (elle) chanterait
	Nous chantons	Nous chantions	Nous chantâmes	Nous chanterons	Nous chanterions
	Vous chantez	Vous chantiez	Vous chantâtes	Vous chanterez	Vous chanteriez
	Ils (elles) chantent	Ils (elles) chantaient	Ils (elles) chantèrent	Ils (elles) chanteront	Ils (elles) chanteraient

Temps composés	**Passé composé**	**Plus-que-parfait**	**Passé antérieur**	**Futur antérieur**	**Conditionnel passé**
	J'ai chanté	J'avais chanté	J'eus chanté	J'aurai chanté	J'aurais chanté
	Tu as chanté	Tu avais chanté	Tu eus chanté	Tu auras chanté	Tu aurais chanté
	Il (elle) a chanté	Il (elle) avait chanté	Il (elle) eut chanté	Il (elle) aura chanté	Il (elle) aurait chanté
	Nous avons chanté	Nous avions chanté	Nous eûmes chanté	Nous aurons chanté	Nous aurions chanté
	Vous avez chanté	Vous aviez chanté	Vous eûtes chanté	Vous aurez chanté	Vous auriez chanté
	Ils (elles) ont chanté	Ils (elles) avaient chanté	Ils (elles) eurent chanté	Ils (elles) auront chanté	Ils (elles) auraient chanté

SUBJONCTIF

Temps simples	**Présent**	**Imparfait**	*Temps composés*	**Passé**	**Plus-que-parfait**
	Que je chante	Que je chantasse		Que j'aie chanté	Que j'eusse chanté
	Que tu chantes	Que tu chantasses		Que tu aies chanté	Que tu eusses chanté
	Qu'il (elle) chante	Qu'il (elle) chantât		Qu'il (elle) ait chanté	Qu'il (elle) eût chanté
	Que nous chantions	Que nous chantassions		Que nous ayons chanté	Que nous eussions chanté
	Que vous chantiez	Que vous chantassiez		Que vous ayez chanté	Que vous eussiez chanté
	Qu'ils (elles) chantent	Qu'ils (elles) chantassent		Qu'ils (elles) aient chanté	Qu'ils (elles) eussent chanté

IMPÉRATIF		INFINITIF		PARTICIPE	
Présent	Chante, chantons, chantez	**Présent**	Chanter	**Présent**	Chantant
Passé	Aie chanté, ayons chanté, ayez chanté	**Passé**	Avoir chanté	**Passé**	Chanté(e), ayant chanté

Finir (2e groupe)

INDICATIF

Temps simples	**Présent**	**Imparfait**	**Passé simple**	**Futur simple**	**Conditionnel présent**
	Je finis	Je finissais	Je finis	Je finirai	Je finirais
	Tu finis	Tu finissais	Tu finis	Tu finiras	Tu finirais
	Il (elle) finit	Il (elle) finissait	Il (elle) finit	Il (elle) finira	Il (elle) finirait
	Nous finissons	Nous finissions	Nous finîmes	Nous finirons	Nous finirions
	Vous finissez	Vous finissiez	Vous finîtes	Vous finirez	Vous finiriez
	Ils (elles) finissent	Ils (elles) finissaient	Ils (elles) finirent	Ils (elles) finirent	Ils (elles) finiraient

Temps composés	**Passé composé**	**Plus-que-parfait**	**Passé antérieur**	**Futur antérieur**	**Conditionnel passé**
	J'ai fini	J'avais fini	J'eus fini	J'aurai fini	J'aurais fini
	Tu as fini	Tu avais fini	Tu eus fini	Tu auras fini	Tu aurais fini
	Il (elle) a fini	Il (elle) avait fini	Il (elle) eut fini	Il (elle) aura fini	Il (elle) aurait fini
	Nous avons fini	Nous avions fini	Nous eûmes fini	Nous aurons fini	Nous aurions fini
	Vous avez fini	Vous aviez fini	Vous eûtes fini	Vous aurez fini	Vous auriez fini
	Ils (elles) ont fini	Ils (elles) avaient fini	Ils (elles) eurent fini	Ils (elles) auront fini	Ils (elles) auraient fini

SUBJONCTIF

Temps simples	**Présent**	**Imparfait**	*Temps composés*	**Passé**	**Plus-que-parfait**
	Que je finisse	Que je finisse		Que j'aie fini	Que j'eusse fini
	Que tu finisses	Que tu finisses		Que tu aies fini	Que tu eusses fini
	Qu'il (elle) finisse	Qu'il (elle) finît		Qu'il (elle) ait fini	Qu'il (elle) eût fini
	Que nous finissions	Que nous finissions		Que nous ayons fini	Que nous eussions fini
	Que vous finissiez	Que vous finissiez		Que vous ayez fini	Que vous eussiez fini
	Qu'ils (elles) finissent	Qu'ils (elles) finissent		Qu'ils (elles) aient fini	Qu'ils (elles) eussent fini

IMPÉRATIF		INFINITIF		PARTICIPE	
Présent	Finis, finissons, finissez	**Présent**	Finir	**Présent**	Finissant
Passé	Aie fini, ayons fini, ayez fini	**Passé**	Avoir fini	**Passé**	Fini(e), ayant fini

Faire (3e groupe)

INDICATIF					
	Présent	**Imparfait**	**Passé simple**	**Futur simple**	**Conditionnel présent**
Temps simples	Je fais Tu fais Il (elle) fait Nous faisons Vous faites Ils (elles) font	Je faisais Tu faisais Il (elle) faisait Nous faisions Vous faisiez Ils (elles) faisaient	Je fis Tu fis Il (elle) fit Nous fîmes Vous fîtes Ils (elles) firent	Je ferai Tu feras Il (elle) fera Nous ferons Vous ferez Ils (elles) feront	Je ferais Tu ferais Il (elle) ferait Nous ferions Vous feriez Ils (elles) feraient
	Passé composé	**Plus-que-parfait**	**Passé antérieur**	**Futur antérieur**	**Conditionnel passé**
Temps composés	J'ai fait Tu as fait Il (elle) a fait Nous avons fait Vous avez fait Ils (elles) ont fait	J'avais fait Tu avais fait Il (elle) avait fait Nous avions fait Vous aviez fait Ils (elles) avaient fait	J'eus fait Tu eus fait Il (elle) eut fait Nous eûmes fait Vous eûtes fait Ils (elles) eurent fait	J'aurai fait Tu auras fait Il (elle) aura fait Nous aurons fait Vous aurez fait Ils (elles) auront fait	J'aurais fait Tu aurais fait Il (elle) aurait fait Nous aurions fait Vous auriez fait Ils (elles) auraient fait

SUBJONCTIF					
	Présent	**Imparfait**		**Passé**	**Plus-que-parfait**
Temps simples	Que je fasse Que tu fasses Qu'il (elle) fasse Que nous fassions Que vous fassiez Qu'ils (elles) fassent	Que je fisse Que tu fisses Qu'il (elle) fît Que nous fissions Que vous fissiez Qu'ils (elles) fissent	*Temps composés*	Que j'aie fait Que tu aies fait Qu'il (elle) ait fait Que nous ayons fait Que vous ayez fait Qu'ils (elles) aient fait	Que j'eusse fait Que tu eusses fait Qu'il (elle) eût fait Que nous eussions fait Que vous eussiez fait Qu'ils (elles) eussent fait

IMPÉRATIF		INFINITIF		PARTICIPE	
Présent	Fais, faisons, faites	**Présent**	Faire	**Présent**	Faisant
Passé	Aie fait, ayons fait, ayez fait	**Passé**	Avoir fait	**Passé**	Fait(e), ayant fait

Dire

INDICATIF					
	Présent	**Imparfait**	**Passé simple**	**Futur simple**	**Conditionnel présent**
Temps simples	Je dis Tu dis Il (elle) dit Nous disons Vous dites Ils (elles) disent	Je disais Tu disais Il (elle) disait Nous disions Vous disiez Ils (elles) disaient	Je dis Tu dis Il (elle) dit Nous dîmes Vous dîtes Ils (elles) dirent	Je dirai Tu diras Il (elle) dira Nous dirons Vous direz Ils (elles) diront	Je dirais Tu dirais Il (elle) dirait Nous dirions Vous diriez Ils (elles) diraient
	Passé composé	**Plus-que-parfait**	**Passé antérieur**	**Futur antérieur**	**Conditionnel passé**
Temps composés	J'ai dit Tu as dit Il (elle) a dit Nous avons dit Vous avez dit Ils (elles) ont dit	J'avais dit Tu avais dit Il (elle) avait dit Nous avions dit Vous aviez dit Ils (elles) avaient dit	J'eus dit Tu eus dit Il (elle) eut dit Nous eûmes dit Vous eûtes dit Ils (elles) eurent dit	J'aurai dit Tu auras dit Il (elle) aura dit Nous aurons dit Vous aurez dit Ils (elles) auront dit	J'aurais dit Tu aurais dit Il (elle) aurait dit Nous aurions dit Vous auriez dit Ils (elles) auraient dit

SUBJONCTIF					
	Présent	**Imparfait**		**Passé**	**Plus-que-parfait**
Temps simples	Que je dise Que tu dises Qu'il (elle) dise Que nous disions Que vous disiez Qu'ils (elles) disent	Que je disse Que tu disses Qu'il (elle) dît Que nous dissions Que vous dissiez Qu'ils (elles) dissent	*Temps composés*	Que j'aie dit Que tu aies dit Qu'il (elle) ait dit Que nous ayons dit Que vous ayez dit Qu'ils (elles) aient dit	Que j'eusse dit Que tu eusses dit Qu'il (elle) eût dit Que nous eussions dit Que vous eussiez dit Qu'ils (elles) eussent dit

IMPÉRATIF		INFINITIF		PARTICIPE	
Présent	Dis, disons, dites	**Présent**	Dire	**Présent**	Disant
Passé	Aie dit, ayons dit, ayez dit	**Passé**	Avoir dit	**Passé**	Dit(e), ayant dit

Pouvoir

INDICATIF

	Présent	Imparfait	Passé simple	Futur simple	Conditionnel présent
TEMPS SIMPLES	Je peux Tu peux Il (elle) peut Nous pouvons Vous pouvez Ils (elles) peuvent	Je pouvais Tu pouvais Il (elle) pouvait Nous pouvions Vous pouviez Ils (elles) pouvaient	Je pus Tu pus Il (elle) put Nous pûmes Vous pûtes Ils (elles) purent	Je pourrai Tu pourras Il (elle) pourra Nous pourrons Vous pourrez Ils (elles) pourront	Je pourrais Tu pourrais Il (elle) pourrait Nous pourrions Vous pourriez Ils (elles) pourraient
	Passé composé	**Plus-que-parfait**	**Passé antérieur**	**Futur antérieur**	**Conditionnel passé**
TEMPS COMPOSÉS	J'ai pu Tu as pu Il (elle) a pu Nous avons pu Vous avez pu Ils (elles) ont pu	J'avais pu Tu avais pu Il (elle) avait pu Nous avions pu Vous aviez pu Ils (elles) avaient pu	J'eus pu Tu eus pu Il (elle) eut pu Nous eûmes pu Vous eûtes pu Ils (elles) eurent pu	J'aurai pu Tu auras pu Il (elle) aura pu Nous aurons pu Vous aurez pu Ils (elles) auront pu	J'aurais pu Tu aurais pu Il (elle) aurait pu Nous aurions pu Vous auriez pu Ils (elles) auraient pu

SUBJONCTIF

	Présent	Imparfait		Passé	Plus-que-parfait
TEMPS SIMPLES	Que je puisse Que tu puisses Qu'il (elle) puisse Que nous puissions Que vous puissiez Qu'ils (elles) puissent	Que je pusse Que tu pusses Qu'il (elle) pût Que nous pussions Que vous pussiez Qu'ils (elles) pussent	TEMPS COMPOSÉS	Que j'aie pu Que tu aies pu Qu'il (elle) ait pu Que nous ayons pu Que vous ayez pu Qu'ils (elles) aient pu	Que j'eusse pu Que tu eusses pu Qu'il (elle) eût pu Que nous eussions pu Que vous eussiez pu Qu'ils (elles) eussent pu

IMPÉRATIF	INFINITIF	PARTICIPE
pas d'impératif	**Présent** Pouvoir **Passé** Avoir pu	**Présent** Pouvant **Passé** Pu, ayant pu

Aller

INDICATIF

	Présent	Imparfait	Passé simple	Futur simple	Conditionnel présent
TEMPS SIMPLES	Je vais Tu vas Il (elle) va Nous allons Vous allez Ils (elles) vont	J'allais Tu allais Il (elle) allait Nous allions Vous alliez Ils (elles) allaient	J'allai Tu allas Il (elle) alla Nous allâmes Vous allâtes Ils (elles) allèrent	J'irai Tu iras Il (elle) ira Nous irons Vous irez Ils (elles) iront	J'irais Tu irais Il (elle) irait Nous irions Vous iriez Ils (elles) iraient
	Passé composé	**Plus-que-parfait**	**Passé antérieur**	**Futur antérieur**	**Conditionnel passé**
TEMPS COMPOSÉS	Je suis allé(e) Tu es allé(e) Il (elle) est allé(e) Nous sommes allé(e)s Vous êtes allé(e)s Ils (elles) sont allé(e)s	J'étais allé(e) Tu étais allé(e) Il (elle) était allé(e) Nous étions allé(e)s Vous étiez allé(e)s Ils (elles) étaient allé(e)s	Je fus allé(e) Tu fus allé(e) Il (elle) fut allé(e) Nous fûmes allé(e)s Vous fûtes allé(e)s Ils (elles) furent allé(e)s	Je serai allé(e) Tu seras allé(e) Il (elle) sera allé(e) Nous serons allé(e)s Vous serez allé(e)s Ils (elles) seront allé(e)s	Je serais allé(e) Tu serais allé(e) Il (elle) serait allé(e) Nous serions allé(e)s Vous seriez allé(e)s Ils (elles) seraient allé(e)s

SUBJONCTIF

	Présent	Imparfait		Passé	Plus-que-parfait
TEMPS SIMPLES	Que j'aille Que tu ailles Qu'il (elle) aille Que nous allions Que vous alliez Qu'ils (elles) aillent	Que j'allasse Que tu allasses Qu'il (elle) allât Que nous allassions Que vous allassiez Qu'ils (elles) allassent	TEMPS COMPOSÉS	Que je sois allé(e) Que tu sois allé(e) Qu'il (elle) soit allé(e) Que nous soyons allé(e)s Que vous soyez allé(e)s Qu'ils (elles) soient allé(e)s	Que je fusse allé(e) Que tu fusses allé(e) Qu'il (elle) fût allé(e) Que nous fussions allé(e)s Que vous fussiez allé(e)s Qu'ils (elles) fussent allé(e)s

IMPÉRATIF	INFINITIF	PARTICIPE
Présent Va, allons, allez **Passé** Sois allé(e), soyons allé(e)s, soyez allé(e)s	**Présent** Aller **Passé** Être allé(e)	**Présent** Allant **Passé** Allé(e), étant allé(e)

Voir

INDICATIF

	Présent	Imparfait	Passé simple	Futur simple	Conditionnel présent
TEMPS SIMPLES	Je vois Tu vois Il (elle) voit Nous voyons Vous voyez Ils (elles) voient	Je voyais Tu voyais Il (elle) voyait Nous voyions Vous voyiez Ils (elles) voyaient	Je vis Tu vis Il (elle) vit Nous vîmes Vous vîtes Ils (elles) virent	Je verrai Tu verras Il (elle) verra Nous verrons Vous verrez Ils (elles) verront	Je verrais Tu verrais Il (elle) verrait Nous verrions Vous verriez Ils (elles) verraient
	Passé composé	**Plus-que-parfait**	**Passé antérieur**	**Futur antérieur**	**Conditionnel passé**
TEMPS COMPOSÉS	J'ai vu Tu as vu Il (elle) a vu Nous avons vu Vous avez vu Ils (elles) ont vu	J'avais vu Tu avais vu Il (elle) avait vu Nous avions vu Vous aviez vu Ils (elles) avaient vu	J'eus vu Tu eus vu Il (elle) eut vu Nous eûmes vu Vous eûtes vu Ils (elles) eurent vu	J'aurai vu Tu auras vu Il (elle) aura vu Nous aurons vu Vous aurez vu Ils (elles) auront vu	J'aurais vu Tu aurais vu Il (elle) aurait vu Nous aurions vu Vous auriez vu Ils (elles) auraient vu

SUBJONCTIF

	Présent	Imparfait		Passé	Plus-que-parfait
TEMPS SIMPLES	Que je voie Que tu voies Qu'il (elle) voie Que nous voyions Que vous voyiez Qu'ils (elles) voient	Que je visse Que tu visses Qu'il (elle) vît Que nous vissions Que vous vissiez Qu'ils (elles) vissent	TEMPS COMPOSÉS	Que j'aie vu Que tu aies vu Qu'il (elle) ait vu Que nous ayons vu Que vous ayez vu Qu'ils (elles) aient vu	Que j'eusse vu Que tu eusses vu Qu'il (elle) eût vu Que nous eussions vu Que vous eussiez vu Qu'ils (elles) eussent vu

IMPÉRATIF		INFINITIF		PARTICIPE	
Présent	Vois, voyons, voyez	**Présent**	Voir	**Présent**	Voyant
Passé	Aie vu, ayons vu, ayez vu	**Passé**	Avoir vu	**Passé**	Vu(e), ayant vu

Savoir

INDICATIF

	Présent	Imparfait	Passé simple	Futur simple	Conditionnel présent
TEMPS SIMPLES	Je sais Tu sais Il (elle) sait Nous savons Vous savez Ils (elles) savent	Je savais Tu savais Il (elle) savait Nous savions Vous saviez Ils (elles) savaient	Je sus Tu sus Il (elle) sut Nous sûmes Vous sûtes Ils (elles) surent	Je saurai Tu sauras Il (elle) saura Nous saurons Vous saurez Ils (elles) sauront	Je saurais Tu saurais Il (elle) saurait Nous saurions Vous sauriez Ils (elles) sauraient
	Passé composé	**Plus-que-parfait**	**Passé antérieur**	**Futur antérieur**	**Conditionnel passé**
TEMPS COMPOSÉS	J'ai su Tu as su Il (elle) a su Nous avons su Vous avez su Ils (elles) ont su	J'avais su Tu avais su Il (elle) avait su Nous avions su Vous aviez su Ils (elles) avaient su	J'eus su Tu eus su Il (elle) eut su Nous eûmes su Vous eûtes su Ils (elles) eurent su	J'aurai su Tu auras su Il (elle) aura su Nous aurons su Vous aurez su Ils (elles) auront su	J'aurais su Tu aurais su Il (elle) aurait su Nous aurions su Vous auriez su Ils (elles) auraient su

SUBJONCTIF

	Présent	Imparfait		Passé	Plus-que-parfait
TEMPS SIMPLES	Que je sache Que tu saches Qu'il (elle) sache Que nous sachions Que vous sachiez Qu'ils (elles) sachent	Que je susse Que tu susses Qu'il (elle) sût Que nous sussions Que vous sussiez Qu'ils (elles) sussent	TEMPS COMPOSÉS	Que j'aie su Que tu aies su Qu'il (elle) ait su Que nous ayons su Que vous ayez su Qu'ils (elles) aient su	Que j'eusse su Que tu eusses su Qu'il (elle) eût su Que nous eussions su Que vous eussiez su Qu'ils (elles) eussent su

IMPÉRATIF		INFINITIF		PARTICIPE	
Présent	Sache, sachons, sachez	**Présent**	Savoir	**Présent**	Sachant
Passé	Aie su, ayons su, ayez su	**Passé**	Avoir su	**Passé**	Su(e), ayant su

Vouloir

INDICATIF

	Présent	Imparfait	Passé simple	Futur simple	Conditionnel présent
Temps simples	Je veux Tu veux Il (elle) veut Nous voulons Vous voulez Ils (elles) veulent	Je voulais Tu voulais Il (elle) voulait Nous voulions Vous vouliez Ils (elles) voulaient	Je voulus Tu voulus Il (elle) voulut Nous voulûmes Vous voulûtes Ils (elles) voulurent	Je voudrai Tu voudras Il (elle) voudra Nous voudrons Vous voudrez Ils (elles) voudront	Je voudrais Tu voudrais Il (elle) voudrait Nous voudrions Vous voudriez Ils (elles) voudraient
	Passé composé	**Plus-que-parfait**	**Passé antérieur**	**Futur antérieur**	**Conditionnel passé**
Temps composés	J'ai voulu Tu as voulu Il (elle) a voulu Nous avons voulu Vous avez voulu Ils (elles) ont voulu	J'avais voulu Tu avais voulu Il (elle) avait voulu Nous avions voulu Vous aviez voulu Ils (elles) avaient voulu	J'eus voulu Tu eus voulu Il (elle) eut voulu Nous eûmes voulu Vous eûtes voulu Ils (elles) eurent voulu	J'aurai voulu Tu auras voulu Il (elle) aura voulu Nous aurons voulu Vous aurez voulu Ils (elles) auront voulu	J'aurais voulu Tu aurais voulu Il (elle) aurait voulu Nous aurions voulu Vous auriez voulu Ils (elles) auraient voulu

SUBJONCTIF

	Présent	Imparfait		Passé	Plus-que-parfait
Temps simples	Que je veuille Que tu veuilles Qu'il (elle) veuille Que nous voulions Que vous vouliez Qu'ils (elles) veuillent	Que je voulusse Que tu voulusses Qu'il (elle) voulût Que nous voulussions Que vous voulussiez Qu'ils (elles) voulussent	*Temps composés*	Que j'aie voulu Que tu aies voulu Qu'il (elle) ait voulu Que nous ayons voulu Que vous ayez voulu Qu'ils (elles) aient voulu	Que j'eusse voulu Que tu eusses voulu Qu'il (elle) eût voulu Que nous eussions voulu Que vous eussiez voulu Qu'ils (elles) eussent voulu

IMPÉRATIF	INFINITIF	PARTICIPE
Présent Veux (veuille), voulons, voulez (veuillez)	**Présent** Vouloir	**Présent** Voulant
Passé Aie voulu, ayons voulu, ayez voulu	**Passé** Avoir voulu	**Passé** Voulu(e), ayant voulu

Venir

INDICATIF

	Présent	Imparfait	Passé simple	Futur simple	Conditionnel présent
Temps simples	Je viens Tu viens Il (elle) vient Nous venons Vous venez Ils (elles) viennent	Je venais Tu venais Il (elle) venait Nous venions Vous veniez Ils (elles) venaient	Je vins Tu vins Il (elle) vint Nous vînmes Vous vîntes Ils (elles) vinrent	Je viendrai Tu viendras Il (elle) viendra Nous viendrons Vous viendrez Ils (elles) viendront	Je viendrais Tu viendrais Il (elle) viendrait Nous viendrions Vous viendriez Ils (elles) viendraient
	Passé composé	**Plus-que-parfait**	**Passé antérieur**	**Futur antérieur**	**Conditionnel passé**
Temps composés	Je suis venu(e) Tu es venu(e) Il (elle) est venu(e) Nous sommes venu(e)s Vous êtes venu(e)s Ils (elles) sont venu(e)s	J'étais venu(e) Tu étais venu(e) Il (elle) était venu(e) Nous étions venu(e)s Vous étiez venu(e)s Ils (elles) étaient venu(e)s	Je fus venu(e) Tu fus venu(e) Il (elle) fut venu(e) Nous fûmes venu(e)s Vous fûtes venu(e)s Ils (elles) furent venu(e)s	Je serai venu(e) Tu seras venu(e) Il (elle) sera venu(e) Nous serons venu(e)s Vous serez venu(e)s Ils (elles) seront venu(e)s	Je serais venu(e) Tu serais venu(e) Il (elle) serait venu(e) Nous serions venu(e)s Vous seriez venu(e)s Ils (elles) seraient venu(e)s

SUBJONCTIF

	Présent	Imparfait		Passé	Plus-que-parfait
Temps simples	Que je vienne Que tu viennes Qu'il (elle) vienne Que nous venions Que vous veniez Qu'ils (elles) viennent	Que je vinsse Que tu vinsses Qu'il (elle) vînt Que nous vinssions Que vous vinssiez Qu'ils (elles) vinssent	*Temps composés*	Que je sois venu(e) Que tu sois venu(e) Qu'il (elle) soit venu(e) Que nous soyons venu(e)s Que vous soyez venu(e)s Qu'ils (elles) soient venu(e)s	Que je fusse venu(e) Que tu fusses venu(e) Qu'il (elle) fût venu(e) Que nous fussions venu(e)s Que vous fussiez venu(e)s Qu'ils (elles) fussent venu(e)s

IMPÉRATIF	INFINITIF	PARTICIPE
Présent Viens, venons, venez	**Présent** Venir	**Présent** Venant
Passé Sois venu(e), soyons venu(e)s, soyez venu(e)s	**Passé** Être venu(e)	**Passé** Venu(e), étant venu(e)

Devoir

INDICATIF

	Présent	Imparfait	Passé simple	Futur simple	Conditionnel présent
TEMPS SIMPLES	Je dois tu dois Il (elle) doit Nous devons Vous devez Ils (elles) doivent	Je devais Tu devais Il (elle) devait Nous devions Vous deviez Ils (elles) devaient	Je dus Tu dus Il (elle) dut Nous dûmes Vous dûtes Ils (elles) durent	Je devrai Tu devras Il (elle) devra Nous devrons Vous devrez Ils (elles) devront	Je devrais Tu devrais Il (elle) devrait Nous devrions Vous devriez Ils (elles) devraient
	Passé composé	**Plus-que-parfait**	**Passé antérieur**	**Futur antérieur**	**Conditionnel passé**
TEMPS COMPOSÉS	J'ai dû Tu as dû Il (elle) a dû Nous avons dû Vous avez dû Ils (elles) ont dû	J'avais dû Tu avais dû Il (elle) avait dû Nous avions dû Vous aviez dû Ils (elles) avaient dû	J'eus dû Tu eus dû Il (elle) eut dû Nous eûmes dû Vous eûtes dû Ils (elles) eurent dû	J'aurai dû Tu auras dû Il (elle) aura dû Nous aurons dû Vous aurez dû Ils (elles) auront dû	J'aurais dû Tu aurais dû Il (elle) aurait dû Nous aurions dû Vous auriez dû Ils (elles) auraient dû

SUBJONCTIF

	Présent	Imparfait		Passé	Plus-que-parfait
TEMPS SIMPLES	Que je doive Que tu doives Qu'il (elle) doive Que nous devions Que vous deviez Qu'ils (elles) doivent	Que je dusse Que tu dusses Qu'il (elle) dût Que nous dussions Que vous dussiez Qu'ils (elles) dussent	TEMPS COMPOSÉS	Que j'aie dû Que tu aies dû Qu'il (elle) ait dû Que nous ayons dû Que vous ayez dû Qu'ils (elles) aient dû	Que j'eusse dû Que tu eusses dû Qu'il (elle) eût dû Que nous eussions dû Que vous eussiez dû Qu'ils (elles) eussent dû

IMPÉRATIF		INFINITIF		PARTICIPE	
Présent	Dois, devons, devez	**Présent**	Devoir	**Présent**	Devant
Passé	Aie dû, ayons dû, ayez dû	**Passé**	Avoir dû	**Passé**	Ayant dû

Croire

INDICATIF

	Présent	Imparfait	Passé simple	Futur simple	Conditionnel présent
TEMPS SIMPLES	Je crois tu crois Il (elle) croit Nous croyons Vous croyez Ils (elles) croient	Je croyais Tu croyais Il (elle) croyait Nous croyions Vous croyiez Ils (elles) croyaient	Je crus Tu crus Il (elle) crut Nous crûmes Vous crûtes Ils (elles) crurent	Je croirai Tu croiras Il (elle) croira Nous croirons Vous croirez Ils (elles) croiront	Je croirais Tu croirais Il (elle) croirait Nous croirions Vous croiriez Ils (elles) croiraient
	Passé composé	**Plus-que-parfait**	**Passé antérieur**	**Futur antérieur**	**Conditionnel passé**
TEMPS COMPOSÉS	J'ai cru Tu as cru Il (elle) a cru Nous avons cru Vous avez cru Ils (elles) ont cru	J'avais cru Tu avais cru Il (elle) avait cru Nous avions cru Vous aviez cru Ils (elles) avaient cru	J'eus cru Tu eus cru Il (elle) eut cru Nous eûmes cru Vous eûtes cru Ils (elles) eurent cru	J'aurai cru Tu auras cru Il (elle) aura cru Nous aurons cru Vous aurez cru Ils (elles) auront cru	J'aurais cru Tu aurais cru Il (elle) aurait cru Nous aurions cru Vous auriez cru Ils (elles) auraient cru

SUBJONCTIF

	Présent	Imparfait		Passé	Plus-que-parfait
TEMPS SIMPLES	Que je croie Que tu croies Qu'il (elle) croie Que nous croyions Que vous croyiez Qu'ils (elles) croient	Que je crusse Que tu crusses Qu'il (elle) crût Que nous crussions Que vous crussiez Qu'ils (elles) crussent	TEMPS COMPOSÉS	Que j'aie cru Que tu aies cru Qu'il (elle) ait cru Que nous ayons cru Que vous ayez cru Qu'ils (elles) aient cru	Que j'eusse cru Que tu eusses cru Qu'il (elle) eût cru Que nous eussions cru Que vous eussiez cru Qu'ils (elles) eussent cru

IMPÉRATIF		INFINITIF		PARTICIPE	
Présent	Crois, croyons, croyez	**Présent**	Croire	**Présent**	Croyant
Passé	Aie cru, ayons cru, ayez cru	**Passé**	Avoir cru	**Passé**	Ayant cru

LEXIQUE GRAMMATICAL

Les 100 mots qui vous seront utiles

A

Acte de langage : action accomplie par un émetteur précis dans une situation de communication donnée (informer, promettre, interroger, ordonner, avertir, conseiller…). → 48

Adjectif qualificatif : mot variable qui vient s'ajouter à un nom et qui exprime une caractéristique particulière de l'être ou de la chose désignés par ce nom. Il s'accorde en genre et en nombre avec ce nom. → 62, 146

Adjectif relationnel : adjectif qui caractérise un nom à la manière d'un complément de nom. *L'étoile polaire.* → 146

Adverbe : mot invariable qui modifie le sens d'un verbe, d'un adjectif qualificatif, d'un autre adverbe ou d'une phrase entière. Il peut avoir des rôles syntaxiques à différents niveaux : la phrase, le texte, l'énonciation. → 56, 151

Apposition : expansion du groupe nominal. Nom ou groupe nominal qui se réfère au même être, au même objet, à la même notion que le nom qu'il complète. → 108

Article : déterminant du nom, placé avant celui-ci, marquant sa valeur définie ou indéfinie, son nombre et souvent son genre. → 20

Article défini : déterminant qui introduit des noms notoirement connus de tous *(le Soleil, la Terre)* ou connus par la situation ou le contexte. → 20, 213

Article indéfini : déterminant qui introduit des noms encore inconnus de l'interlocuteur. → 213

Aspect : manière dont un fait ou une action sont envisagés dans leur déroulement, indépendamment de l'époque dans laquelle ils se situent. L'opposition forme simple / forme composée des verbes est une opposition d'aspect : non accompli / accompli. → 142

Attribut du sujet : élément essentiel du groupe verbal. Il indique une propriété, un état, une caractéristique du sujet par l'intermédiaire du verbe *être* ou d'un verbe équivalent. → 114

C

Comparatif : degré de signification des adjectifs qui exprime la supériorité *(plus)*, l'égalité *(aussi)*, l'infériorité *(moins)* par rapport au positif. → 147

Complément circonstanciel : complément qui n'est pas lié au verbe, mais à l'ensemble de la phrase (complément de phrase), que l'on peut supprimer ou déplacer. Il indique les circonstances du fait exprimé, c'est-à-dire tous les renseignements qui le précisent : lieu, temps, manière, cause, conséquence, but, etc. → 118

Complément d'agent : complément du verbe passif, indiquant le responsable de l'action exprimée par le verbe. Il est introduit par les prépositions *par* ou *de*. → 213

Complément d'objet direct (COD) : groupe nominal, pronom, verbe à l'infinitif, proposition subordonnée. Construit sans préposition, il complète un verbe transitif direct. Il devient sujet à la forme passive. → 113

Complément d'objet indirect (COI) : se construit avec une préposition (*à* ou *de*). Il complète un verbe transitif indirect. → 113

Complément d'objet second (COS) : groupe prépositionnel ou pronom qui indique le destinataire de l'action et s'emploie avec un verbe qui possède en même temps un complément d'objet. → 114

Complément de l'adjectif : complète et précise un adjectif de la même manière que le complément du nom complète le nom. → 146

Complément du nom : mot ou groupe de mots composé d'une préposition et d'un autre groupe nominal, qui complète un nom ou un pronom. → 108

Complément essentiel (direct ou indirect) : complément lié au verbe. On ne peut le déplacer en tête de phrase, à moins de le reprendre par un pronom. Indirect, il est introduit par une préposition imposée par le verbe. → 113, 114

Concession : acte de langage argumentatif qui permet à l'émetteur de prendre en compte le point de vue de l'autre. → 180

Conjonction de coordination : mot qui sert à joindre deux mots ou groupes de mots de même fonction, et qui sont d'importance égale. → 169, 170

Construction active : construction du verbe dans laquelle le sujet est généralement l'agent de l'action exprimée par le verbe. → 104

Construction passive : construction du verbe dans laquelle le sujet désigne le patient de l'action, c'est-à-dire l'être ou l'objet qui subit l'action exprimée par le verbe. → 104, 213

Coordination : réunion, dans une même phrase, de deux ou plusieurs propositions jouant le même rôle syntaxique. Les éléments coordonnés n'ont pas de fonction l'un par rapport à l'autre. → 169, 173

D

Degré d'intensité : degré de la qualité qui peut être apprécié en lui-même, sans relation à un autre élément. → 147

Degré de certitude : l'émetteur peut signaler que l'information qu'il donne est ou non certaine, qu'il l'estime seulement possible ou probable. → 61, 152

Degré de comparaison : degré de la qualité qui peut être évalué par comparaison à un autre élément. → 147

Déterminant : mot qui précède un nom pour constituer un groupe nominal et permettre à ce nom d'être utilisé dans le discours. → 20, 213

Déterminant démonstratif : déterminant qui permet de renvoyer à un élément de la situation de communication ou à un élément déjà connu du contexte. → 20

Déterminant indéfini : déterminant qui donne une information de quantité non précisée sur le nom qu'il détermine. → 156

Déterminant numéral cardinal : déterminant qui donne une précision numérique exacte sur le nom qu'il détermine. → 108

Déterminant possessif : déterminant qui introduit un nom et précise son genre et son nombre ; il détermine la relation de cet être ou de cette chose avec une personne. → 206

Discours rapporté : citation de paroles à l'intérieur d'un énoncé. Il met en relation des messages qui relèvent de situations de communication différentes. → 79, 85

Discours rapporté direct : les paroles sont citées entre guillemets. Il est toujours signalé par une expression introductrice qui présente le cadre de l'énonciation. → 79

Discours rapporté indirect : les paroles rapportées sont transposées et insérées dans la première situation de communication. → 85

E

Émetteur : personne qui parle ou qui écrit à une ou plusieurs personnes. → 13

Énoncé : message échangé, oralement ou par écrit, entre l'émetteur et le récepteur. → 18, 20

Énoncé ancré ou **système du discours :** ancre l'énoncé dans la situation d'énonciation. Le contenu est situé par rapport à l'émetteur : *je, ici, maintenant*. Le temps verbal de référence est le présent. Le passé composé rapporte les faits passés et le futur rapporte les faits à venir. → 24

Énoncé coupé ou **système du récit :** exclut l'émetteur de l'énoncé. Les faits semblent se raconter d'eux-mêmes. Les événements se situent dans leur succession les uns par rapport aux autres : *il, là-bas, alors*. Le temps verbal de référence est le passé simple. → 24

Énonciation : acte de produire un énoncé dans une situation de communication, à un moment précis et en un lieu précis. → 18, 20

Épithète : fonction de l'adjectif qualificatif lorsque celui-ci est placé directement à côté d'un nom, dans un groupe nominal. **Épithète liée :** adjectif qui suit ou précède immédiatement le nom qu'il qualifie. **Épithète détachée :** adjectif qui dépend du groupe nominal tout en se trouvant détaché de lui par une ou deux virgules à l'écrit et par une ou deux pauses à l'oral. → 146

F

Fonction d'un mot : indique le rôle grammatical du mot ou du groupe de mots dans la phrase (sujet, COD…).

Fonction du langage : fonction du message qui peut être centrée sur le contenu (référentielle), sur l'émetteur lui-même (expressive), ou sur le récepteur (impressive). Elle peut avoir pour objectif de maintenir le contact (phatique) ou de produire un message poétique. → 13, 14

Forme de phrase : affirmative/négative, active/passive, neutre/emphatique. → 104

Forme emphatique : procédé qui permet de placer un élément du propos (information nouvelle) en position de thème (élément connu) et d'insister sur le thème. → 104, 213

Futur antérieur : temps de l'indicatif qui situe un fait dans l'avenir, avant un autre fait exprimé au futur simple. → 62

Futur simple : temps de l'indicatif qui marque un fait situé dans l'avenir. → 176

G

Groupe nominal : groupe de mots dont le noyau est un nom. → 108

Groupe verbal : groupe de mots constitué du verbe et de ses compléments essentiels. → 108

H

Hypothèse : acte de langage qui permet à l'émetteur de supposer un fait, de l'admettre provisoirement avant de le démontrer, de le vérifier. → 181

I

Imparfait de l'indicatif : temps de l'indicatif qui présente un fait comme étant en cours à un moment du passé, sans indication de début ni de fin. → 24

Indicatif : mode du verbe exprimant un fait réel, actuel, passé ou futur. → 62

J

Justification : acte de langage qui consiste à formuler un argument dont le rôle est de légitimer un fait que l'émetteur veut faire admettre *(puisque)*. → 180

Juxtaposition : liaison de deux ou plusieurs propositions, simplement séparées, à l'oral par une pause, à l'écrit par un signe de ponctuation, sans autre marque grammaticale. La relation qui les unit est implicite : elle doit être reconstituée par le récepteur selon le sens. → 170, 183

M

Mode : catégorie qui fait varier le verbe. Les modes personnels indiquent la manière dont est envisagé le fait ou l'action : réel, virtuel, ordonné. → 61

N

Nature d'un mot : catégorie grammaticale à laquelle le mot appartient : nom, adjectif, déterminant, pronom, verbe, adverbe, mot de liaison.

Nom : noyau du groupe nominal, en général précédé d'un déterminant, et accompagné d'un groupe facultatif (adjectif, groupe prépositionnel). Il peut occuper diverses fonctions syntaxiques dans la phrase : sujet, attribut, complément essentiel, complément circonstanciel. Parmi les sous-catégories du nom, on distingue nom commun/nom propre ; nom comptable/nom non comptable ; nom animé/nom non animé ; nom humain/nom non humain ; nom concret/nom abstrait. → 135

O

Organisateurs du texte : mots ou expressions qui délimitent les différentes étapes d'un texte et les situent les unes par rapport aux autres. La plupart sont des adverbes. → 152, 197, 198

P

Passé composé : temps de l'indicatif qui exprime un fait passé dont les conséquences durent encore. Il peut aussi exprimer un fait passé antérieur à un fait exprimé au présent de l'indicatif. → 24

Passé simple : temps de l'indicatif qui situe les actions dans un passé bien défini. Ces actions forment la trame principale du récit (premier plan) tandis que l'imparfait décrit les actions de second plan. → 24

Phrase : ensemble de groupes de mots organisés selon une certaine structure. Ces constituants peuvent être obligatoires ou facultatifs, non permutables ou permutables, pronominalisables ou non. → 103

Phrase affirmative : phrase qui affirme une réalité, qui exprime ce qui est. → 104

Phrase complexe : phrase qui résulte de la transformation de plusieurs phrases simples, soit par juxtaposition, soit par coordination, soit par subordination. → 104, 173

Phrase de base : phrase déclarative, active, neutre, affirmative. Elle peut devenir interrogative, injonctive. Ces structures peuvent aussi subir des transformations : négative, passive, impersonnelle, emphatique. → 104

Phrase déclarative : type de phrase par lequel l'émetteur constate un fait, transmet une information ou exprime une opinion, un jugement. Elle peut être affirmative ou négative. → 104

Phrase emphatique : phrase qui insiste sur un élément en le mettant en relief. Elle résulte de la transformation de la phrase neutre. Cette transformation s'effectue par un déplacement ou par l'emploi de *c'est... que, c'est... qui*. → 104, 213

Phrase exclamative : phrase de type déclaratif, impératif ou interrogatif qui exprime une émotion ou un sentiment vif (surprise, étonnement, plaisir, colère, indignation...). Le type exclamatif s'ajoute à l'un des trois types fondamentaux. → 104

Phrase injonctive : type de phrase par lequel l'émetteur cherche à faire agir le récepteur. Le verbe n'a pas de sujet quand il est au mode impératif. → 104

Phrase interrogative : type de phrase par lequel l'émetteur demande une information en posant une question. On distingue l'interrogation totale et l'interrogation partielle. → 104

Phrase négative : phrase qui nie une action ou un fait, qui exprime ce qui n'est pas. Elle est le plus souvent le résultat de la transformation d'une phrase affirmative à l'aide d'un adverbe ou d'un adverbe composé de négation. → 104

Phrase neutre : phrase dont l'ordre des mots est : sujet – verbe – complément. → 104

Phrase passive : phrase qui résulte de la transformation d'une phrase active dont le verbe a un COD. → 104, 213

Phrase simple : suite de mots qui contient un seul groupe verbal, construit autour d'un verbe conjugué. → 103

Plus-que-parfait : temps de l'indicatif qui exprime essentiellement un fait passé antérieur à un fait exprimé au passé composé, au passé simple ou à l'imparfait de l'indicatif. → 24

Point de vue de l'émetteur : marques de l'émetteur dans son énoncé, pour évaluer ce qu'il fait, ce qu'il dit et la façon dont il le dit. → 61

Présent de l'indicatif : temps de l'indicatif qui situe le fait au moment de l'énonciation. → 24

Présupposé : information qui se déduit d'un mot présent dans l'énoncé. → 56

Progression à thème constant : toutes les phrases du texte ont le même thème. Les propos se rapportent tous à lui. → 219

Progression à thèmes dérivés : chaque phrase du texte a un thème différent, construit à propos d'un thème général mentionné par le titre ou la première phrase du texte. → 219

Progression linéaire : tout ou partie du propos de la phrase 1 est repris dans la phrase 2, dont il devient le thème. De la même façon, le propos de la phrase 2 devient le thème de la phrase 3. → 220

Pronom : mot qui remplace souvent un nom ou un groupe nominal pour reprendre une information qui a déjà été donnée dans le contexte antérieur. → 205

Pronom démonstratif : pronoms simples *(celui, celle, ceux, celles)* et composés *(celui-ci, celui-là, celle-ci, celle-là, ceux-là, celles-là)* qui peuvent désigner un élément présent dans la situation de communication. → 206

Pronom indéfini : pronom qui correspond à un groupe nominal introduit par un déterminant indéfini. Il désigne un être ou une chose sans donner d'indication précise de quantité ou d'identité. Il peut avoir un rôle de reprise. → 206

Pronom personnel : mot qui désigne les partenaires ou l'objet de la communication. Il se substitue très souvent à un nom employé antérieurement, le rappelle et le représente en évitant de le répéter. → 18, 206

Pronom possessif : *le mien, le tien, le sien, les nôtres...* reprennent un groupe nominal déjà cité dans le contexte, en indiquant une relation avec la personne correspondante. → 206

Pronom relatif : mot de relation qui unit la proposition relative à son antécédent. Il représente, en tête de la proposition relative, le nom ou le pronom antécédent. → 174

Propos : information nouvelle par rapport à l'information de départ, ce que l'on dit du thème (voir *thème*). Il se place à la fin de la phrase. → 212

Proposition : unité de sens construite autour d'un sujet et d'un verbe conjugué. → 169

Proposition indépendante : constitue à elle seule une phrase. → 169

R

Récepteur : personne à qui l'on parle ou à qui l'on écrit. → 13

Registre de langue : manière de parler selon une situation donnée. On distingue le registre familier, le registre courant, le registre soutenu. → 43, 44

Reprise (d'information) : dans un texte, procédé qui consiste à renommer, phrase après phrase, les êtres et les objets dont parle le texte. Les procédés de reprise sont très nombreux : reprises lexicales par un GN réduit, un terme générique, un synonyme, une périphrase ; reprises pronominales par des pronoms personnels, démonstratifs, possessifs, indéfinis, numéraux. → 205

Reprise avec réduction : reprise qui consiste à réduire le groupe nominal au nom noyau. → 205

Reprise indirecte : reprise qui consiste à reprendre le groupe nominal par un groupe nominal qui lui est associé (savoir partagé entre les interlocuteurs). → 205

Reprise nominale : reprise qui consiste à reprendre le groupe nominal par un groupe nominal qui contient des éléments différents. → 205

Reprise simple : reprise qui consiste à reprendre un nom avec un simple changement de déterminant – l'article défini ou un déterminant démonstratif ou possessif *(un village → le village, ce village, mon village).* → 205

S

Situation d'énonciation : situation de communication dans laquelle des énoncés sont produits en un temps et un lieu précis. → 18

Sous-entendu : information que l'émetteur laisse entendre sans la donner et que le récepteur doit construire à partir de certains indices. → 57

Subjonctif : mode personnel du verbe employé soit dans des propositions subordonnées, soit pour exprimer le doute, la volonté, le désir. → 62

Subordination : relation qui unit, à l'intérieur de la phrase, des propositions qui ne sont pas de même niveau, dans un ensemble où l'une (appelée subordonnée) dépend de l'autre (appelée principale). → 173, 174

Subordonnée : proposition qui joue le rôle d'un constituant à l'intérieur d'une phrase de niveau supérieur. Le mot subordonnant peut être une conjonction, un pronom relatif ou *que* en corrélation avec un adverbe de degré. Les subordonnées peuvent s'enchâsser à la place des groupes de la phrase simple, en position de complément du verbe (complétives ou interrogatives indirectes), de complément de phrase (circonstancielles), de complément à l'intérieur d'un groupe nominal (relatives). → 174

Subordonnée circonstancielle : élément non essentiel de la phrase introduit par une conjonction ou une locution conjonctive de subordination : *quand, dès que, parce que, pour que*, etc. → 175, 180

Subordonnée complétive : proposition complément du verbe de la proposition principale, introduite par la conjonction *que*. → 174

Subordonnée interrogative indirecte : forme de proposition subordonnée complétive. C'est un élément essentiel de la phrase, complément d'objet direct d'un verbe de sens interrogatif. Elle appartient au discours indirect. → 174

Subordonnée relative : proposition qui fait partie du groupe nominal. Elle comporte un verbe conjugué et commence par un pronom relatif reprenant le nom ou le pronom précédent. Elle est complément de son antécédent. → 175

Sujet : un des deux éléments principaux d'une phrase. Il commande l'accord du verbe en personne et en nombre. Il ne peut pas être supprimé. → 136

Superlatif : ensemble des procédés grammaticaux qui expriment la qualité au degré le plus élevé. → 147

Superlatif relatif : superlatif formé du comparatif précédé de l'article défini *(le plus…, le moindre).* → 147

Synonyme : mot de même sens qu'un autre, que l'on peut substituer à un autre dans un texte sans changer le sens de celui-ci. → 205

T

Thème : ce dont on parle, l'information de départ dans un énoncé ; ce que le récepteur connaît déjà, grâce à la situation ou au contexte (voir *propos*). Le thème se place en tête de la phrase. Les constructions emphatiques, passives et impersonnelles ont pour effet de déplacer et de détacher des groupes syntaxiques, et de les placer en position de thème. → 212

Type de phrase : déclarative, interrogative, injonctive ; chacun de ces trois types fondamentaux peut être en outre exclamatif. → 50, 104

V

Verbe : mot essentiel de la phrase verbale qui se conjugue. Il varie selon la personne, le nombre, le temps, le mode. Il relie le sujet et les compléments, ou le sujet et son attribut. → 109, 140

Verbe (mode) : manière dont le verbe exprime l'état ou l'action. En français, on trouve l'indicatif, le subjonctif, le conditionnel, l'impératif, l'infinitif et le participe. → 62, 141

Verbe (personne du) : forme de la conjugaison permettant de distinguer celui qui parle, celui qui écoute, celui ou ce dont on parle. → 141

Verbe (temps) : forme du verbe qui permet de localiser l'action dans le passé, le présent ou le futur. → 19, 62, 86, 141

CRÉDITS PHOTOGRAPHIQUES DE LA COUVERTURE : **homme-bouc :** Image-Bank/Kolacz ; **Prévert :** Magnum/Ara Guler ; **V. Hugo :** Archives Nathan ; **lunettes :** Image-Bank/P. Biddle ; **manuscrit de V. Hugo :** Archives Nathan ; **George Sand :** Josse ; **Voltaire :** Archives Nathan ; **Baudelaire :** Archives Nathan ; **Molière :** Archives Nathan ; **Saint-Exupéry :** John Phillips/Motovun Copublishers, Lucerne ; **garçon volant :** Image-Bank/Doron Ben-Ami.

Coordination éditoriale : Annie Chouard
Édition : Marie-Hélène Tournadre
Conception graphique : Élisabeth Maréchal
Maquette : Christine Chenot
Illustrations : Natali Fortier & Paul Woolfenden (pp. 36, 72, 96, 128, 162, 190, 232)
Couverture : Martine de Cagny (adaptation graphique), Sophie Hue (illustrations)

N° d'Editeur 10044593 (I) (60) CMM 60 - Touraine Compo Mai 1998 Imprimerie N.I.I.A.G.
Cet ouvrage a été imprimé sur un papier de 60 grs